Peter Scherpereel

Risikokapitalallokation in dezentral organisierten Unternehmen

GABLER EDITION WISSENSCHAFT

Quantitatives Controlling

Herausgegeben von Professor Dr. Carsten Homburg,
Universität zu Köln

Die Schriftenreihe dient als Forum für hervorragende Forschungsergebnisse auf dem Gebiet des Controlling. Ihr liegt ein weites Controllingverständnis zugrunde, das über Problemstellungen der traditionellen internen Unternehmensrechnung hinaus geht und beispielsweise auch Aspekte der Verhaltenssteuerung einschließt.

Der Schwerpunkt der Reihe liegt auf quantitativen Analysen aktueller Controllingfragen. Hierbei werden formal-analytische ebenso wie empirisch ausgerichtete Arbeiten in Betracht gezogen.

Peter Scherpereel

Risikokapitalallokation in dezentral organisierten Unternehmen

Mit einem Geleitwort von Prof. Dr. Carsten Homburg

Deutscher Universitäts-Verlag

Bibliografische Information Der Deutschen Bibliothek
Die Deutsche Bibliothek verzeichnet diese Publikation in der Deutschen Nationalbibliografie; detaillierte bibliografische Daten sind im Internet über <http://dnb.ddb.de> abrufbar.

Dissertation Universität zu Köln, 2005

1. Auflage Januar 2006

Lektorat: Brigitte Siegel / Stefanie Brich

Der Deutsche Universitäts-Verlag ist ein Unternehmen von Springer Scienec+Business Media.
www.duv.de

Umschlaggestaltung: Regine Zimmer, Dipl.-Designerin, Frankfurt/Main
Druck und Buchbinder: Rosch-Buch, Scheßlitz
Gedruckt auf säurefreiem und chlorfrei gebleichtem Papier
Printed in Germany

ISBN 3-8350-0212-0

Geleitwort

Aufgrund jüngerer gesetzlicher Regelungen gewinnt das Risikomanagement nicht nur in Banken und Versicherungen, sondern auch in Industrieunternehmen immer mehr an Bedeutung. Gesetze wie das KonTraG (Gesetz zur Kontrolle und Transparenz im Unternehmensbereich) in Deutschland und der SOX (Sarbanes–Oxley Act) in den USA sind unmittelbare Reaktionen auf spektakuläre Unternehmenskrisen von Industrieunternehmen. Charakteristisch für die Gesetzgebung zum Risikomanagement in Industrieunternehmen ist es, dass der Fokus dort auf Dokumentations- und Sorgfaltspflichten zum Risikomanagement liegt, um eine bessere Risikotransparenz für Kapitalgeber zu erreichen. Über die konkrete Ausgestaltung des Risikomanagementprozesses sagen die entsprechenden Gesetze wenig. Sie bleibt den Unternehmen überlassen.

Die im Fokus der vorliegenden Dissertationsschrift von Scherpereel stehende Allokation von Risikokapital stellt dabei ein wichtiges Teilproblem des Risikomanagements in dezentralen Organisationen dar. Selbst die wesentlich konkreteren Regelungen zum Risikomanagement im Banken- und Versicherungsbereich (Basel II bzw. Solvency II) lassen hier erheblichen Handlungsspielraum. Die Allokation von Risikokapital stellt deshalb ein Kernelement des Risikomanagements dar, weil sie unmittelbare Konsequenzen für die risikoadjustierte Performancemessung besitzt. Somit beeinflusst sie — unter der Voraussetzung der Anwendung risikoadjustierter Performancemaße — das Investitionsverhalten von Divisionsmanagern. Scherpereel versteht die Allokation von Risikokapital als ein Problem der Gemeinkostenallokation, das sich als kooperatives Spiel modellieren lässt. Dass die Allokation von Risikokapital für eine Division mit Kosten verbunden ist, ergibt sich unmittelbar aus der Tatsache, dass hierfür Zinskosten anzusetzen sind. Sie spiegeln Opportunitätskosten, etwa wegen der Reservierung von Eigenkapital, wider. Der Gemeinkostencharakter ergibt sich aufgrund von Risikodiversifikationseffekten. Die Summe der Divisionsrisiken ist geringer als das zentral vorzuhaltende und daher zu allozierende Risikokapital. Der Hauptaugenmerk der Dissertationsschrift liegt auf der Frage, wie sich Risikokapital in fairer Weise in einer dezentralen Organisation allozieren lässt, wobei der Fairness der Allokation — und damit der Fairness der risikoadjustierten Performancemessung — aus verhaltensorientierter Sicht eine hohe Bedeutung beizumessen ist.

Scherpereel analysiert die Fairnesseigenschaften unterschiedlicher Allokationsverfahren sowohl aus theoretischer als auch aus empirischer Sicht. Hierzu verwendet er im Wesentlichen umfangreiche Simulationsstudien und geschickt designte Experimente. Es zeigt sich, dass aus theoretischer Sicht bedeutende Fairness–Überlegungen in der Empirie kaum eine Rolle bei der Beurteilung von Risikoallokationen spielen. Vielmehr scheint die einfache Nachvollziehbarkeit einer Allokation von herausgehobener Bedeutung. Hierin liegt ein für Theorie und Praxis bedeutendes Ergebnis der vorliegenden Schrift, der ich eine lebhafte Resonanz in der Controlling–Community wünsche.

Prof. Dr. Carsten Homburg

Vorwort

Knapp drei Jahre intensiver Auseinandersetzung mit dem Thema Risikomanagement liegen nun zwischen meinem Eintritt in das Graduiertenkolleg „Theoretische und empirische Grundlagen des Risikomanagements" und dem Verfassen dieses Vorwortes. Diese für mich bisher schönste und prägendste Zeit meines Lebens war gekennzeichnet durch zahlreiche Herausforderungen und die Beschäftigung mit immer wieder neuen Themen. Auf die häufigste Frage, die man als Doktorand gestellt bekommt — „wie viele Seiten hast Du denn schon?" — kann ich nun neben der Standardantwort — „auf die Anzahl der Seiten kommt es nicht an" — endlich eine finale Antwort geben: Sie steht auf der letzten Seite!

Auf das aktuelle Thema der Risikokapitalallokation wurde ich durch meinen Doktorvater und akademischen Lehrer Herrn Prof. Dr. Carsten Homburg aufmerksam. Ihm bin ich zu ganz besonderem Dank verpflichtet, da ich mir keine bessere Betreuung und Unterstützung bei einer Dissertation vorstellen kann. Fördern und Fordern lagen in einem optimalen Verhältnis. Herrn Prof. Dr. Heinrich Schradin möchte ich für die Übernahme des Zweitgutachtens und Herrn Prof. Dr. Thomas Hartmann-Wendels für den Vorsitz der mündlichen Prüfung danken.

Der wichtigste Erfolgsfaktor für das Gelingen dieser Dissertation liegt sicherlich im Umfeld des Graduiertenkollegs. Mein Dank gilt daher der Deutschen Forschungsgemeinschaft (DFG) für die finanzielle Unterstützung und Herrn Prof. Dr. Alexander Kempf für die Einrichtung und Organisation des Graduiertenkollegs. Die zahlreichen fachlichen und manchmal auch nicht-fachlichen Dis(s)kussionen im Rahmen des Graduiertenkollegs haben stark zu meiner persönlichen und fachlichen Entwicklung beigetragen. Dies ist sicherlich auch auf die Interdisziplinarität des Graduiertenkollegs zurückzuführen. Insbesondere hat die Unterstützung der beiden Diplom-Mathematiker Hendrik Kläver und Hendrik Vollrath zum Gelingen der vorliegenden Arbeit beigetragen. Darüber hinaus geht mein Dank ebenfalls an die Kolleg(iat)en Thomas Berry-Stölzle, Daniel Mayston, Felix Müsgens, Nikolaus Wrede sowie die Kolleg(iat)in Michaela Bär.

Ein besonderer Dank gilt auch dem gesamten Team des Seminars für Allgemeine Betriebswirtschaftslehre und Controlling. Hierbei möchte ich insbesondere der „Mutter der Kompanie" Frau Elisabeth Eich für ihren unermüdlichen Einsatz sowie Marcus Berghäuser, Cordula Ebeling, Stefan Henschke, Julia Nasev, Philipp Plank, Jörg Stephan, Asli

Toksal und Matthias Weiss danken. Für Hinweise zum experimentellen Teil meiner Arbeit danke ich Herrn Prof. Dr. Sliwka, Kathrin Pokorny und Ben Greiner. Für die wertvollen Verbesserungsvorschläge in Sachen Orthografie und Interpunktion möchte ich Frau Gisela Wohlrabe ganz herzlich danken.

Unverzichtbar für das Gelingen der Arbeit war insbesondere die psychologische Unterstützung meines privaten Umfeldes. Zuallererst möchte ich meinen Eltern für alles danken, was sie mir mit auf den Weg gegeben haben. Sie waren immer der sichere Hafen in zeitweise unruhigen Zeiten und haben mir so den notwendigen Rückhalt geboten. Ebenfalls danken möchte ich meinem Freundeskreis und hierbei insbesondere Rob Hartigan, Melani Mathur, Jessica Mohs, Richard Pratt und Felix Röhder. Als wichtigster Person zum Schluss möchte ich meiner Freundin Claudia für alles, was sie mir gegeben hat, danken. Schön, dass es Dich gibt!

Peter Scherpereel

Inhaltsverzeichnis

Abbildungsverzeichnis

Tabellenverzeichnis

Abkürzungsverzeichnis

abs.	absolut(-er)
Abs.	Absatz
AG	Aktiengesellschaft
AktG	Aktiengesetz
ASTIN	Actuarial Studies in Non–Life Insurance
BaFin	Bundesanstalt für Finanzdienstleistungsaufsicht
BAKred	Bundesaufsichtsamt für Kreditwesen
BAnz	Bundesanzeiger
bay.	bayerische
BGBl	Bundesgesetzblatt
BilReG	Gesetz zur Einführung internationaler Rechnungslegungsstandards und zur Sicherung der Qualität der Abschlussprüfung
BIS	Bank for International Settlements
CAPM	Capital Asset Pricing Model
CFaR	Cash–Flow–at–Risk
Chr.	Christus
COSO	Committee of Sponsoring Organizations of the Treadway Commission
CVODRV	Corporate Value on Discounted Risk Value
DAX	Deutscher Aktienindex
DCF	Discounted Cash Flow
DFG	Deutsche Forschungsgemeinschaft
DRS	Deutscher Rechnungslegungs Standard
DRSC	Deutsches Rechnungslegungs Standards Committee e.V.
DSR	Deutscher Standardisierungsrat
EaR	Earnings–at–Risk
EG	Europäische Gemeinschaft
ENR	enrolled
et al.	und andere
etc.	et cetera

EU	Europäische Union
EVA	Economic Value Added
f.	folgende (Seite)
ff.	folgende (Seiten)
GAAP	Generally Accepted Accounting Principles
GmbHG	Gesetz betreffend die Gesellschaften mit beschränkter Haftung
HGB	Handelsgesetzbuch
H.R.	House of Representatives
IAS	International Accounting Standards
IDW	Institut der Wirtschaftsprüfer
IFRS	International Financial Reporting Standards
InsO	Insolvenzordnung
Jg.	Jahrgang
KGaA	Kommanditgesellschaft auf Aktien
KonTraG	Gesetz zur Kontrolle und Transparenz im Unternehmensbereich
KWG	Kreditwesengesetz
LPM	Lower Partial Moment
MaH	Mindestanforderungen an das Betreiben von Handelsgeschäften
MaIR	Mindestanforderungen an die Ausgestaltung der Internen Revision
MaK	Mindestanforderungen an das Kreditgeschäft
MaRisk	Mindestanforderungen an das Risikomanagement
Mio.	Million(-en)
MIT	Massachusetts Institute of Technology
Mrd.	Milliarde(-n)
Nr.	Nummer
NV	Normalverteilung
ORSEE	Online Recruitment System for Economic Experiments
PCAOB	Public Company Accounting Oversight Board
Prob.	Wahrscheinlichkeit
PS	Prüfungsstandard
RAPM	risikoadjustiertes Performancemaß
RAROC	Risk Adjusted Return on Capital
RARORAC	Risk Adjusted Return on Risk Adjusted Capital
rel.	relativ(-er)
RGBl	Reichsgesetzblatt
RK	Risikokapital
RKA	Risikokapitalallokation
ROA	Return on Assets

ROCE	Return on Capital Employed
ROE	Return on Equity
ROEC	Return on Economic Capital
ROI	Return on Investment
ROIC	Return on Invested Capital
RONA	Return on Net Assets
RORAC	Return on Risk Adjusted Capital
S.	Seite
SEC	Securities and Exchange Commission
SIAM	Society for Industrial and Applied Mathematics
SOX	Sarbanes–Oxley Act
Sp.	Spalte
Tz.	Textziffer
US	United States of America
usw.	und so weiter
v.	vor
vgl.	vergleiche
Vz.	Vorzugsaktien
WISU	Das Wirtschaftsstudium

Symbolverzeichnis

$1_{\{\cdot\}}$	Indikatorvariable
α	Wahrscheinlichkeit
a	reelle Zahl
arg max	Argument des Maximums
A	Matrix
$\mathcal{A}$	Sigma–Algebra von Ereignissen
β	internes Beta
b	reelle Zahl
c	reelle Zahl
c_i^a	Kosten, die der Division i alloziert wurden
$c_g(\cdot)$	Kostenlückenfunktion
$C(\cdot)$	Kostenfunktion
$CFaR(\cdot)$	Cash–Flow–at–Risk einer Risikoposition
$Cov(\cdot,\cdot)$	Kovarianz zweier Zufallsvariablen
$CVaR(\cdot)$	Conditional Value–at–Risk einer Risikoposition
δ	Korrelationsmatrix von Renditen
δ_N	minimaler Überschuss über alle Koaltionen
ΔVaR	Inkrementeller Value–at–Risk
d	n–dimensionaler Vektor
D	Division
DE	Diversifikationseffekt
$e(K)$	Zeilenvektor der Indikatorfunktion e_i^K für alle $i \in N$
e_i^K	Indikatorfunktion, die anzeigt, ob i Teilmenge von K ist
$E(\cdot)$	Erwartungswert einer Zufallsvariablen
$E(\cdot\|\cdot)$	bedingter Erwartungswert einer Zufallsvariablen
$ES(\cdot)$	Expected Shortfall einer Risikoposition
EVA	Economic Value Added
$f(\cdot)$	Dichtefunktion einer Zufallsvariablen
$F(\cdot)$	Verteilungsfunktion einer Zufallsvariablen

$F^{-1}(\cdot)$	Quantilfunktion einer Zufallsvariablen
γ	Gewichtungsfaktor
$g(\cdot)$	Dichtefunktion einer Zufallsvariablen
$G(\cdot)$	Verteilungsfunktion einer Zufallsvariablen
i	natürliche Zahl
j	natürliche Zahl
k	natürliche Zahl beziehungsweise Vektor von natürlichen Zahlen beziehungsweise Portfoliokombination (kontextabhängig)
k^{opt}	optimale Portfoliokombination
k^*	Portfoliokombination mit Nash–Gleichgewicht
K	Beobachtungszeitraum beziehungsweise Koalition im Sinne einer Menge von Divisionen (kontextabhängig)
λ	Faktor
L	Menge von Divisionen
$LPM_{n,\tau}$	Lower Partial Moment der Ordnung n zur Referenzgröße τ
μ	Erwartungswert einer Zufallsvariablen
$\hat{\mu}$	geschätzter Erwartungswert einer Zufallsvariablen
m	natürliche Zahl
max	Maximum
min	Minimum
n	natürliche Zahl (kontextabhängig inklusive beziehungsweise exklusive der Null)
N	Menge von Divisionen
ω	Ergebnis
Ω	Ergebnismenge
$\varphi(\cdot)$	Wahrscheinlichkeitsdichtefunktion der Standardnormalverteilung
Φ	Abbildung eines Risikokapitalallokationsverfahrens bezüglich eines Risikomaßes R
p	Wahrscheinlichkeit
p_i	Wahrscheinlichkeit dafür, dass die betrachtete Zufallsvariable den i-ten Zustand annimmt
P_{ij}	Portfolio j der Division i
$\mathbb{P}$	Wahrscheinlichkeitsmaß
$\mathcal{P}(\cdot)$	Potenzmenge einer Menge
ρ	Korrelationskoeffizient nach Bravais–Pearson
$\hat{\rho}$	geschätzter Korrelationskoeffizient nach Bravais–Pearson
r	Zinssatz beziehungsweise Rendite
r_f	sicherer Zinssatz

$R(\cdot)$	Risikomaß einer Risikoposition
$\mathbb{R}$	Menge der reellen Zahlen
$RAPM$	risikoadjustiertes Performancemaß
$RAROC$	Risk Adjusted Return on Capital
$RARORAC$	Risk Adjusted Return on Risk Adjusted Capital
RK	Risikokapital
RK^a	Risikokapitalallokationsvektor
RK_i^a	alloziertes Risikokapital der Division i
$RORAC$	Return on Risk Adjusted Capital
RP	Risikopuffer
RV	Risikovolumen
σ_i	Standardabweichung einer Zufallsvariablen
$\hat{\sigma}$	geschätzte Standardabweichung einer Zufallsvariablen
σ_{ij}	Kovarianz zweier Zufallsvariablen
σ^2	Varianz einer Zufallsvariablen
Σ	Kovarianzmatrix
$s(\cdot)$	Überschussfunktion
$Std(\cdot)$	Standardabweichung einer Zufallsvariablen
sup	Supremum
τ	Ausprägung einer Referenzgröße
t	Zeitpunkt
T	Zeitpunkt
$v(\cdot)$	charakteristische Funktion
$Var(\cdot)$	Varianz einer Zufallsvariablen
$VaR(\cdot)$	Value–at–Risk einer Risikoposition
$\widehat{VaR}(\cdot)$	geschätzter Value–at–Risk einer Risikoposition
VaR_i^a	einer Division i allozierter Value–at–Risk
$\mathbf{VaR}$	Spaltenvektor der Value–at–Risk Größen verschiedener Einzelpositionen
x	Realisation der Zufallsvariablen X
x_i	Realisation der diskret verteilten Zufallsvariablen X im i-ten Zustand
X	Zufallsvariable einer Risikoposition
$\mathbf{X}$	Spaltenvektor von Zufallsvariablen einer Risikoposition
$\mathcal{X}$	Menge von Zufallsvariablen
Y	Zufallsvariable einer Risikoposition
z_α	α–Quantil der Standardnormalverteilung

Kapitel 1

Einleitung

In jüngerer Zeit hat das Risikomanagement erheblich an Bedeutung gewonnen, obwohl Risiken seit jeher untrennbar mit unternehmerischer Tätigkeit verbunden sind. Hierfür sind mehrere Faktoren verantwortlich. Ein wichtiger Faktor ist der Prozess der Entstehung weltweiter Märkte im Rahmen der Globalisierung. Auch wenn sich der Beginn dieser Entwicklung nicht exakt datieren lässt, ist es in den letzten Jahren und Jahrzehnten zu einer rasanten Beschleunigung des Globalisierungsprozesses gekommen. Als Folgen der Globalisierung lassen sich eine steigende Komplexität des Wirtschaftsgeschehens und ein zunehmender Konkurrenzdruck zwischen den Unternehmen konstatieren. Dies gilt sowohl für Waren- und Dienstleistungsmärkte auf Absatz- und Beschaffungsseite als auch für Arbeits- und Finanzmärkte. Für das einzelne Unternehmen hat dies Auswirkungen sowohl auf den Ertrag als auch auf das Risiko. In vielen Märkten ist eine Verringerung der Margen festzustellen, was den Ertrag schmälert. Gleichzeitig erhöhen sich jedoch auch die Chancen auf den Märkten. Der Preis hierfür ist ein erhöhtes Risiko, das sich in einer Zunahme der Volatilität manifestiert.[1]

Nicht zuletzt auf Grund der gestiegenen Volatilität der Finanzmärkte kam es in den 90-er Jahren zu spektakulären Unternehmenskrisen. Beispielhaft seien hier die Krisen der Metallgesellschaft AG,[2] der Enron Corporation,[3] der Barings Bank[4] und des Hedge–Fonds Long–Term Capital Management[5] genannt. Auf die genauen Ursachen der einzelnen Unternehmenskrisen sei an dieser Stelle nicht näher eingegangen. Die Krisen führten dazu, dass der Ruf nach einem effektiven und effizienten Risikomanagement lauter wurde. In Deutschland mündete dies in das am 1. Mai 1998 in Kraft getretene Gesetz zur Kon-

---

1 Vgl. zum Beispiel Smithson (1998), S. 2-15, Bartram (2000a), S. 107 oder Gebhardt/Mansch (2001), S. 1-4.

2 Zum Fall der Metallgesellschaft vgl. die Darstellungen bei Culp/Miller (1995), Mello/Parsons (1995), Spremann/Herbeck (1997) und Kropp (1999), S. 15-123.

3 Einen Überblick über den Enron–Fall geben Benston/Hartgraves (2002) und Powers/Troubh/Winokur (2002).

4 Vgl. hierzu den Bericht der Bank of England (1995).

5 Hierzu existiert ein Untersuchungsbericht einer Arbeitsgruppe des amerikanischen Präsidenten. Vgl. The President's Working Group on Financial Markets (1999).

trolle und Transparenz im Unternehmensbereich (KonTraG).[6] Analog trat in den USA am 30. Juli 2002 der Sarbanes–Oxley Act mit der Unterzeichnung durch den amerikanischen Präsidenten in Kraft.[7] Beiden Gesetzesquellen gemein sind eine Verschärfung der Haftung von Unternehmensverantwortlichen sowie erhöhte Anforderungen an die Dokumentation und Veröffentlichung von Informationen bezüglich der Unternehmensrisiken. Darüber hinaus wird jeweils explizit ein System zur Überwachung von Risiken gefordert.

Mit Blick auf die Finanzmärkte wurden in den letzten Jahrzehnten zahlreiche neue und immer komplexere Finanzinstrumente entwickelt. Ermöglicht wurde dies insbesondere durch eine Revolution der Informations- und Kommunikationstechnologie.[8] Informationen sind dadurch weltweit, nahezu verzögerungsfrei und in zunehmend großen Mengen verfügbar. Weiterhin ermöglicht die neue Technologie überhaupt erst die Nutzung komplexerer Methoden beispielsweise zur Bewertung exotischer Finanzinstrumente. Mit den für Unternehmen hierdurch eröffneten Möglichkeiten zur Absicherung und Spekulationen haben sich jedoch gleichzeitig auch die Risiken deutlich erhöht.

Die skizzierte Entwicklung führte in ihrer Gesamtheit zu einem erheblichen Bedeutungszuwachs des Risikomanagements in den letzten beiden Jahrzehnten. Dabei ist der Prozess der Verbesserung und Neuentwicklung von Methoden und Instrumenten keineswegs abgeschlossen. Lagen die Forschungsbemühungen in der Vergangenheit insbesondere auf Aspekten der Risikobewertung, so richtet sich der Fokus in den letzten Jahren vermehrt auf die Steuerung von Risiken.[9] Ein bedeutendes Instrument des Risikomanagements, das den Untersuchungsgegenstand dieser Arbeit darstellt und sowohl Elemente der Risikobewertung als auch der Risikosteuerung in sich vereinigt, ist die Risikokapitalallokation. Hierunter versteht man die Aufteilung eines Kapitalbetrages, der vom Unternehmen notwendigerweise vorgehalten werden sollte, um mögliche Verluste des Unternehmens zu kompensieren. Wie sich noch zeigen wird, kommt diesem Instrument insbesondere auf Grund ökonomischer und gesetzlicher Notwendigkeiten eine große Bedeutung zu.

6 Die zentralen Forderungen des KonTraG sind Risikofrüherkennung und Risikotransparenz. Neben einer Erweiterung von Haftungs-, Prüfungs- und Berichtspflichten wurde in § 91 Abs. 2 AktG der Vorstand einer Aktiengesellschaft dazu verpflichtet, „geeignete Maßnahmen zu treffen, insbesondere ein Überwachungssystem einzurichten, damit den Fortbestand der Gesellschaft gefährdende Entwicklungen früh erkannt werden". Vgl. hierzu Abschnitt 2.1.2.3, S. 24 ff.

7 Vgl. hierzu im Näheren Abschnitt 2.1.2.3, S. 24 ff.

8 Gemäß dem Mooreschen Gesetz, das nach dem Gründer des Chipherstellers Intel benannt ist, verdoppelt sich die Transistorendichte in integrierten Schaltungen alle 18 Monate. Darauf aufbauend verallgemeinert Kurzweil (2001) das Gesetz, in dem er postuliert, dass sich die Rechenleistung eines in Computer investierten Betrages von USD 1.000 exponentiell entwickelt. Einen kompakten Überblick zur Entwicklung der Computertechnik geben Stahlknecht/Hasenkamp (2005).

9 Näheres zur Risikobewertung und Risikosteuerung als Teile des Risikomanagementprozesses findet sich in Abschnitt 2.1.2.2, S. 16 ff.

1.1 Problemstellung und Untersuchungsziel

Ausgangspunkt der Arbeit ist die dezentrale Organisation komplexer Unternehmen. Wie noch gezeigt werden wird, führt dies zu der Notwendigkeit einer Koordination von Entscheidungen im Unternehmen. Das Instrument der Risikokapitalallokation soll die Unternehmensleitung hierbei unterstützen.

Unter Risikokapital ist ein Kapitalbetrag zu verstehen, der notwendig ist, um unerwartet auftretende Verluste des Unternehmens zu kompensieren.[10] Hält das Unternehmen dem Risikokapital entsprechende Risikopuffer vor, lässt sich damit die Wahrscheinlichkeit einer Insolvenz auf ein festgelegtes Niveau beschränken. Die Aufteilung des für das gesamte Unternehmen quantifizierten Risikokapitals auf Teilbereiche des Unternehmens wird als Risikokapitalallokation bezeichnet.[11] Eine solche Aufteilung kann dabei zwei Funktionen dienen.

Zum einen kann sie zum Zwecke der Risikosteuerung erfolgen. Hierbei steht die Optimierung der Rendite–Risiko–Position eines Unternehmens im Vordergrund. Gleichzeitig geht es darum, Risiken über Risikolimite zu begrenzen. Zum anderen kann die Allokation zum Zwecke der Performancemessung einzelner Unternehmensbereiche erfolgen. Hierbei sollen die Kosten für das Vorhalten der Risikopuffer verteilt werden, damit die Performance der Teilbereiche risikoadäquat beurteilt werden kann. Unternehmensbereiche, die einen hohen Beitrag zum Gesamtrisiko des Unternehmens erbringen, sollen mit höheren Kosten belastet werden als Bereiche, die einen geringeren Risikobeitrag leisten. Im Rahmen dieser beiden Funktionen kann die Risikokapitalallokation wichtige Beiträge zum Beispiel für die Risikokommunikation, die Risikolimitierung, für Performancevorgaben, (Des-)Investitionsentscheidungen oder Preisentscheidungen liefern.[12]

Die vorhandene Literatur trifft keine Unterscheidung des Risikokapitalbegriffs in Abhängigkeit seiner konkreten Funktion. Arbeiten, in denen die Risikosteuerung im Vordergrund steht,[13] sprechen von einer Risikokapitalallokation ebenso wie Arbeiten, in denen die Performancemessung von Interesse ist.[14] Die Risikosteuerung erfolgt ex ante, das heißt zeitlich vor einem Geschäftszeitraum. Zur begrifflichen Unterscheidung wird daher im Folgenden von einer Allokation von Risikolimiten gesprochen. Im Gegensatz dazu erfolgt die

10 In der Regel handelt es sich hierbei um notwendiges Eigenkapital. Wie später zu zeigen ist, kann es sich dabei jedoch auch um Teile des Fremdkapitals handeln. Eine genauere, der Arbeit zu Grunde liegende Abgrenzung des Begriffs Risikokapital findet sich in Abschnitt 3.1.2.1, S. 84 ff.

11 Vgl. in ähnlicher Weise Marvin (1996), S. 1. Für genauere Ausführungen zur Abgrenzung des Begriffs der Risikokapitalallokation vgl. Abschnitt 3.1.2.2, S. 87 ff.

12 Vgl. Homburg/Scherpereel (2005b). Einen Überblick über die Anwendungsbereiche der Risikokapitalallokation geben Matten (2000), S. 148, Stoughton/Zechner (2000a), S. 882, Hall (2002), S. 33.

13 Vgl. beispielsweise Hagen/Jakobs (1995), Lister (1997), S. 187 ff., Baud et al. (2000), Straßberger (2002), Theiler (2002), Dresel (2003) oder Laeven/Goovaerts (2003, 2004).

14 Vgl. zum Beispiel Kimball (1998), Jovic (1999), Kinder (1999), Homburg/Scherpereel (2005a) oder Koryciorz (2004).

Performancemessung ex post, also nach Beendigung eines Geschäftszeitraums. Dabei werden Risikoanteile am Gesamtrisiko auf Unternehmensbereiche alloziert. Der Begriff der Risikokapitalallokation soll als Oberbegriff für die ex ante und ex post Allokation dienen. Das Risikokapital selbst bezeichnet die hierbei aufzuteilende Größe. Unabhängig von der beabsichtigten Funktion verläuft die Risikokapitalallokation in zwei Schritten:[15]

1. Bestimmung des notwendigen Risikokapitals für das Gesamt–Unternehmen.
2. Allokation des im vorangegangenen Schritt quantifizierten Risikokapitals auf Teilbereiche des Unternehmens.

Der erste Schritt ist ein Problem der Risikomessung. Es geht darum, ein geeignetes Maß für das betrachtete Risiko zu spezifizieren. Im zweiten Schritt geht es um die konkrete Aufteilung des gesamten Risikokapitals auf Teilbereiche des Unternehmens. Das gesamte Risikokapital eines Unternehmens ist grundsätzlich geringer als die Summe des notwendigen Risikokapitals seiner Teilbereiche.[16] Der Grund hierfür sind Diversifikationseffekte. Das Problem der Risikokapitalallokation ist somit ein Problem der Verteilung von Diversifikationseffekten.[17] Wie sich zeigen wird, werden in der Literatur zahlreiche Möglichkeiten zur Allokation von Risikokapital vorgeschlagen. Von einer zufrieden stellenden Lösung ist man in Theorie und Praxis bislang jedoch noch weit entfernt.[18]

Als zentraler Untersuchungsgegenstand sollen in dieser Arbeit daher Verfahren zur Risikokapitalallokation eingehend untersucht werden. Hierbei stehen insbesondere in der Literatur bislang kaum beachtete Aspekte der Fairness im Vordergrund. Die Untersuchung erfolgt im Hinblick auf wünschenswerte Eigenschaften, die ein Verfahren zur Risikokapitalallokation erfüllen soll. Der Fokus liegt dabei auf der Funktion der Performancemessung, die ex post stattfindet. Bezüglich des Einsatzes der Risikokapitalallokation in der Praxis existieren bis dato so gut wie keine empirischen Daten. Diese Lücke soll mit der vorliegenden Arbeit zum Teil geschlossen werden. Die Ziele der Arbeit lassen sich wie folgt darstellen:

1. Umfassende und systematische Darstellung des Instruments der Risikokapitalallokation.

---

15 Vgl. Burmester/Hille/Deutsch (1999), S. 416, Jovic (1999), S. 121 f., Hille/Burmester/Otto (2000), S. 194, Dowd (2001), S. 203, Laeven/Goovaerts (2004), S. 2, Goovaerts/van den Borre/Laeven (2005), S. 3.

16 Dies setzt eine geeignete Definition des Risikokapitalbegriffs voraus, bei der sich das Risikokapital subadditiv verhält. Vgl. hierzu Abschnitt 3.1.2.1, S. 84 ff.

17 Vgl. Denault (2001), S. 1. Kimball (1997) nennt dieses Problem das „Adding–Up"–Problem. Die Allokation von Gemeinkosten ist eng verwandt mit dem hier dargestellten Problem. Für eine Gegenüberstellung beider Problembereiche vgl. Abschnitt 3.1.2.2, S. 87 ff.

18 Vgl. Dresel/Härtl/Johanning (2002), S. 7.

2. Allgemeine Modellierung der Risikokapitalallokation zur theoretischen Untersuchung im Hinblick auf Fairness und Steuerungsaspekte im Rahmen der ex post Performancemessung.[19]
3. Untersuchung der gegenwärtigen Praxis des Instruments der Risikokapitalallokation.
4. Empirische Untersuchung der Verfahren zur Risikokapitalallokation im Hinblick auf Fairnessaspekte mittels experimenteller Methoden.
5. Ableitung von Handlungsempfehlungen für das Management.

Derzeit findet die Risikokapitalallokation insbesondere Anwendung in Finanzunternehmen. Auf Grund einer schon seit längerem bestehenden staatlichen Regulierung[20] sind Theorie und Praxis der Risikokapitalallokation in Banken bislang am weitesten vorangeschritten.[21] Sowohl für Versicherungen als auch für Banken ist die Risikokapitalallokation von besonderem Interesse, da die Kunden dieser Unternehmen (Versicherungsnehmer, Anleger etc.) zugleich Fremdkapitalgeber sind und daher ein vitales Interesse an einer Risikobegrenzung haben.[22] In Industrie- und Handelsunternehmen gibt es dagegen bislang nur vereinzelte Ansätze einer Risikokapitalallokation.[23] Da die weitere Darstellung methodischer Natur ist, erfolgt sie weitgehend unabhängig von einer bestimmten Branche. An Stellen, an denen dies sinnvoll erscheint, werden Anwendungsbezüge zu Banken sowie teilweise zu Industrie- und Handelsunternehmen hergestellt. Auf einen Anwendungsbezug zu Versicherungsunternehmen wird im Rahmen dieser Arbeit verzichtet.

1.2 Gang der Untersuchung

Die Arbeit ist einschließlich der Einleitung in sechs Kapitel untergliedert. Abbildung 1.1 verdeutlicht das weitere Vorgehen. Den jeweiligen Kapiteln sind in dieser Abbildung die zuvor in Abschnitt 1.1 genannten fünf Ziele zugeordnet. Die einzelnen Kapitel verfolgen das Erreichen des jeweiligen Zieles als Zweck.

In *Kapitel 2* werden die Grundlagen des Risikomanagements dargestellt. Zunächst werden dazu der dieser Arbeit zu Grunde gelegte Risikobegriff und die Begriffe Risikomanagement und Risikocontrolling voneinander abgegrenzt. Dabei wird der Prozess des Risikomanagements dargestellt und die Notwendigkeit eines Risikomanagements auf

[19] Die Vorgabe eines Performancemaßes hat immer auch Auswirkungen auf zu treffende Entscheidungen. Daher sind die Funktionen Performancemessung und Risikosteuerung eng miteinander verknüpft und nicht sauber zu trennen. Vgl. hierzu im Näheren Abschnitt 3.2.1.3, S. 102 ff.

[20] Siehe hierzu Abschnitt 3.2.2, S. 104 ff.

[21] Vgl. Graumann/Baum (2003), S. 422-423.

[22] Vgl. zu diesem sowie weiteren Argumenten für die Versicherungsbranche Cummins (2000), S. 7, und für die Bankbranche Merton/Perold (1993), S. 16-17.

[23] Vgl. Tierny/Smithson (2003) zur Anwendung beim französischen Unternehmen Michelin. Unter Industrie- und Handelsunternehmen sollen im Weiteren alle Unternehmen verstanden werden, die nicht der Finanz- und Versicherungsbranche angehören.

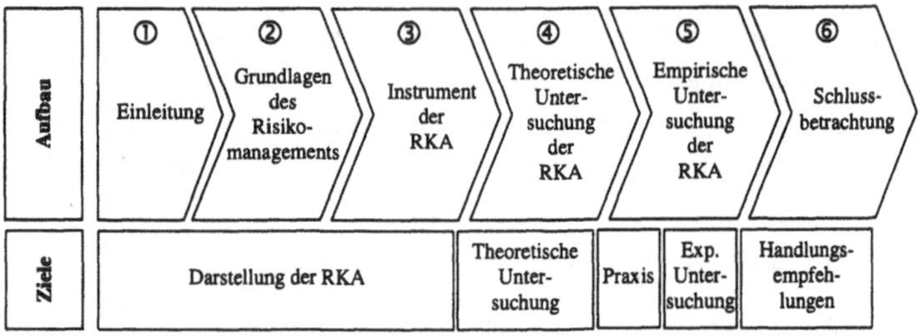

Abbildung 1.1: Aufbau und Ziele der Arbeit

Unternehmensebene diskutiert. Da die Messung von Risiken die Grundlage der Risikokapitalallokation bildet, werden zunächst Anforderungen an ein Risikomaß dargestellt. Im Anschluss daran werden zwei der meist verwendeten Risikomaße, welche auch in der Arbeit Verwendung finden sollen, diskutiert. Nach einer allgemeinen Darstellung beider Maße werden etwaige Kohärenzeigenschaften gezeigt und die Maße abschließend beurteilt. Im letzten Abschnitt des Grundlagenteils werden die drei risikoadjustierten Performancemaße EVA, RORAC und RAROC eingehend erläutert.

Ein umfassender Überblick über das Instrument der Risikokapitalallokation wird in *Kapitel 3* gegeben. Der erste Abschnitt dieses Kapitels befasst sich allgemein mit den Grundlagen der Risikokapitalallokation. Daran anschließend werden die Funktionen der Risikokapitalallokation aus unterschiedlichen Perspektiven untersucht. Im nächsten Abschnitt werden die „Stellschrauben", die dem Management bei der Allokation von Risikokapital zur Verfügung stehen, erläutert. Abschließend wird auf die Bestimmung der Risikotragfähigkeit eingegangen und ein kurzes Zwischenfazit gezogen.

Eine theoretische Auseinandersetzung mit dem Instrument der Risikokapitalallokation erfolgt in *Kapitel 4*. Nach der Erläuterung der benötigten spieltheoretischen Konzepte wird die Risikokapitalallokation sowohl als kooperatives als auch als nicht–kooperatives Spiel modelliert. Im Anschluss daran werden ausgewählte Verfahren zur Risikokapitalallokation untersucht. Im Rahmen der spieltheoretischen Modelle werden Fairness- und Steuerungseigenschaften mittels einer Simulation analysiert.

Kapitel 5 bildet den empirischen Teil der Arbeit. Der erste Abschnitt befasst sich mit der aktuellen Praxis der Risikokapitalallokation im Bankgewerbe. Nach einem Überblick über bereits existierende Umfragen werden die Ergebnisse einer für diese Arbeit durchgeführten Umfrage unter deutschen Banken präsentiert. Im zweiten und dritten Abschnitt dieses Kapitels wird die Risikokapitalallokation mittels experimenteller Methoden analysiert. Die Untersuchungen erfolgen dabei im Rahmen eines Hörsaal- und Gruppen–Experiments. Der erstmalige Einsatz solcher Methoden auf diesem Themengebiet soll

Einblicke in die von Beteiligten empfundene Fairness bei Variation einzelner Allokationsverfahren geben.

Die Arbeit schließt in *Kapitel 6* mit einer Zusammenfassung der Ergebnisse in Form konkreter Handlungsempfehlungen für die Unternehmensführung. Ferner wird ein kurzer Ausblick auf die weitere Entwicklung des Instruments der Risikokapitalallokation gegeben.

Kapitel 2

Grundlagen des Risikomanagements

„Markets look a lot less efficient from the banks of the Hudson than from the banks of the Charles.“ [24]

Fischer S. Black, amerikanischer Ökonom, 1938–1995

Ziel dieses Kapitels ist es, zentrale Begriffe und Konzepte der Arbeit abzugrenzen und zu erläutern. Besonders im Bereich des Risikomanagements und -controlling existieren im Schrifttum sehr viele unterschiedliche Auffassungen und Verständnisse der zentralen Begriffe. Es ist daher notwendig, ein dieser Arbeit zu Grunde liegendes Verständnis der Begrifflichkeiten zu entwickeln. Im ersten Abschnitt werden die Begriffe Risiko, Risikomanagement und Risikocontrolling erläutert. Der darauf folgende Abschnitt beschäftigt sich mit der Messung von Risiken. Abschließend werden im dritten Abschnitt drei risikoadjustierte Performancemaße vorgestellt.

2.1 Risiko und Risikomanagement

2.1.1 Risikobegriff

Bereits in der Einleitung wurde mehrmals der Begriff „Risiko“ verwendet, ohne diesen jedoch genauer abzugrenzen.[25] Die umgangssprachliche Verwendung des Risikobegriffs weist ein unklare Bedeutung auf, die eine Begriffsabgrenzung angebracht erscheinen lässt.[26]

---

[24] Geographische Anmerkung: Das Massachusetts Institute of Technology (MIT), an dem die Theorie des bekannten Black–Scholes–Modells entwickelt wurde, liegt am Charles–River, während die New Yorker Börse, die Wall–Street, am Hudson–River liegt.

[25] Das deutsche Wort Risiko leitet sich vom frühitalienischen Wort *risicare* ab und bedeutet soviel wie *wagen*.

[26] Zur Ideengeschichte des Risikobegriffs vgl. Bernstein (1998). Einen Überblick über unterschiedliche Risikoauffassungen geben Streitferdt (1973), S. 5 ff., und Braun (1984), S. 21-30.

Unternehmerisches Handeln und das Eingehen von Risiken sind untrennbar miteinander verbunden, so dass Risiken einen Wesensbestandteil von Unternehmen ausmachen.[27] Entscheidungen weisen dabei grundsätzlich einen Zukunftsbezug auf, der durch Mehrdeutigkeit geprägt ist.[28] Risiken entstehen allgemein auf Grund eines unzureichenden Informationsstandes des Entscheiders. Als Folge der Risiken kann es zu einer Verfehlung unternehmerischer Ziele kommen.[29] Es wird im Weiteren davon ausgegangen, dass sich für die zukünftigen, unsicheren Ergebnisse subjektive oder objektive Wahrscheinlichkeiten bestimmen lassen, so dass sich eine Wahrscheinlichkeitsverteilung (zum Beispiel in Form einer Verteilungsfunktion) spezifizieren lässt.[30] Risiko wird dann durch einen Teil oder die gesamte Wahrscheinlichkeitsverteilung eines unsicheren Ergebnisses beschrieben.

In der Betriebswirtschaft existieren zwei verschiedene Ausprägungen des Risikobegriffs. Der asymmetrische Risikobegriff — auch Risiko im engeren Sinne genannt — wird traditionell in der Versicherungsbetriebslehre verwendet. Dort wird Risiko als ein Verlust– oder Schadenspotenzial (Shortfall) verstanden. Von Interesse sind somit nur die negativen Abweichungen von einem vorgegebenen Referenzwert, wie zum Beispiel dem Erwartungswert. Der asymmetrische Risikobegriff wurde als Grundlage im KonTraG verwendet.[31]

Im Gegensatz dazu steht der symmetrische Risikobegriff (auch Risiko im weiteren Sinne genannt), der in der Kapitalmarkttheorie vorherrscht. Hier wird Risiko als die Streuung einer Größe gesehen. Risiko wird somit sowohl als negative als auch als positive Abweichung[32] von einem Referenzwert gesehen.[33] Diese Sichtweise fand insbesondere durch die Portfoliotheorie von Markowitz[34] in der Betriebswirtschaftslehre Verbreitung. Es zeigt sich die enge Verknüpfung von Chancen und Risiken. Mit einer Modifikation der Risikoposition werden grundsätzlich auch die Chancen beeinflusst.

---

27 Vgl. Segelmann (1959), S. 5-7, Schneider (1995), S. 24-36, Rogler (2002), S. 1.

28 Vgl. Burger/Buchhart (2002), S. 1.

29 Vgl. Lister (1997), S. 5, Albrecht (1998a), S. 2, Schradin (1998), S. 101-102, Burger/Buchhart (2002), S. 1, Korycíorz (2004), S. 9.

30 Lassen sich solche Wahrscheinlichkeiten nicht bestimmen, so spricht die Entscheidungstheorie von Ungewissheit. Vgl. Knight (1921), S. 19-20, Keynes (1921), Laux (2005), S. 23. Dieser Fall von Unsicherheit wird in den weiteren Darstellungen keine Rolle spielen. In den genannten Quellen ist Unsicherheit ein Oberbegriff für Risiko und Ungewissheit. Im Rahmen dieser Arbeit sollen die Begriffe synonym verwendet werden. Einen kurzen Überblick zur Thematik objektiver und subjektiver Wahrscheinlichkeiten geben Oehler/Unser (2002), S. 11.

31 Vgl. Kromschröder/Lück (1998), S. 1573.

32 Bei einer potenziell positiven Abweichung spricht man auch von einer Chance.

33 Risiko bezeichnet also die unerwartete Abweichung vom Referenzwert. Wird beispielsweise sicher ein Verlust erwartet, so besteht kein Risiko. Erst bei einem unsicheren Verlust spricht man von Risiko. Vgl. hierzu in Bezug auf das Wechselkursrisiko Adler/Dumas (1984), S. 42.

34 Harry M. Markowitz wurde für seine bahnbrechende Arbeit (Markowitz, 1952) im Jahre 1990 zusammen mit Merton H. Miller und William F. Sharpe der Bank of Sweden Prize in Economic Sciences in Memory of Alfred Nobel verliehen.

Betriebliche Risiken	Marktrisiken		Kreditrisiken	Operative Risiken
	Preisrisiken	Mengenrisiken		
• Verschlechterung der Leistungserstellung • Strategische Fehler	• Zinssatz • Wertpapierkurs • Wechselkurs • Rohstoffpreis • Absatzpreis	• Nachfrage nach Produkten • Ausschreibungen	• Pre–Settlementrisiken • Settlementrisiken	• Menschliche Risiken • Prozessrisiken • Systemrisiken • Externe Risiken

Tabelle 2.1: Kausale Risikokategorisierung[35]

Häufig wird im Kontext der Risikokapitalallokation der asymmetrische Risikobegriff zu Grunde gelegt.[36] Risiko ist somit die Gefahr von unerwartet negativen Abweichungen einer Zielgröße von einem vorgegebenen Referenzwert.[37] Als Zielgrößen kommen dabei Zahlungsströme, Vermögensgrößen, deren absolute Veränderungen oder Veränderungsraten in Frage. Als Referenzwerte können beispielsweise in Finanzkontrakten vereinbarte Beträge, erwartete Beträge, ursprünglich eingesetzte Vermögen, Alternativverzinsungen oder aktuelle Marktwerte einer Vermögensgröße dienen.[38]

Es existieren zahlreiche Kategorisierungen von Risiken.[39] Für die weitere Darstellung sind zwei Risikokategorisierungen wichtig. Im Sinne der bereits oben genannten Unterscheidung, sollen Risiken ihrer Herkunft und ihrer Wirkung nach untergliedert werden. Tabelle 2.1 zeigt zunächst eine Risikokategorisierung, welche die Risiken ihrer Herkunft nach einteilt (kausale Dimension). Risiken lassen sich kausal demnach in betriebliche Risiken, Marktrisiken, Kreditrisiken und operative Risiken untergliedern. Unter betrieblichen Risiken versteht man „alle Formen der zeitlichen, qualitativen oder mengenmäßigen Verschlechterung der Leistungserstellung".[40] Ein Beispiel hierfür sind Betriebsunterbrechungen in Folge von Streiks oder Maschinenausfall. Weiterhin fallen hierunter strategische Risiken, die zum Beispiel aus Entscheidungen bezüglich Forschung und Entwicklung, Standortwahl oder Fusionen resultieren. Marktrisiken lassen sich in Preisrisiken und Mengenrisiken untergliedern. Preisrisiken können sowohl handelbar als auch nicht handelbar sein. Mengenrisiken können aus Nachfrageschwankungen resultieren oder auf Grund der Unsi-

35 In Anlehnung an Homburg/Stephan (2004), S. 314, Homburg/Stephan/Haupt (2005), S. 1070, und RiskMetrics Group (1999), S. 5.
36 Eine Abweichung hiervon wird im Folgenden jeweils explizit kenntlich gemacht.
37 Vgl. die ähnliche Definition Bitz (1993), S. 642.
38 Vgl. Oehler/Unser (2002), S. 21.
39 Vgl. Lister (1997), S. 6 ff., Albrecht (1998a), S. 3, KPMG (1998), S. 18, Crouhy/Galai/Mark (2001), S. 34 ff., Gebhardt/Mansch (2001), S. 23 ff., Oehler/Unser (2002), S. 14 f., Büschgen/Börner (2003), S. 270 ff., Schierenbeck (2003a), S. 3 ff., Diederichs/Form/Reichmann (2004), S. 190.
40 Gebhardt/Mansch (2001), S. 25.

cherheit bei öffentlichen Ausschreibungen über eine Zuteilung beziehungsweise über die Höhe der Zuteilung entstehen. Kreditrisiken untergliedern sich in Pre–Settlementrisiken und Settlementrisiken.[41] Erstere bezeichnen die Möglichkeit, dass die Gegenpartei vor Eintritt des Fälligkeitsdatums ihren Vertragsverpflichtungen nicht nachkommt. Diese Risiken können sehr langfristig wirken, vom Zeitpunkt der Vertragsunterzeichnung bis zum eigentlichen Settlement. Settlementrisiken bezeichnen dagegen die Möglichkeit, dass die Gegenpartei zum Fälligkeitsdatum ihren Vertragsverpflichtungen nicht nachkommt.[42] Sie bestehen ab dem Zeitpunkt, an dem eine Partei eine Zahlung leistet, bis zu dem Zeitpunkt, an dem die Gegenpartei ihre Zahlung leistet. Für die letzte Risikokategorie, das operative Risiko, existiert keine allgemein anerkannte Definition.[43] Hier soll operatives Risiko menschliches Risiko, Prozessrisiko, Systemrisiko und externes Risiko zusammenfassen. Menschliches Risiko besteht beispielsweise durch potenziellen Betrug oder menschliches Versagen. Prozessrisiko entsteht dagegen durch mangelhaft geplante oder implementierte Prozesse. Systemrisiko kann durch Systemfehler zum Beispiel in Form von Programmfehlern entstehen. Unter externe Risiken fallen beispielsweise Naturkatastrophen, Diebstahl, terroristische Bedrohungen, juristische und politische Risiken.

Die dargestellte Risikokategorisierung zeigt, dass eine trennscharfe Einteilung der Risiken kaum möglich ist. Insbesondere die Kategorien des betrieblichen Risikos und des operativen Risikos weisen gegenseitig und mit anderen Kategorien zahlreiche Überlappungen auf. Ein plötzlich ansteigender Preis eines für die Produktion notwendigen Rohstoffes kann sowohl ein strategischer Fehler auf Grund eines strategischen Hedging–Verzichts als auch ein handelbares Preisrisiko sein. Ebenfalls ist die Trennung von Preis– und Mengenrisiken schwierig. Ein Nachfrageausfall kann zum Beispiel auch auf Grund zu hoher, nicht realisierbarer Preise zustande kommen. Im Zweifel sollten die Risiken nach der originären Kausalität zugeordnet werden, was jedoch auch nicht immer möglich ist.

Dieses Risikoraster ist sowohl auf Finanzunternehmen als auch auf Industrie– und Handelsunternehmen anwendbar. In diesen beiden Branchen haben die einzelnen Risikokategorien jedoch ein unterschiedliches Gewicht. Für Finanzunternehmen sind beispielsweise handelbare Marktpreisrisiken und Kreditrisiken zentral, während in Industrie– und Handelsunternehmen betriebliche und nicht handelbare Marktrisiken (zum Beispiel Mengenrisiken) einen hohen Stellenwert besitzen.[44]

---

41 Vgl. Jorion (2003), S. 394 ff.

42 Settlementrisiken werden in Anlehnung an den bekannten Bankenkonkurs auch Herstatt–Risiken genannt. Vgl. Jorion (2003), S. 632.

43 Vgl. Jorion (2003), S. 537 ff. Häufig wird in diesem Zusammenhang auch vom operationellen Risiko gesprochen. Hier soll jedoch der Begriff operatives Risiko weiter verwendet werden. Die hier dargestellte Definition geht auf die British Bankers' Association (1999) zurück.

44 Vgl. Homburg/Stephan (2004), S. 314. Versicherungen seien an dieser Stelle auf Grund ihrer Spezifika ausgenommen.

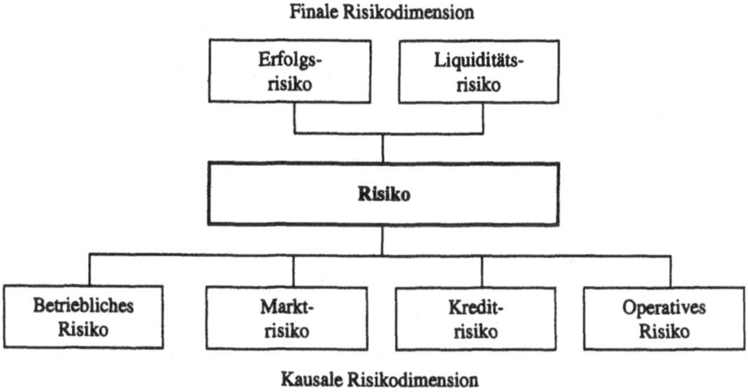

Abbildung 2.1: Klassifizierung von Risiken

Die zweite wichtige Kategorisierung unterteilt die Risiken ihrer Wirkung nach (finale Dimension). Demnach lassen sich Erfolgsrisiken und Liquiditätsrisiken unterscheiden.[45] Erfolgsrisiken haben Auswirkungen auf die Gewinn- und Verlustrechnung des betrachteten Unternehmens. Zum einen können sich dadurch Aufwendungen erhöhen oder Erträge verringern. Liquiditätsrisiken wirken dagegen auf den Zahlungsmittelbestand.[46] Durch Schlagendwerden dieser Risiken vermindern sich Einzahlungen oder erhöhen sich Auszahlungen. Es ist offensichtlich, dass diese Kategorisierung ebenfalls nicht trennscharf ist, da zahlreiche Risiken sowohl den Erfolg als auch die Liquidität beeinflussen können.[47] Dennoch macht diese Unterteilung Sinn, da kontextabhängig auf den jeweilig wichtigen Aspekt abgestellt werden kann. Abbildung 2.1 fasst noch einmal abschließend die beiden dargestellten Risikoklassifikationen zusammen.

2.1.2 Management und Controlling von Risiken

2.1.2.1 Begriffliche Abgrenzung

In der Literatur werden die Begriffe Risikomanagement und Risikocontrolling nicht einheitlich verwendet.[48] Daher soll im Rahmen dieser Arbeit auf eine häufiger im Schrifttum vorzufindende Abgrenzung Bezug genommen werden.

45 Vgl. Albrecht (1998a), S. 3, Schierenbeck (2003a), S. 4-5.
46 Zur Liquidität vgl. Abschnitt 3.4.2, S. 133 ff.
47 Die Gefahr einer Preiserhöhung zur Produktion notwendiger Rohstoffe stellt in Industrieunternehmen grundsätzlich sowohl ein Liquiditätsrisiko als auch ein Erfolgsrisiko dar. Die Gefahr potenziell außerordentlicher Abschreibungen auf im Anlagevermögen befindliche Vermögensgegenstände stellt dagegen zunächst einmal nur ein Erfolgsrisiko dar.
48 Vgl. Bartram (1999), S. 16, Burger/Buchhart (2002), S. 9, Diederichs (2004), S. 10.

Controlling lässt sich zunächst allgemein als die Bereitstellung von Informationen zur Koordination einer Unternehmung in Bezug auf ein übergreifendes Gesamtziel beschreiben.[49] Unter Koordination versteht man dabei die Abstimmung von Einzelaktivitäten.[50] Die Notwendigkeit der Koordination ergibt sich dabei aus Interdependenzen.[51] In Bezug auf das *Risikocontrolling* als Teilbereich des Controlling resultiert diese Notwendigkeit vornehmlich aus Sachinterdependenzen in Form eines Risikoverbundes (Risikointerdependenzen) und Verhaltensinterdependenzen.[52]

Risikointerdependenzen liegen vor, wenn stochastische Abhängigkeiten zwischen den Erfolgen von einzelnen Unternehmensbereichen bestehen.[53] Konkret bedeutet dies, dass die Veränderung des Gesamtrisikos durch das operative Geschäft eines Bereiches vom operativen Geschäft anderer Bereiche abhängt. Ein Koordinationsbedarf ergibt sich dann, wenn die Entscheider nicht risikoneutral sind und ihre Risikopräferenz am Risiko des Unternehmens anknüpft.[54]

Verhaltensinterdependenzen (personelle Interdependenzen) entstehen dadurch, dass ein Unternehmen nicht als Ganzes entscheidet, sondern typischerweise die Entscheidungskompetenzen dezentral delegiert sind.[55] Durch diese Delegation entstehen jedoch auch Informationsasymmetrien zwischen der Zentrale und den Geschäftsbereichen, die bei einer Koordination berücksichtigt werden müssen und die durch Berichterstattungspflichten vermindert werden können. Verschärft wird das Problem jedoch durch etwaig bestehende Zielkonflikte zwischen Zentrale und Geschäftsbereichen. Diese Zielkonflikte können durch verschiedene Zielfunktionen, unterschiedliche Risikoeinstellungen und Synergieeffekte begründet sein.[56] Eine Koordination als Aufgabe des Risikocontrolling ist somit insbesondere dann erforderlich, wenn Interessenkonflikte und eine asymmetrische Informationsverteilung gleichzeitig vorliegen.[57] Ausgehend von den vorgenannten Erläuterungen obliegt dem Risikocontrolling die Bereitstellung von Informationen über alle relevanten Risiken und die zieladäquate Koordination aller mit diesen Risiken in Zusammenhang stehenden Maß-

49 Vgl. Homburg (2001), S. 6.
50 Vgl. Frese (1975), Sp. 2263.
51 Einen umfassenden Überblick über Interdependenzen geben Laux/Liermann (2005), S. 191 ff., und Ewert/Wagenhofer (2005), S. 402.
52 Vgl. Kropp (1999), S. 131, wobei hier von Risikointerdependenzen gesprochen wird. Dieser Begriff wird auch im Folgenden weiter benutzt.
53 Vgl. Laux/Liermann (2005), S. 192 f. Einen umfassenden Überblick über Risikointerdependenzen als Ansatzpunkt für Aufgaben und Instrumente des Risikocontrolling gibt Pedell (2004).
54 Vgl. Ewert/Wagenhofer (2005), S. 403 f., Laux/Liermann (2005), S. 192.
55 Eine ausführliche Darstellung von Verhaltensinterdependenzen geben Ewert/Wagenhofer (2005), S. 406 ff. Zur dezentralen Organisationsstruktur und deren Bewertung vgl. Abschnitt 3.1.1, S. 80 ff.
56 Vgl. Kinder/Steiner/Willinsky (2001), S. 287-288.
57 In Bezug auf das allgemeine Controlling vgl. hierzu Ewert/Wagenhofer (2005), S. 410.

nahmen.[58] Es unterstützt somit die Unternehmensführung bei der Planung, Steuerung und Kontrolle der Risiken.[59]

Der Begriff *Management* wird in der Literatur ebenfalls höchst unterschiedlich verwendet.[60] Häufig werden hierfür synonym die Bezeichnungen Unternehmensführung, Unternehmenspolitik oder Administration verwendet.[61] Management lässt sich grundsätzlich aus institutioneller und aus funktionaler Sicht beschreiben.[62] Management als Institution beschreibt alle Personen und Gruppen in einem Unternehmen, die eine Vorgesetztenfunktion übernehmen. Die funktionale Abgrenzung fokussiert dagegen auf die zu erfüllenden Aufgaben des Managements. Management lässt sich dabei als die Gestaltung und Steuerung von Einzelaktivitäten im Hinblick auf ein vorzugebendes und zu formulierendes Ziel definieren.[63] Im Vordergrund des Managements stehen somit Entscheidungen. Um den mit diesen Entscheidungen verbundenen Risiken in angemessener Weise begegnen zu können, ist eine systematische Behandlung dieser Risiken unabdingbar. Das *Risikomanagement* beinhaltet daher alle Aktivitäten, „die der Identifikation, Analyse und Quantifizierung von Risiken sowie der Gestaltung der Risikoposition des Unternehmens mittels risikopolitischer Instrumente dienen".[64] Es ergänzt sich dabei mit einem Ertragsmanagement als entgegengesetztem Bestandteil der Unternehmensführung.[65] Ein systematisches, kontinuierlich durchgeführtes und umfassendes Risikomanagement dient daher der Erreichung der folgenden Ziele:[66]

- Existenz- und Erfolgssicherung,[67]
- Vermeidung beziehungsweise Senkung von Risikokosten[68] und
- Marktwertsteigerung des Unternehmens.[69]

---

58 Vgl. Kropp (1999), S. 131. Eine ähnliche Definition gibt Diederichs (2004), S. 26. Zum Teil wird in der Literatur zusätzlich eine Innovations- und Anpassungsfunktion genannt, auf die im Weiteren jedoch nicht näher eingegangen werden soll. Vgl. hierzu etwa Burger/Buchhart (2002), S. 14.

59 Vgl. Pollanz (1999), S. 398, Diederichs (2004), S. 26.

60 Eine Übersicht über unterschiedliche Begriffsabgrenzungen gibt Macharzina (2003), S. 35-40.

61 Vgl. Macharzina (2003), S. 37. Im Weiteren werden jedoch nur die Begriffe Management und Unternehmensführung verwendet.

62 Vgl. Steinmann/Schreyögg (2005), S. 5 ff.

63 Vgl. Perlitz (2004), S. 25 mit Verweis auf Bea/Dichtl/Schweitzer (2005), S. 1, Ulrich/Fluri (1995), S. 13, Steinmann/Schreyögg (2005), S. 6 ff.

64 Vgl. Bartram (2000b), S. 1269. Ähnlich auch Albrecht (1998a), S. 2. Zur Notwendigkeit eines Risikomanagements auf Unternehmensebene siehe Abschnitt 2.1.2.3, S. 24 ff.

65 Vgl. Baetge/Jerschensky (1999), S. 171 f. Es muss in diesem Zusammenhang beachtet werden, dass Chancen und Risiken untrennbar miteinander verbunden sind. Eine reine Risikovermeidung führt daher auch unweigerlich zu einer Chancenverminderung.

66 Vgl. Wolf/Runzheimer (2003), S. 32, Diederichs (2004), S. 13 in Anlehnung an Pollanz (1999), S. 394.

67 Vgl. auch Braun (1984), S. 45, Bartram (1999), S. 17.

68 Risikokosten sind beispielsweise Versicherungsprämien, Kosten der Schadensverhütung oder Kosten des Financial Distress. Zu letzterem Punkt vgl. Abschnitt 2.1.2.3, S. 24 ff.

69 Vgl. auch KPMG (1998), S. 7, Culp (2002), S. 9.

Als integralem Bestandteil des gesamten Managements fällt dem Risikomanagement somit eine unterstützende Führungsfunktion zu.[70]

Das Risikocontrolling erfüllt dabei eine Unterstützungsfunktion für das Risikomanagement und ist damit Teil des Risikomanagements.[71] Für die weitere Darstellung ist es jedoch irrelevant, ob von einer Führungs- oder Unterstützungsfunktion die Rede ist. Die Begriffe Risikomanagement und Risikocontrolling werden daher im Folgenden synonym verwendet.[72] Für den Kontext dieser Arbeit sind insbesondere die Begrenzung von Risiken sowie das Erreichen eines ausgewogenen Chancen–Risiko–Verhältnisses als vornehmliche Aufgaben des Risikomanagements von Bedeutung. Im Zentrum des Risikomanagements steht grundsätzlich der Risikomanagementprozess, auf den im folgenden Abschnitt näher eingegangen wird.

2.1.2.2 Prozess des Risikomanagements

Der Prozess des Risikomanagements beschreibt dessen ablauforganisatorische Gestaltung. Diese umfasst alle Aktivitäten, die zum systematischen Umgang mit Risiken erforderlich sind.[73] Diese Aktivitäten lassen sich, wie Abbildung 2.2 zeigt, in die Phasen

- Risikoidentifikation,
- Risikobewertung,[74]
- Risikosteuerung und
- Risikokontrolle

unterteilen.[75] Weiterhin muss der Risikomanagementprozess in allen Phasen einer Überwachung unterzogen werden, um Effizienz und Effektivität des Risikomanagements zu gewährleisten.[76] Diese Überwachung sollte im operativen Bereich durch das Management[77] und im strategischen Bereich durch neutrale Aufsichtsgremien erfolgen.[78] Der Rahmen

70 Vgl. Kreke (1994), S. 127, Diederichs (2004), S. 11/15. In Banken nimmt das Risikomanagement eine besondere Bedeutung ein, da das Risiko per se eine Grundlage des Bankgeschäfts darstellt. Für das Geschäftsmodell einer Bank ist Risiko in doppelter Weise von Bedeutung. Zum einen übernimmt die Bank gegen Zahlung angemessener Risikoprämien Risiken (zum Beispiel im Kreditgeschäft), die sie diversifiziert. Zum anderen übernimmt sie eine Beraterfunktion in Bezug auf Risiken, zum Beispiel im Vermögensverwaltungsgeschäft. Vgl. hierzu Rudolph (1991), S. 20 ff., Scheffler (1994), S. 19, Jovic (1999), S. 19.

71 Vgl. zum Beispiel Kropp (1999), S. 132, Hornung/Reichmann/Form (2000), S. 158, Burger/Buchhart (2002), S. 9-17, Pedell (2004), S. 4.

72 Eine synonyme Verwendung findet sich beispielsweise auch bei Kropp (1999) und Homburg/Uhrig-Homburg (2004).

73 Vgl. KPMG (1998), S. 16.

74 In der Literatur wird in Bezug auf diese Phase auch oft von Risikoquantifizierung oder Risikoanalyse gesprochen.

75 Vgl. etwa Scharpf/Epperlein (1995), S. 211, Johanning (1998), S. 13-14, oder KPMG (1998), S. 16.

76 Während sich die Risikokontrolle auf die Risiken selbst bezieht, liegt der Fokus der Überwachung auf dem Prozess des Risikomanagements.

77 Gegebenenfalls kann diese Aufgabe zum Beispiel an die interne Revision delegiert werden.

78 Vgl. KPMG (1998), S. 16.

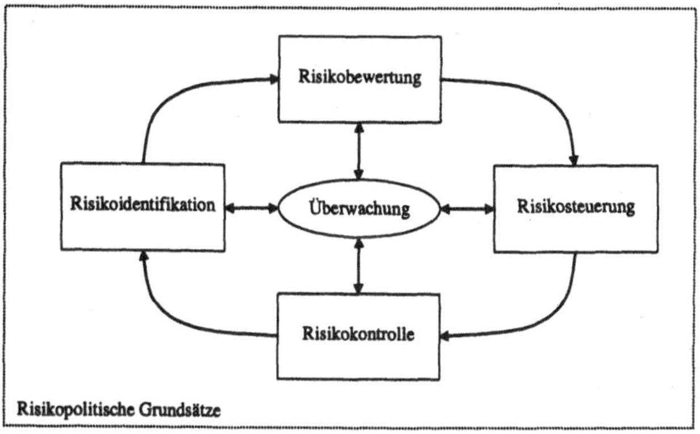

Abbildung 2.2: Risikomanagementprozess im Überblick[79]

des gesamten Prozesses wird durch risikopolitische Grundsätze gesetzt. Diese übernehmen die Funktion einer Risikokommunikation von der Unternehmensleitung an die Mitarbeiter. Sie beinhalten Verhaltensregeln für alle Mitarbeiter, die Risikopräferenzen und -ziele der Geschäftsführung und die Risikostrategie des Unternehmens.[80] Während aller Phasen sollte ein Risikoreporting zur Informationsversorgung interner und externer Adressaten installiert werden.[81] Von zentraler Bedeutung ist, dass der Prozess fortlaufend und systematisch durchgeführt wird, damit Risiken so früh wie möglich erkannt werden. Nur so kann sichergestellt werden, dass ausreichend große Handlungsspielräume geschaffen werden, um rechtzeitig und flexibel auf Änderungen reagieren zu können.[82] Weiterhin sollte der Prozess dergestalt sein, dass er die Firmenkultur und die Management-Philosophie widerspiegelt.[83] Um ausreichende Akzeptanz und einen reibungslosen Ablauf zu gewährleisten, muss der Prozess dabei unbedingt in bereits bestehende Planungs- und Controllingprozesse integriert werden.[84]

Der gesamte Prozess lässt sich, wie in Abbildung 2.3 dargestellt, modellhaft als ein Regelkreis beschreiben.[85] Ein Regelkreis ist ein Input-Output-System mit einem Kontrollmechanismus und einer Rückkopplung.[86] Für die notwendige Rückkopplung im Sinne

79 In Anlehnung an KPMG (1998), S. 16.
80 Vgl. KPMG (1998), S. 10 ff. Zur Risikostrategie vgl. Vogler/Gundert (1998), S. 2379.
81 Bezüglich gesetzlicher Anforderungen der Berichterstattung an externe Adressaten vgl. Abschnitt 2.1.2.3, S. 24 ff.
82 Vgl. Wittmann (2000), S. 286.
83 Vgl. Smithson (1998), S. 427.
84 Ansonsten besteht die Gefahr, dass der Prozess selbst zum operativen Risiko wird. Vgl. KPMG (1998), S. 17, Wittmann (2000), S. 286.
85 Vgl. Lück (1998), S. 1926, Scharpf/Luz (2000), S. 77, Burger/Buchhart (2002), S. 31.
86 Vgl. Ferstl/Sinz (2001), S. 22 ff.

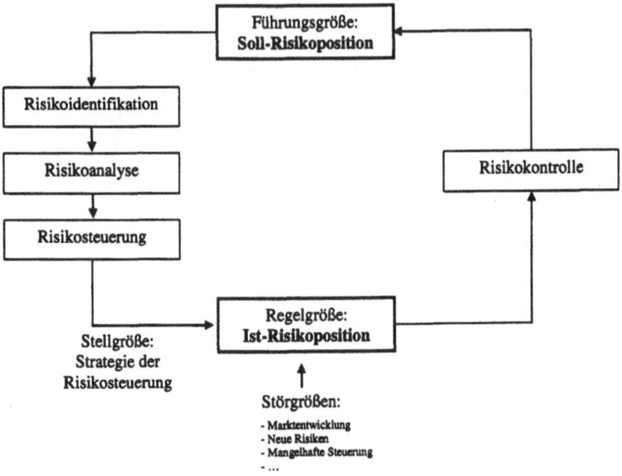

Abbildung 2.3: Risikomanagementprozess als Regelkreis[87]

eines Feedbacks sorgt die Phase der Risikokontrolle. Sie erfasst etwaige Abweichungen zwischen Ist–Risikoposition (Regelgröße) und Soll–Risikoposition (Führungsgröße). Diese Informationen sollten dann im Modell beim nächsten Prozessdurchlauf zu entsprechenden Anpassungen führen. In diesem Modell stellen die risikobehafteten Geschäfte des Unternehmens die Regelstrecke dar, während die Prozessphasen der Risikoidentifikation, der Risikoanalyse und insbesondere der Risikosteuerung als Regler fungieren. Die im Folgenden noch näher erläuterten Strategien der Risikosteuerung mit ihren jeweiligen Instrumenten dienen als Stellgrößen in diesem Regelkreislauf.

Aufgabe der *Risikoidentifikation* ist die strukturierte und vollständige Identifikation der das Unternehmen bedrohenden Risiken.[88] Es gilt somit, aus dem komplexen, dynamischen und sich diskontinuierlich entwickelnden Kontext des Unternehmens mögliche Risiken herauszufiltern und zu identifizieren.[89] Da diese Prozessphase die Informationsbasis für alle folgenden Schritte darstellt und ihr somit eine besondere Bedeutung zukommt, sollte sie permanent durchgeführt werden, um so früh wie möglich neue Risiken identifizieren zu können.[90] Jeder Fehler in dieser frühen Phase zieht sich durch den gesamten Risikomanagementprozess hindurch. Um als Grundlage für die Erfassung der Risiken ein konsistentes Risikoverständnis und -bewußtsein im Unternehmen zu schaffen, sollte ein

87 In Anlehnung an Burger/Buchhart (2002), S. 61.
88 Synonym spricht man auch von der Risikoerfassung. Der Prozess der Risikoidentifikation wird auch Risikoinventur genannt. Vgl. Mauch (2001), S. 333.
89 Vgl. Macharzina (2003), S. 599.
90 Vgl. Williams/Smith/Young (1998), S. 66.

zweckmäßiger Risikobegriff sowie eine geeignete Risikokategorisierung festgelegt und an alle Mitarbeiter kommuniziert werden.[91] Bei der Erfassung besteht ein Trade–Off zwischen Kosten und Nutzen der Information.[92] Ausgeführt werden sollte die Identifikation am besten von Mitarbeitern aus risikonahen Bereichen, da sie am ehesten über die notwendigen Informationen verfügen.[93] Die wichtigsten Instrumente, derer man sich hierzu bedienen sollte, seien an dieser Stelle nur kurz erwähnt.[94] Es handelt sich um Frühwarnsysteme,[95] Checklisten,[96] Brainstorming,[97] Ausfalleffekt- und Fehlerbaumanalysen[98] sowie Szenarioanalysen.[99]

Bei der *Risikobewertung* als nächste Phase im Risikomanagementprozess geht es um die qualitative Beurteilung beziehungsweise quantitative Messung der Risiken.[100] Im Gegensatz zur ursachenorientierten Phase der Risikoidentifikation ist diese Phase wirkungsorientiert, da die wirtschaftlichen Folgen für das Unternehmen ermittelt werden sollen.[101] Zunächst müssen Einzelrisiken bewertet werden, die dann auf einer nächsten Stufe zu aggregieren sind. Hierbei sind Wirkungszusammenhänge zwischen den Risiken zu berücksichtigen. Die Aggregation von Risiken ermöglicht insbesondere in Bezug auf das in dieser Arbeit darzustellende Instrument der Risikokapitalallokation den Vergleich der Risikoposition des Unternehmens mit der Risikotragfähigkeit des Unternehmens[102] sowie die Bestimmung des gesamten Diversifikationseffektes.

Weiteres Ziel der Risikobewertung ist ein Vergleich und eine Priorisierung von Risiken verschiedener Risikokategorien und Organisationseinheiten.[103] Laut *Holst* sind vier Anforderungen an die Risikobewertung zu stellen:[104]

---

91 Vgl. Oehler/Unser (2002), S. 21, Jovic (1999), S. 44.

92 Insbesondere die Informationskosten sollten hierbei Berücksichtigung finden. Vgl. Straßberger (2002), S. 39.

93 Vgl. Freidank (2001), S. 610, Emmerich (1999), S. 1080.

94 Einen umfangreichen Überblick geben beispielsweise Burger/Buchhart (2002), S. 67-99, und Wolf/Runzheimer (2003), S. 42-57.

95 Vgl. beispielsweise Krystek/Müller (1999), S. 177 ff., Lück/Hunecke (1998), S. 273 ff., Burger/Buchhart (2002), S. 71-82. Ein konkretes Anwendungsbeispiel geben Baetge/Jerschensky (1999), die mit ihrem „BP-14" ein neuronales Netz zur Bestimmung von Insolvenzwahrscheinlichkeiten entwickelt haben.

96 Vgl. Burger/Buchhart (2002), S. 82-89.

97 Vgl. die grundlegende Arbeit von Osborn (1963). Alternativ ist in diesem Zusammenhang die Nominal Group Technique zu nennen. Vgl. dazu Delbecq/Van de Ven (1971) beziehungsweise Delbecq/Van de Ven/Gustafson (1975).

98 Vgl. Hölscher (2000), S. 318 ff.

99 Vgl. grundlegend Geschka (1999), S. 518 ff., sowie Burger/Buchhart (2002), S. 95-99.

100 Vgl. KPMG (1998), S. 21. Teilweise wird in der Literatur auch uneinheitlich von Risikoanalyse gesprochen. Andere Autoren, zum Beispiel Hölscher (2002), fassen dagegen unter dem Begriff Risikoanalyse die Phasen der Risikoidentifikation und Risikobewertung zusammen.

101 Vgl. Macharzina (2003), S. 599.

102 Vgl. Meier (2001), S. 19.

103 Vgl. Pfennig (2000), S. 1312.

104 Vgl. Holst (1998), S. 15 f.

1. Wechselwirkungen zwischen den Risiken müssen berücksichtigt werden.
2. Die Analyse sollte unter größtmöglicher Objektivität erfolgen.
3. Es sind einheitliche, im Unternehmen standardisierte Verfahren und Daten zu verwenden.
4. Sofern möglich, sollten Risiken weitgehend quantifiziert werden.[105]

Eine wichtige Entscheidung bei quantifizierbaren Risiken ist die Wahl eines geeigneten Risikomaßes.[106] In der Praxis hat sich hierbei derzeit der Value-at-Risk durchgesetzt.[107] Neben Risikomaßen gibt es eine Reihe weiterer Instrumente zur Bewertung von Risiken, die an dieser Stelle nur aufgezählt werden sollen.[108] Je nachdem, ob es sich bei den zu bewertenden Risiken um quantifizierbare Risiken handelt oder nicht, bieten sich beispielsweise eine Klassifizierung,[109] Scoring-Modelle[110] oder Sensitivitätsanalysen[111] an.

Aufgabe der nächsten Prozessphase, der *Risikosteuerung*, ist die aktive Beeinflussung der bestehenden Risikoposition des Unternehmens.[112] Ziel ist eine Risikobegrenzung sowie das Erreichen eines gewünschten Chancen-Risiken-Verhältnisses.[113] Hierbei ist der Untrennbarkeit von Chancen und Risiken Beachtung zu schenken. Inhaltlich geht es darum, Eintrittswahrscheinlichkeiten zu verringern und die Auswirkungen der Risiken zu begrenzen.[114] Dabei sollten auf jeden Fall die Kosten der beabsichtigten Maßnahmen ins Kalkül gezogen werden. In Bezug auf die Risikokapitalallokation handelt es sich beispielsweise um die Kosten des Risikokapitals. Weitere Kostenpositionen können zum Beispiel Transaktionskosten beim Einsatz von Derivaten oder Versicherungsprämien sein.

In einem ersten Schritt muss sich die Unternehmensleitung auf bestimmte *Risikosteuerungsstrategien* festlegen. Wie Abbildung 2.4 zeigt, lassen sich grundsätzlich die Strategien der Risikovermeidung, der Risikoreduktion und der Risikoakzeptanz unterscheiden. Diese Klassifizierung ist pragmatisch und keineswegs überschneidungsfrei. Sie soll jedoch im Weiteren als Bezugsrahmen dienen.

Die *Risikovermeidung* stellt eine Extremstrategie dar, die insbesondere bei existenzgefährdenden Risiken in Betracht gezogen werden sollte, die sich nur schwer reduzieren

105 Zum Thema Messbarkeit bemerkt Schmalenbach bereits 1963: „Was man messen kann, soll man messen, was man nicht messen kann, soll man messbar machen." Schmalenbach (1963), S. 145.
106 Vgl. Johanning (1998), S. 13.
107 Vgl. Abschnitt 2.2.3, S. 39 ff.
108 Einen Überblick über diese Instrumente geben beispielsweise Burger/Buchhart (2002), S. 101-174, Wolf/Runzheimer (2003), S. 60-86.
109 Vgl. Reichmann/Form (2000), S. 192-193.
110 Vgl. beispielsweise Simons (1999). Ein Anwendungsbeispiel in Bezug auf Länderrisiken geben Bleuel/Schmitting (2000), S. 88 ff.
111 Vgl. Bartram (2000b). In Bezug auf Wechselkursrisiken siehe Adler/Dumas (1984), S. 42 ff.
112 Vgl. KPMG (1998), S. 23.
113 Vgl. Füser/Gleißner/Meier (1999), S. 757, Baetge/Jerschensky (1999), S. 173.
114 Vgl. Weber/Weißenberger/Liekweg (1999), S. 33.
115 In Anlehnung an Bühler (1998), S. 211, sowie Gebhardt/Mansch (2001), S. 34.

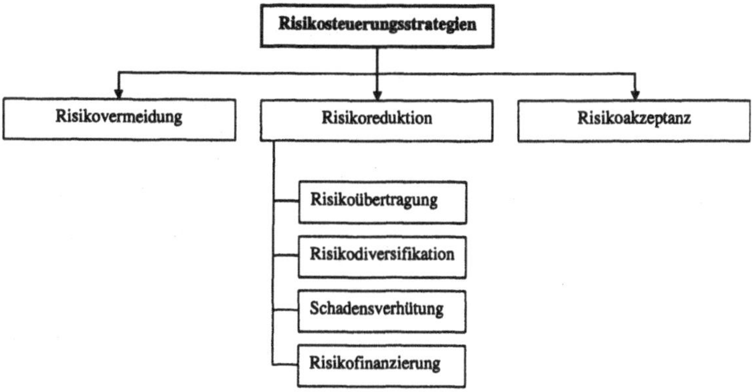

Abbildung 2.4: Strategien der Risikosteuerung[115]

lassen und denen unverhältnismäßig geringe Chancen gegenüberstehen.[116] Sinnvollerweise sollte sich diese Strategie nur auf Teile des Unternehmens beziehen, da ansonsten die Geschäftstätigkeit eingestellt werden und das gesamte Kapital risikolos investiert werden muss.[117]

Am entgegengesetzten Ende der Skala steht die *Risikoakzeptanz*. Die exakte Höhe der einzugehenden Risiken ist grundsätzlich abhängig von der Risikotragfähigkeit und den Präferenzen des Unternehmens, das zwischen Rendite und Risiko abzuwägen hat. Während die Ermittlung einer Präferenzfunktion für Einzelentscheider ansatzweise möglich ist, existieren bislang noch keine Ansätze für Gruppenentscheider.[118] In der Praxis behilft man sich daher regelmäßig mit einer Risikobegrenzung durch Limitvorgaben und risikoadjustierte Steuerungsgrößen.[119] Entscheidet sich ein Unternehmen dafür, ohne weitere Maßnahmen die aktuelle Risikoposition zu tragen, sollte geprüft werden, ob nicht gegebenenfalls noch zusätzliche Risiken eingegangen werden können. Hierzu kann die Risikoposition mit der Risikotragfähigkeit des Unternehmens verglichen werden. Letztlich muss irgendwann immer eine Risikoposition, gegebenenfalls nach Steuerungsmaßnahmen, akzeptiert werden. Die eingegangenen Risiken sollten dabei jedoch im Bereich der Kernkompetenzen

116 Vgl. Bleuel/Schmitting (2000), S. 106
117 Vgl. Gebhardt/Mansch (2001), S. 34. Unternehmertum und das Eingehen von Risiken sind untrennbar miteinander verbunden.
118 Vgl. Oehler/Unser (2002), S. 29.
119 Diese Aussage bezieht sich auf den finanzwirtschaftlichen Bereich eines Unternehmens. Vgl. Oehler/Unser (2002), S. 30.

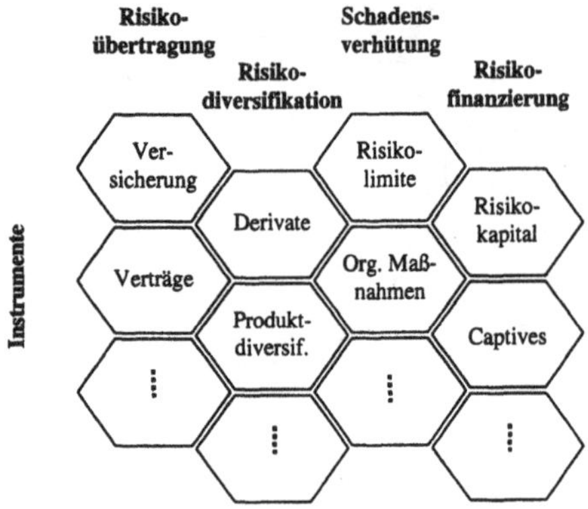

Abbildung 2.5: Ausgewählte Instrumente der Risikosteuerung

des Unternehmens liegen.[120] Eine laufende Beobachtung der aktuellen Risikoposition ist dabei unerlässlich für die Gewährleistung der Einhaltung von Risikogrenzen.[121]

Die eigentlichen Instrumente der Risikosteuerung kommen erst bei der Strategie der *Risikoreduktion* zum Einsatz. Diese setzen entweder bei der Ursache oder bei der Wirkung der Risiken an.[122] Abbildung 2.5 gibt einen Überblick über ausgewählte Instrumente der Risikosteuerung. Für jede der vier Formen der Risikoreduktion sind dort beispielhaft zwei Instrumente aufgeführt.

Bei der Risikoübertragung, die an der Wirkung der Risiken ansetzt, wird das Risiko entweder auf Versicherungen (insurance–risk–transfer)[123] oder auf andere Vertragspartner (non–insurance–transfer), zum Beispiel über die Allgemeinen Geschäftsbedingungen, abgewälzt. Ebenfalls auf der Wirkungsseite setzt die Risikodiversifikation an. Das Risiko verbleibt hier im Unternehmen. Es werden jedoch Risiken abgefedert und im Extremfall neutralisiert, indem unkorrelierte beziehungsweise negativ korrelierte Geschäfte abgeschlossen werden. So können finanzwirtschaftlich beispielsweise Derivate gehandelt werden[124] oder es kann realwirtschaftlich das Produktprogramm entsprechend ausgerichtet werden.[125] Ei-

120 Schrand/Unal (1996), S. 1 ff., sprechen im Kontext von Risiken, für die das Unternehmen komparative Vorteile besitzt, von so genannten „compensated risks".

121 Ein entsprechendes Risikoinformationssystem sollte dieser Anforderung Rechnung tragen. Vgl. Bleuel/Schmitting (2000), S. 111.

122 Vgl. zu diesen Unterscheidungen Jovic (1999), S. 45, Wolf/Runzheimer (2003), S. 86 ff. Teilweise wird in der Literatur auch das Begriffspaar der aktiven und passiven Risikobewältigung verwendet. Vgl. beispielsweise Hölscher (2002), S. 13-14.

123 Versicherungen werden teilweise auch als eigene Strategie oder als Instrument der Risikofinanzierung angesehen. Vgl. etwa Schenk (1998), S. 111, oder Lukarsch (1998), S. 127 ff.

124 Derivate werden teilweise in der Literatur auch als Instrument zum Risikotransfer angesehen. Vgl. zum Beispiel Schierenbeck/Lister (2002), S. 358.

125 Ein Hersteller von Regenschirmen könnte sich zum Beispiel entschließen, zukünftig auch Sonnenschirme anzubieten, um Nachfrageschwankungen im Sommer zu kompensieren.

ne Schadensverhütung, die an der Ursache der Risiken ansetzt, kann beispielsweise erreicht werden, indem die Risiken limitiert werden. Dadurch dass Risiken nur bis zu bestimmten Grenzen eingegangen werden dürfen, können hohe Schäden schon im Vorfeld vermieden werden. Ebenfalls fallen organisatorische Maßnahmen, wie zum Beispiel Maßnahmen zur Betriebssicherheit, in diese Kategorie. Bei der Risikofinanzierung (auch: Liquiditätsvorsorge) erfolgt eine finanzielle Pufferung der negativen Folgen des Risikoeintritts. Somit ist es Aufgabe der Risikofinanzierung, die aus Risiken resultierenden Verluste finanziell auszugleichen.[126] Letztlich wird damit das Risiko einer Insolvenz vermindert. Angewendet wird diese Strategie häufig auf Risiken, die im Rahmen der Risikoakzeptanz getragen werden sollen. Instrumente der Risikofinanzierung sind beispielsweise Risikokapital und Selbstversicherungen (so genannte Captives).[127]

Wie sich noch zeigen wird, kann das Instrument der Risikokapitalallokation zur Risikoreduktion im Rahmen der Schadensverhütung in Form von Risikolimiten und zur Risikofinanzierung mit Hilfe von Risikokapital eingesetzt werden. Ein bislang nicht genannter Aspekt betrifft die Festlegung von Performancemaßen. Johanning folgend, wird an dieser Stelle auch die Festlegung von Performancemaßen, anhand derer die Manager beurteilt werden, als ein Aspekt der Risikosteuerung angesehen.[128]

Die *Risikokontrolle* als letzte Phase im sich wiederholenden Prozess des Risikomanagements soll gewährleisten, dass die angestrebte Risikoposition auch erreicht und dauerhaft eingehalten wird. Sie überwacht damit den Erfolg der Steuerungsmaßnahmen. Die Risikokontrolle darf nicht mit der Überwachung des Risikomanagementsystems verwechselt werden.[129] Bei Letzterem ist das Überwachungsobjekt das Risikomanagementsystem, bei der Risikokontrolle dagegen die Risiken. Die Überwachung bildet sozusagen die „Klammer“ um den Risikomanagementprozess und ist nicht Teil dessen. Sie soll die Wirksamkeit, Angemessenheit und Effizienz des Risikomanagementsystems sicherstellen.[130]

---

126 Diese Strategie wird daher auch an manchen Stellen der Literatur als Risikoakzeptanzstrategie gesehen, so zum Beispiel bei Bleuel/Schmitting (2000), S. 112. Die Verteilung der risikobehafteten Größen bleibt dabei unverändert. Es wird lediglich das Liquiditätsrisiko reduziert.

127 Captive ist eine Abkürzung für Captive Insurance Company. Es handelt sich um eine zum Unternehmen gehörende Versicherung, so dass der Versicherungsnehmer selbst zum Risikoträger wird. Bei Großkonzernen kann es sich lohnen, dass diese ihre Risiken selbst tragen anstatt, sofern dies überhaupt möglich ist, sie extern zu versichern. Eine Ersparnis besteht gegebenenfalls durch geringere Verwaltungs- und wegfallende Vertriebsaufwendungen im Vergleich zu Erstversicherern. Ein Risikoausgleich erfolgt anstatt im Versicherten–Kollektiv im eigenen Unternehmen. Captives rückversichern sich allerdings zum Beispiel gegen Katastrophenschäden wie ein Erstversicherer. Vgl. Schierenbeck (2003a), S. 497-498, sowie allgemein Bawcutt (1991) und Hets (1995).

128 Vgl. Johanning (1998), S. 14. Die Zusammenhang zwischen Performancemessung und Unternehmenssteuerung wird in Abschnitt 3.2.1.3, S. 102, dargestellt.

129 Manche Autoren fassen jedoch unter den Begriff Risikokontrolle beide Aufgaben zusammen. Vgl. hierzu beispielsweise Johanning (1998), S 14.

130 Vgl. KPMG (1998), S. 26.

2.1.2.3 Notwendigkeit eines Risikomanagements auf Unternehmensebene

Bislang wurde bereits viel über die Gestaltung des Risikomanagements gesagt, ohne sich jedoch über den Sinn eines solchen Gedanken zu machen. Es stellt sich die Frage, warum Unternehmen überhaupt ein Risikomanagement betreiben sollten. Rein empirisch lässt sich bei Betrachtung der Frage bei nahezu allen Unternehmen ein Management von Risiken beobachten.[131] Diese Feststellung mag zwar als Indikator für die Vorteilhaftigkeit eines Risikomanagements dienen, kann jedoch nicht als Begründung oder theoretische Fundierung für ein Risikomanagement auf Unternehmensebene gesehen werden. Bei der Darstellung möglicher Antworten lassen sich zwei Begründungsquellen differenzieren. Zum einen kann ökonomisches Kalkül ein Risikomanagement begründen, zum anderen können regulatorische Gründe die Unternehmen zum Management von Risiken veranlassen. Abbildung 2.6 gibt einen kurzen Überblick über die im Folgenden dargestellten Erklärungsansätze.[132]

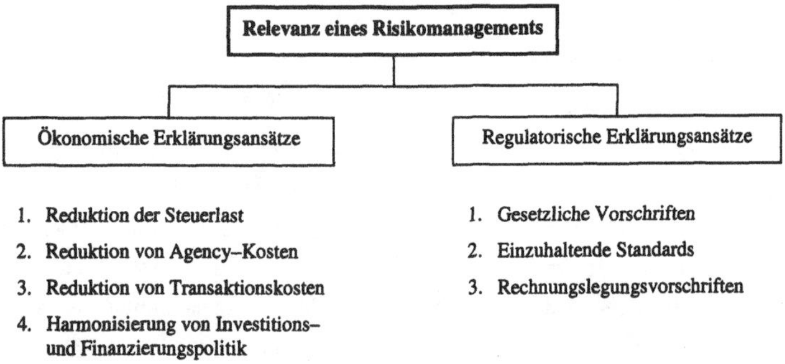

Abbildung 2.6: Überblick über mögliche Erklärungsansätze für ein Risikomanagement auf Unternehmensebene

Ein Risikomanagement auf Unternehmensebene[133] macht *ökonomisch* betrachtet nur dann Sinn, wenn das Unternehmen dadurch sein Ziel der Maximierung des Marktwerts des Eigenkapitals (Shareholder Value) erhöht. Dieser berechnet sich aus der Summe der mit den risikoadjustierten Eigenkapitalkosten diskontierten Einzahlungsüberschüsse (flow

[131] Zum Management von Risiken in Nicht–Finanzunternehmen vgl. Bartram (2000c).

[132] Hierbei wurde sich auf die wichtigsten Erklärungsansätze beschränkt. Auf so genannte traditionelle Erklärungsansätze, die von einem Eigentümer–Unternehmer ausgehen, soll an dieser Stelle beispielsweise nicht näher eingegangen werden. Für einen umfassenden Überblick vgl. Pritsch/Hommel (1997).

[133] In der Literatur wird in Bezug auf die Frage nach der Notwendigkeit eines Risikomanagements auf Unternehmensebene in Bezug auf das Risikomanagement häufig von Hedging gesprochen. Wie Dresel (2003), S. 7, treffend anmerkt, gelten die Ergebnisse jedoch für jegliche Form des Risikomanagements gleichermaßen, da sich andere Formen des Risikomanagements als Vermeidung von Hedgingmaßnahmen auffassen lassen.

to equity).[134] Das Risikomanagement kann somit nur dann wertsteigernd wirken, wenn dadurch ceteris paribus entweder die Eigenkapitalkosten sinken oder aber die erwarteten Einzahlungsüberschüsse steigen.[135] Die Kosten des Risikomanagements dürfen dabei keinesfalls außer acht gelassen werden.

In der betriebswirtschaftlichen Literatur herrscht Einigkeit darüber, dass ein Risikomanagement auf Unternehmensebene im Rahmen der Modelle der neoklassischen Finanzierungs- und Kapitalmarkttheorie — insbesondere der Modigliani–Miller–Theoreme[136] und des Capital Asset Pricing Modells[137] — keinen Sinn macht.[138] Ein Management von Risiken auf Unternehmensebene kann unter der in diesen Modellen getroffenen Annahme eines vollkommenen Kapitalmarkts[139] grundsätzlich keinen Wert schaffen, den nicht die Investoren selbst herbeiführen könnten. Ökonomische Erklärungsansätze für die Relevanz eines Risikomanagements auf Unternehmensebene müssen daher an Abweichungen eines vollständigen Kapitalmarktes ansetzen.

Sofern die Maßnahmen des Risikomanagements die Volatilität der Unternehmenserträge und damit auch des zu versteuernden Einkommens verringern, lässt sich in einer Welt mit Steuern bei einer konvexen Steuerfunktion[140] die *Steuerlast reduzieren.*[141] Die Konvexität führt dazu, dass die zu zahlenden Steuern bei geringerer Volatilität im Barwert geringer sind als bei entsprechend höherer Volatilität.[142] Die bei geringerer Volatilität in

134 Die Berechnung folgt dem DCF–Verfahren (Equity Methode). Vgl. Drukarczyk (2003), S. 301 ff., Ballwieser (2004), S. 169 ff.

135 Vgl. Pritsch/Hommel (1997), S. 673, Bartram (2000c), S. 295.

136 Vgl. Modigliani/Miller (1958) und Miller/Modigliani (1961).

137 Vgl. Sharpe (1964), Lintner (1965) und Mossin (1966). Eine gute Lehrbuchdarstellung geben Sharpe/Alexander/Bailey (1999), S. 227-255, Haugen (2001), S. 201-235, und Bodie/Kane/Marcus (2005), S. 282-292.

138 Vgl. Pritsch/Hommel (1997), S. 673 ff., Shapiro/Titman (1998), S. 251 f., Tufano (1998), S. 68, Bartram (2000c), S. 293 ff., Doherty (2000), S. 193 ff., Grinblatt/Titman (2002), S. 742, Hoitsch/Winter (2004), S. 119 ff.

139 Ein vollkommener Kapitalmarkt zeichnet sich durch folgende Eigenschaften aus: Es gibt weder finanzierungsabhängige Steuern noch existieren Transaktionskosten oder Handelsbeschränkungen irgendeiner Art. Die existierenden Wertpapiere sind beliebig teilbar und auf den Märkten herrscht ein perfekter Wettbewerb, so dass alle Marktteilnehmer die Preise als gegeben hinnehmen und ihre Mengen anpassen. Allen Marktteilnehmern stehen gleiche Informationen kostenlos zur Verfügung (starke Informationseffizienz). Die Anleger verhalten sich dabei rational und maximieren ihren Erwartungsnutzen. Vgl. hierzu Franke/Hax (2004), S. 343 f., und Mengele (1999), S. 75 f. Es ist jedoch anzumerken, dass die Definition eines vollkommenen Kapitalmarktes in der Literatur stark uneinheitlich vorzufinden ist.

140 Eine Steuerfunktion ist genau dann konvex, wenn mit zunehmender Bemessungsgrundlage (zu versteuerndes Einkommen) die Steuerverbindlichkeiten überproportional ansteigen. Ein solches Steuersystem wird auch als progressiv bezeichnet.

141 Vgl. Smith/Stulz (1985), S. 392-395, Graham/Smith (1999), Pritsch/Hommel (1997), S. 684-685, Bühlmann (1998), S. 133 ff., Shapiro/Titman (1998), S. 257, Stulz (1996), S. 14, Bartram (2000c), S. 311-313, Kaen (2005), S. 427, Gebhardt/Mansch (2001), S. 56, Grinblatt/Titman (2002), S. 744 f., Dresel (2003), S. 13-14, Hoitsch/Winter (2004), S. 132-133.

142 Vgl. hierzu die analytische Erklärung von Smith/Stulz (1985), S. 392 ff. Ein Zahlenbeispiel liefern Smith/Smithson/Wilford (1990), S. 129-132.

schlechteren Jahren vergleichsweise höhere Steuerlast wird dabei durch die überproportional stärkere Besteuerung des volatileren Cash-Flows in besseren Jahren überkompensiert. Eine Konvexität von Gewerbe- und Körperschaftsteuer entsteht beispielsweise dadurch, dass Abschreibungen nur dann steuermindernd wirken, wenn diese auch verdient worden sind.[143] Auf Ebene der Einkommensteuer, die beispielsweise dann relevant wird, wenn man eine Ausschüttung der Erträge annimmt, liegt auf Grund der Progression im deutschen Steuersystem ebenfalls eine konvexe Steuerfunktion vor. Nach dem zum 1. Januar 2001 eingeführten Halbeinkünfteverfahren müssen Anleger die Hälfte der um die Körperschaftsteuer geminderten Ausschüttungen mit ihrem persönlichen Einkommensteuersatz versteuern. Empirische Untersuchungen bezüglich des steuermindernden Effektes eines Risikomanagements kommen jedoch zu uneinheitlichen Ergebnissen.[144]

Rückt man dagegen von der Annahme symmetrischer Informationsverteilung zwischen allen am Unternehmen beteiligten Parteien ab, lässt sich das Risikomanagement auch über eine mögliche *Reduktion von Agency-Kosten* erklären.[145] Die Kooperationsbeziehungen zwischen Unternehmensbeteiligten bei ungleich verteilter Information, Unsicherheit und externen Effekten sind Betrachtungsgegenstand der Principal-Agent-Theorie.[146] Hierbei sind insbesondere die Beziehungen zwischen Anteilseignern und Gläubigern als Kapitalgeber sowie zwischen Eigentümern und Managern von Interesse. Unter den beschriebenen Umständen kann es zwischen diesen Beteiligten zu Agency-Konflikten kommen.[147] Die Minderung oder Vermeidung dieser Probleme führt in der Regel zu Agency-Kosten.[148]

Zunächst sei der Interessenkonflikt zwischen Eigentümern und Managern betrachtet. Anteilseigner müssen davon ausgehen, dass Manager danach streben, ihren eigenen Nutzen zu maximieren. Dieser hängt häufig monetär oder auch nicht-monetär von unternehmens-

---

143 Andere Möglichkeiten, wie eine konvexe Steuerfunktion entstehen kann, geben DeAngelo/Masulis (1980), Smith (1995), S. 26, oder Graham/Smith (1999), S. 2243-2249, an. Ammon (1998) stellt Tatbestände dar, die in den USA, in England und in Deutschland zu einer konvexen Steuerfunktion führen. Seine Ausführungen in Bezug auf Deutschland beziehen sich jedoch noch auf die alte Steuergesetzgebung eines gesplitteten Körperschaftsteuersatzes.

144 Eine Übersicht über empirische Studien, die zu beiderlei Ergebnissen führen, geben Pritsch/Hommel (1997), S. 684-685, Ammon (1998), S. 4-7, Bartram (2000c), S. 311-322, Judge (2003), S. 26-28.

145 Einen breiten Überblick über die Literatur zu diesem Thema geben Ammon (1998), S. 10 ff., und Bühlmann (1998), S. 75 ff.

146 Einen guten Überblick über die relevanten Bereiche der Principal-Agent-Theorie geben Jensen/Meckling (1976). Gute Lehrbuch-Darstellungen geben Laux (1999) und Jost (2001a).

147 Man unterscheidet Agency-Konflikte auf Grund von „hidden action“ und „hidden information“. Im ersten Fall unternimmt der Agent Anstrengungen, die der Principal nicht direkt beobachten kann. Im zweiten Fall verfügt der Agent über Informationen, die dem Principal nicht zur Verfügung stehen. Vgl. hierzu detailliert Arrow (1985), S. 38 ff.

148 Typische Agency-Kosten sind Überwachungskosten, Bindungskosten und Residualverluste. Vgl. Jensen/Meckling (1976), S. 308.

bezogenen Ansprüchen ab.[149] Zusätzlich ist ein Großteil des Vermögens der Manager[150] vom Unternehmenswert abhängig, so dass sich diese im Gegensatz zu den Anteilseignern schlecht diversifizieren können.[151] Daher sind die Manager bestrebt, das Risikomanagement zur Steuerung ihrer eigenen Einkommensunsicherheit einzusetzen.[152] Dies kann für die Eigentümer sogar vorteilhaft sein, wenn durch die Absicherung die Entlohnung des Managers auf Grund geringerer Risikoprämien sinkt.[153] Es kann jedoch auch zum Nachteil der Eigentümer sein, wenn Manager beispielsweise eine realwirtschaftliche Überdiversifizierung betreiben oder den Verschuldungsgrad zu gering halten.[154] Als Lösung kann der Einsatz eines finanzwirtschaftlichen Risikomanagements dazu eingesetzt werden, die Schwankungen der Überschüsse und die Insolvenzwahrscheinlichkeit und damit die Einkommensunsicherheit der Manager zu verringern. Hierdurch können dann auch Agency–Kosten (zum Beispiel Überwachungskosten) verringert werden.[155] Weiterhin kann dadurch erreicht werden, dass andere Stakeholder, wie zum Beispiel Mitarbeiter, Lieferanten und Kreditgeber, geringere Risikoprämien gegenüber dem Unternehmen verlangen.[156]

Die Konflikte zwischen Gläubigern und Eigenkapitalgebern resultieren dagegen aus der Art ihrer Ansprüche. Während Gläubiger einen fixierten Zahlungsanspruch haben, fällt den Anteilseignern der verbleibende Residualgewinn zu. Die Ansprüche der Eigenkapitalgeber lassen sich dabei als eine Call–Option auf den Unternehmenswert auffassen.[157] Dies führt dazu, dass die Anteilseigner zu Lasten der Gläubiger ein Interesse an einer riskanten Investitionspolitik haben, die durch eine hohe Volatilität gekennzeichnet ist.[158] Der Grund hierfür liegt darin, dass eine Call–Option mit steigender Volatilität an Wert gewinnt.[159] Von den Gläubigern wird diese Gefahr jedoch durch entsprechend höhere Fremdkapitalkosten sowie gegebenenfalls eine Rationierung von Fremdkapital antizipiert. Ein verpflichtendes Risikomanagement kann in diesem Falle zur Harmonisierung der In-

---

[149] Hier sind beispielsweise Gehälter, Nutzen aus der Ausübung von Macht, Arbeitsplatzsicherheit oder Reputation zu nennen. Vgl. Bühlmann (1998), S. 171, Hoitsch/Winter (2004), S. 127.

[150] Hier ist vor allem das Humankapital sowie zum Beispiel auf Grund von ausgegebenen Aktienoptionen in das Unternehmen investiertes Kapital zu nennen.

[151] Vgl. Pritsch/Hommel (1997), S. 676, Bartram (2000c), S. 300-301, mit weiteren Verweisen Hoitsch/ Winter (2004), S. 127

[152] Vgl. Bartram (2000c), S. 301, mit weiteren Verweisen.

[153] Vgl. Smith/Stulz (1985), S. 399-402.

[154] Vgl. Smith/Stulz (1985), S. 399-402, Jensen (1986), S. 323 ff., Bartram (2000c), S. 301. Das Problem wird in der Literatur als Risikopräferenzproblem beschrieben. Vgl. Pritsch/Hommel (1997), S. 676, Gebhardt/Mansch (2001), S. 57, Judge (2003), S. 36 ff., Hoitsch/Winter (2004), S. 127-128.

[155] Vgl. Pritsch/Hommel (1997), S. 676-677, Hoitsch/Winter (2004), S. 127. Einen kurzen Überblick über empirische Ergebnisse bezüglich dieser Thematik gibt Bartram (2000c), S. 302-303.

[156] Vgl. Stulz (1996), S. 13-14, Pritsch/Hommel (1997), S. 677.

[157] Zur Idee, die Ansprüche der Eigenkapitalgeber als Call–Option auf den Unternehmenswert aufzufassen, vgl. Black/Scholes (1973) und Merton (1973).

[158] Das Problem wird in der Literatur unter dem Begriff „Asset Substitution Problem" behandelt. Vgl. Jensen/Meckling (1976), S. 334-337, MacMinn (1987), S. 672-675.

[159] Dies zeigt sich unter anderem daran, dass das Vega einer Long–Position immer positiv ist. Vgl. Hull (2003), S. 317.

teressen von Eigen- und Fremdkapitalgebern beitragen und damit Fremdkapitalkosten einsparen helfen.[160]

Im Gegensatz zur Situation eines vollkommenen Kapitalmarktes entstehen in der Realität bei der Durchführung von Transaktionen Kosten. Ein Risikomanagement auf Unternehmensebene kann in diesem Zusammenhang zur *Reduktion von Transaktionskosten* beitragen. Schon beim Risikomanagement selbst, unabhängig davon, ob auf Unternehmens- oder Investorenebene durchgeführt, entstehen Transaktionskosten. Diese können in fixer Form, zum Beispiel durch den Aufbau eines Risikomanagementsystems, entstehen oder in variabler Form, zum Beispiel als Hedging-Kosten anfallen.[161] Verfügt ein Unternehmen nun über komparative Kosten- oder Informationsvorteile gegenüber Investoren, so kann ein Risikomanagement auf Unternehmensebene sinnvoll sein.[162] Kostenvorteile entstehen hierbei häufig durch Größenvorteile des Unternehmens oder durch Nutzung von Marktsegmenten, die erst ab einer gewissen Größe nutzbar sind.[163] Die bessere Kenntnis des Managements in Bezug auf die Investitions- und Finanzierungspolitik des Unternehmens führt für das Unternehmen zusätzlich zu einem Informationsvorteil.[164]

Ebenfalls eine wichtige Rolle spielt Risikomanagement auf Grund der Möglichkeit der *Harmonisierung von Investitions- und Finanzierungspolitik.*[165] Die Argumentation hierzu sieht wie folgt aus:[166] Zunächst hängt die Schaffung eines Unternehmenswertes von der Durchführung von Investitionen mit positivem Kapitalwert ab. Diese können jedoch nur dann optimal durchgeführt werden, sofern interne Finanzierungsmittel in ausreichendem Maße zur Verfügung stehen.[167] Stehen diese nicht ausreichend zur Verfügung, muss auf teurere Finanzierungsmittel im Rahmen der Außenfinanzierung Rückgriff genommen werden. Dieses Kapital ist auf Grund von Marktunvollkommenheiten teurer und weist einen steigenden Grenzkostenverlauf auf.[168] Daher können unter Umständen nicht alle zu Kosten der Innenfinanzierung rentablen Projekte durchgeführt werden. Da eine hohe Volatilität der Cash-Flows die Koordination von Investitions- und Finanzierungspolitik beeinträch-

160 Vgl. Pritsch/Hommel (1997), S. 679, Bartram (2000c), S. 299-300, Hoitsch/Winter (2004), S. 124-125.

161 Weitere Beispiele für variable Transaktionskosten des Risikomanagements sind Bankgebühren, Spesen oder Courtage.

162 Vgl. Pritsch/Hommel (1997), S. 682, Bartram (1999), S. 44, Hoitsch/Winter (2004) merken mit Bezug auf Levi/Sercu (1991), S. 29, in diesem Zusammenhang an, dass ein optimales Risikomanagement auf Grund unterschiedlicher Risikopräferenzen z.T. nur auf Investorenebene möglich ist. Unternehmen sollten daher in jedem Falle ausführlich über die Netto-Risikoposition nach Einsatz von Maßnahmen des Risikomanagements berichten.

163 Dieser Vorteil entfällt natürlich für institutionelle Investoren.

164 Vgl. Fite/Pfleiderer (1995), S. 144-145, und Bartram (2000c), S. 308. Derartige Informationen werden von Unternehmen häufig aus Wettbewerbsgründen nicht publiziert.

165 Vgl. hierzu insbesondere die Arbeiten von Froot/Scharfstein/Stein (1989, 1993, 1994), Froot (1994).

166 Vgl. Froot/Scharfstein/Stein (1994), S. 92.

167 Die hier angenommene Abhängigkeit der Investitionspolitik von der Finanzierungspolitik verstößt gegen eine zentrale Prämisse des Modigliani-Miller-Theorems (Unabhängigkeit der Investitions- von der Finanzierungspolitik).

168 Gegebenenfalls steht externes Kapital sogar überhaupt nicht zur Verfügung.

tigt, kann hier das Risikomanagement durch eine Glättung der Cash–Flows wertsteigernd wirken, indem mehr rentable Projekte durchgeführt werden können.[169]

Auf empirische Untersuchungen zu den bisher genannten ökonomischen Erklärungsansätzen soll an dieser Stelle nicht näher eingegangen werden. Es sei auf bereits vorhandene Literatur verwiesen.[170]

Regulatorische Gründe, die ein Risikomanagement auf Unternehmensebene erklären können, sind gesetzliche Vorschriften, einzuhaltende Standards oder auch externe Rechnungslegungsvorschriften.[171] Unter den *gesetzlichen Vorschriften* stellt das Gesetz zur Kontrolle und Transparenz im Unternehmensbereich (KonTraG) für deutsche Unternehmen die wichtigste Normenquelle dar. Es ist die Reaktion des Gesetzgebers auf die zu Beginn der 1990er Jahre breit in der Öffentlichkeit geführte Corporate Governance Diskussion im Angesicht der damals zahlreichen Unternehmenskrisen.[172] Die zentralen Forderungen des Gesetzes betreffen Risikofrüherkennung und Risikotransparenz.[173]

Im Wesentlichen zieht das zum 1. Mai 1998 in Kraft getretene *KonTraG* vier Änderungen nach sich. Die wichtigste Änderung betrifft dabei das Aktiengesetz, dem mit § 91 Abs. 2 folgende Norm hinzugefügt wurde: „Der Vorstand hat geeignete Maßnahmen zu treffen, insbesondere ein Überwachungssystem einzurichten, damit den Fortbestand der Gesellschaft gefährdende Entwicklungen früh erkannt werden".[174] Hiermit will der Gesetzgeber die Verpflichtung des Vorstandes einer börsennotierten Aktiengesellschaft herausstellen, für ein angemessenes Risikomanagement zu sorgen. Nach herrschender Meinung ist davon auszugehen, dass diese Neuregelung Ausstrahlungswirkung auf die Pflichten von Geschäftsführern anderer Gesellschaftsformen hat.[175] Die Erfüllung der aus dem KonTraG resultierenden Anforderungen an ein Überwachungssystem bedingt die Einrichtung eines umfassenden Risikocontrolling– und Reportingsystems.[176] Der Gesetzgeber selbst hat dabei weder im Gesetz noch in der Gesetzesbegründung konkretisiert, was er unter einem Risikomanagement– beziehungsweise unter einem Überwachungssystem versteht. Die

[169] Vgl. zu dieser Argumentation neben den bereits genannten Quellen Pritsch/Hommel (1997), S. 680-681, Bartram (2000c), S. 308, Gebhardt/Mansch (2001), S. 56-57, Hoitsch/Winter (2004), S. 131-132.

[170] Einen Überblick über 14 Studien geben Pritsch/Hommel (1997), S. 687. Weiterhin finden sich umfangreiche Zusammenfassungen empirischer Studien bei Ammon (1998) und Judge (2003).

[171] Diese Einteilung ist nicht überschneidungsfrei, jedoch zum Zwecke der Erläuterung sinnvoll. Die mangelnde Überschneidungsfreiheit ergibt sich unter anderem dadurch, dass Standards häufig einen quasi–gesetzlichen Charakter haben und Rechnungslegungsvorschriften auf Grund gesetzlicher Bestimmungen verpflichtend sind.

[172] Beispielhaft seien hier die Krisen von Balsam, Schneider und der Metallgesellschaft genannt. Vgl. Kapitel 1.

[173] Vgl. Gampenrieder/Greiner (2002), S. 283.

[174] § 91 Abs. 2 AktG. Es handelt sich hierbei um eine klarstellende Pflicht, die bereits schon vorher aus der allgemeinen Sorgfaltspflicht des § 93 Abs. 1 AktG und des § 43 Abs. 1 GmbHG hergeleitet wurde. Vgl. Bundesrat (1997), S. 38.

[175] Vgl. Bundesrat (1997), S. 39, Institut der Wirtschaftsprüfer (1999), S. 658, Oehler/Unser (2002), S. 2.

[176] Vgl. Fröhling (2000), S. 3.

zweite Änderung betrifft den Lagebericht aller Kapitalgesellschaften mit Ausnahme der kleinen Kapitalgesellschaft. Die genannten Gesellschaften müssen demnach im Lagebericht auch auf Risiken der zukünftigen Entwicklung eingehen. Diese Verpflichtung wurde mit dem am 10. Dezember 2004 in Kraft getretenen Gesetz zur Einführung internationaler Rechnungslegungsstandards und zur Sicherung der Qualität der Abschlussprüfung (BilReG) sogar nochmals erweitert und konkretisiert. Zum einen sind sowohl „wesentliche Chancen und Risiken zu beurteilen und zu erläutern",[177] zum anderen ist auf „Risikomanagementziele und –methoden, auf Preisänderungs–, Ausfall– und Liquiditätsrisiken sowie Risiken aus Zahlungsstromschwankungen"[178] einzugehen. Das gleiche gilt ebenso für den Konzernlagebericht.[179] Um die ordnungsgemäße Durchsetzung dieser Pflichten sicherzustellen, wurden drittens die Pflichten des Wirtschaftsprüfers erweitert. Dieser muss sowohl die Unternehmenslage als auch das Risikomanagementsystem beurteilen.[180] Den erlassenen Änderungen wurde Nachdruck verliehen, indem viertens die Haftung von Vorstand, Aufsichtsrat und Abschlussprüfer verschärft wurde.[181]

Im Zuge der geplanten Baseler Eigenkapitalvereinbarung (*Basel II*), die derzeit in einem revidierten Rahmenwerk vorliegt, ergeben sich zunächst Anforderungen bezüglich der Eigenkapitalunterlegung und damit an das Risikomanagement von Kreditinstituten.[182] Die noch in nationales Recht umzusetzende Vereinbarung wird jedoch auch Auswirkungen auf Nicht–Finanzunternehmen in ihrer Eigenschaft als Schuldner bei Banken haben. Auf Grund der Möglichkeit mit Hilfe des Risikomanagements die Insolvenzwahrscheinlichkeit senken zu können, werden entsprechende Unternehmen zukünftig von günstigeren Kreditkonditionen profitieren können.[183]

Für deutsche Unternehmen, die bei der Securities and Exchange Commission (SEC) registriert sind, da deren Aktien an einer amerikanischen Börse notieren, stellt der *Sarbanes–Oxley Act* (SOX) von 2002 eine weitere Normenquelle in Bezug auf das Risikomanagement

---

177 Vgl. § 289 Abs. 1 HGB.

178 Vgl. § 289 Abs. 2 Nr. 2 HGB.

179 Vgl. § 315 Abs. 1 und 2 HGB. Dieser Paragraf wurde entsprechend der Änderung des § 289 HGB im Zuge des BilReG ebenfalls angepasst. Einen Überblick über die Änderungen im Zuge des BilReG geben Kajüter (2004) und Kaiser (2005).

180 Vgl. 317 Abs. 2 und 4 HGB.

181 Vgl. §§ 111 Abs. 1 und 116 AktG sowie § 323 Abs. 2 HGB.

182 Zur Baseler Eigenkapitalvereinbarung vgl. Basel Committee on Banking Supervision (2004). Die Auswirkungen von Basel II auf Kreditinstitute sind Gegenstand der Betrachtung in Abschnitt 3.2.2, S. 104 ff.

183 Bislang wurden im deutschen Kreditgeschäft nur unzureichend Preisdifferenzierungen nach Schuldnerbonität durchgesetzt. Durch Basel II werden somit die ökonomischen Anreize zum Risikomanagement für Nicht–Finanzunternehmen verstärkt. Einen Überblick über die Folgen von Basel II für Kreditnehmer geben Jonen/Lingnau (2003), S. 11 ff.

dar.[184] Das Gesetz wurde vom Kongress der Vereinigten Staaten verabschiedet, um nach den Finanzskandalen um Enron und Worldcom das erschütterte Vertrauen der Anleger in die Richtigkeit der veröffentlichten Finanzdaten wiederherzustellen. Es sieht dazu eine neue Berufsaufsicht für die Abschlussprüfer, das „Public Company Accounting Oversight Board“ (PCAOB) und eine Reihe von einschneidenden Regelungen im Bereich der Corporate Governance vor.[185] Die konkreten Ausführungsbestimmungen des recht allgemein gehaltenen Gesetzes wurden von der SEC mittlerweile veröffentlicht.[186] Die wichtigsten, das Risikomanagement betreffenden Regelungen des SOX werden in den Abschnitten 302 und 404 geregelt. In Abschnitt 302 (disclosure controls and procedures) werden der Vorstandsvorsitzende und der Finanzvorstand dazu verpflichtet, schriftlich die Richtigkeit der abgegebenen Finanzberichte sowie die Wirksamkeit des von ihnen installierten internen Kontrollsystems („internal control system“) zu bestätigen.[187] Unter einem internen Kontrollsystem versteht man alle Regelungen zur Steuerung der Unternehmensaktivitäten (internes Steuerungssystem) und zur Überwachung der Einhaltung dieser Regelungen (internes Überwachungssystem).[188] Hierunter fällt insbesondere auch die Beurteilung von Risiken.[189] Ferner ist zu bestätigen, dass jede Unzulänglichkeit der internen Kontrollen sowie jeder festgestellte Betrug dem Prüfungsausschuss des Aufsichtsrates mitgeteilt wurden. Diese Pflichten erfolgen dabei unter Androhung äußerst hoher Geld- und Haftstrafen.[190] In Abschnitt 404 (internal control over financial reporting) wird das Management des Unternehmens dazu verpflichtet, den regelmäßigen Finanzberichten einen internen Kontrollbericht („internal control report“) hinzuzufügen.[191] Dieser Bericht soll eine Beurteilung bezüglich der Wirksamkeit der Strukturen und Prozesse des internen Kontrollsystems beinhalten und das Regelwerk benennen, das der Überwachung der Fi-

---

[184] Das Gesetz hat somit Ausstrahlungswirkung auf alle ausländischen Unternehmen, deren Aktien an einer amerikanischen Börse notiert sind. Laut Keller (2003), S. 323, sind hiervon 17 deutsche Unternehmen betroffen. Das Regelwerk gilt für amerikanische Unternehmen für Jahresabschlüsse nach dem 15. Juni 2004 und für ausländische Unternehmen für Jahresabschlüsse nach dem 15. Juni 2005. Vgl. Biel (2005), S. 15.

[185] Vgl. Lanfermann/Maul (2002), S. 1725.

[186] Vgl. Securities and Exchange Commission (2003).

[187] Vgl. Salzberger (2003), S. 165.

[188] Die Definition ist dem Prüfungsstandard 260 des Instituts der Wirtschaftsprüfer entnommen, der diesbezüglich im Wesentlichen mit dem International Standard on Auditing 315 übereinstimmt. Beide Standards nehmen Bezug auf den so genannten COSO Report (siehe Fußnote 192), der von der SEC als gültiges Rahmenwerk akzeptiert wird. Vgl. Institut der Wirtschaftsprüfer (2001) sowie International Auditing and Assurance Standards Board (2005).

[189] Vgl. Menzies (2004), S. 79.

[190] Vgl. Abschnitte 303, 802, 807 und 1102 des Sarbanes-Oxley Acts sowie erläuternd Lanfermann/Maul (2002), S. 1731, und Salzberger (2003), S. 165.

[191] Für ausländische Unternehmen existiert hierbei eine Ausnahmegenehmigung, die es diesen Unternehmen erlaubt, diesen Bericht nur einmal jährlich aufzustellen. Vgl. Hütten/Stromann (2003), S. 2225.

nanzberichterstattung zu Grunde liegt.[192] Die Wirksamkeit ist darüber hinaus von einem unabhängigen Wirtschaftsprüfer zu testieren.[193] In der Literatur besteht Einigkeit darüber, dass das vom SOX geforderte interne Kontrollsystem weit über das vom KonTraG geforderte Frühwarnsystem hinausgeht, da es sich nicht nur auf bestandsgefährdende Risiken bezieht.[194] Es bleibt insgesamt somit festzuhalten, dass mittlerweile umfangreiche gesetzliche Vorschriften (insbesondere KonTraG, BilReG, Basel II und SOX) ein Risikomanagement auf Unternehmensebene vorschreiben.

Unter *Standards* versteht man Richtmaße für einen bestimmten Adressatenkreis. Teilweise können Standards sogar einen rechtsverbindlichen Charakter haben. Bei den vom Deutschen Rechnungslegungs Standards Committee (DRSC) herausgegebenen Deutschen Rechnungslegungs Standards (DRS) ist dies der Fall. Der DRS 5 regelt die Berichterstattung des in § 315 HGB geforderten Konzernlageberichts in detaillierter Form.[195] Auch wenn die Regeln abstrakt formuliert sind, um den Gegebenheiten unterschiedlichster Unternehmen Rechnung zu tragen, wird — durch die Forderung nach entscheidungsrelevanter Information für den Adressatenkreis des Konzernlageberichts[196] — implizit ein Risikomanagement notwendig. Die Standards DRS 5-10 und DRS 5-20[197] ergänzen den Standard DRS 5 um branchenspezifische Regelungen für Kredit- und Finanzdienstleistungsinstitute beziehungsweise Versicherungsunternehmen. Sie enthalten insbesondere Regelungen zur Berichterstattung über die dem jeweiligen Geschäft zu Grunde liegenden spezifischen Risiken.

Der vom Institut der Wirtschaftsprüfer veröffentlichte Prüfungsstandard 340 (IDW PS 340)[198] regelt die Prüfung des Risikofrüherkennungssystems gemäß § 317 Abs. 4 HGB. Der Standard beschreibt alle Maßnahmen, die Gegenstand der Abschlussprüfung nach § 91 Abs. 2 AktG sind. Diese Festlegung hat somit Rückwirkung auf die Gestaltung des Risikomanagements in den zu prüfenden Unternehmen. Für die Darstellung weiterer, branchenspezifischer Standards sei auf Abschnitt 3.2.2, S. 104, verwiesen.

[192] Als Regelwerk können beispielsweise der in den Vereinigten Staaten weit verbreitete und bereits erwähnte COSO-Report oder andere von der SEC anerkannte Regelwerke benannt werden. Vgl. Arbeitskreis „Externe und Interne Überwachung der Unternehmung" der Schmalenbach-Gesellschaft für Betriebswirtschaft e. V. (2004), S. 2400. Zum COSO-Report vgl. The Committee of Sponsoring Organizations of the Treadway Commission (1994) und erläuternd Menzies (2004).

[193] Nähere Informationen zur Ausgestaltung des internen Kontrollsystems werden bei Securities and Exchange Commission (2003) und Hütten/Stromann (2003), S. 2224 ff. gegeben.

[194] Vgl. Lanfermann/Maul (2002), S. 1727/1729, Gruson/Kubicek (2003), S. 395, Salzberger (2003), S. 165, Menzies (2004), S. 39.

[195] Vgl. Deutsches Rechnungslegungs Standards Committee e.V. (2004a). Die Anwendung im Rahmen des in § 289 HGB geregelten Lageberichts des Einzelabschlusses wird lediglich empfohlen.

[196] Es wird zum Beispiel eine Risikoquantifizierung gefordert, sofern verlässliche und anerkannte Methoden dafür existieren und dies wirtschaftlich vertretbar ist. Vgl. Deutsches Rechnungslegungs Standards Committee e.V. (2004a).

[197] Vgl. Deutsches Rechnungslegungs Standards Committee e.V. (2004b) beziehungsweise Deutsches Rechnungslegungs Standards Committee e.V. (2004c).

[198] Vgl. Institut der Wirtschaftsprüfer (1999).

Ein weiterer Standard, der Unternehmen dazu bewegen soll, ein Management von Risiken zu betreiben ist der Deutsche Corporate Governance Kodex.[199] Die von der Regierungskommission Deutscher Corporate Governance Kodex unter Leitung von Dr. Gerhard Cromme im Jahre 2002 veröffentlichten und im Jahre 2003 revidierten Empfehlungen gelten für alle börsennotierten deutschen Gesellschaften. In Abschnitt 4.1.4 des Kodex heißt es: „Der Vorstand sorgt für ein angemessenes Risikomanagement und Risikocontrolling im Unternehmen.“ Diese sehr allgemein gehaltene Aufforderung hat gemäß § 161 AktG jedoch nur einen Empfehlungscharakter.[200]

Die bislang dargestellten Vorschriften und Standards haben teilweise bereits die externe *Rechnungslegung* betroffen.[201] Auf internationaler Ebene sind auf Grund einer europäischen Verordnung,[202] die mit dem BilReG in nationales Recht umgesetzt wurde, kapitalmarktorientierte Unternehmen grundsätzlich dazu verpflichtet, ihren Konzernabschluss nach den International Financial Reporting Standards (IFRS) beziehungsweise den International Accounting Standards (IAS) zu erstellen und zu veröffentlichen. Für ein Risikomanagement von besonderer Bedeutung ist der Standard IAS 39 (Ansatz und Bewertung von Finanzinstrumenten), da in diesem Ansatz und Bewertung von Absicherungsinstrumenten des Risikomanagements (Hedges) geregelt sind. Bezüglich konkreter Inhalte der Standards sei auf einschlägige Literatur verwiesen.[203] Die Regelungen über Ansatz und Bewertung von Vermögensgegenständen und Verbindlichkeiten haben über eine etwaige Bilanzpolitik ebenfalls Rückwirkung auf die Gestaltung des Risikomanagements.[204]

Da in der Realität kein vollkommener Kapitalmarkt gegeben ist und Risikomanagement ökonomisch gesehen auf unvollkommenen Märkten sinnvoll ist, wird im Rahmen dieser Arbeit im Weiteren von unvollkommenen Märkten ausgegangen. Auf diesen stellt ein Risikomanagement für die meisten Unternehmen keine Wahlentscheidung mehr dar. Ein Risikomanagement ist heutzutage vielmehr eine von Stakeholdern geforderte Notwendigkeit, die dem Unternehmen Chancen eröffnet. Grundlage eines jeden Risikomanagements ist dabei die Messung beziehungsweise Quantifizierung des Risikos. Mit diesem Thema beschäftigt sich der nächste Abschnitt.

---

199 Vgl. Regierungskommission Deutscher Corporate Governance Kodex (2003).

200 Die entsprechenden Gesellschaften sind jedoch dazu verpflichtet, in einer jährlichen Entsprechungserklärung darzulegen, welche der Empfehlungen sie nicht anwenden. Von Werder/Talaulicar (2005) zeigen in einer aktuellen Studie, dass ein zunehmend großer Anteil der Unternehmen den meisten Empfehlungen des Kodex mittlerweile folgt.

201 Insofern zeigt sich hier ebenfalls, dass die hier verwendete Differenzierung zwischen Gesetzen, Standards und Internationaler Rechnungslegung kaum überschneidungsfrei möglich ist.

202 Vgl. Verordnung (EG) Nr. 1606/2002 des Europäischen Parlaments und des Rates.

203 Vgl. International Accounting Standards Board (2005). Einen guten Lehrbuchüberblick geben Coenenberg (2003) und Küting/Weber (2005).

204 Letztlich sind bei allen Maßnahmen des Risikomanagements die Konsequenzen in Bezug auf die externe Rechnungslegung zu beachten.

2.2 Messung von Risiken

Die Messung von Risiken bildet die Grundlage aller weiteren Phasen des Risikomanagementprozesses und hat damit direkten Einfluss auf die Entscheidungen des Managements. Die Risikosteuerung und Risikokontrolle hängen somit in hohem Maße von der Qualität der Risikomessung ab.[205] Im Folgenden wird die Quantifizierbarkeit der relevanten Risiken angenommen. Betrachtet werden Risikopositionen, das heißt Größen, über deren zukünftige Ausprägung Unsicherheit besteht.[206] Bei solchen Risikopositionen kann es sich beispielsweise um Gewinne, Cash–Flows, Vermögenswerte oder Renditen handeln.[207] Alle notwendigen Informationen über die Risiken einer solchen Größe sind in der Verteilungsfunktion der betrachteten Risikoposition enthalten.[208] Aus Managementsicht ist es jedoch sinnvoll, diese Information in einer einzigen Zahl zu verdichten. Diese Komplexitätsreduktion erlaubt eine einfachere Einschätzung der zu Grunde liegenden Risiken. Dadurch kommt es jedoch gleichzeitig zu einem Informationsverlust. Dieser sollte dergestalt sein, dass die verbleibende Information weiterhin die Risikoauffassung des Entscheiders wiedergibt.

Eine Risikoposition sei hier durch eine Zufallsvariable X modelliert. Sie gibt die Ausprägung dieser Risikoposition zu einem festgelegten zukünftigen Zeitpunkt an. Allgemein lässt sich nun ein Risikomaß wie folgt definieren. Ist $\mathcal{X}$ eine Menge von reellwertigen Zufallsvariablen, so bezeichnet die Abbildung R

$$\begin{aligned} R : \mathcal{X} &\longrightarrow \mathbb{R} \\ X &\longmapsto a \in \mathbb{R} \end{aligned} \tag{2.1}$$

ein Risikomaß.[209] Für zwei Zufallsvariablen $X, Y \in \mathcal{X}$ sollte $R(X) > R(Y)$ gelten, sofern X „riskanter" als Y ist.[210] Im Weiteren sei angenommen, dass $X \in \mathcal{X}$ eine Dichtefunktion $f_X(x)$ und eine Quantilfunktion $F_X^{-1}(p)$ besitzt. Weiterhin bezeichnet $F_X(x)$ die Verteilungsfunktion der Zufallsvariablen.

In der Literatur werden zahlreiche Risikomaße vorgeschlagen.[211] Damit ein Risikomaß die Risikoauffassung der Entscheider wiedergeben kann, sollte es bestimmte Anforderun-

---

205 Vgl. Manganelli/Engle (2001), S. 10, und Marvin (1996), S. 8.

206 In der Regel handelt es sich hierbei um finanzielle Größen.

207 Grundsätzlich lassen sich Risikopositionen in Strom– und Bestandsgrößen beziehungsweise absolute und relative Größen untergliedern.

208 Eine Ausnahme bildet hier das so genannte Eventrisiko, also das Risiko unabsehbarer Ereignisse, für die keine sinnvollen Verteilungen existieren.

209 Alle Zufallsvariablen, die im Folgenden Verwendung finden, sind auf dem Wahrscheinlichkeitsraum $(\Omega, \mathcal{A}, \mathbb{P})$ definiert, wobei Ω eine Ergebnismenge, $\mathcal{A}$ eine Sigma–Algebra von Ergebnissen und $\mathbb{P}$ ein Wahrscheinlichkeitsmaß bezeichnet.

210 Vgl. Sarin/Weber (1993), S. 137, Albrecht (2003), S. 6.

211 Einen Überblick geben beispielsweise Szegö (2002b) und Albrecht (2003).

gen erfüllen. Solche Anforderungen sind Gegenstand des nächsten Abschnitts. Überlegungen bezüglich der Eignung einzelner Risikomaße im Rahmen der Risikokapitalallokation erfolgen im späteren Abschnitt 3.3.2.

2.2.1 Anforderungen an ein Risikomaß

In Theorie und Praxis existieren zahlreiche unterschiedliche Risikomaße. Hierbei stellt sich jeweils die Frage, wie diese Ansätze zu beurteilen sind. Ein mögliches Beurteilungskriterium stellen Axiome dar, die wünschenswerte Eigenschaften von Risikomaßen postulieren. Im Schrifttum wurden mehrere Axiomensysteme vorgeschlagen. Bekannt ist beispielsweise das Axiomensystem von Pedersen und Satchell.[212]

Ein weiteres Axiomensystem, auf das im Folgenden näher eingegangen werden soll, stammt von Artzner et al.[213] Die Autoren formulieren vier formale Eigenschaften, die ein Risikomaß erfüllen sollte. Ein Risikomaß, das diese Anforderungen erfüllt, wird als *kohärentes Risikomaß* bezeichnet. Die Axiomatik hat sowohl in der theoretischen als auch in der praxisorientierten Literatur eine schnelle Verbreitung gefunden.[214] Acerbi und Tasche gehen sogar so weit, den Begriff Risikomaß nur dann zu verwenden, falls es sich um ein kohärentes Risikomaß handelt.[215] Straßberger sieht in den Anforderungen notwendige Bedingungen, die an ein Risikomaß als Grundlage zur Eigenkapitalunterlegung und Limitsteuerung zu stellen sind.[216]

Bei den genannten vier Anforderungen, die an ein kohärentes Risikomaß zu stellen sind, handelt es sich im Einzelnen um:

1. *Translationsinvarianz*
   Ein Risikomaß ist translationsinvariant, falls

   $$R(X + a) = R(X) - a \text{ für alle } X \in \mathcal{X} \text{ und } a \in \mathbb{R} \tag{2.2}$$

   gilt.[217] Eine zusätzliche Investition a in ein risikoloses Instrument mit einem Rückzahlungsbetrag von a am Risikohorizont verringert das Risiko um genau diesen deterministischen Betrag a. Mit dieser Eigenschaft wird sichergestellt, dass kohärente Risikomaße als Kapitalbeträge interpretiert werden können, welche benötigt werden,

212 Vgl. Pedersen/Satchell (1998).
213 Vgl. Artzner/Delbaen/Eber/Heath (1997, 1999).
214 Zur theoretischen Literatur vgl. Embrechts (2000), Pflug (2000) oder Tasche (2000), zur praxisorientierten Literatur vgl. etwa Yamai/Yoshiba (2002a).
215 Vgl. Acerbi/Tasche (2002a), S. 380. Im Folgenden wird dieser Verwendung jedoch nicht gefolgt und weiterhin von kohärenten Risikomaßen gesprochen.
216 Vgl. Straßberger (2002), S. 64.
217 Bei dieser Darstellung des Axioms werden Zinseffekte ausgeblendet. Vgl. dazu im Näheren Albrecht/Korycìorz (2004), S. 130.

um eine Risikoposition abzusichern.[218] Mit (2.2) gilt nämlich $R(X + R(X)) = 0$, so dass $R(X)$ als (minimales) Kapital interpretiert werden kann, das der Risikoposition hinzugefügt werden muss, um eine risikolose Position im Sinne des Risikomaßes zu erreichen.[219]

2. *Subadditivität*
   Ein Risikomaß ist subadditiv, falls

$$R(X + Y) \leq R(X) + R(Y) \text{ für alle } X, Y \in \mathcal{X} \tag{2.3}$$

gilt. Hierdurch wird sichergestellt, dass durch das Zusammenfügen zweier Risikopositionen kein größeres Risiko entsteht, als die Summe der Risiken der Einzelrisikopositionen.[220] Verhalten sich verschiedene Risikopositionen exakt gleichgerichtet, sind sie also perfekt positiv korreliert, so wird aus der Ungleichung unter Ausnutzung der Gleichungen (2.2) bis (2.4) eine Gleichung. Sofern es sich um eine echte Ungleichung handelt, führen Diversifikationseffekte dagegen zu einer Risikoreduktion. Artzner et al. umschreiben diese Eigenschaft mit „a merger does not create extra risk".[221] Die Summe der Einzelrisiken ist somit immer ein konservativer Schätzer für das Gesamtrisiko.[222] Dem Axiom der Subadditivität wird in der Literatur eine besondere Bedeutung beigemessen, so dass die Einhaltung dieses Axioms als am wichtigsten eingestuft werden kann.[223] Dies kann mit der Tatsache begründet werden, dass dieses Axiom die Erfassung von Diversifikationseffekten ermöglicht.

3. *Positive Homogenität*
   Ein Risikomaß ist positiv homogen, falls

$$R(\lambda X) = \lambda R(X) \text{ für alle } X \in \mathcal{X} \text{ und } \lambda \geq 0 \tag{2.4}$$

gilt. Unter der Eigenschaft der positiven Homogenität (vom Grade 1) versteht man, dass sich das Risikomaß exakt proportional zum Ausmaß der Risikoposition verhält.[224] Es handelt sich um einen Grenzfall der Subadditivität für den Fall, dass perfekt (positive) Korrelation vorliegt. Dies bedeutet, dass eine Vervielfachung einer Risikoposition nicht zu neuen Diversifikationseffekten führt.

---

218 Vgl. Dresel (2003), S. 39, Albrecht/Koryciorz (2004), S. 130.
219 Vgl. Albrecht (2003), S. 13.
220 Dieses Axiom wird auch von Pedersen/Satchell (1998) gefordert.
221 Vgl. Artzner/Delbaen/Eber/Heath (1999), S. 209.
222 Vgl. Artzner/Delbaen/Eber/Heath (1997), S. 69. Dieses Axiom wird auch von Pedersen/Satchell (1998) gefordert.
223 Vgl. Acerbi/Tasche (2002a), S. 382.
224 Dieses Axiom wird auch von Pedersen/Satchell (1998) gefordert.

4. *Monotonie*
   Ein Risikomaß ist monoton, falls

$$R(X) \leq R(Y) \text{ für alle } X, Y \in \mathcal{X} \text{ mit } X \geq Y \tag{2.5}$$

gilt. Weist eine Risikoposition in jedem Zustand der Welt $\omega \in \Omega$ gleich hohe oder höhere Werte als eine andere Risikoposition auf, muss diese immer ein gleich hohes oder niedrigeres Risikomaß haben.

Die genannten vier Kohärenzeigenschaften stellen sinnvolle Eigenschaften eines „vernünftigen" Risikomaßes dar. Ein der Risikokapitalallokation zu Grunde liegendes Risikomaß sollte daher immer kohärent sein.[225] Im Folgenden sollen einige Risikomaße vorgestellt und jeweils auf ihre Kohärenzeigenschaften hin untersucht werden.

2.2.2 Standardabweichung und Varianz

Bei der Standardabweichung beziehungsweise der Varianz handelt es sich um die klassischen Risikomaße der Betriebswirtschaftslehre.[226] Die Verwendung dieser Risikomaße im Rahmen der Arbeiten von Markowitz und Tobin haben hierzu einen wichtigen Beitrag geleistet.[227]

Zur Definition der hier betrachteten Risikomaße sei zunächst der Erwartungswert einer Risikoposition definiert als

$$E(X) = \mu_X = \begin{cases} \int\limits_{-\infty}^{\infty} x f_X(x) dx, & \text{falls } X \text{ stetig verteilt,} \\ \sum\limits_{i=1}^{n} x_i p_i, & \text{falls } X \text{ diskret verteilt ist.} \end{cases} \tag{2.6}$$

Ausgehend von diesem Erwartungswert lässt sich nun die Varianz allgemein definieren als

$$Var(X) = \sigma_X^2 = E\Big((X - E(X))^2\Big) = E(X^2) - E(X)^2 \tag{2.7}$$

225 Vgl. Denault (2001), S. 4.

226 Anstelle von Standardabweichung wird häufig auch synonym von Volatilität gesprochen.

227 Vgl. Markowitz (1952) beziehungsweise Tobin (1958). Insbesondere technische Vorteile dieser Risikomaße sind der Grund für die weite Verbreitung. Vgl. hierzu Albrecht (2003), S. 19 f. Im Falle von Markowitz hat die Verwendung der Standardabweichung eine geschlossene analytische Lösung ermöglicht.

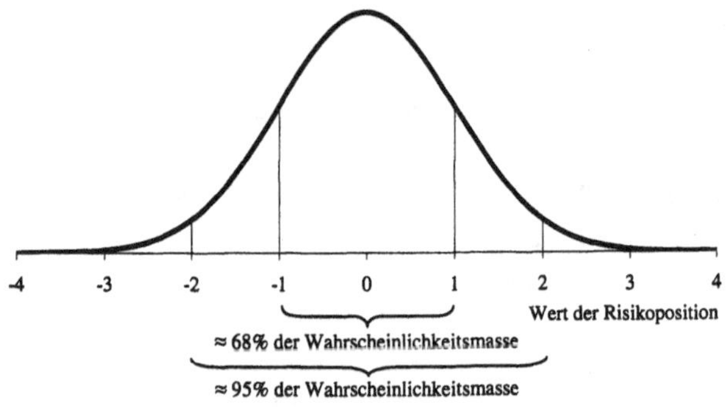

Abbildung 2.7: Dichtefunktion einer standardnormalverteilten Risikoposition

beziehungsweise in Abhängigkeit der Art der Verteilung als

$$Var(X) = \begin{cases} \int\limits_{-\infty}^{+\infty} \Big(x - E(X)\Big)^2 f_X(x)dx, & \text{falls } X \text{ stetig verteilt,} \\ \sum\limits_{i=1}^{n} \Big(x_i - E(X)\Big)^2 p_i, & \text{falls } X \text{ diskret verteilt ist.} \end{cases} \tag{2.8}$$

Die Standardabweichung ist definiert als die Wurzel der Varianz:

$$Std(X) = \sigma_X = \sqrt{Var(X)}. \tag{2.9}$$

Abbildung 2.7 verdeutlicht das Konzept der Standardabweichung anhand einer standardnormalverteilten Risikoposition. Durch die erfolgte Normierung entspricht der Wert der Risikoposition der Anzahl der Standardabweichungen. Die Abbildung zeigt auch, dass in einem Intervall einer Standardabweichung um den Nullwert 68 Prozent der Wahrscheinlichkeitsmasse liegen. Wie die vorgenannten Formeln und Abbildung 2.7 verdeutlichen, messen Standardabweichung beziehungsweise Varianz sowohl negative als auch positive Abweichungen vom Erwartungswert. Bei den Risikomaßen handelt es sich somit um Streuungsmaße. Den Risikomaßen liegt der symmetrische Risikobegriff zu Grunde.

Im Folgenden wird überprüft, inwieweit es sich bei den betrachteten Risikomaßen um kohärente Risikomaße handelt. Für zwei Risikopositionen $X, Y \in \mathcal{X}$ mit $Y = a + \lambda X$ gilt

$$\begin{aligned} Var(Y) = Var(a + \lambda X) &= E\Big((\lambda(X - E(X)))^2\Big) \\ &= \lambda^2 E\Big((X - E(X))^2\Big) \\ &= \lambda^2 Var(X) \end{aligned} \tag{2.10}$$

Für die Standardabweichung gilt dagegen:

$$Std(Y) = Std(a + \lambda X) = \lambda Std(X). \tag{2.11}$$

Daraus folgt offensichtlich, dass weder Varianz noch Standardabweichung das Axiom der Translationsinvarianz erfüllen. Ebenso zeigt sich, dass die Standardabweichung das Axiom der positiven Homogenität erfüllt, während die Varianz dagegen verstößt.

Betrachtet man zwei Risikopositionen $X, Y \in \mathcal{X}$ mit $Var(X) > Var(Y)$ und addiert zu X nun einen ausreichend großen sicheren Betrag a, so dass die Risikoposition X in jedem Zustand eine höhere Realisierung aufweist als die Risikoposition Y, so ändert sich gemäß den Gleichungen (2.10) und (2.11) weder die Varianz noch die Standardabweichung. Das Monotonieaxiom wird daher von beiden Risikomaßen verletzt.

Aus der Gleichung für die Berechnung der Varianz der Summe zweier Zufallsvariablen $X, Y \in \mathcal{X}$

$$Var(X + Y) = Var(X) + Var(Y) + 2Cov(X, Y) \tag{2.12}$$

ergibt sich, dass bei einer positiven Kovarianz $Cov(X, Y)$ gegen das Axiom der Subadditivität offensichtlich verstoßen wird.

Aus Gleichung (2.12) folgt in Verbindung mit der Schwarz'schen Ungleichung

$$Cov(X, Y) \leq \sqrt{Var(X)}\sqrt{Var(Y)}, \tag{2.13}$$

dass

$$\begin{aligned} Std(X + Y) = \sqrt{Var(X + Y)} &\leq \sqrt{Var(X) + Var(Y) + 2\sqrt{Var(X)}\sqrt{Var(Y)}} \\ &= Std(X) + Std(Y). \end{aligned} \tag{2.14}$$

Die Subadditivität der Standardabweichung ist durch die Umformungen in (2.14) somit bewiesen. Dennoch bleibt festzuhalten, dass keines der beiden Risikomaße als kohärent bezeichnet werden kann. Während die Varianz gegen alle vier Axiome verstößt, erfüllt die Standardabweichung zumindest die positive Homogenität und die Subadditivität.

2.2.3 Value–at–Risk

Beim Value–at–Risk handelt es sich um das wohl bekannteste Downside–Risikomaß.[228] Erstmalige Verwendung in der Literatur fand der Begriff in einem Bericht der Global Derivatives Study Group im Jahre 1993.[229] Während Edgeworth bereits 1888 erste Über-

[228] Downside–Risikomaße messen nur die negative Abweichung von einem vorgegebenen Referenzwert und somit das Risiko im engeren Sinne.

[229] Vgl. Global Derivatives Study Group (1993), S. 10.

legungen in Richtung des Value–at–Risk zur Solvenzbewertung von Banken anstellte, verwendete Baumol 1963 das Konzept dann im Rahmen der Portfolio–Theorie von Markowitz unter dem Begriff „lower confidence limit“.[230] Den Durchbruch in der Praxis erlangte der Value–at–Risk ab 1996 mit der von der RiskMetrics Group entwickelten RiskMetrics™ Methode.[231]

2.2.3.1 Definition und Zusammenhänge des Value–at–Risk

Heutzutage stellt der Value–at–Risk den Standard zur Messung finanzwirtschaftlicher Risiken dar.[232] Seine weite Verbreitung verdankt er insbesondere der einfachen Interpretierbarkeit. Das gemessene Risiko wird in nur einer Kennzahl und in Geldeinheiten ausgedrückt. Es werden dabei Aussagen über die Wahrscheinlichkeit eines Verlustes mit Aussagen über dessen Höhe verknüpft. Weiterhin ist der Value–at–Risk grundsätzlich auf alle quantifizierbaren Risiken anwendbar und über alle diese Risiken aggregierbar.[233]

Verbal lässt sich das Risikomaß wie folgt definieren: Der Value–at–Risk ist derjenige Verlust, der innerhalb eines bestimmten Zeitraums mit einer hohen Wahrscheinlichkeit — dem Konfidenzniveau $(1-\alpha)$ — nicht überschritten wird.[234] Der Value–at–Risk stellt damit sozusagen „den besten der schlechtesten Fälle“ beziehungsweise die beste Realisation der $\alpha\%$ der schlechtesten Realisationen einer Risikoposition dar.[235]

Formal lässt sich der Value–at–Risk einer Risikoposition $X \in \mathcal{X}$ zum Konfidenzniveau $(1-\alpha)$ über folgende Bedingungsgleichung definieren (Dichtefunktionsdarstellung):[236]

$$P\Big(X \leq -VaR_{1-\alpha}(X)\Big) = \int_{-\infty}^{-VaR_{1-\alpha}} f_X(x)dx = \alpha. \tag{2.15}$$

Existiert, wie angenommen, die Umkehrfunktion der Verteilungsfunktion F, so lässt sich der Value–at–Risk auch direkt über die Quantil–Funktion definieren. Der Value–at–

230 Vgl. Edgeworth (1888) und Baumol (1963).

231 Vormals J.P. Morgan/Reuters. RiskMetrics™ stellt eine weit verbreitete Methode zur Berechnung des Value–at–Risk dar. Vgl. dazu J.P. Morgan/Reuters (1996).

232 Vgl. Fischer (2000), S. 109, Jorion (2001), S. 28. Gemeint sind insbesondere Marktrisiken, zunehmend jedoch auch Kreditrisiken.

233 Vgl. Matten (2000), S. 149.

234 α nimmt dabei in der Regel Werte an, die unter fünf Prozent liegen. Vgl. in jeweils ähnlicher Definition J.P. Morgan/Reuters (1996), S. 6, Lister (1997), S. 32, Hartmann-Wendels/Pfingsten/Weber (2004), S. 336, Jorion (2001), S. 22, Büschgen/Börner (2003), S. 264, Hull (2003), S. 346, Schierenbeck (2003a), S. 15. Mit der Überschreitung eines Verlustes ist hier die Möglichkeit höherer Verluste gemeint.

235 Vgl. Acerbi/Nordio/Sirtori (2001), S. 4.

236 Da die Existenz der Quantilfunktion $F_X^{-1}(p)$ angenommen wird, ist der Value–at–Risk hiermit wohldefiniert. Vgl. zu dieser wie zur nächsten Definition Huschens (2000), S. 184, Dowd (2001), S. 42, Jorion (2001), S. 110. Es wird hier wie im Folgenden eine stetige Verteilung der Risikoposition angenommen, sofern nicht explizit anders dargestellt. Für das Konfidenzniveau gilt $0 \leq (1-\alpha) \leq 1$. Im Weiteren wird $VaR_{1-\alpha}(X) = VaR_{1-\alpha} = VaR$ an manchen Stellen zur Vereinfachung der Notation verwendet.

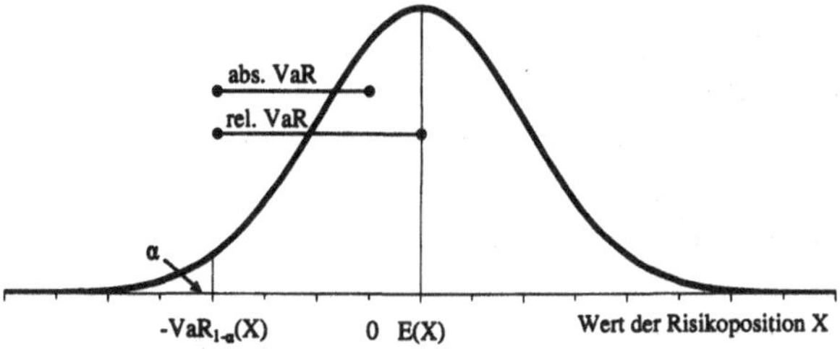

Abbildung 2.8: Value–at–Risk

Risk ist dann nichts anderes als das negative α–Quantil der Risikoposition (Quantildarstellung):

$$VaR_{1-\alpha}(X) = -F_X^{-1}(\alpha). \tag{2.16}$$

Der Vollständigkeit halber sei hier noch eine dritte Definition angeführt, die auch dann gilt, falls $F_X^{-1}(p)$ nicht existiert. Der Value–at–Risk ergibt sich dann durch Maximierung unter einer Nebenbedingung und ist wie folgt definiert (Supremumdarstellung):[237]

$$VaR_{1-\alpha}(X) = -\sup\left\{x \middle| P(X \leq x) \leq \alpha\right\} \tag{2.17}$$

Nimmt man an, dass die Risikoposition $X \in \mathcal{X}$ normalverteilt ist, so lässt sich der Value–at–Risk in Abhängigkeit des Konfidenzniveaus mit Hilfe der beiden Parameter der Normalverteilung berechnen. Indem man die normalverteilte Risikoposition X in eine standardnormalverteilte Risikoposition z_α transformiert, erhält man in Verbindung mit Gleichung (2.15):

$$P(X \leq -VaR_{1-\alpha}(X)) = P\left(\frac{X-\mu_X}{\sigma_X} \leq \frac{-VaR_{1-\alpha}(X)-\mu_X}{\sigma_X}\right) = \alpha. \tag{2.18}$$

Gleichung (2.18) ist äquivalent zu $\frac{-VaR_{1-\alpha}(X)-\mu_X}{\sigma_X} = z_\alpha$, wobei z_α das α-Quantil der Standardnormalverteilung ist. Es lässt sich nun wie folgt zur parametrischen Berechnung des Value–at–Risk verwenden:[238]

$$VaR_{1-\alpha}(X) = -\left(\mu_X + z_\alpha \sigma_X\right). \tag{2.19}$$

[237] Vgl. Acerbi/Tasche (2002a), S. 382.
[238] Vgl. zum Beispiel Dowd (2001), S. 43.

Abbildung 2.8 verdeutlicht den Inhalt der Kennzahl nochmals grafisch anhand der Dichtefunktion einer Risikoposition. Die mit α bezeichnete Fläche am linken Ende der Verteilung wird durch das gewählte Konfidenzniveau bestimmt und von rechts durch das α–Quantil beschränkt. Der Abstand zwischen diesem Quantil und dem Nullpunkt entspricht dem in den Gleichungen (2.15) bis (2.17) definierten Value–at–Risk. Er ist definitionsgemäß positiv, sofern es sich um einen drohenden Verlust handelt, das α–Quantil also links vom Nullpunkt liegt. Der hier verwendete Value–at–Risk entspricht dem absoluten Value–at–Risk. Der relative Value–at–Risk entspricht dagegen dem Abstand des α–Quantils vom Erwartungswert der Risikoposition.[239]

Die Frage, ob der Value–at–Risk einen erwarteten oder unerwarteten Verlust darstellt, wird in der Literatur kontextabhängig sehr unterschiedlich gesehen. Insbesondere im Kontext von Modellen, in denen die Risikoposition $X \in \mathcal{X}$ als Verlustvariable modelliert ist, zum Beispiel bei Kreditrisiken, wird der Value–at–Risk häufig als unerwarteter Verlust bezeichnet, während der Erwartungswert der Verlustverteilung dem Wortlaut folgend dann den erwarteten Verlust darstellt.[240] An anderer Stelle in der Literatur wird der Value–at–Risk jedoch als erwarteter Verlust interpretiert.[241] Diese Sichtweise wird damit begründet, dass sich der Value–at–Risk auf Basis der Annahme der Unternehmensfortführung über Vergangenheitsdaten berechnet, die grundsätzlich nur den Risikogehalt der normalen (erwarteten) Marktverhältnisse widerspiegeln.[242] Letztlich liegt der Auffassung zu Grunde, dass man etwas Unerwartetes nicht ex ante aus Vergangenheitsdaten berechnen und somit erwarten kann. Es zeigt sich, dass die Frage nach der Art des Verlustes davon abhängt, was unter einem unerwarteten Verlust verstanden wird. Da die Autoren beider Lager im Value–at–Risk ein Maß sehen, das die Höhe eines vorzuhaltenden Kapitals determiniert, ist es im Weiteren nicht relevant, ob der Value–at–Risk einen erwarteten oder unerwarteten Verlust darstellt.

In Abhängigkeit der zu Grunde liegenden Risikoposition wird der Value–at–Risk in der Literatur häufig auch unter anderen Begriffen geführt. Häufig wird die Bezeichnung Value–at–Risk in Bezug auf den Wert eines Portfolios oder allgemeiner bei Bestandsgrößen verwendet. Bezieht sich der Value–at–Risk dagegen auf Stromgrößen wie Cash–Flows oder Erträge, wird häufig vom Cash–Flow–at–Risk (CFaR) oder den Earnings–at–Risk

239 Zur Abgrenzung des absoluten Value–at–Risk vom relativen Value–at–Risk vgl. Dowd (2001), S. 40 f., Jorion (2001), S. 109. Bei der bisherigen und weiteren Darstellung wurde und wird der absolute Value–at–Risk zu Grunde gelegt. Für kurze Zeithorizonte sind der absolute und der relative Value–at–Risk annähernd identisch, da dann der Erwartungswert der Risikoposition nahe null liegt.

240 Vgl. zum Beispiel Smithson/Po/Rozario (1997), S. 40, Jovic (1999), S. 122 f., Matten (2000), S. 149 f., Smithson (2003b), S. 8 ff. Hallerbach (2003), S. 3, sieht im Value–at–Risk ebenfalls einen unerwarteten Verlust und modelliert die Risikoposition später als Gewinnvariable.

241 Vgl. Johanning (1998), S. 121 f., Dresel/Härtl/Johanning (2002), S. 5, Dresel (2003), S. 24.

242 Vgl. Johanning (1998), S. 121 f.

(EaR) gesprochen.[243] Je nachdem, ob die betrachtete Risikoposition eine Bestands– oder Stromgröße ist, wird auch von einem „asset volatility" beziehungsweise „earnings volatility" Ansatz gesprochen.[244] Ein Vorschlag, um Risikomaße mit zu Grunde liegenden Bestandsgrößen (VaR) und Stromgrößen (CFaR) vergleichbar und aggregierbar zu machen, sieht wie folgt aus:[245]

$$VaR_{1-\alpha}(X) = \frac{CFaR_{1-\alpha}(X)}{r}. \tag{2.20}$$

Der durch den Zinssatz r dividierte CFaR entspricht hierbei dem VaR. Es ist jedoch zu kritisieren, dass die Gleichung nur dann gilt, wenn eine unendliche Zahlungsreihe angenommen wird, wobei zeitliche Diversifikationseffekte dann nicht berücksichtigt werden.[246] Weiterhin bestehen Unklarheiten bezüglich des verwendeten Zinssatzes r. Die Nutzung des risikofreien Zinssatzes, wie von Lister (1997) und Smithson (2003a) vorgeschlagen, scheint hier zweifelhaft zu sein, da die diskontierten Größen Risikopositionen abbilden.[247] Im Weiteren wird davon ausgegangen, dass sich der Value–at–Risk auf Bestandsgrößen bezieht beziehungsweise ein auf Stromgrößen bezogener Value–at–Risk entsprechend umgerechnet worden ist.

Der Value–at–Risk steht im engen Zusammenhang mit der als Lower Partial Moments (LPM) bezeichneten Klasse von Risikomaßen.[248] Diese allgemeine Klasse von Downside–Risikomaßen beschreibt das Risiko, dass die Risikoposition $X \in \mathcal{X}$ eine vorher festgelegte Referenzgröße τ unterschreitet. Im Gegensatz zu den zentralen Momenten einer Verteilung, wie dem Erwartungswert oder der Varianz, beschreiben diese partiellen Momente nur den unteren Teil der Verteilung. Gleichung (2.21) zeigt allgemein die Berechnung eines LPM n–ter Ordnung ($n = 0, 1, \ldots$):

$$LPM_{n,\tau}(X) = \int_{-\infty}^{\tau} (\tau - x)^n f_X(x)dx. \tag{2.21}$$

Die Ordnung n drückt dabei aus, wie stark die Unterschreitung der Referenzgröße τ in die Risikoberechnung eingeht.[249]

---

243 Vgl. McNew (1996), S. 54 ff., Shimko (1996), S. 28 f., Turner (1996), S. 38 ff., RiskMetrics Group (1999), S. 12 ff., Linsmeier/Pearson (2000), S. 61 f., Dowd (2001), S. 239, Jorion (2001), S. 368 f., Burger/Buchhart (2002), S. 136 ff., Hoitsch/Winter (2004), S. 239 ff., Homburg/Stephan (2004), S. 314 ff., Winter (2004), S. 290 ff.

244 Vgl. Bremke/Bußmann (2000), S. 129 ff., Matten (2000), S. 219.

245 Vgl. Lister (1997), S. 35, Smithson/Po/Rozario (1997), S. 40, Culp (2000), S. 19, Matten (2000), S. 223, Smithson (2003a), S. 60, Tierny/Smithson (2003), S. 83.

246 Zum Thema zeitlicher beziehungsweise intertemporaler Diversifikationseffekte vgl. Franke (2000), S. 62 ff.

247 Smithson/Po/Rozario (1997), S. 40, deuten in diesem Zusammenhang ebenfalls Bedenken an.

248 Vgl. in anderer Notation Roy (1952), S. 432 ff., Fishburn (1977), S. 116.

249 Vgl. Miller/Reuer (1996), S. 675.

Über das in Gleichung (2.22) dargestellte $LPM_{0,\tau}$, das als Shortfall- oder Ausfallwahrscheinlichkeit bezeichnet wird, lässt sich die Verknüpfung zum Value-at-Risk zeigen.[250]

$$LPM_{0,\tau}(X) = \int_{-\infty}^{\tau} f_X(x)dx = F_X(\tau) = \alpha \tag{2.22}$$

Durch die Bildung der Umkehrfunktion von $F_X(\tau)$,[251]

$$F_X^{-1}(X, \alpha) = F_X^{-1}\Big(X, LPM_{0,\tau}(X)\Big) = \tau, \tag{2.23}$$

lässt sich die Referenzgröße τ herleiten. Für $\tau = VaR_{1-\alpha}$ ergibt sich ein direkter Zusammenhang zwischen dem Value-at-Risk und dem $LPM_{0,VaR_{1-\alpha}}$:[252]

$$VaR_{1-\alpha}(X) = -F_X^{-1}(X, LPM_{0,VaR_{1-\alpha}}). \tag{2.24}$$

Bei Nutzung des Value-at-Risk als Risikomaß müssen vom Management das Konfidenzniveau $(1-\alpha)$ und der Zeithorizont der Kennzahl festgelegt werden.[253] In Bezug auf das Konfidenzniveau lässt sich keine generelle Empfehlung geben. Es ist letztlich abhängig von der Risikoeinstellung der Unternehmensführung. In der Praxis erfolgt die Bestimmung des Konfidenzniveaus meist aus Daten von Anleihen, deren Bonität für das Gesamt-Unternehmen angestrebt wird.[254] Mit zunehmendem Konfidenzniveau steigt der Value-at-Risk an. Es bietet sich grundsätzlich an, den Value-at-Risk für mehrere Konfidenzniveaus zu berechnen und zu vergleichen. Mit zunehmendem Konfidenzniveau steigt jedoch ebenfalls das Schätzrisiko, da für extreme Ausprägungen meist nur wenige Beobachtungswerte vorliegen. Die Bank für Internationalen Zahlungsausgleich (BIS) verpflichtet Banken dazu, den Value-at-Risk zum Zwecke der Eigenkapitalunterlegung für ein Konfidenzniveau von 99 Prozent zu berechnen.[255]

Der Zeithorizont sollte die Liquidationszeit der Risikoposition widerspiegeln, das heißt die Zeit, die notwendig ist, um die Risikoposition abzubauen. Für einen kurzen Zeithorizont spricht, dass die Normalverteilungsannahme der Risikoposition häufig realistischer ist, was zu Vereinfachungen bei der Berechnung führt. Weiterhin spricht die Annahme einer konstanten Zusammensetzung der Risikoposition (zum Beispiel eines Portfolios) für

250 Das $LPM_{1,\tau}$ wird als Shortfall-Erwartungswert und das $LPM_{2,\tau}$ als Shortfall-Varianz bezeichnet. Vgl. Portmann/Wegmann (1998), S. 332 ff.

251 Diese existiert durch die in Abschnitt 2.2 getroffene Annahme.

252 Bezüglich weiterer Zusammenhänge zwischen Value-at-Risk und den Lower Partial Moments vgl. Portmann/Wegmann (1998), S. 334 f.

253 Vgl. Matten (2000), S. 154 f., Dowd (2001), S. 50 ff. Der Zeithorizont spezifiziert den Zukunftsbezug der Risikoposition. Je nachdem, ob es sich bei der Risikoposition um eine Strom- oder Bestandsgröße handelt, ist ein Zeitraum beziehungsweise ein Zeitpunkt gemeint.

254 Diese Aussage bezieht sich auf Banken. Vgl. dazu Zaik/Walter/Kelling/James (1996), S. 89.

255 Vgl. Basel Committee on Banking Supervision (1996), S. 44.

einen kurzen Zeithorizont. In Banken wird hier eine Periode von ein bis zehn Tagen zu Grunde gelegt, während in Versicherungen Zeiträume von bis zu einem Jahr vorherrschen.[256] Nicht zu verwechseln ist der Zeithorizont mit dem Beobachtungszeitraum, der rückblickend die Zeitspanne umfasst, deren Daten zur Schätzung des Value–at–Risk verwendet werden. Je länger der Zeithorizont ist, desto größer muss der Beobachtungszeitraum sein, um eine gleiche Schätzqualität zu erzielen.

Grundsätzlich ist vor jeder Value–at–Risk Berechnung eine Wahrscheinlichkeitsverteilung der Risikoposition zu Grunde zu legen. Diese Verteilung kann auf verschiedene Arten ermittelt werden. Die im nächsten Abschnitt dargestellten Verfahren zur Berechnung des Value–at–Risk unterscheiden sich vor allem hinsichtlich des genutzten Datenmaterials, der Art und Anzahl der Risikofaktoren, die auf die Risikoposition einwirken, und der Annahmen über die Verteilungseigenschaften dieser Risikofaktoren.

2.2.3.2 Bestimmung des Value–at–Risk

Im Folgenden sollen verschiedene Methoden zur Bestimmung des Value–at–Risk in gebotener Kürze dargestellt werden. Für detailliertere Erläuterungen sei auf weiterführende Literatur verwiesen.[257] Grundsätzlich lassen sich drei Methoden zur Bestimmung des Value–at–Risk unterscheiden: Die Varianz–Kovarianz–Methode, die Methode der historischen Simulation und die Methode der Monte–Carlo–Simulation.

Bei der *Varianz–Kovarianz–Methode* handelt es sich um eine analytische Methode zur Bestimmung des Value–at–Risk.[258] Sie zählt zu den bekanntesten Methoden und ist in der Finanzbranche weit verbreitet.[259] Man bestimmt bei dieser Methode zunächst eine Menge an Risikofaktoren, die auf die betrachtete Risikoposition einwirken. Bei einem Risikofaktor handelt es sich um eine Einflussgröße, die sich auf die Risikoposition auswirkt. Klassische Beispiele für Risikofaktoren sind beispielsweise Zinssätze, Devisenkurse, Aktienkurse oder Rohstoffpreise. Bezüglich der Risikofaktoren nimmt man an, dass diese normalverteilt sind.[260] Die Risikofaktoren und die Risikoposition sollen per Annahme in linearer Weise in Beziehung stehen.[261] Das bedeutet, dass Risikofaktor und Risikoposition in einem fes-

[256] Aus regulatorischer Sicht müssen Banken für Marktrisiken einen Zeithorizont von 10 Handelstagen zu Grunde legen. Vgl. Basel Committee on Banking Supervision (1996), S. 44.

[257] Vgl. Dowd (2001), S. 61 ff., Jorion (2001), S. 205 ff., Hull (2003), S. 348, Schierenbeck (2003a), S. 73 ff., Hartmann-Wendels/Pfingsten/Weber (2004), S. 339-344.

[258] Synonym spricht man auch von der Korrelations- oder Delta–Normal–Methode. Einen umfangreichen Überblick bietet beispielsweise Read (1998), S. 37 ff., Linsmeier/Pearson (2000), S. 53 ff., Crouhy/Galai/Mark (2001), S. 198 ff., Jorion (2001), S. 255 ff.

[259] Vgl. Johanning (1998), S. 25 und 38, sowie Abschnitt 5.1.2.2, S. 187 ff. Das weit verbreitete RiskMetrics™ Modell basiert auf dieser Methode. Vgl. J.P. Morgan/Reuters (1996).

[260] Bezüglich der Annahmen vgl. Schierenbeck (2003a), S. 93.

[261] Diese Annahme ist bei Anwendung auf Optionen oder festverzinslichen Wertpapiere problematisch, da diese nicht linear von den Risikofaktoren abhängig sind. Hier muss entweder approximiert oder eine andere Methode angewendet werden.

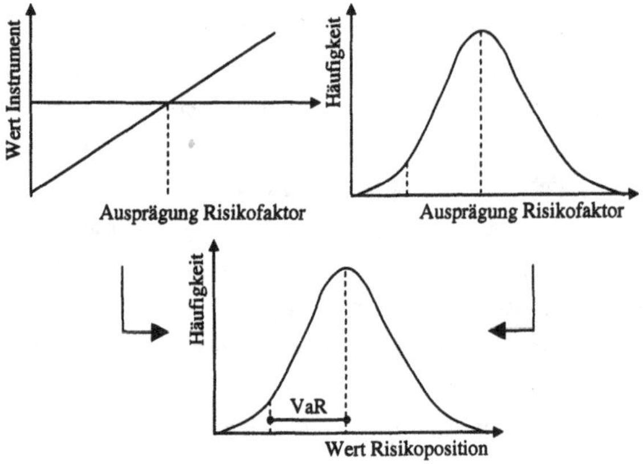

Abbildung 2.9: Linearer Zusammenhang zwischen Risikofaktor und Risikoposition[262]

ten Verhältnis stehen. Bei diesem Verhältnis handelt es sich um eine Sensitivität, die in vielen Fällen gleich eins ist.[263] Aus diesen beiden Annahmen folgt, dass die Risikoposition selbst auch normalverteilt ist.[264] Abbildung 2.9 zeigt den Zusammenhang zwischen Risikofaktor und Risikoposition nochmals grafisch. Weiterhin muss angenommen werden, dass die aus der Vergangenheit zur Schätzung aller benötigter Parameter gewonnenen Daten repräsentativ für die Zukunft sind.[265] Unter diesen Annahmen berechnet sich der Value-at-Risk der Risikoposition gemäß Gleichung (2.19).

Der konkrete Ablauf bei der Varianz-Kovarianz-Methode sei an einem Beispiel verdeutlicht. Möchte man für ein Portfolio aus Aktien den Value-at-Risk bestimmen, sieht der Ablauf folgendermaßen aus:[266]

---

262 Vgl. Jorion (2001), S. 208.

263 Dies ist zum Beispiel der Fall, wenn für eine Risikoposition aus Aktien die Aktienkurse als Risikofaktoren gelten. Bei einem Optionsportfolio muss dagegen über das Delta als Sensitivität, bei einem Anleihenportfolio über die modifizierte Duration approximiert werden. Allgemein dienen Regressionsfaktoren einer Regression zwischen der Risikoposition und dem entsprechenden Risikofaktor als Sensitivitäten.

264 Vgl. Linsmeier/Pearson (2000), S. 53.

265 Vgl. Hagen/Jakobs (1995), S. 667, Schierenbeck (2003a), S. 93. Die zu Grunde gelegten Daten müssen hierzu stationär sein.

266 Vgl. hierzu Burger/Buchhart (2002), S. 129 f., Homburg/Stephan (2004), S. 316. Einen Überblick zur Bewertung anderer Risikopositionen gibt Dowd (2001), S. 79 ff.

1. Festlegung der Risikofaktoren:
   Als Risikofaktoren dienen in diesem Fall die Renditen $r_{i,t}$ der im Portfolio befindlichen Aktien i zum Zeitpunkt t.[267]
2. Schätzung der Standardabweichung der Risikofaktoren:
   Nach der Festlegung eines Beobachtungszeitraumes K lässt sich die Standardabweichung der Renditen mit Hilfe des folgenden Schätzers ermitteln:[268]

$$\hat{\sigma}_{i,t} = \sqrt{\frac{1}{K-1}\sum_{k=1}^{K}\left(r_{i,t-k+1} - \hat{\mu}_{i,t}\right)^2} \tag{2.25}$$

   wobei

$$\hat{\mu}_{i,t} = \frac{1}{K}\sum_{k=1}^{K} r_{i,t-k+1}. \tag{2.26}$$

3. Bestimmung des Risikovolumens:
   Unter dem Risikovolumen versteht man das einem Risikofaktor direkt ausgesetzte finanzielle Volumen. Die Bestimmung des Risikovolumens ($RV_{i,t}$) ist abhängig von der Definition der Risikofaktoren. Wählt man wie hier Aktienrenditen, so setzt sich das Risikovolumen aus dem Produkt von heutigem Marktwert und der Sensitivität (hier gleich eins) zusammen.
4. Bestimmung des Konfidenzniveaus:
   Mit dem Konfidenzniveau wird gleichzeitig das α–Quantils der Standardnormalverteilung z_α festgelegt. Wie in Abschnitt 2.2.3.1 dargestellt, hängt es von der Risikoeinstellung der Unternehmensführung und gegebenenfalls von den Vorgaben eines Regulierers ab.
5. Ermittlung des Value–at–Risk der Einzelposition:
   Nun kann der Value–at–Risk analog zu Gleichung (2.19) berechnet werden.[269] Es ergibt sich für den Value–at–Risk der Einzelposition i im Zeitpunkt t:

$$\widehat{VaR}_{i,t} = -RV_i(\hat{\mu}_{i,t} + z_\alpha \hat{\sigma}_{i,t}). \tag{2.27}$$

[267] Für Renditen ist die Annahme einer Normalverteilung am ehesten erfüllt. Vgl. Johanning (1998), S. 29 f., mit weiteren Verweisen. Die bisherigen Formeln zur Berechnung des Value–at–Risk verändern sich durch die Nutzung von Renditen insofern, dass jeweils noch die Marktwerte der Aktien hinzu multipliziert werden müssen.

[268] Auf andere Schätzverfahren, wie die Bestimmung der impliziten Volatilität aus beobachteten Optionspreisen, soll an dieser Stelle nicht näher eingegangen werden. Vgl. dazu Mayhew (1995), S. 8-11, Hull (2003), S. 250 f. Zu den Problemen vgl. J.P. Morgan/Reuters (1996), S. 77 f.

[269] Das Risikovolumen muss im Falle der Verwendung von Renditen zum Value–at–Risk aus Gleichung (2.19) multipliziert werden.

Nimmt man an, dass die Erwartungswerte der Renditen null betragen, so vereinfacht sich Gleichung (2.27) zu:[270]

$$\widehat{VaR}_{i,t} = -RV_i z_\alpha \hat{\sigma}_{i,t}. \tag{2.28}$$

6. Ermittlung des Value–at–Risk der gesamten Risikoposition:
Nachdem alle Value–at–Risk der Einzelpositionen ($VaR_{i,t}$) geschätzt wurden, lässt sich das Risiko der gesamten Position berechnen. Häufig wird in der Praxis schon im 5. Schritt angenommen, dass die Erwartungswerte der Renditen null betragen. Unter dieser Annahme stellt sich der Value–at–Risk des Aktienportfolios unter Beachtung von Diversifikationseffekten wie folgt dar:[271]

$$\widehat{VaR}_{Portfolio} = \sqrt{\mathbf{VaR_t}^T \delta \mathbf{VaR_t}}. \tag{2.29}$$

Hierbei bezeichnet $\mathbf{VaR_t}$ den Spaltenvektor der Value–at–Risk Größen der Einzelpositionen aus Gleichung (2.28) zum Zeitpunkt t und δ die Korrelationsmatrix der Renditen. Die Korrelation der Renditen lässt sich dabei über die folgende Formel schätzen:

$$\hat{\rho}_{ij,t} = \frac{\sum_{k=1}^{K} \left(r_{i,t-k+1} - \mu_{i,t}\right)\left(r_{j,t-k+1} - \mu_{j,t}\right)}{\sqrt{\sum_{k=1}^{K} \left(r_{i,t-k+1} - \mu_{i,t}\right)^2 \sum_{k=1}^{K} \left(r_{j,t-k+1} - \mu_{j,t}\right)^2}}. \tag{2.30}$$

Nachteilig am Varianz–Kovarianz–Ansatz ist die notwendige Annahme der Normalverteilung der Risikofaktoren, die in der Praxis nicht immer realistisch ist.[272] Weiterhin liegt nicht immer ein linearer Zusammenhang zwischen den Risikofaktoren und der Risikoposition vor.[273] In Bezug auf die Schätzung der Parameter der normalverteilten Risikofaktoren ist insbesondere die Stationaritätsannahme problematisch. Die Stationarität der Parameter dürfte vor allem in Krisensituationen und in volatilen Märkten verletzt sein. Für die Varianz–Kovarianz–Methode spricht jedoch ihre einfache Handhabung, sobald die notwendigen Verteilungsparameter vorliegen. Insbesondere können Änderungen des Risikos

270 Dies ist insbesondere dann unproblematisch, wenn kurze Zeithorizonte zu Grunde gelegt werden und der Erwartungswert nahe null liegt. Vgl. Alexander/Leigh (1997), S. 51, Kupiec (1999), S. 42-43, Linsmeier/Pearson (2000), S. 53. Zu möglichen Problemen vgl. Schierenbeck (2003a), S. 77 f.

271 Es sei ausdrücklich darauf hingewiesen, dass diese Aggregationsformel nur im Falle normalverteilter Risikopositionen sowie bei Nutzung des relativen Value–at–Risk oder alternativ absolutem Value–at–Risk und Erwartungswerten von null Gültigkeit besitzt. Die Zusammenhänge ergeben sich aus der Aggregationsformel für Standardabweichungen.

272 Renditen sind häufig leptokurtisch verteilt, das heißt die Dichten sind an den Enden und in der Mitte ausgeprägter als bei der Normalverteilung. Dies führt dazu, dass der Value–at–Risk das Risiko im Einzelfall unterschätzen kann. Vgl. Jorion (2001), S. 221, Schierenbeck (2003a), S. 94.

273 Mit zunehmendem Zeithorizont wird diese Annahme unrealistischer, da Konvexitäten dann auf Grund steigender Schwankungsmöglichkeiten eine zunehmend wichtige Rolle spielen. Einen verfeinerten Ansatz, um bestimmte Nicht–Linearitäten zu berücksichtigen, stellt das Delta–Gamma–Modell dar. Vgl. hierzu Dowd (2001), S. 68 ff., Jorion (2001), S. 211 ff.

bei Portfolioveränderungen schnell ermittelt werden.[274] Der Aufwand der Berechnungen ist bei dieser Methode zudem als sehr gering einzuschätzen. Neben diesen Vorteilen erweist sich die einfache Skalierbarkeit des Value–at–Risk für unterschiedliche Zeithorizonte als sinnvoll. Gemäß der $\sqrt{T}$–Regel (auch: Quadratwurzelregel) lässt sich der für ein Zeitintervall berechnete Value–at–Risk $VaR_{t,1}$ in t auf das T–fache dieses Zeithorizonts wie folgt umskalieren:[275]

$$VaR_{t,T} = \sqrt{T}VaR_{t,1}. \tag{2.31}$$

Alternativ zum Varianz–Kovarianz–Ansatz kann der Value–at–Risk auch mittels Simulationen bestimmt werden. Bei der *historischen Simulation* ist keine Verteilungsannahme bezüglich der Risikofaktoren notwendig, da real beobachtete Ausprägungen der Risikofaktoren herangezogen werden.[276] Ausgehend von der aktuellen Zusammensetzung der Risikoposition werden die beobachteten Ausprägungen der Risikofaktoren für einen vorher festgelegten Beobachtungszeitraum und ein festgelegtes Intervall ermittelt.[277] Für jede dieser Beobachtungen wird mit einem Bewertungsmodell der resultierende Wert der Risikoposition vollständig berechnet.[278] Die Differenzen des jeweils berechneten und aktuellen Wertes der Risikoposition werden dann aufsteigend sortiert und das untere α-Prozent Quantil dieser Verteilung entspricht somit dem Value–at–Risk der Risikoposition.

Dem Verfahren der historischen Simulation liegt die Annahme zu Grunde, dass die vergangene Entwicklung auf Grund einer zeitlichen Stabilität einen guten Indikator für die zukünftige Entwicklung darstellt.[279] Die Prognosequalität hängt daher auch im starken Maße davon ab, inwiefern diese Annahme zutrifft. In Märkten mit steigender Volatilität wird der Value–at–Risk aus diesem Grunde unterschätzt, in Märkten mit sinkender Volatilität dagegen überschätzt.[280] In Abhängigkeit der zu bewertenden Risikoposition kann es unter Umständen problematisch sein, an adäquates Datenmaterial zu gelangen.[281] Wei-

---

274 Vgl. Johanning (1998), S. 29.

275 Die hier dargestellte Quadratwurzelregel gilt nur für Erwartungswerte von null sowie seriell unabhängige und identisch normalverteilte Risikopositionen. Es gilt dann $VaR_{t,T} = -z_\alpha \sigma_{X,t,T}$ mit $\sigma_{X,t,T} = \sqrt{T}\sigma_{X,t,1}$. Vgl. zur Quadratwurzelregel Johanning (1998), S. 31-32, Huschens (2000), S. 199. Verallgemeinerungen der Quadratwurzelregel für Erwartungswerte ungleich null sowie für korrelierte Renditen finden sich bei Beeck/Johanning/Rudolph (1999), S. 265, Jorion (2003), S. 66.

276 Ausführliche Darstellungen der historischen Simulation finden sich bei Lister (1997), S. 176 ff., Huschens (2000), S. 211 ff., Linsmeier/Pearson (2000), S. 50 ff., Crouhy/Galai/Mark (2001), S. 206 ff., Dowd (2001), S. 99 ff., Jorion (2001), S. 221 ff., und Schierenbeck (2003a), S. 86 ff.

277 Bezüglich der Länge des Beobachtungszeitraumes siehe die Studie von Fink/Johanning/Rudolph (1999), S. 26-31, sowie Dowd (2001), S. 101 f.

278 Das Verfahren vermeidet durch die vollständige Bewertung etwaig notwendige Approximationen. Vgl. Dowd (2001), S. 104. Je nach Bewertungsmodell kann es gegebenenfalls notwendig sein, dennoch eine Verteilungsannahme zu treffen. Dies ist zum Beispiel beim Black/Scholes–Modell zur Optionspreisbewertung der Fall. Vgl. Black/Scholes (1973).

279 Zur Problematik dieser Annahme vgl. Dowd (2001), S. 101 ff., Giese/Heim (2001), S. 91.

280 Vgl. Dresel (2003), S. 33.

281 In besonderen Fällen, wenn zum Beispiel neue Instrumente Teil der Risikoposition sind, kann es sogar vorkommen, dass entsprechendes Datenmaterial gar nicht existiert. Vgl. Jorion (2001), S. 223.

terhin nachteilig ist, dass eine Umskalierung des Risikohorizontes gemäß Gleichung (2.31) nicht möglich ist. Als vorteilhaft stellen sich dagegen die einfache Handhabbarkeit und der geringe Rechenaufwand heraus.[282] Zusammenhänge zwischen den Risikofaktoren und Nicht–Linearitäten werden bei diesem Verfahren implizit berücksichtigt.

Eine weitere Möglichkeit zur Bestimmung des Value–at–Risk ist die *Monte–Carlo–Simulation.*[283] Das Vorgehen ist hierbei der historischen Simulation ähnlich.[284] Die beiden Verfahren unterscheiden sich hinsichtlich der Verteilung der Risikofaktoren. Während bei der historischen Simulation die empirische Verteilung der Risikofaktoren zu Grunde gelegt wird, ist man bei der Monte–Carlo–Simulation grundsätzlich frei mit der Wahl beliebiger Verteilungen der Risikofaktoren. Das genaue Vorgehen sei im Folgenden kurz dargestellt. Zunächst gilt es, Risikofaktoren zu bestimmen, die auf die Risikoposition einwirken. Der funktionale Zusammenhang zwischen Ausprägung der Risikofaktoren und der Risikoposition muss dabei über ein geeignetes Bewertungsmodell spezifiziert werden.[285] Für jeden Risikofaktor sind geeignete Verteilungen zu spezifizieren, die häufig aus der empirischen Verteilung heraus abgeleitet werden.[286] Darüber hinaus muss die Abhängigkeitsstruktur der Risikofaktoren untereinander festgelegt werden. Aufbauend auf diesen Annahmen müssen im nächsten Schritt Realisationen der Risikofaktoren per Zufallsgenerator erzeugt werden. Hierbei müssen die Abhängigkeitsstrukturen beachtet werden. Weiterhin ist auf Konsistenz der jeweils in einem Szenario gezogenen Risikofaktoren zu achten.[287] Für jedes gezogene Szenario ist mit Hilfe des Bewertungsmodells der resultierende Wert der Risikoposition zu bestimmen. Wurde dies für eine ausreichend hohe Anzahl an Szenarien gemacht,[288] kann, nach vorheriger Festlegung eines Konfidenzniveaus, der Value–at–Risk aus der simulierten Verteilung der Risikoposition bestimmt werden.

Im Vergleich zu anderen Methoden zur Bestimmung des Value–at–Risk wird die Monte–Carlo–Methode am wenigsten von den Daten der Vergangenheit beeinflusst.[290] Die

---

282 Vgl. Johanning (1998), S. 34, Dowd (2001), S. 99 f., Jorion (2001), S. 222 f.

283 Für eine ausführlichere Darstellung dieses Verfahrens vgl. Lister (1997), S. 179, Huschens (2000), S. 197., Linsmeier/Pearson (2000), S. 56 f., Crouhy/Galai/Mark (2001), S. 212 ff., Dowd (2001), S. 108 ff., Jorion (2001), S. 224 ff., und Schierenbeck (2003a), S. 89 ff.

284 Vgl. Jorion (2001), S. 225, Straßberger (2002), S. 111.

285 Insbesondere im Rahmen der Anwendung in Industrie– und Handelsunternehmen bei Verwendung des Cash–Flow–at–Risk kann dieser Schritt schon die Aufstellung eines gesamten Geschäftsmodells bedeuten. Vgl. dazu Turner (1996), S. 38 ff., Pfennig (2000), S. 1301, Burger/Buchhart (2002), S. 139 ff. Für Risikopositionen, bestehend aus Finanzinstrumenten, sind Bewertungsmodelle der entsprechenden Instrumente heranzuziehen.

286 Dieser Aspekt ist das wichtigste Unterscheidungsmerkmal zu den beiden bislang dargestellten Methoden. Die Spezifikation der Verteilungen ist dem Entscheider vollkommen frei gestellt.

287 Arbitrage–Möglichkeiten zum Beispiel auf Basis verletzter Grundzusammenhänge, wie der gedeckten Zinsparität, dürfen nicht entstehen.

288 Zur Frage nach der Anzahl an notwendigen Szenarien vgl. Dowd (2001), S. 114.

289 In Anlehnung an Linsmeier/Pearson (2000), S. 58, Dowd (2001), S. 133, Jorion (2001), S. 230, Schierenbeck (2003a), S. 94 und 96.

290 Vgl. Schierenbeck (2003a), S. 89.

	Varianz–Kovarianz–Ansatz	Historische Simulation	Monte–Carlo–Simulation
Verteilung	Normalverteilung	keine Verteilungsannahme	Verteilung frei wählbar
Bewertung	lineare Approximation	vollständig	vollständig
Vorteile	• einfach und verständlich • geringer Rechenaufwand	• einfach und verständlich • geringer Rechenaufwand • Erfassung nicht–linearer Zusammenhänge und Abhängigkeiten	• hohe Flexibilität • Erfassung nicht–linearer Zusammenhänge
Nachteile	• keine Berücksichtigung von Nicht–Linearitäten • restriktive Annahmen	• aufwändige Datenbeschaffung • durch Vergangenheitsbezug keine Berücksichtigung von schwankendem Risiko in der Zeit	• hohe Komplexität und damit Modellrisiko • hoher Rechenaufwand • schwer verständlich und schlecht zu kommunizieren

Tabelle 2.2: Überblick der Verfahren zur Bestimmung des Value–at–Risk[289]

Methode eignet sich für alle Risikoarten, da beliebige Verteilungen und Nicht–Linearitäten berücksichtigt werden können.[291] Da das Ergebnis der Monte–Carlo–Simulation eine vollständige Verteilung der Risikoposition ist, kann diese auch dazu benutzt werden, andere Risikomaße zu berechnen und weitere Auswertungen durchzuführen.[292] Gegen die Monte–Carlo–Simulation spricht, dass sie sehr rechenaufwändig ist.[293] Dadurch kann es schwierig sein, den Value–at–Risk für andere Portfoliogewichte oder abweichende Annahmen zu berechnen. Ein weiterer Nachteil ist die unter Umständen erforderliche komplexe Modellierung im Rahmen von Monte–Carlo–Simulationen.[294] Dies führt zu einem insgesamt relativ hohem Modellrisiko. Die erhöhte Komplexität führt ebenfalls dazu, dass dieses Verfahren nicht leicht verständlich und schwerer zu kommunizieren ist.[295] Tabelle 2.2 fasst abschließend noch einmal die Charakteristika sowie Vor– und Nachteile der vorgenannten Verfahren zusammen.

Wie so häufig in der Betriebswirtschaft existiert auch zur Bestimmung des Value–at–Risk nicht das optimale Verfahren. Das beste Verfahren lässt sich nur situativ in einem konkreten Entscheidungskontext bestimmen. Letztlich geht es immer um einen Trade–Off zwischen Genauigkeit und Berechnungs– und Modellierungsaufwand.

291 Vgl. Schierenbeck (2003a), S. 97, Jorion (2001), S. 225.
292 Vgl. Straßberger (2002), S. 114.
293 Vgl. Jorion (2001), S. 226. Eine Untersuchung zum Rechenaufwand hat Pritsker (1996), S. 21 ff., durchgeführt.
294 Hierbei ist es insbesondere problematisch, die Abhängigkeitsstrukturen zu spezifizieren.
295 Vgl. zu den letzten beiden Punkten Jorion (2001), S. 226, Straßberger (2002), S. 112, Schierenbeck (2003a), S. 97.

Nachdem nun verschiedene Verfahren zur Bestimmung des Value–at–Risk dargestellt wurden, soll im nächsten Abschnitt untersucht werden, inwieweit der Value–at–Risk die von Artzner et al. postulierten Kohärenzanforderungen an ein Risikomaß erfüllt.[296]

2.2.3.3 Kohärenz des Value–at–Risk

Im Folgenden soll untersucht werden, ob der Value–at–Risk die in Abschnitt 2.2.1 dargestellten Kohärenzanforderungen von Artzner et al. erfüllt.[297] Die Darstellung soll dabei zu einem tieferen Verständnis des Value–at–Risk beitragen. Im ersten Schritt soll daher der Value–at–Risk auf die Eigenschaft der *Translationsinvarianz* hin untersucht werden. Hierzu wird der Risikoposition $X \in \mathcal{X}$ der sichere Betrag a hinzugefügt. Für die resultierende Risikoposition sieht der Value–at–Risk wie folgt aus:

$$\begin{aligned} VaR_{1-\alpha}(X+a) &= -\sup\left\{x \middle| P(X+a \leq x) \leq \alpha\right\} \\ &= -\sup\left\{x \middle| P(X \leq x-a) \leq \alpha\right\} \\ &= -\sup\left\{x+a \middle| P(X \leq x) \leq \alpha\right\} \\ &= -\sup\left\{x \middle| P(X \leq x) \leq \alpha\right\} - a \\ &= VaR_{1-\alpha}(X) - a. \end{aligned} \tag{2.32}$$

Der Value–at–Risk ist somit ein translationsinvariantes Risikomaß. Die Intuition hinter dieser Aussage lässt sich leicht anhand einer Grafik zeigen. In Abbildung 2.10 kann man

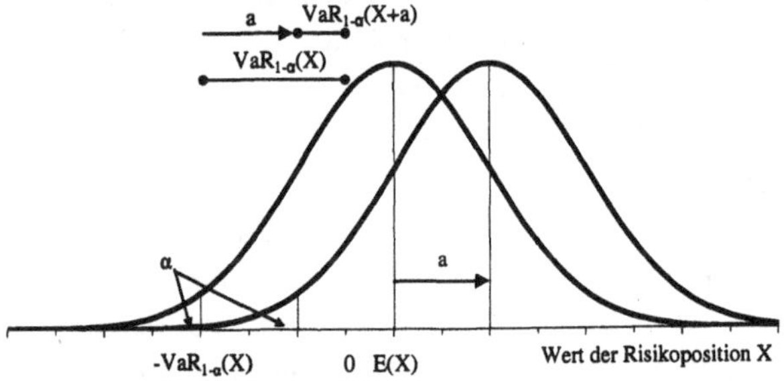

Abbildung 2.10: Translationsinvarianz des Value–at–Risk

erkennen, dass die Hinzunahme des sicheren Betrags a einer horizontalen Verschiebung

296 Zu den Anforderungen vgl. Abschnitt 2.2.1, S. 35 ff.

297 Vgl. dazu Artzner/Delbaen/Eber/Heath (1999), S. 215-218, Embrechts/McNeil/Strautmann (1999), S. 69 und Acerbi/Nordio/Sirtori (2001), S. 5 ff.

	$Y = 0$	$Y = -50$	Prob.
$X = 0$	0,9216	0,0384	0,9600
$X = -100$	0,0384	0,0016	0,0400
Prob.	0,9600	0,0400	1,0000

Tabelle 2.3: Beispiel zur Subadditivität des Value–at–Risk

der Wahrscheinlichkeitsdichtefunktion entspricht. Da der Value–at–Risk den Abstand zwischen dem α–Quantil und dem fixen Nullpunkt darstellt, verkleinert die Hinzunahme eines positiven Betrages a zur Risikoposition $X \in \mathcal{X}$ den Value–at–Risk um genau diesen Betrag.[298] Die Translationsinvarianz gilt jedoch nur für den absoluten Value–at–Risk. Beim relativen Value–at–Risk verschiebt sich mit der Wahrscheinlichkeitsdichtefunktion der Bezugspunkt, von dem aus der Abstand zum α–Quantil berechnet wird und der Value–at–Risk verändert sich entsprechend gar nicht.

Prüft man den Value–at–Risk auf *Subadditivität*, so lässt sich anhand eines einfachen Gegenbeispiels zeigen, dass der Value–at–Risk im Allgemeinen nicht subadditiv ist. Betrachtet werden dazu zwei unabhängige Risikopositionen $X, Y \in \mathcal{X}$. Beide Risikopositionen mögen mit einer Wahrscheinlichkeit von 96 Prozent einen Wert von null aufweisen. Risikoposition X erleidet mit einer Wahrscheinlichkeit von 4 Prozent einen Verlust von 100, Risikoposition Y mit der gleichen Wahrscheinlichkeit einen Verlust von 50. Auf Grund der Unabhängigkeit der beiden Risikopositionen ergeben sich die in Kontingenztabelle 2.3 angegebenen Wahrscheinlichkeiten.

Auf Basis der Daten aus Tabelle 2.3 berechnet sich ein Value–at–Risk der Risikoposition X zu einem Konfidenzniveau von 95 Prozent in Höhe von null. Risikoposition Y weist einen gleich hohen Value–at–Risk auf, obwohl beide Risikopositionen mit einer Wahrscheinlichkeit von 96 Prozent einen Wert von null, jedoch die Risikoposition X in allen restlichen Fällen einen höheren Verlust realisieren wird.[299] Fasst man beide Risikopositionen nun zu einer Risikoposition zusammen, so ergibt sich ein Value–at–Risk von 50. Auf Grund von

$$VaR_{0,95}(X+Y) = 50 > 0 = VaR_{0,95}(X) + VaR_{0,95}(Y) \tag{2.33}$$

wurde hiermit gezeigt, dass der Value–at–Risk im Allgemeinen nicht subadditiv ist. Im dargestellten Beispiel liegt sogar eine Superadditivität (negative Diversifikationseffekte) vor.

---

298 Bei Hinzunahme eines sicheren Verlustes, das heißt bei $a < 0$ vergrößert sich der Value–at–Risk um den entsprechenden Betrag.

299 Auf diese Beobachtung wird noch in Abschnitt 2.2.3.4, S. 55, näher eingegangen.

Anders sieht das Ergebnis der Prüfung bezüglich der Subadditivität aus, wenn anstelle einer beliebigen Verteilung die Normalverteilung als zu Grunde liegende Zufallsgesetzmäßigkeit unterstellt wird. Der Value-at-Risk berechnet sich dann gemäß Gleichung (2.19). Zwei Risikopositionen $X, Y \in \mathcal{X}$ seien normalverteilt, so dass sich die Abhängigkeiten zwischen beiden vollständig über den Korrelationskoeffizienten ρ_{XY} beschreiben lassen. Für den Value-at-Risk der Risikoposition bestehend aus $(X+Y)$ gilt dann

$$\begin{aligned} VaR_{1-\alpha}(X+Y) &= -(\mu_X + \mu_Y + z_\alpha\sqrt{\sigma_X^2 + \sigma_Y^2 + 2\sigma_X\sigma_Y\rho_{XY}}) \\ &\leq -(\mu_X + z_\alpha\sigma_X) - (\mu_Y + z_\alpha\sigma_Y) \\ &= VaR_{1-\alpha}(X) + VaR_{1-\alpha}(Y). \end{aligned} \quad (2.34)$$

Wegen des bereits in Ungleichung (2.14) dargelegten Zusammenhangs gilt daher die Subadditivität im Falle normalverteilter Risikopositionen.[300]

Zur Prüfung auf *positive Homogenität* multipliziert man ein $\lambda \geq 0$ mit einer Risikoposition $X \in \mathcal{X}$ und skaliert somit die Verteilung um. Es ergibt sich für den Fall $\lambda > 0$

$$\begin{aligned} VaR_{1-\alpha}(\lambda X) &= -\sup\left\{x \middle| P(\lambda X \leq x) \leq \alpha\right\} \\ &= -\sup\left\{x \middle| P(X \leq x\lambda^{-1}) \leq \alpha\right\} \\ &= -\sup\left\{\lambda x \middle| P(X \leq x) \leq \alpha\right\} \\ &= -\lambda \sup\left\{x \middle| P(X \leq x) \leq \alpha\right\} \\ &= \lambda VaR_{1-\alpha}(X), \end{aligned} \quad (2.35)$$

womit gezeigt ist, dass der Value-at-Risk ein positiv homogenes Risikomaß ist.[301] Der Faktor λ ändert lediglich die Skalierung und lässt die grundsätzliche Gestalt der Verteilung unverändert.

Prüft man den Value-at-Risk auf *Monotonie* und betrachtet zwei Risikopositionen $X, Y \in \mathcal{X}$ mit $X \geq Y$, so folgt für das Risikomaß

$$\begin{aligned} VaR_{1-\alpha}(X) &= -\sup\left\{x \middle| P(X \leq x) \leq \alpha\right\} \\ &\leq -\sup\left\{y \middle| P(Y \leq y) \leq \alpha\right\} = VaR_{1-\alpha}(Y). \end{aligned} \quad (2.36)$$

300 Die Aussage gilt jedoch nur für Konfidenzniveaus mit $\alpha \leq 0,5$, da ansonsten $z_\alpha > 0$ und der Value-at-Risk damit superadditiv wird. Vgl. Artzner/Delbaen/Eber/Heath (1999), S. 217. Für die Praxis des Risikomanagements stellt dies jedoch in keiner Weise eine Einschränkung dar. Eine Subadditivität lässt sich sogar allgemeiner für die gesamte Klasse der elliptischen Verteilungen, zu denen auch die Normalverteilung gehört, zeigen. Vgl. Embrechts/McNeil/Straumann (1999), S. 69.

301 Der Fall $\lambda = 0$ ist trivial.

Der Value–at–Risk erfüllt somit auch die Eigenschaft der Monotonie. Intuitiv lässt sich dies anhand der Verteilungsfunktion der Risikoposition verdeutlichen. Die Verteilungsfunktion einer Risikoposition X, die immer größere Ausprägungen als die Risikoposition Y aufweist, liegt immer unterhalb oder maximal auf der Verteilungsfunktion von Y. Der Value–at–Risk von X als negatives α–Quantil kann somit maximal einen gleich hohen Wert wie der Value–at–Risk von Y annehmen. Auch diese Aussage gilt wiederum nur für den absoluten Value–at–Risk. Begründen lässt sich dies anhand des Spezialfalls normalverteilter Risikopositionen. Der relative Value–at–Risk entspricht gemäß Gleichung (2.19) dann einem Vielfachen der Standardabweichung, nämlich genau $VaR_{1-\alpha}(X) = -z_\alpha \sigma_X$. Für die Standardabweichung wurde bereits im Abschnitt 2.2.2 gezeigt, dass sie das Monotonieaxiom verletzt.

Zusammenfassend lässt sich somit feststellen, dass der Value–at–Risk allgemein auf Grund der mangelnden Subadditivität kein kohärentes Risikomaß ist. Nimmt man jedoch für alle Risikopositionen als Zufallsgesetzmäßigkeit eine Normalverteilung an, so handelt es sich beim Value–at–Risk um ein kohärentes Risikomaß.

2.2.3.4 Beurteilung des Value–at–Risk als Risikomaß

An dieser Stelle soll der Value–at–Risk als Risikomaß gewürdigt werden. Eine kritische Analyse des Value–at–Risk in Bezug auf seine Eignung im Kontext der Allokation von Risikokapital erfolgt später in Abschnitt 3.3.2.

Für den Value–at–Risk spricht, dass er verständlich und einfach zu interpretieren ist. Er verknüpft in Geldeinheiten ausgedrückte Aussagen über die Höhe eines Verlustes mit Informationen über die Wahrscheinlichkeit dieses Verlustes in einer Kennzahl. Die daraus folgende einfache Kommunizierbarkeit erhöht die Akzeptanz zur Nutzung dieses Risikomaßes in Unternehmen.[302] Weiterhin spricht für den Value–at–Risk, dass er grundsätzlich auf alle Risikoarten anwendbar und über alle Risikoarten aggregierbar ist.[303] Verschiedene Risikopositionen werden somit über eine einzige Kennzahl vergleichbar. Die genannten Vorteile haben dazu geführt, dass der Value–at–Risk aufsichtsrechtlich von der Bundesanstalt für Finanzdienstleistungsaufsicht (BaFin) als Risikomaß anerkannt wird.[304]

Neben diesen Vorteilen weist der Value–at–Risk jedoch auch einige Nachteile auf. So ist zunächst anzuführen, dass der Value–at–Risk, wie gezeigt, allgemein nicht subaddi-

302 Vgl. Burger/Buchhart (2002), S. 133.

303 Vgl. Matten (2000), S. 149, Burger/Buchhart (2002), S. 132 f.

304 Die Änderung des Baseler Eigenkapitalakkords von 1996 erlaubt es Banken, zur Quantifizierung von Marktrisiken so genannte interne Modelle auf Basis des Value–at–Risk einzusetzen. Die Erlaubnis ist an eine Zulassung durch nationale Aufsichtsbehörden (in Deutschland die BaFin) gekoppelt, die die Durchsetzung bestimmter qualitativer und quantitativer Anforderungen sicherstellen sollen. Zu den quantitativen Anforderungen gehört beispielsweise die Berechnung des Value–at–Risk auf Basis eines Konfidenzniveaus von 99 Prozent und für einen Zeithorizont von 10 Tagen. Vgl. Basel Committee on Banking Supervision (1996), Deutsche Bundesbank (2001), S. 20 ff.

Ergebnis	-1.000	-100	-50	100
X	2,00%	1,00%	7,00%	90,00%
Y	0,50%	5,00%	4,50%	90,00%

Tabelle 2.4: Beispiel für Konflikte beim Value–at–Risk

tiv und damit auch nicht kohärent ist.[305] Es wird in diesem Zusammenhang angeführt, dass ein Management auf Basis des Value–at–Risk daher keinen Anreiz zur Diversifikation setzt.[306] Dagegen relativieren manche Autoren die Notwendigkeit der Subadditivität mit dem Hinweis auf die Präferenzen der Entscheider. Es wird argumentiert, dass die Relevanz dieser Eigenschaft davon abhängt, welche Aspekte des Risikos dem Entscheider wichtig sind.[307] Weiterhin fließt die Höhe der Verluste jenseits des Value–at–Risk nicht in die Berechnung des Value–at–Risk ein.[308] Daher kann die Berechnung des Value–at–Risk für unterschiedliche Konfidenzniveaus zu konfliktionären Resultaten führen.[309] Zu Konflikten kommt es genau dann, wenn die Ordnung der Risiken verschiedener Risikopositionen der Höhe nach bei unterschiedlichen Konfidenzniveaus variiert. Dies lässt sich beispielhaft einfach mit den in Tabelle 2.4 genannten Daten zeigen. Berechnet man zunächst den Value–at–Risk der beiden Risikopositionen X und Y für ein Konfidenzniveau von 99 Prozent, so erhält man $VaR_{0,99}(X) = 1.000 > 100 = VaR_{0,99}(Y)$. Verringert man nun das Konfidenzniveau auf 95 Prozent, so kehrt sich die Reihenfolge der Risiken um, da $VaR_{0,95}(X) = 50 < VaR_{0,95}(Y) = 100$. Ursache hierfür ist die oben genannte Vernachlässigung der Extremrisiken bei der Berechnung des Value–at–Risk. Ergänzend zum Value–at–Risk sollten daher grundsätzlich Methoden zur Analyse von möglichen Extremverlusten wie zum Beispiel Stress–Simulationen eingesetzt werden, um den vom Value–at–Risk nicht beschriebenen Teil der Wahrscheinlichkeitsverteilung analysieren zu können.[310] Diese Methoden beheben zwar nicht das oben genannte Problem, schärfen jedoch das Bewußtsein der Existenz von Extremrisiken.

Bei nahezu allen Entscheidungen im Unternehmen handelt es sich um Entscheidungen unter Unsicherheit. Aus normativer Sicht, bei Akzeptanz der von von Neumann und Morgenstern vorgeschlagenen Axiome,[311] sollten die Entscheidungen so getroffen werden, dass

[305] Vgl. Abschnitt 2.2.3.3, S. 52 ff.
[306] Vgl. Acerbi/Tasche (2002b), S. 1487 f.
[307] Vgl. Yamai/Yoshiba (2002a), S. 64, mit einem Versicherungsbeispiel oder Rootzén/Klüppelberg (1999), S. 553. Pfaff und Kühn argumentieren, dass es sich beim Fehlen der Subadditivität um kein praktisches Problem handelt. Vgl. Pfaff/Kühn (2005), S. 198.
[308] Vgl. Pearson/Smithson (2000), S. 87, Jorion (2001), S. 488, Szegö (2002b), S. 1261.
[309] Vgl. Szegö (2002b), S. 1261.
[310] Synonym spricht man auch von Stress- oder Crash–Tests. Vgl. dazu Burger/Buchhart (2002), S. 152 ff., Schierenbeck/Lister (2002), S. 345 ff.
[311] Es handelt sich hierbei um die Axiome der vollständigen Ordnung, der Stetigkeit und der Unabhängigkeit.

sie den erwarteten Nutzen des Entscheiders maximieren.[312] Diese Erwartungsnutzentheorie enthält jedoch kein direktes Risikomaß.[313] Zur Operationalisierung werden daher häufig so genannte Risiko–Wert–Modelle eingesetzt, die Entscheidungsalternativen anhand der Charakteristika der Ergebnisverteilungen — hier sind Risiko und erwartetes Ergebnis gemeint — beurteilen.[314] Zur Isolierung der Risikokomponente nimmt man häufig an, dass die erwarteten Ergebnisse der Alternativen gleich sind.[315] Es stellt sich dann die Frage, für welche Risikomaße die erwartungsnutzenmaximale Entscheidung das geringere Risikomaß aufweist. Bei dieser Frage beschränkt man sich meist auf risikoaverse und unersättliche Entscheider.[316] Guthoff, Pfingsten und Wolf zeigen, dass der Value–at–Risk als Risikomaß mit der Erwartungsnutzentheorie allgemein nicht vereinbar ist.[317] Es wird gezeigt, dass der Value–at–Risk zu einer anderen Ordnung von Entscheidungen führt als das Kriterium der stochastischen Dominanz zweiter Ordnung.[318] Eine Ordnung nach dem Kriterium der stochastischen Dominanz zweiter Ordnung ist für risikoaverse und unersättliche Investoren immer erwartungsnutzenmaximierend.[319] Die Unvereinbarkeit bedeutet, dass der Value–at–Risk bei Akzeptanz der oben genannten Axiome als Entscheidungskriterium nicht geeignet ist.

Als weiterer Kritikpunkt wird dem Value–at–Risk oft entgegengehalten, er sei vergangenheitsorientiert.[320] Acerbi, Nordio und Sirtori (2001) bemerken in diesem Zusammenhang: „VaR always come late when the damage is already done".[321] Dies ist darauf zurückzuführen, dass der Value–at–Risk meist auf Basis von Vergangenheitsdaten geschätzt wird. Implizit wird damit angenommen, dass das vergangene Geschehen ein guter Indikator für die zukünftige Entwicklung ist.[322] Ein etwaiges Eventrisiko kann mittels

---

312 Hierbei wird implizit unterstellt, dass das Unternehmen monozentrisch entscheidet und somit keine Principal–Agent–Probleme auftreten.

313 Vgl. Guthoff/Pfingsten/Wolf (1998), S. 114. Zur Erwartungsnutzentheorie vgl. grundlegend von Neumann/Morgenstern (2004). Eine Lehrbuchdarstellung geben Eisenführ/Weber (2003), S. 212 ff.

314 Zu Risiko–Wert–Modellen vgl. Maurer (2000), S. 30 ff.

315 Vgl. Guthoff/Pfingsten/Wolf (1998), S. 114 f.

316 Nichtsättigung zeigt sich in einer in den Ergebnissen steigenden, unbegrenzten Nutzenfunktion. Risikoaversion zeigt sich in einer konkaven Nutzenfunktion.

317 Vgl. Guthoff/Pfingsten/Wolf (1998).

318 Dagegen kommt der Value–at–Risk immer zu der gleichen Ordnung wie das Kriterium der stochastischen Dominanz erster Ordnung. Zur Definition der Kriterien der stochastischen Dominanz vgl. ausführlich Bawa (1982) und Levy (1992).

319 Vgl. Guthoff/Pfingsten/Wolf (1998), S. 128. Die in Tabelle 2.4 dargestellte Situation zeigt anschaulich, wie sensitiv eine Ordnung auf Basis des Value–at–Risk in Bezug auf Variationen des Konfidenzniveaus ist. Das Beispiel kann jedoch nicht als Beweis für die Unvereinbarkeit des Value–at–Risk mit der Erwartungsnutzentheorie dienen, da die beiden Risikopositionen unterschiedliche Erwartungswerte aufweisen.

320 Vgl. Jorion (2001), S. 489.

321 Acerbi/Nordio/Sirtori (2001), S. 3.

322 Vgl. Jorion (2001), S. 489.

des Value-at-Risk in seiner Standard-Definition daher nicht gemessen werden.[323] Acerbi, Nordio und Sirtori weisen jedoch auch darauf hin, dass dies keine generelle Kritik am Value-at-Risk ist, sondern an bestimmten Bestimmungsmethoden des Value-at-Risk, die auf Vergangenheitsdaten zurückgreifen.[324]

Häufig wird kritisiert, der Value-at-Risk sei stark mit Schätz-, Modell- und Liquiditätsrisiken behaftet. Die benutzten Parameter unterliegen, wie alle geschätzten Größen, gewissen Schätzrisiken, die zu einer Über- oder auch Unterschätzung des Risikos führen können. Hierzu können auch falsche Annahmen und Spezifikationen bezüglich der Berechnungsmodelle — das so genannte Modellrisiko — führen.[325] Ein Liquiditätsrisiko führt dazu, dass auf illiquiden Märkten der Verkauf von Positionen erheblichen Einfluss auf die Preise haben kann und somit der Value-at-Risk unterschätzt wird.[326] In der Literatur wird teilweise angeführt, dass die drei letztgenannten Risiken (Schätz-, Modell- und Liquiditätsrisiko) bei komplexen Risikopositionen dazu führen können, dass der resultierende Value-at-Risk keine signifikanten Aussagen zulässt.[327]

So gewichtig wie die Kritik am Value-at-Risk zunächst erscheint,[328] lässt sie sich in bestimmten Fällen jedoch auch relativieren. Für normalverteilte Risikopositionen ist der Value-at-Risk, wie in Abschnitt 2.2.3.3 gezeigt, ein kohärentes Risikomaß. Weiterhin ist der Value-at-Risk unter dieser Annahme ebenfalls kompatibel mit der Erwartungsnutzentheorie.[329] Für allgemeine Verteilungen lässt sich der verbreitete Einsatz des Value-at-Risk in der Praxis dadurch rechtfertigen, dass es auf Grund der zahlreichen oben angeführten Vorteile ausreichend sein kann, approximativ nutzenoptimale Entscheidungen im Sinne von second-best Entscheidungen zu treffen.[330] Die angeführte Kritik sollte auf jeden Fall dazu führen, den Value-at-Risk und die der Berechnung zu Grunde liegenden Annahmen immer kritisch zu hinterfragen.[331]

323 Unter Eventrisiko versteht man das Verlustrisiko auf Grund von plötzlichen politischen oder ökonomischen Veränderungen. Diese können zu Strukturbrüchen führen. Vgl. Jorion (2001), S. 489 ff., Jorion (2003), S. 273.

324 Vgl. Acerbi/Nordio/Sirtori (2001), S. 3.

325 Die in Abschnitt 2.2.3.2 dargestellten Bestimmungsmethoden des Value-at-Risk benötigen dabei unterschiedlich starke Annahmen. Zum Modellrisiko vgl. Jorion (2001), S. 492 ff.

326 Vgl. Fischer (2000), S. 109. Zur Liquidität allgemein vgl. Abschnitt 3.4.2, S. 133 ff.

327 Vgl. Acerbi/Nordio/Sirtori (2001). Die Autoren weisen darauf hin, dass ein für eine komplexe Risikoposition berechneter Value-at-Risk von 100 tatsächlich 100 ± 1000 bedeuten kann.

328 Szegö (2002a) geht auf Grund der genannten Kritikpunkte sogar so weit, dass er das Editorial des Journal of Banking & Finance mit dem Titel „No more VaR (this is not a typo)" beginnt.

329 Vgl. Guthoff/Pfingsten/Wolff (1998), S. 132-136.

330 Vgl. Johanning (1998), S. 63.

331 Vgl. Acerbi/Nordio/Sirtori (2001), S. 3.

2.2.4 Conditional Value–at–Risk und Expected Shortfall

Wie im letzten Abschnitt festgestellt, berücksichtigt der Value–at–Risk keine Informationen der Verteilung der Risikoposition jenseits der Höhe des Value–at–Risk. Dies führt unter anderem dazu, dass er allgemein nicht subadditiv ist.[332] Die Suche nach einem Risikomaß, welches Verluste jenseits des Value–at–Risk einbezieht, führt zu den im Folgenden dargestellten Risikomaßen Conditional Value–at–Risk und Expected Shortfall.

2.2.4.1 Definition und Zusammenhänge des Conditional Value–at–Risk und Expected Shortfall

Beim Conditional Value–at–Risk und Expected Shortfall handelt es sich um Risikomaße, die auch Verluste jenseits des Value–at–Risk und somit zusätzliche Informationen in die Berechnung einbeziehen. Wie sich herausstellen wird, führt diese Tatsache zu einigen positiven Eigenschaften dieser Risikomaße. Im vorhandenen Schrifttum existieren leider zahlreiche unterschiedliche Definitionen unter teilweise denselben Bezeichnungen. Diese und eng verwandte Konzepte werden unter anderem mit den Begriffen „mean excess loss“, „mean shortfall“, „worse conditional expectation“, „expected regret“, „tail conditional expectation“ und „tail Value–at–Risk“ bezeichnet.[333] Eine exakte Definition und Bezeichnung der Risikomaße scheint daher besonders angebracht. Im Folgenden wird dazu auf die aus Verfassersicht am häufigsten verwendeten Bezeichnungen und Definitionen Rückgriff genommen.

Zunächst sei der Conditional Value–at–Risk allgemein definiert als[334]

$$CVaR_{1-\alpha}(X) = -E\Big(X|X \leq -VaR_{1-\alpha}\Big). \tag{2.37}$$

Er gibt somit den Erwartungswert der Risikoposition bei Unterschreitung des Value–at–Risk an.[335] Der Value–at–Risk ist dabei integraler Bestandteil der Definition des Con-

332 Vgl. Abschnitt 2.2.3.3, S. 52 ff.

333 Vgl. Zhang/Rachev (2004), S. 14. Details zu den genannten Konzepten finden sich in Pflug (2000), Hürlimann (2001, 2003), Acerbi/Tasche (2002a, 2002b), Rockafellar/Uryasev (2002), Szegö (2002b), Tasche (2002) und Yamai/Yoshiba (2002a, 2002b).

334 Zur Definition vgl. Artzner/Delbaen/Eber/Heath (1999), S. 223, oder Albrecht (2003), S. 32. Sehr häufig wird das hier als Conditional Value–at–Risk bezeichnete Risikomaß in der Literatur auch als Expected Shortfall bezeichnet. Vgl. beispielsweise Yamai/Yoshiba (2005), S. 999. In der Literatur findet man teilweise an Stelle der „$\leq$“–Relation die „$<$“–Relation. Bedeutsam ist diese Unterscheidung lediglich für diskret verteilte Risikopositionen.

335 Der Conditional Value–at–Risk ist somit letztlich ein Spezialfall des Tail Conditional Expectation, der den negativen bedingten Erwartungswert einer Risikoposition bei Unterschreitung einer Zielgröße (hier: Value–at–Risk) darstellt. Vgl. Albrecht/Koryciorz (2003), S. 2, Bielefeld/Maifarth (2005), S. 162.

ditional Value–at–Risk. Im Falle einer stetig verteilten Risikoposition berechnet sich der Conditional Value–at–Risk wie folgt:[336]

$$CVaR_{1-\alpha}(X) = -\frac{1}{\alpha}\int_{-\infty}^{-VaR_{1-\alpha}} x f_X(x)dx. \tag{2.38}$$

Offensichtlich gilt für den Zusammenhang zwischen dem Conditional Value–at–Risk und dem Value–at–Risk einer Risikoposition $X \in \mathcal{X}$:[337]

$$CVaR_{1-\alpha}(X) \geq VaR_{1-\alpha}(X). \tag{2.39}$$

Dies wird insbesondere deutlich anhand der folgenden Zerlegung des Conditional Value–at–Risk:[338]

$$CVaR_{1-\alpha}(X) = VaR_{1-\alpha}(X) + E\Big(-X - VaR_{1-\alpha}|X \leq -VaR_{1-\alpha}\Big). \tag{2.40}$$

Der Conditional Value–at–Risk entspricht demnach dem Value–at–Risk zuzüglich der mittleren Überschreitung im Falle von Verlusten, die den Value–at–Risk übersteigen (mittlere bedingte Überschreitung).[339]

Aus der Definition der Lower Partial Moments in Abschnitt 2.2.3.1 ist ersichtlich, dass das LPM_1 eng mit dem $CVaR$ verwandt ist. Wählt man als Referenzgröße des Lower Partial Moment 1 den negativen Value–at–Risk zum Konfidenzniveau $1-\alpha$, so ergibt sich für die Risikoposition X der folgende Zusammenhang:

$$\begin{aligned}
LPM_{1,-VaR_{1-\alpha}}(X) &= \int_{-\infty}^{-VaR_{1-\alpha}} \Big(-VaR_{1-\alpha}(X) - x\Big) f_X(x)dx \\
&= \int_{-\infty}^{-VaR_{1-\alpha}} -VaR_{1-\alpha}(X) f_X(x)dx - \int_{-\infty}^{-VaR_{1-\alpha}} x f_X(x)dx \\
&= -VaR_{1-\alpha}(X) F\Big(-VaR_{1-\alpha}(X)\Big) \\
&\quad -CVaR_{1-\alpha}(X) F\Big(-VaR_{1-\alpha}(X)\Big) \\
&= -VaR_{1-\alpha}(X)\alpha - CVaR_{1-\alpha}(X)\alpha \\
&= \alpha\Big(-VaR_{1-\alpha}(X) - CVaR_{1-\alpha}(X)\Big).
\end{aligned} \tag{2.41}$$

Bei aller Eleganz in seiner Formulierung weist der Conditional Value–at–Risk jedoch auch ein Problem auf. Bei diskreten Verteilungen ist dieser nämlich nicht mehr kohärent.

---

336 Vgl. analog Szegö (2002b), S. 1264.
337 Vgl. beispielsweise Pflug (2000), S. 6.
338 Vgl. Panjer (2002), S. 4.
339 Vgl. Albrecht (2003), S. 32.

Ergebnis	-1.000	-100	100
X	3,00%	3,00%	94,00%
Y	3,00%	2,50%	94,50%

Tabelle 2.5: Beispiel für fehlende Kohärenz beim Conditional Value–at–Risk

Die wichtige Monotonieeigenschaft wird verletzt, was an einem Beispiel in Tabelle 2.5 illustriert werden soll.

Für die zwei Risikopositionen $X, Y \in \mathcal{X}$ gelte $X \leq Y$. Der Value–at–Risk beider Risikopositionen beträgt $VaR_{0,95}(X) = VaR_{0,95}(Y) = 100$. Dagegen gilt $CVaR_{0,95}(X) = 550 < 591 = CVaR_{0,95}(Y)$ für den Conditional Value–at–Risk.[340] Obwohl Y immer mindestens gleich gute Ergebnisse wie X liefert, ist sein Conditional Value–at–Risk höher. Wegen dieser Monotonieverletzung handelt es sich beim Conditional Value–at–Risk allgemein um kein kohärentes Risikomaß. Ursache hierfür ist, dass durch mehr Wahrscheinlichkeit für den Value–at–Risk der Conditional Value–at–Risk gesenkt wird.

Eine Abhilfe schafft hier der Expected Shortfall. Der Expected Shortfall wird definiert durch[341]

$$ES_{1-\alpha}(X) = -\frac{1}{\alpha}\Big(E(X1_{\{X \leq -VaR_{1-\alpha}\}}) + VaR_{1-\alpha} \cdot (P(X \leq -VaR_{1-\alpha}) - \alpha)\Big), \quad (2.42)$$

wobei

$$1_{\{X \leq -VaR_{1-\alpha}\}} = \begin{cases} 1 & , X \leq -VaR_{1-\alpha} \\ 0 & , X > -VaR_{1-\alpha} \end{cases} \quad (2.43)$$

die Indikatorfunktion bezeichnet. Der Expected Shortfall gibt damit den durchschnittlichen Verlust der schlechtesten 100α Prozent aller möglichen Fälle an.[342]

Für stetige Verteilungen sind der Expected Shortfall und der Conditional Value–at–Risk identisch,[343] während sich bei diskreten Verteilungen der Expected Shortfall als das bessere Konzept erweist. Für das Beispiel aus Tabelle 2.5 ergibt sich $ES_{0,95}(X) = ES_{0,95}(Y) = 640$. Ein Verstoß gegen die Eigenschaft der Monotonie liegt somit nicht mehr vor.[344]

340 Der Conditional Value–at–Risk für diskret verteilte Risikopositionen berechnet sich gemäß der Formel $CVaR_{1-\alpha} = -\frac{1}{P(X \leq VaR)} \sum_{x \leq VaR} xP(X = x)$. Würde man an Stelle von $P(X \leq VaR)$ durch α teilen, ergäben sich hieraus andere Probleme. Ein Beispiel für ein solches Problem wäre eine Position, die mit Sicherheit einen Verlust von beispielsweise 100 verursacht. Der Conditional Value–at–Risk zu einem Konfidenzniveau von 95 Prozent läge dann bei 2000 anstatt sinnvollerweise bei 100.

341 Vgl. Acerbi/Nordio/Sirtori (2001), S. 8, Acerbi/Tasche (2002a), S. 385, Acerbi/Tasche (2002b), S. 1491. Die Autoren bezeichnen den negativen Expected Shortfall als Tail Mean.

342 Vgl. Acerbi/Tasche (2002b), S. 1488.

343 Vgl. Acerbi/Tasche (2002b), S. 1498. Gleichung (2.38) beschreibt somit auch den Expected Shortfall.

344 Zur allgemeinen Untersuchung auf Monotonie vgl. Abschnitt 2.2.4.2, S. 63 ff.

Abbildung 2.11 veranschaulicht das allgemeine Konzept des Expected Shortfall in grafischer Form. Da in diesem Beispiel die Risikoposition normalverteilt und somit stetig ist, entspricht hier der Conditional Value–at–Risk dem Expected Shortfall.

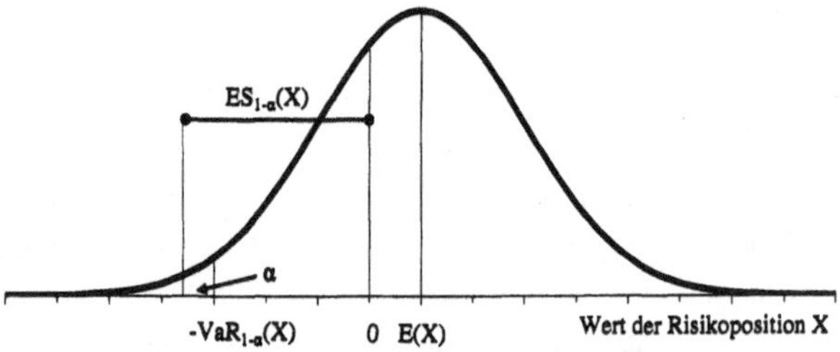

Abbildung 2.11: Expected Shortfall

Für den Fall einer normalverteilten Risikoposition existiert für den Expected Shortfall und damit auch für den Conditional Value–at–Risk eine geschlossene Formel zur Berechnung. Sie lautet:[345]

$$ES_{1-\alpha}(X) = CVaR_{1-\alpha}(X) = -\left(\mu_X + \frac{\varphi(z_\alpha)}{\alpha}\sigma_X\right). \quad (2.44)$$

Hierbei bezeichnet $\varphi(\cdot)$ die Wahrscheinlichkeitsdichte einer standardnormalverteilten Zufallsvariablen.

Im Vergleich zur Formel (2.19) zur Berechnung des Value–at–Risk bei normalverteilter Risikoposition ergibt sich lediglich ein unterschiedlicher Faktor in Bezug auf die Standardabweichung. Abbildung 2.12 zeigt, dass die Differenz der Faktoren $-z_\alpha$ und $\frac{\varphi(z_\alpha)}{\alpha}$ mit zunehmendem Konfidenzniveau kleiner wird. Insgesamt wirkt die Umstellung des Risikomaßes vom Value–at–Risk auf den Expected Shortfall ceteris paribus wie eine Erhöhung des Konfidenzniveaus beim Value–at–Risk. Wählt man ein Konfidenzniveau von 95,00 Prozent beim Expected Shortfall, so muss man beim Value–at–Risk ein Konfidenzniveau von ungefähr 97,73 Prozent wählen, damit das Risikomaß gleich hohe Werte aufweist. Der Value–at–Risk und der Expected Shortfall weisen somit im Falle normalverteilter Risikopositionen den gleichen Informationsgehalt auf.

Da die Risikomaße Expected Shortfall und Conditional Value–at–Risk für stetig verteilte Risikopositionen identisch sind und diese Betrachtungsgegenstand der weiteren Untersuchungen sind, soll in den folgenden Abschnitten nur noch der Expected Shortfall näher untersucht werden.

345 Vgl. analog Albrecht (2003), S. 34.

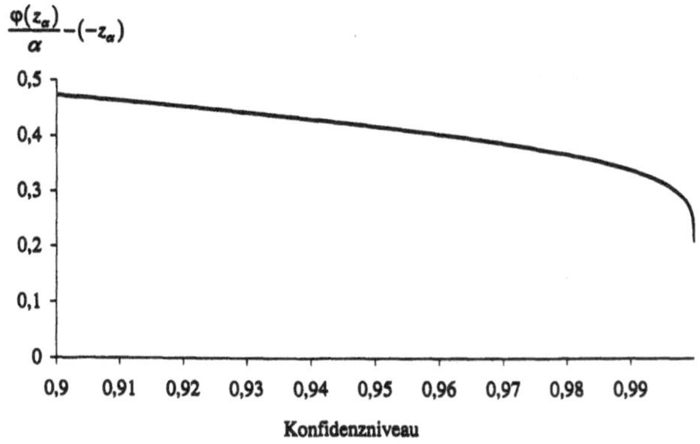

Abbildung 2.12: Entwicklung der Differenz der Faktoren $\frac{\varphi(z_\alpha)}{\alpha}$ und $-z_\alpha$ in Abhängigkeit des Konfidenzniveaus

2.2.4.2 Kohärenz des Expected Shortfall

Beim Expected Shortfall handelt es sich, wie bereits erwähnt, um ein uneingeschränkt kohärentes Risikomaß. Die entsprechenden Beweise sollen im Folgenden gegeben werden.[346]

Die Eigenschaft der *Translationsinvarianz* des Expected Shortfall lässt sich unter Nutzung von (2.32) für alle $X \in \mathcal{X}$ und $a \in \mathbb{R}$ wie folgt zeigen:[347]

$$\begin{aligned}
ES_{1-\alpha}(X+a) &= -\frac{1}{\alpha}\Big(E((X+a)1_{\{X+a\leq-(VaR_{1-\alpha}-a)\}})\\
&\quad +(VaR_{1-\alpha}-a)(P(X+a\leq-(VaR_{1-\alpha}-a))-\alpha)\Big)\\
&= -\frac{1}{\alpha}\Big(E(X1_{\{X\leq-VaR_{1-\alpha}\}})+aE(1_{\{X\leq-VaR_{1-\alpha}\}})\\
&\quad +(VaR_{1-\alpha}-a)(P(X\leq-VaR_{1-\alpha})-\alpha)\Big)\\
&= -\frac{1}{\alpha}\Big(E(X1_{\{X\leq-VaR_{1-\alpha}\}})+aP(X\leq-VaR_{1-\alpha})\\
&\quad +(VaR_{1-\alpha}-a)(P(X\leq-VaR_{1-\alpha})-\alpha)\Big)\\
&= -\frac{1}{\alpha}\Big(E(X1_{\{X\leq-VaR_{1-\alpha}\}})\\
&\quad +VaR_{1-\alpha}(P(X\leq-VaR_{1-\alpha})-\alpha)\Big)-a\\
&= ES_{1-\alpha}(X)-a. \qquad (2.45)
\end{aligned}$$

[346] Die Ausführungen in diesem Abschnitt erfolgen in Anlehnung an Acerbi/Nordio/Sirtori (2001), S. 8 f., Acerbi/Tasche (2002b), S. 1502, und Zhang/Rachev (2004), S. 16 f.

[347] Hier zeigt sich, dass die Nutzung des absoluten Value-at-Risk wieder Voraussetzung der Eigenschaft der Translationsinvarianz ist.

Der Beweis der *Subadditivität* sei auf Grund des Umfangs an dieser Stelle nicht explizit dargestellt. Es wird daher auf entsprechende Spezialliteratur verwiesen.[348]

Als dritte Kohärenzeigenschaft liegt beim Expected Shortfall auch *positive Homogenität* vor. In Verbindung mit der in Gleichung (2.35) gezeigten positiven Homogenität des Value–at–Risk gilt nämlich für alle $X \in \mathcal{X}$ und $\lambda \geq 0$:

$$\begin{aligned} ES_{1-\alpha}(\lambda X) &= -\frac{1}{\alpha}\Big(E(\lambda X 1_{\{\lambda X \leq -\lambda VaR_{1-\alpha}\}}) \\ &\quad + \lambda VaR_{1-\alpha}(P(\lambda X \leq -\lambda VaR_{1-\alpha}) - \alpha)\Big) \\ &= -\lambda\frac{1}{\alpha}\Big(E(X 1_{\{X \leq -VaR_{1-\alpha}\}}) \\ &\quad + VaR_{1-\alpha}(P(X \leq -VaR_{1-\alpha}) - \alpha)\Big) \\ &= \lambda ES_{1-\alpha}(X). \end{aligned} \tag{2.46}$$

Zur Untersuchung der *Monotonie* des Expected Shortfall betrachte man zwei Risikopositionen $X, Y \in \mathcal{X}$, für die $X \geq Y$ gelte. Mit Hilfe des von Acerbi und Tasche gezeigten Zusammenhangs[349]

$$ES_{1-\alpha}(X) = -\frac{1}{\alpha}\int_0^{\alpha} -VaR_{1-u}(X)du \tag{2.47}$$

zeigt sich auf Grund der Monotonie des Integrals, dass hier auf Grund von $VaR_{1-\alpha}(X) \leq VaR_{1-\alpha}(Y)$ auch $\int_0^{\alpha} VaR_{1-u}(X)du \leq \int_0^{\alpha} VaR_{1-u}(Y)du$, so dass

$$\begin{aligned} ES_{1-\alpha}(X) &\leq -\frac{1}{\alpha}\int_0^{\alpha} -VaR_{1-u}(Y)du \\ &= ES_{1-\alpha}(Y) \end{aligned} \tag{2.48}$$

gilt. Somit ist der Expected Shortfall auch ein monotones Risikomaß.

Zusammenfassend lässt sich festhalten, dass der Expected Shortfall alle vier Kohärenzaxiome erfüllt und damit uneingeschränkt kohärent ist.

2.2.4.3 Beurteilung des Expected Shortfall als Risikomaß

Die Untersuchungen haben gezeigt, dass der Expected Shortfall und, im Falle stetig verteilter Risikopositionen, auch der Conditional Value–at–Risk deutliche Verbesserungen gegenüber dem Value–at–Risk aufweisen. Zunächst fließen in den Expected Shortfall sämtli-

348 Vgl. hierzu auch Acerbi/Nordio/Sirtori (2001), S. 8 f., Acerbi/Tasche (2002b), S. 1502, und Zhang/Rachev (2004), S. 16 f.

349 Zum Beweis vgl. Acerbi/Tasche (2002b), S. 1492. In der Darstellung der Proposition 3.2. von Acerbi und Tasche ist jedoch die obere Integralgrenze falsch gesetzt, was durch einen Vergleich mit Gleichung (3.3) deutlich wird. Anstelle von „∞“ muss hier α stehen.

che Informationen der Wahrscheinlichkeitsverteilung der Risikoposition ein. Im Gegensatz zum Value–at–Risk berücksichtigt der Expected Shortfall die Höhe der Verluste jenseits des besten Falles der schlechtesten Fälle (Value–at–Risk). Somit wird ein zentraler Nachteil des Value–at–Risk überwunden. Weiterhin ist der Expected Shortfall uneingeschränkt kohärent im Sinne von Artzner et al.[350] Der Expected Shortfall weist wie der Value–at–Risk den Vorteil auf, dass er auf verschiedene Risikoarten anwendbar und über diese aggregierbar ist.[351] Weiterhin misst er ebenso das Risiko in Geldeinheiten. Im Gegensatz zum Value–at–Risk ist der Expected Shortfall auch vereinbar mit dem Kriterium der stochastischen Dominanz zweiter Ordnung und damit kompatibel mit der Erwartungsnutzentheorie.[352]

Während es beim Value–at–Risk zu Sprüngen bei Variationen des Konfidenzniveaus kommen kann, ist der Expected Shortfall nicht sensitiv gegenüber geringen Änderungen im Konfidenzniveau.[353] Der Grund hierfür liegt darin, dass etwaige Sprungstellen der Wahrscheinlichkeitsdichtefunktion um den Value–at–Risk herum durch die Durchschnittsberechnung jenseits des Value–at–Risk geglättet werden.

Möchte man den Value–at–Risk beziehungsweise den Expected Shortfall bei der Portfolio–Optimierung nutzen, so zeigen Rockafellar und Uryasev, dass sich der Expected Shortfall zur Portfolio-Optimierung einfacher einsetzen lässt als der Value–at–Risk.[354] Basak und Shapiro zeigen in einem Optimierungsmodell erwartungsnutzenmaximierender Manager die Vorteilhaftigkeit von Risikogrenzen auf Basis des Expected Shortfall im Vergleich zu Beschränkungen auf Basis des Value–at–Risk.[355] Yamai und Yoshiba untersuchen in verschiedenen Modellen die Risikomaße Value–at–Risk und Expected Shortfall. Sie zeigen, dass der Expected Shortfall im Rahmen der Modelle mit geringerer Wahrscheinlichkeit zu Fehlanreizen führt, die dem Unternehmen schaden können.[356]

Nachteilig wirkt sich dagegen die im Vergleich zum Value–at–Risk etwas erschwerte Interpretierbarkeit des Expected Shortfall aus. Dies kann zu Akzeptanzproblemen in der Praxis führen[357] und somit ein Grund für die weite Verbreitung des Value–at–Risk sein. Der größte Nachteil des Expected Shortfall liegt jedoch im höheren Schätzrisiko. Grundsätzlich liegen für den Extrembereich der Verteilung von Risikopositionen nur sehr wenige Beobachtungswerte vor. Dies führt ceteris paribus zu ungenaueren Schätzern. Yamai/Yoshiba (2002a) bemerken in diesem Zusammenhang, dass die Effektivität eines

350 Vgl. Abschnitt 2.2.4.2, S. 63.
351 Vgl. Guthoff/Pfingsten/Wolf (1998), S. 144.
352 Vgl. Yamai/Yoshiba (2002c), S. 109.
353 Vgl. Acerbi/Tasche (2002b), S. 1491 f.
354 Auf Einzelheiten sei an dieser Stelle nicht näher eingegangen. Vgl. dazu Rockafellar/Uryasev (2000).
355 Vgl. Basak/Shapiro (2001), S. 2001.
356 Vgl. Yamai/Yoshiba (2002a), S. 65 ff. Einen Überblick über Vor– und Nachteile des Value–at–Risk und Expected Shortfall geben die Autoren tabellarisch auf Seite 81.
357 Vgl. Pfaff/Kühn (2005), S. 198.

Risikomanagements auf Basis des Expected Shortfall wesentlich von der Stabilität der Schätzung und der Wahl effizienter Backtesting Methoden abhängt.[358] Zur Schätzung des Expected Shortfall kann die Extremwerttheorie eingesetzt werden.[359]

2.2.5 Zusammenfassender Überblick der dargestellten Risikomaße

In den vorherigen Abschnitten wurden die Risikomaße Standardabweichung, Varianz, Value–at–Risk, Conditional Value–at–Risk und Expected Shortfall eingehend untersucht. Die wichtigsten Ergebnisse in Bezug auf die Kohärenzeigenschaften dieser Risikomaße sind in Tabelle 2.6 zusammengefasst. Akzeptiert man die Kohärenzaxiome als notwendige Voraussetzungen für ein sinnvolles Risikomaß, so muss konstatiert werden, dass Standardabweichung und Varianz keine geeigneten Größen zur Risikomessung sind.

In Bezug auf den Value–at–Risk ist zunächst Vorsicht bei der Definition geboten. Es muss der absolute und der relative Value–at–Risk unterschieden werden. In Bezug auf die in den späteren Abschnitten behandelte Allokation von Risikokapital scheint der absolute Value–at–Risk hier das sinnvollere Risikomaß zu sein, da er im Gegensatz zum relativen Value–at–Risk ein Verlustrisiko beschreibt und nicht das Risiko der Abweichung von einem erwarteten Wert. Somit kann, wie sich in Abschnitt 3.3.2 zeigen wird, der Value–at–Risk als notwendiges Kapital zur Pufferung von Risiken interpretiert werden. Eine Unterscheidung zwischen absolutem und relativen Value–at–Risk verliert jedoch dann an Bedeutung, wenn die Erwartungswerte null oder nahe null sind, was häufig bei kurzen Zeithorizonten angenommen wird. Der absolute Value–at–Risk erfüllt allgemein alle Kohärenzeigenschaften mit Ausnahme der Subadditivität. Im Falle normalverteilter Risikopositionen[360] ist der absolute Value–at–Risk sogar uneingeschränkt kohärent.

Risikomaß	Translationsinvarianz	Subadditivität	positive Homogenität	Monotonie
Standardabweichung	nein	ja	ja	nein
Varianz	nein	nein	nein	nein
Value–at–Risk (abs.)	ja	nein	ja	ja
Value–at–Risk (rel.)	nein	nein	ja	nein
Value–at–Risk (abs., NV)	ja	ja	ja	ja
Value–at–Risk (rel., NV)	nein	ja	ja	nein
Expected Shortfall	ja	ja	ja	ja

Tabelle 2.6: Kohärenzeigenschaften der dargestellten Risikomaße

Für den Expected Shortfall, der im Falle stetig verteilter Risikopositionen mit dem Conditional Value–at–Risk identisch ist, gilt die Kohärenz dagegen uneingeschränkt.

358 Vgl. Yamai/Yoshiba (2002a), S. 58.
359 Zur numerischen Berechnung des Expected Shortfall vgl. Neftci (2000) und Scaillet (2004).
360 Allgemeiner: Sofern die Risikoposition einer elliptischen Verteilung folgt.

Für den Expected Shortfall wurde weiterhin ein positives Verhalten bei der Portfolio-Optimierung gezeigt. Als große Schwierigkeit erweist sich jedoch seine Bestimmung bei unzureichender Datenlage.

Zusammenfassend lässt sich feststellen, dass im Falle normalverteilter Risikopositionen die Nutzung von Value-at-Risk und Expected Shortfall äquivalent sind. Unterliegen die Risikopositionen einer anderen Zufallsgesetzmäßigkeit, so weist der Expected Shortfall die wünschenswerteren Eigenschaften auf, sofern er ausreichend sicher geschätzt werden kann. Dem Entscheider sollte bei Wahl eines Risikomaßes jedoch immer bewusst sein, dass ein einziges Risikomaß nie alle Aspekte der Risikosituation vollständig beschreiben kann.[361]

2.3 Risikoadjustierte Performancemaße

Bislang wurden nur Maße zur Quantifizierung des Risikos eines Unternehmens oder seiner Teilbereiche vorgestellt. Wie bereits erwähnt, sind jedoch Chancen und Risiken grundsätzlich untrennbar miteinander verbunden. Mit zunehmenden Risiken steigen in der Regel auch die Chancen - und umgekehrt. Eine isolierte Beurteilung von Teilbereichen oder Projekten auf Risikobasis erscheint jedoch problematisch. Die Klasse der im Folgenden darzustellenden risikoadjustierten Performancemaße ermöglicht die Integration von Chancen und Risiken in einer Kennzahl. Nach einem Überblick über diese Maße im folgenden Abschnitt erfolgt in Abschnitt 2.3.2 abschließend eine Beurteilung.

2.3.1 Überblick über ausgewählte risikoadjustierte Performancemaße

Traditionelle Rentabilitätszahlen, wie zum Beispiel der Return on Investment (ROI), setzen das erzielte Ergebnis ins Verhältnis zum investierten beziehungsweise gebundenen Kapital.[362] Problematisch an diesen Kapitalrentabilitätsgrößen ist unter anderem, dass sie das Risiko nicht berücksichtigen.[363] Weiterhin berücksichtigen sie nicht, dass heutzu-

361 Vgl. Rootzén/Klüppelberg (1999), S. 554.

362 Erstmals wurde der ROI 1919 vom Chemieunternehmen E.I. DuPont de Nemours zur internen Steuerung eingesetzt. Je nachdem, wie man die Ergebnis- und Kapitalgröße abgrenzt, spricht man heute auch vom Return on Equity (ROE), Return on Invested Capital (ROIC), Return on Capital Employed (ROCE), Return on Net Assets (RONA) oder Return on Assets (ROA). Einen Überblick über die verschiedenen Konzepte geben Ewert/Wagenhofer (2005), S. 532 ff. Einen Überblick über die Anwendung im Bankbereich geben Bielefeld/Maifarth (2005), S. 150 ff.

363 Vgl. Jovic (1999), S. 163, Kimmig (1999), S. 209, Kinder/Steiner/Willinsky (2001), S. 284, Hartmann-Wendels/Pfingsten/Weber (2004), S. 348. Während Risikomaße schon dem Wortlaut nach nur Risiken messen, berücksichtigen Rentabilitätsmaße ausschließlich die Chancen. Entscheidungen auf Basis dieser Rentabilitätsmaße würden demnach zur Förderung von Teilbereichen und Projekten mit erhöhtem Risiko führen, da diese in der Regel gleichzeitig höhere Renditen erwarten lassen.

tage viele Geschäftsvorfälle nicht mehr in der Bilanz vorzufinden sind.[364] Die Maße im Rahmen der risikoadjustierten Performancemessung sollen diese Mängel beseitigen.[365]

Es existieren mittlerweile zahlreiche unterschiedliche Ansätze zur risikoadjustierten Performancemessung.[366] Das Konzept all dieser Maße basiert auf dem von Sharpe entwickelten „Reward to Variability Ratio", das mittlerweile in der Literatur unter dem Begriff „Sharpe–Ratio" bekannt ist.[367] Sharpe setzt dabei in seinen Arbeiten die ex post Rendite r_i eines Investments abzüglich des risikolosen Zinses r_f ins Verhältnis zur Standardabweichung der Rendite des Investments σ_i. Formal stellt sich das Sharpe Ratio wie folgt dar:

$$\text{Sharpe-Maß} = \frac{r_i - r_f}{\sigma_i}. \tag{2.49}$$

Mit den risikoadjustierten Performancemaßen wird dieses Konzept der Finanzierungstheorie auf den Unternehmensbereich übertragen.[368] Allen auf diesem Konzept aufbauenden Ansätzen ist dabei gemein, dass eine Ergebnisgröße mit einer Kapitalgröße ins Verhältnis gesetzt wird, wobei bei mindestens einer dieser beiden Größen eine Risikoadjustierung vorgenommen wird.[369] Sie stellen somit eine Bereinigung der traditionellen Erfolgsgrößen um den Faktor Risiko dar.[370] Die allgemeine Struktur dieser risikoadjustierten Performancemaße (RAPM) sieht daher wie folgt aus:[371]

$$\text{RAPM} = \frac{\text{Ergebnisgröße}}{\text{Kapitalgröße}}. \tag{2.50}$$

Offensichtlich kann eine Erhöhung des RAPM entweder durch Steigerung der Ergebnisgröße oder durch Verringerung der Kapitalgröße erreicht werden.

364 Dies ist zum Beispiel beim Leasing der Fall. Dies führt dazu, dass die regelmäßig zu zahlende Leasingrate die Ergebnisgröße mindert, wobei das investierte Kapital sinkt. Insgesamt kann es dabei zu einer Verzerrung des Verhältnisses kommen.

365 Zum Teil wird in der Literatur auch von risikoadjustierter Profitabilitätsmessung gesprochen. Dies erfolgt mit dem Hinweis darauf, dass die Performance bereits risikoadjustiert sei. Vgl. hierzu Schierenbeck/Lister (1997), S. 495, Guthoff/Rüter (1999), S. 3. Dieser Sichtweise wird hier jedoch nicht gefolgt.

366 Vgl. Jovic (1999), S. 164, Matten (2000), S. 146.

367 Vgl. Sharpe (1966) und Sharpe (1975). Eine Lehrbuchdarstellung geben Sharpe/Alexander/Bailey (1999), S. 844-846, Bodie/Kane/Marcus (2005), S. 868 ff. Eng verwandte risikoadjustierte Performancemaße sind das Treynor–Ratio, das Jensen Alpha und das Appraisal–Ratio. Vgl. hierzu Treynor (1965), S. 63 ff., Jensen (1968), S. 389 ff., Bodie/Kane/Marcus (2005), S. 868 ff.

368 Im Gegensatz zum Sharpe–Ratio werden jedoch absolute Größen bei der Berechnung verwendet.

369 Vgl. Brüning/Hoffjan (1997), S. 362, Matten (2000), S. 146.

370 Vgl. Brüning/Hoffjan (1997), S. 362.

371 Vgl. Hille/Burmester/Otto (2000), S. 190.

Zweck der RAPM ist unter anderem der Vergleich verschiedener Unternehmensaktivitäten oder -bereiche.[372] Dabei sind aus zeitlicher Sicht zwei Betrachtungsweisen zu unterscheiden:[373]

- Ex ante Perspektive: Bei der ex ante Perspektive befindet man sich zeitlich vor einem Geschäftszeitraum. Hier geht es um Planung und Steuerung des Unternehmens, indem zum Beispiel verschiedene Investitionsprojekte unter Berücksichtigung von Risikoaspekten beurteilt oder Risikolimite vorgegeben werden. Vorrangiges Ziel muss die Maximierung des Shareholder Value sein. Zu diesem Zweck wird die Rendite-Risiko-Position des Unternehmens optimiert und das Risiko begrenzt.
- Ex post Perspektive: Zeitlich nach einem Geschäftszeitraum kann die risikoadjustierte Performancemessung dazu genutzt werden, die Leistung von Unternehmensteilen und Mitarbeitern ebenfalls unter Risikoaspekten zu beurteilen. Häufig wird die variable Entlohnung der Manager an diese Beurteilung gekopppelt, um die Manager leistungsbezogen zu entlohnen.

Die im Folgenden darzustellenden risikoadjustierten Performancemaße wurden für den Einsatz im Bankbereich entwickelt.[374] Sie unterscheiden sich im Wesentlichen dadurch, dass entweder das Ergebnis und/oder das Kapital risikobereinigt werden.[375] Die bekanntesten dieser Maße sind: RORAC, RAROC und EVA.[376]

Der *RORAC* (Return on Risk Adjusted Capital) ermittelt sich aus dem Verhältnis von (erwartetem) Überschuss und Risikokapital.[377]

$$\text{RORAC} = \frac{\text{(erwarteter) Überschuss}}{\text{Risikokapital}} = \frac{\text{(erwarteter) Überschuss}}{\text{VaR}} \tag{2.51}$$

Beim Überschuss im Zähler des RORAC sollte je nach Anwendungsbezug ex ante entweder der erwartete Überschuss oder ex post der realisierte Überschuss verwendet werden.

---

372 Hierbei kann es sich beispielsweise um Einzelgeschäfte, Projekte, Abteilungen oder ganze Geschäftsbereiche handeln.

373 Vgl. Jovic (1999), S. 164, Hille/Burmester/Otto (2000), S. 190, Culp (2000), S. 16.

374 Das Konzept wurde in den späten 1970er-Jahren von Bankers Trust entwickelt. Vgl. Zaik/Walter/Kelling/James (1996), S. 84, Culp (2000), S. 16. Die Deutsche Bundesbank (2002), S. 51, stellt fest, dass diese Risikomaße zunehmend die oben dargestellten Rentabilitätsgrößen ablösen.

375 Vgl. Hille/Burmester/Otto (2000), S. 191.

376 Bei der Zuordnung der einzelnen Bezeichnungen zu konkreten Konzepten herrscht in der Literatur starke Heterogenität. Ein Konzept, das der eine Autor RAROC nennt (zum Beispiel Smithson/Hayt (2001), S. 80, oder Matten (2000), S. 148), wird bei anderen Autoren unter der Bezeichnung RORAC verwendet (beispielsweise Bielefeld/Maifarth (2005), S. 165). Zur Sprachverwirrung vgl. Anders (2000).

377 Vgl. Homburg/Stephan (2004), S. 317. In Bezug auf Banken vgl. in ähnlicher Definition Groß/Knippschild (1995), S. 101, Brüning/Hoffjan (1997), S. 362, Lister (1997), S. 209, Schierenbeck/Lister (1997), S. 495, Lehar/Welt/Wiesmayr/Zechner (1998a), S. 861 f., Kinder/Steiner/Willinsky (2001), S. 284, Hartmann-Wendels/Pfingsten/Weber (2004), S. 349.

In Bezug auf den Bankensektor wird anstelle des (erwarteten) Überschusses der Nettoertrag verwendet.[378] Manche Autoren schlagen zusätzlich noch die Subtraktion erwarteter Verluste vom Nettoertrag vor.[379] Hierbei handelt es sich um durchschnittliche, erwartete Verluste. Da sie erwartet werden, handelt es sich dabei nicht um eine Risikoposition, sondern um eine kalkulatorische Kostenposition.[380]

Das Risikokapital im Nenner ist ein Maß für das Risikopotenzial der betrachteten Einheit.[381] Bei Auswahl eines adäquaten Risikomaßes und Verteilungsverfahrens entspricht das Risikokapital eines Bereiches dem diesen Bereich zugewiesenen Anteil am Gesamtrisiko des Unternehmens. Meist findet hier als Risikomaß der Value–at–Risk Verwendung.[382] Dabei ist der Value–at–Risk als dasjenige Kapital zu interpretieren, das zur Pufferung schlagend werdender Risiken vorgehalten werden muss, um mit $1 - \alpha$ Prozent Wahrscheinlichkeit eine Insolvenz vermeiden zu können. Zum Teil werden in der Literatur jedoch auch andere Risikomaße wie der Expected Shortfall vorgeschlagen. Einzelheiten zu dieser Thematik finden sich in den Abschnitten 3.1.2.1 und 3.3.2.

Mit dem RORAC wird implizit eine lineare Beziehung zwischen (erwartetem) Überschuss und dem Risikokapital angenommen.[383] Um einen gleichen RORAC aufweisen zu können, muss ein Geschäft mit dem Vielfachen des (erwarteten) Überschusses eines anderen Geschäfts auch ein Vielfaches dessen Risikokapitals aufweisen. Der RORAC zeigt letztlich an, welche der unter Betrachtung stehenden Einheiten oder Projekte das beste Ergebnis je Einheit zugerechneten Risikokapitals erwirtschaftet haben.[384] Es wird somit eine vollständige Ordnung dieser Einheiten oder Projekte ermöglicht. Einheiten oder Projekte mit höherem RORAC sind solchen mit niedrigerem RORAC vorzuziehen.[385] Um die Opportunitätskosten der Anteilseigner für das eingesetzte Risikokapital berücksichtigen

378 Vgl. Brüning/Hoffjan (1997), S. 362, Schierenbeck/Lister (1997), S. 495, Kinder/Steiner/Willinsky (2001), S. 284, Hartmann-Wendels/Pfingsten/Weber (2004), S. 349. Unter dem Nettoertrag ist dabei der Ertrag abzüglich Betriebs- und Refinanzierungskosten zu verstehen. Vgl. Pfaff/Kühn (2005), S. 201.

379 Vgl. Lehar/Welt/Wiesmayr/Zechner (1998a), S. 862, Hille/Burmester/Otto (2000), S. 191, Bielefeld/Maifarth (2005), S. 165.

380 Ein Beispiel sind erwartete Kreditausfälle, die bereits bei der Kalkulation der Kreditkonditionen Berücksichtigung finden.

381 Hierbei wird, wie in Abschnitt 2.1.1 dargestellt, auf den unerwarteten Verlust abgestellt. Abschnitt 3.1.2.1 wird sich näher mit dem Konzept des Risikokapitals befassen.

382 Vgl. Schierenbeck/Lister (1997), S. 495, Homburg/Stephan (2004), S. 317, Bielefeld/Maifarth (2005), S. 165.

383 Vgl. Straßberger (2002), S. 188. Albrecht (1998c), S. 260, merkt richtigerweise an, dass ein risikoloses Geschäft gewinnbringend in Höhe der risikolosen Rendite sein sollte und daher die Zählergröße entsprechend um einen risikolosen Gewinn vermindert werden sollte. Ansonsten wäre es möglich, den RORAC mit Hilfe risikoloser Geschäfte unendlich zu steigern.

384 Vgl. Brüning/Hoffjan (1997), S. 362.

385 Vgl. Kimmig (1999), S. 211.

386 In Anlehnung an Lister (1997), S. 214.

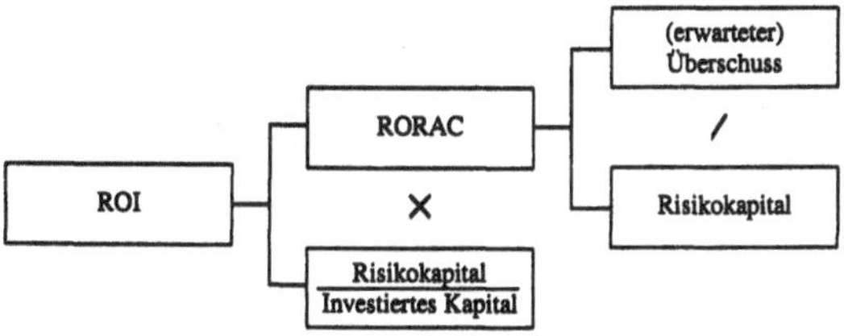

Abbildung 2.13: Verknüpfung zwischen RORAC und ROI[386]

zu können, muss der RORAC jedoch noch eine Mindesthöhe (so genannter Ziel-RORAC beziehungsweise Hurdle–Rate) überschreiten.[387]

Die Verknüpfung zwischen RORAC und ROI ist in Abbildung 2.13 dargestellt. Durch Multiplikation des RORAC mit dem Verhältnis aus Risikokapital und investiertem Kapital erhält man demnach den ROI.

Beim *RAROC* (risk adjusted return on capital) wird sowohl die Ergebnis– als auch die Kapitalkomponente des RAPM risikoadjustiert.[388] Diese Kennzahl berechnet sich aus dem Verhältnis der Differenz aus (erwartetem) Überschuss und Risikoprämie und dem Risikokapital.[389]

$$\begin{aligned} \text{RAROC} &= \frac{\text{(erwarteter) Überschuss} - \text{Risikoprämie}}{\text{Risikokapital}} \\ &= \frac{\text{(erwarteter) Überschuss} - \text{Ziel-RORAC} \cdot \text{Risikokapital}}{\text{Risikokapital}} \end{aligned} \tag{2.52}$$

387 Vgl. Fröhling (2000), S. 9, Kinder/Steiner/Willinsky (2001), Homburg/Stephan (2004), S. 317. Die Bestimmung dieses Ziel-RORAC soll im Rahmen dieser Arbeit nicht untersucht und daher als exogen gegeben angenommen werden. Homburg und Stephan (2004), S. 318, weisen darauf hin, dass im Idealfall der Ziel-RORAC auf Basis einer optimalen Alternativverwendung bestimmt werden muss. Die optimale Aufteilung der Engpassfaktoren muss zur Bestimmung des Ziel-RORAC bekannt sein, obwohl sie jedoch gerade mit Hilfe der Opportunitätskosten in Form des Ziel-RORAC bestimmt werden soll. Dieses Problem ist ein Analogon zum Dilemma der Bestimmung von Opportunitätskosten im Rahmen der Kostenrechnung. Vgl. dazu Hax (1967), S. 752 ff. Kinder/Steiner/Willinsky (2001), S. 285, schlagen eine auf dem Beta basierende Bestimmung der Hurdle–Rate vor. Siehe hierzu auch Straßberger (2002), S. 195 ff. Froot und Stein (1998) schlagen eine Bestimmung der Hurdle–Rate auf Basis eines Zweifaktorenmodells vor. Eine umfangreiche Diskussion zur Bestimmung von Hurdle–Rates geben Lehar/Welt/Wiesmayr/Zechner (1998b), S. 949-952, und Schierenbeck (2003a), S. 45 ff. Vgl. zur Bestimmung des Zinssatzes des Risikokapitals auch Fußnote 479.

388 Korrekterweise müsste diese Kennzahl RARORAC (Risk Adjusted Return on Risk Adjusted Capital) heißen. Vgl. Hille/Burmester/Otto (2000), S. 191, Bielefeld/Maifarth (2005), S. 165. Aus sprachlichen Gründen und auf Grund der weiten Verbreitung dieses Konzepts unter dem Namen RAROC wird im Weiteren ebenfalls die Bezeichnung RAROC verwendet. Synonym wird teilweise auch von ROEC (Return on Economic Capital) gesprochen.

389 Vgl. Homburg/Stephan (2004), S. 318. Mit Bezug auf den Bankensektor vgl. Lister (1997), S. 211, Lehar/Welt/Wiesmayr/Zechner (1998b), S. 949, Büschgen (1998), S. 772, Kimmig (1999), S. 218, Ballwieser/Kuhner (2000), S. 371, Hille/Burmester/Otto (2000), S. 191, Hartmann-Wendels/Pfingsten/Weber (2004), S. 349, Bielefeld/Maifarth (2005), S. 165.

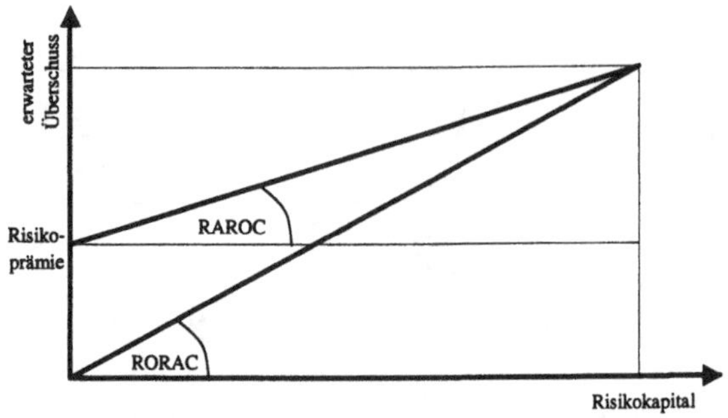

Abbildung 2.14: Linearität von RAROC und RORAC[392]

Die Risikoprämie ergibt sich, wie in Gleichung (2.52) ersichtlich, aus dem Produkt von Ziel-RORAC und Risikokapital. Nutzt man auch hier wieder den Value–at–Risk zur Quantifizierung des Risikokapitals, ergibt sich ein direkter Zusammenhang zwischen RORAC und RAROC:[390]

$$\text{RAROC} = \text{RORAC} - \text{Ziel-RORAC}. \tag{2.53}$$

Dieser lineare Zusammenhang zwischen RAROC und RORAC zeigt an, dass beide Kennzahlen zur gleichen Rangfolge zwischen unterschiedlichen Geschäften führen.[391] Die allgemeine Linearität der beiden risikoadjustierten Profitabilitätsmaße wird nochmals in Abbildung 2.14 deutlich. Die jeweiligen Risikomaße ergeben sich durch Anwendung der Tangens-Funktion auf die dargestellten Winkel.

Das allgemeine Entscheidungskriterium zur Durchführung neuer Geschäfte lautet: Führe grundsätzlich die Geschäfte durch, deren RORAC höher ist als der Ziel-RORAC beziehungsweise deren RAROC positiv ist. Sollten die in Frage kommenden Projekte und Geschäfte mehr Risikokapital erfordern als zur Verfügung steht, so ist der Ziel-RORAC solange zu erhöhen, bis das für alle durchzuführenden Geschäfte notwendige Risikokapital dem zur Verfügung stehenden Risikokapital entspricht.

Im Gegensatz zu den bisher dargestellten relativen risikoadjustierten Performancemaßen existieren auch noch absolute risikoadjustierte Performancemaße. Im Folgenden sei dazu der Economic Value Added dargestellt.

390 Vgl. Lehar/Welt/Wiesmayr/Zechner (1998b), S. 949, Kimmig (1999), S. 218, Homburg/Stephan (2004), S. 318.

391 Hierzu muss angenommen werden, dass unternehmensweit einheitliche Hurdle–Rates vorgegeben werden. Vgl. dazu Albrecht (1998c), S. 261, Lehar/Welt/Wiesmayr/Zechner (1998b), S. 951 f. Zur Anwendung einheitlicher Hurdle–Rates in der Bank of America vgl. Zaik/Walter/Kelling/James (1996), S. 87.

392 In Anlehnung an Straßberger (2002), S. 195.

Der *Economic Value Added* (EVA) sei im Folgenden definiert als[393]

$$\text{EVA} = \text{(erwarteter) Überschuss} - \Big(\text{Risikokapital} \cdot \text{Hurdle–Rate}\Big). \tag{2.54}$$

Die hier dargestellte Definition weicht von der üblichen Definition des Economic Value Added[394] insofern ab, dass hier

1. keine zusätzlichen Bereinigungen (so genannte Konversionen), zum Beispiel um Nicht–Cash–Flow Größen, vorgenommen werden,
2. anstelle des Eigenkapitals als Kapitalbasis das Risikokapital genutzt wird und
3. entsprechend dieser Kapitalbasis die Hurdle–Rate (auch: Ziel-RORAC) an Stelle des Eigenkapitalkostensatzes als Verzinsungsanspruch der Eigenkapitalgeber Verwendung findet.

Die Nutzung des Risikokapitals hat den Vorteil, dass dies die Risiken der einzelnen Geschäfte deutlich wiederspiegelt.[395] Die Verwendung des Risikokapitals als Kapitalbasis führt zusätzlich zu dem Vorteil, dass sich dadurch die risikoadjustierte Größe direkt mit dem RAROC und RORAC in Verbindung bringen lässt. Da die Hurdle–Rate dem Ziel-RORAC entspricht, ergibt sich durch Einsetzen der Gleichungen (2.51) und (2.53) in Gleichung (2.54):[396]

$$\begin{aligned} \text{EVA} &= \text{Risikokapital} \cdot \Big(\text{RORAC} - \text{Ziel-RORAC}\Big) \\ &= \text{Risikokapital} \cdot \text{RAROC}. \end{aligned} \tag{2.55}$$

Nimmt man als Risikopuffer das Eigenkapital sowie eine Vollauslastung dieser Puffer im Sinne von Risikokapital = Eigenkapital an, so ergibt sich die übliche Definition des Economic Value Added.[397]

Die Berechnung von RORAC, RAROC und EVA sei kurz an einem Beispiel verdeutlicht. Betrachtet sei dazu ein Unternehmen, das vier verschiedene Projekte zur Auswahl hat. Jedes Projekt ist durch seinen erwarteten Überschuss und den Value–at–Risk gemäß

[393] Vgl. Zaik/Walter/Kelling/James (1996), S. 91, Lehar/Welt/Wiesmayr/Zechner (1998b), S. 952, Saita (1999), S. 107, Culp (2000), S. 22, Smithson/Hayt (2001), S. 80, Straßberger (2002), S. 190, Schierenbeck et al. (2003), S. 29, Smithson (2003b), S. 265 f., Pfaff/Kühn (2005), S. 204.

[394] In der Literatur finden sich für dieses Konzept auch die Begriffe „Economic Profit", „Premium Shareholder Income" oder „Residual Income". Das klassische Konzept des Economic Value Added® wurde von der Unternehmensberatung Stern Stewart & Co. entwickelt. Vgl. dazu Zimmerman (1997) und Stewart (1999).

[395] Uyemura/Kantor/Pettit (1996), S. 107, kommen daher zu dem folgenden Schluss: „For internal profitability measurement, risk capital should be the operative concept to establish a proper capital charge to calculate EVA".

[396] Vgl. Stoughton/Zechner (2000a), S. 883.

[397] Zur Annahme von Risikokapital = Eigenkapital in diesem Zusammenhang vgl. Ballwieser/Kuhner (2000), S. 370-372.

Projekt	1	2	3	4
(erwarteter) Überschuss	20	30	44	50
Value-at-Risk	30	50	70	90
ROI	0,20	0,30	0,29	0,25
RORAC	0,67	0,60	0,63	0,56
RAROC	0,47	0,40	0,43	0,36
EVA	14	20	30	32

Tabelle 2.7: Berechnung des RORAC, RAROC und EVA

Tabelle 2.7 charakterisiert. Ordnet man die Projekte ihrem RAROC nach, so ergibt sich die Projektreihenfolge $(1, 3, 2, 4)$. Für eine einheitliche Hurdle-Rate (hier: 20 Prozent) entspricht die Projektreihenfolge der des RORAC.[398] Es wird ersichtlich, dass es sich beim RAROC in der hier verwendeten Definition um den EVA je Einheit Risikokapital handelt.[399] Bei Knappheit der Ressource Risikokapital im Einperiodenkontext bildet die Projektreihenfolge nach RAROC oder RORAC die optimale Reihenfolge zur Durchführung.[400] Eine Optimalität besteht dann im Hinblick auf die Maximierung des Marktwertes des Eigenkapitals (Shareholder Value), sofern das Risikokapital in voller Höhe durch Eigenkapital unterlegt wird. Der EVA entspricht dann nämlich im Einperiodenkontext dem Endwert der erwarteten Überschüsse der Projekte. Eine Maximierung des EVA ist somit äquivalent zur Maximierung des Endwertes der erwarteten Überschüsse, die zusätzlich per Annahme den Free Cash-Flows entsprechen müssen.

2.3.2 Bewertung risikoadjustierter Performancemaße

Das Konzept risikoadjustierter Performancemaße, so wie es RORAC, RAROC und EVA in der hier präsentierten Form darstellen, bietet einige bedeutsame Vorteile. Zunächst einmal berücksichtigen diese Maße im Gegensatz zu traditionellen Rentabilitätskennzahlen, wie dem ROI, das Risiko der unter Betrachtung stehenden Einheiten. Dies ist insbesondere für Bankgeschäfte ein wichtiger Ansatzpunkt.[401] Durch die Einbeziehung von Risiken kann Moral-Hazard-Problemen, die durch eine Kopplung von Vergütungen an reine

398 Vgl. Lehar/Welt/Wiesmayr/Zechner (1998b), S. 953. Zur Diskussion der Nutzung einheitlicher versus unterschiedlicher Hurdle-Rates vgl. Lehar/Welt/Wiesmayr/Zechner (1998b), S. 950 ff.

399 Siehe auch Gleichung (2.55).

400 Dies setzt die Teilbarkeit der Investitionsprojekte voraus, die am ehesten für Finanzinvestitionen realistisch sein dürfte.

401 Insbesondere im Bankgeschäft steht weniger die Finanzierungsfunktion als vielmehr die Risikodeckungsfunktion des Eigenkapitals im Vordergrund. Vgl. dazu Abschnitt 3.1.2.1, S. 84 ff. Die besondere Relevanz des Risikos im Bankgeschäft wird beispielsweise durch das Schluss-Statement von Groß/Knippschild (1995) zum Thema Risikocontrolling in Banken deutlich: „Money is not the raw material of banking, it is risk“. Gleiches gilt im übrigen ebenso für Versicherungsunternehmen. Vgl. dazu Gründl/Schmeiser (2002), S. 801, mit weiterem Literaturverweis.

Performancemaße entstehen können, begegnet werden.[402] Ein weiterer Vorteil dieser Risikomaße liegt in der relativ einfachen Implementierbarkeit und Kommunizierbarkeit.[403] Weiterhin können mit den RAPM alle Risiken und Geschäftsfelder mit einer einheitlichen Methode messbar gemacht werden.[404]

Im Einperiodenkontext führt die Entscheidung unter den in Abschnitt 2.3.1 genannten Bedingungen zum Shareholder Value maximierenden Optimum. Gleichzeitig liegt in der einperiodigen Betrachtungsweise jedoch auch ein Hauptkritikpunkt an diesen Kennzahlen. Mag eine kurzfristige Betrachtungsweise für Teilbereiche im Finanzdienstleistungssektor noch eine sinnvolle Annahme sein,[405] so ist sie doch für Industrie– und Handelsunternehmen ungeeignet.[406] Da die Projekte solcher Unternehmen meist langfristig ausgerichtet sind,[407] führt die Nutzung der untersuchten Kennzahlen auf Grund der Vernachlässigung des Zukunftsaspektes zu Fehlsteuerung und Fehlanreizen, die sich mindernd auf den Shareholder Value auswirken können.[408] Homburg und Stephan schlagen daher die mehrperiodig ausgerichtete Kennzahl Corporate Value on Discounted Risk Value (CVODRV) vor.[409] Diese Kennzahl setzt den Beitrag zum Unternehmenswert ins Verhältnis zu den diskontierten CFAR–Größen, die unter Berücksichtigung zeitlicher Diversifikationseffekte aggregiert werden. Es wird jedoch gezeigt, dass diese Kennzahl nur bei beliebig teilbaren sowie perfekt positiv korrelierten Projekten und Nichtexistenz einer Budgetrestriktion zu optimalen Entscheidungen führt.[410] Bezüglich RORAC und RAROC bleibt festzuhalten, dass diese sich nur für kurzfristige Entscheidungen eignen.[411]

Ein weiterer Kritikpunkt sind bestehende Bilanzierungsspielräume, die insbesondere die (erwarteten) Überschüsse beeinflussen können.[412] Abgemildert werden kann dieses Problem durch Verwendung einer modifizierten Überschussgröße.

Die risikoadjustierten Performancemaße trifft weiterhin grundsätzlich die gleiche Kritik, die auch schon den vorher dargestellten Risikomaßen zuteil wurde.[413] Dies kann im Unternehmen zu verminderter Akzeptanz führen, da bei Verhandlungen die berechne-

402 Vgl. Kimmig (1999), S. 220. Ursache dieses Anreizes ist, dass an Gewinne gekoppelte Vergütungsvereinbarungen das Auszahlungsprofil einer Option aufweisen. Durch dieses Äquivalent einer Option besteht ein Anreiz, die Risiken zu erhöhen, da Optionen grundsätzlich ein positives Vega aufweisen.

403 Vgl. Smithson (2003b), S. 264, Bielefeld/Maifarth (2005), S. 176.

404 Vgl. Lehar/Welt/Wiesmayr/Zechner (1998b), S. 953.

405 Handelsabteilungen in Banken haben beispielsweise einen kurzfristigen Betrachtungshorizont.

406 Vgl. Homburg/Stephan (2004), S. 318.

407 Dies gilt ebenso für einige Projekte im Finanzsektor.

408 Vgl. Lehar/Welt/Wiesmayr/Zechner (1998b), S. 955.

409 Vgl. Homburg/Stephan (2004), S. 318 ff.

410 Sowohl die Nicht–Teilbarkeit als auch nicht perfekt positiv korrelierte Projekte oder das Vorhandensein einer Budgetrestriktion kann dagegen zu Fehlsignalen führen. Vgl. Homburg/Stephan (2004), S. 320-322.

411 Vgl. Hartmann–Wendels/Pfingsten/Weber (2004), S. 357.

412 Dieser Kritikpunkt betrifft ebenso die traditionellen Rentabilitätskennzahlen.

413 Vgl. Groß/Knippschild (1995), S. 103, Lehar/Welt/Wiesmayr/Zechner (1998b), S. 953.

ten Werte schnell in Frage gestellt werden können.[414] Insofern ist auch hierbei alternativ zum Value–at–Risk über die Nutzung anderer Risikomaße nachzudenken.[415] Guthoff und Rüter (1999) schlagen konkret die Nutzung von Standardabweichung und LPM_1 vor.[416] Sie zeigen dabei modellhaft, dass die Nutzung dieser Risikomaße zur Quantifizierung des Risikopotenzials, unter Annahme risikoaverser Eigentümer, teilweise Verbesserungen im Vergleich zu RAROC und RORAC mit sich bringt, jedoch auch nicht immer zu optimalen Ergebnissen führt.[417]

Im Zuge der Nutzung von RAROC, RORAC und EVA zur Performancebeurteilung stellt sich insbesondere die Frage, welches Risikokapital zu verwenden ist. Zur Auswahl stehen das ex ante budgetierte beziehungsweise limitierte Risikokapital oder das tatsächlich genutzte Risikokapital.[418] Diese Problematik ist unter anderem Gegenstand von Abschnitt 3.2.1.2.

Beim Vergleich von RAROC und RORAC mit dem EVA stößt man auf die klassische Kritik an relativen Rentabilitätskennzahlen. Bei Nutzung von RORAC und RAROC besteht im Gegensatz zum EVA die Möglichkeit, dass Projekte mit positivem EVA abgelehnt werden, die somit eigentlich durchgeführt werden sollten, nur weil sie den durchschnittlichen RORAC oder RAROC senken.[419]

Berechnet man den RORAC für Einheiten mit sehr geringem Risiko, so ist die Höhe des RORAC abhängig von der Art des eingesetzten Risikomaßes. Nutzt man den relativen Value–at–Risk, geht dieser mit abnehmendem Risiko gegen null. Der absolute Value–at–Risk konvergiert dagegen in Richtung seines negativen Erwartungswertes. Für den RORAC bedeutet dies, dass im Falle des relativen Value–at–Risk der RORAC unendlich groß wird, womit risikolose Geschäfte im Vergleich zu risikobehafteten Geschäften immer vorteilhafter wären.[420]

Ein weiteres Problem betrifft die Bestimmung des Risikokapitals für einzelne Projekte, Einheiten, Geschäftsbereiche etc. Bislang wurde davon ausgegangen, dass die Bestimmung dieses Kapitals ohne Probleme möglich ist, beziehungsweise alle Geschäfte perfekt positiv korreliert sind. Wie in Abschnitt 2.2 dargelegt, weisen Risikomaße und damit auch das notwendige Risikokapital in der Regel Subadditivitäten auf Grund von Diversifikationseffek-

414 Vgl. Lehar/Welt/Wiesmayr/Zechner (1998b), S. 953.

415 Hartmann–Wendels/Pfingsten/Weber (2004), S. 357, sehen zum Beispiel zukünftig in der Verwendung von Lower Partial Moments oder anderer Varianten des Value–at–Risk eine Verbesserungsmöglichkeit der Kennzahlen.

416 Vgl. Guthoff/Rüter (1999), S. 9 ff.

417 Vgl. Guthoff/Rüter (1999), S. 14 ff.

418 Vgl. Lehar/Welt/Wiesmayr/Zechner (1998b), S. 954, Straßberger (2002), S. 191.

419 Vgl. zum so genannten Unterinvestitionsproblem Saita (1999), S. 107, sowie Zaik/Walter/Kelling/James (1996), S. 87. Pfaff/Kühn (2005), S. 203, geben ein numerisches Beispiel.

420 Vgl. Wilson (1992), S. 114, Albrecht (1998c), S. 268, Kimmig (1999), S. 219, Seidenspinner (2000), S. 22-23, Dowd (2001), S. 152. Eine Lösung dieses Problems ergibt sich bei Subtraktion des risikolosen Gewinns in der Zählergröße. Vgl. dazu Albrecht (1998c), S. 260, und Fußnote 383.

ten auf. Daher entspricht das für das gesamte Unternehmen vorzuhaltende Risikokapital nicht der Summe des für einzelne Teile des Unternehmens vorzuhaltenden Risikokapitals. In Abhängigkeit des Anwendungskontextes ist es daher sinnvoll, diese Diversifikationseffekte bei der Bestimmung des notwendigen Risikokapitals zu berücksichtigen.[421] Wie genau diese Diversifikationseffekte berücksichtigt werden können, ist Thema der folgenden Kapitel.

[421] Vgl. beispielhaft für viele Autoren Zaik/Walter/Kelling/James (1996), S. 86, Guthoff/Rüter (1999), S. 7, Kimmig (1999), S. 213, Deutsche Bundesbank (2002), S. 52.

Kapitel 3

Instrument der Risikokapitalallokation

„Es kommt nicht darauf an, die Zukunft vorherzusagen,
sondern auf die Zukunft vorbereitet zu sein."

Perikles, athenischer Staatsmann und General, 493–429 v. Chr.

Nachdem in Kapitel 2 alle notwendigen Grundlagen gelegt wurden, soll nun das Instrument der Risikokapitalallokation im Vordergrund stehen. Es wurde bisher unter anderem gezeigt, dass das Risikokapital ein wichtiger Eingangsparameter für die risikoadjustierte Performancemessung ist.[422] Die kommenden Abschnitte werden detailliert zeigen, wie sich die Allokation von Risikokapital auch für andere Zwecke einsetzen lässt.

Im ersten Abschnitt dieses Kapitels (Abschnitt 3.1) werden zunächst die Grundlagen der Risikokapitalallokation erläutert. Ausgangspunkt ist hierbei die dezentrale Organisation des Unternehmens als Ursache für eine Koordinationsproblematik. Daran anschließend wird in Abschnitt 3.2 die Risikokapitalallokation aus ökonomischer, aufsichtsrechtlicher und Kapitalmarktperspektive betrachtet. Hierbei geht es um Funktionen, die die Risikokapitalallokation übernehmen kann.

Abschnitt 3.3 gibt einen Überblick über die Gestaltungsoptionen, die dem Management beim Einsatz des Instruments zur Verfügung stehen. Zwei besonders wichtige Optionen werden dabei näher erläutert. Im Anschluss daran wird in Abschnitt 3.4 die Bestimmung der Risikotragfähigkeit erläutert. Dabei wird zwischen Finanz- und Nicht-Finanzunternehmen differenziert. Das Kapitel schließt mit einem kurzen Zwischenfazit.

---

[422] Vgl. hierzu Abschnitt 2.3, S. 67 ff.

3.1 Grundlagen der Risikokapitalallokation

3.1.1 Dezentrale Organisation als Ausgangspunkt der Risikokapitalallokation

Die betriebswirtschaftliche Organisationstheorie fasst ein Unternehmen als ein soziales Gebilde auf, in dem zwei oder mehr Personen miteinander kooperieren, um festgelegte Unternehmensziele zu erreichen. Die Vorteilhaftigkeit solch einer Kooperation ergibt sich auf Grund von Spezialisierung und Arbeitsteilung.[423] Organisation kann dabei als ein System geltender betriebsgestaltender Regelungen verstanden werden.[424] Üblicherweise unterscheidet man zwischen einer Aufbau- und einer Ablauforganisation.[425] Die Aufbauorganisation legt die Rahmenbedingungen und somit die Struktur der Organisation fest. Ihre Aufgabe ist die Gliederung des Unternehmens in arbeitsteilige Einheiten mit Fokus auf deren Beziehungen.[426] Die Ablauforganisation nimmt dagegen eine prozessuale Sicht der Dinge ein. Sie beschäftigt sich mit der räumlichen und zeitlichen zielgerichteten Strukturierung von Arbeitsprozessen.[427] Bei beiden Organisationsformen handelt es sich nicht um getrennte Organisationsteile, sondern lediglich um unterschiedliche Perspektiven auf denselben Gegenstand.[428]

Im Folgenden soll die Aufbauorganisation im Zentrum der Betrachtung stehen. Sie vollzieht sich im Kontinuum der beiden Paradigmen Zentralisierung und Dezentralisierung. Fayol definiert dieses Begriffspaar dabei wie folgt: „Alles, was die Bedeutung der Rolle des Untergebenen erhöht, ist Dezentralisation, alles, was diese Bedeutung mindert, Zentralisation".[429] Beuermann führt in diesem Zusammenhang an, dass hierbei der Begriff „Bedeutung" je nach Sichtweise beispielsweise durch die Begriffe Handlungsautonomie, Leitungsfreiheit, Verantwortung oder Entscheidungsautonomie ersetzt werden kann.[430]

---

423 Vgl. Laux/Liermann (2005), S. 1.

424 Die hier verwendete Definition entspricht dem in der Literatur vorzufindenden instrumentalen Organisationsbegriff. Vgl. Nordsieck (1955), S. 23, Bühner (2004), S. 2, Picot (2005), S. 50. Einen Überblick über verschiedene Organisationsbegriffe gibt Kieser (2002).

425 Vgl. Nordsieck (1934), S. 13, Kosiol (1976), S. 32, Frese (2000), S. 7, Bühner (2004), S. 11, Picot (2005), S. 51. Die vorgenommene Unterscheidung hat sich dabei ausschließlich in der deutschsprachigen Theorie und Praxis herausgebildet.

426 Vgl. Kosiol (1976), S. 32, Bühner (2004), S. 11.

427 Vgl. Kosiol (1976), S. 32, Picot (2005), S. 51.

428 Die Aufbauorganisation nimmt dabei die statische und die Ablauforganisation die dynamische Sichtweise ein. Vgl. Kosiol (1976), S. 32, Frese (2000), S. 7, Bühner (2004), S. 11, Laux/Liermann (2005), S. 18.

429 Fayol (1929), S. 28. Zu Messkonzepten von Dezentralisierung vgl. Frese (2000), S. 90 ff., Beuermann (1992), Sp. 2620 ff.

430 Vgl. Beuermann (1992), Sp. 2611. Eine Fokussierung der Begriffe führt zur Beschreibung von Simon et al., die das Begriffspaar wie folgt umreißt: „Eine Organisation ist in dem Maße zentralisiert, in dem Entscheidungen auf relativ hohen Ebenen der Hierarchie gefällt werden; sie ist in dem Maße dezentralisiert, in dem Entscheidungen vom Top–Manager auf untere Ebenen delegiert werden." Vgl. Simon et al. (1978), S. 1.

Hier soll es um die (De–)Zentralisierung von Entscheidungen und damit um Verantwortung gehen.[431] Dies geschieht durch die Delegation von entsprechenden Kompetenzen.[432]

Bei einem vollständig zentral oder dezentral organisierten Unternehmen handelt es sich um zwei Extremausprägungen, mit deren Hilfe sich die grundsätzliche Tendenz in der Organisation eines Unternehmens beschreiben lässt.[433] In einem zentral organisierten Unternehmen werden alle Entscheidungen an einer Stelle, nämlich vom Vorstand beziehungsweise der Geschäftsleitung getroffen.[434] In einem so geführten Unternehmen ist eine Allokation von Risikokapital nicht notwendig. Es existieren weder Einheiten mit Kompetenzen, denen Risikokapital zugeordnet werden könnte, noch besteht hierzu die Notwendigkeit.[435] In der Praxis ist eine vollständige Zentralisierung aller Entscheidungen jedoch selten vorzufinden.[436] Hauptsächlich ist dies darauf zurückzuführen, dass das Entscheidungsorgan über eine begrenzte Managementkapazität auf Grund begrenzter kognitiver Fähigkeiten verfügt.[437] Dem Management ist es meist also gar nicht möglich, alle Entscheidungen selbst zu treffen. In diesem Zusammenhang ist auch die mit zunehmendem Entscheidungsumfang abnehmende Reaktionsgeschwindigkeit als Problem zu benennen.[438] Dies wird insbesondere in einer zunehmend dynamischeren Umwelt bedeutsam.[439] Ein weiteres Problem betrifft die Motivation der ausführenden Einheiten. In der Organisationstheorie herrscht Konsens darüber, dass eine mangelnde Entscheidungsbefugnis negative Auswirkungen auf die Motivation und damit auch die Effizienz hat.[440]

Zur Vermeidung dieser Probleme wird sich in der Praxis daher immer ein gewisser Grad an Dezentralisierung vorfinden lassen. Das heißt, Entscheidungen werden auf untergeordnete Einheiten delegiert und es entsteht ein hierarchisches System. Es stellt sich somit nicht mehr die Frage, ob dezentralisiert werden soll, sondern wie stark dezentralisiert werden soll. Den richtigen Grad an Dezentralisierung zu finden, ist eine komplexe

---

431 Insofern wird hier auf die Entscheidungsdezentralisierung fokussiert. Zu anderen Formen der (De–)Zentralisierung vgl. Bleicher (1966), S. 33 ff., Bühner (2004), S. 121 ff.

432 Hierunter versteht man die Abgabe von Entscheidungsbefugnissen an nachgeordnete Einheiten. Vgl. Bühner (2004), S. 86. Einen Überblick über verschiedene Delegationsformen geben Ewert/Wagenhofer (2005), S. 408.

433 Fesler (1965) stellt richtigerweise fest, dass für das Kontinuum zwischen zentraler und dezentraler Organisation keine Begriffe existieren.

434 Schmalenbach beschreibt diese Organisationsform folgendermaßen: „Das zentralistische Prinzip besteht darin, dass man den Leitern der Unterabteilungen in allen Einzelheiten sagt, was sie zu tun haben." Vgl. Schmalenbach (1937), S. 11.

435 Je nach Abgrenzung des Begriffs Risikokapitalallokation könnte höchstens eine Notwendigkeit zur Risikobegrenzung der zentralen Einheit bestehen. Einer solchen Abgrenzung wird hier jedoch nicht gefolgt. Vgl. Abschnitt 3.1.2.2, S. 87 ff.

436 Vgl. Jiambalvo (2004), S. 418.

437 Vgl. Beuermann (1992), Sp. 2612, Illner (1999), S. 5, Frese (2000), S. 95, Laux/Liermann (2005), S. 166.

438 Vgl. Illner (1999), S. 6.

439 Vgl. Hoitsch/Baumann (1991), S. 238.

440 Vgl. Grochla (1972), S. 119, Schanz (1994), S. 215, Bühner (2004), S. 124.

Organisationsaufgabe, die hier jedoch nicht im Vordergrund stehen soll.[441] Ein dezentral organisiertes Unternehmen bietet insbesondere die folgenden *Vorteile:*[442]

1. Entlastung: Die Unternehmensführung wird entlastet und kann sich auf die wichtigsten Entscheidungen konzentrieren.[443]
2. Informationsnutzung: Entscheidungen werden dort getroffen, wo auch die notwendigen Informationen sachlich verständlich vorliegen. Daher können die Entscheidungen in der Regel auch schneller getroffen werden.[444]
3. Motivation: Die persönlichen Motive der Mitarbeiter (Ziele und Werte) werden besser befriedigt. Die Mitarbeiter entwickeln dadurch selbständige Leistung.
4. Ausbildung: Dezentrale Managementpositionen können als Ausbildungsstation für zukünftige Top–Manager dienen. Dabei kann die Vergabe dezentraler Entscheidungskompetenz zur gezielten Personalentwicklung eingesetzt werden.

Die genannten Vorteile sind sehr gewichtig. Es existieren jedoch leider auch einige Probleme der Dezentralisierung. Insbesondere sind die folgenden *Nachteile* zu nennen:

1. Mehraufwand: Einige Tätigkeiten werden unter Umständen mehrfach durchgeführt und führen zu einer Erhöhung des Gesamtaufwands im Unternehmen.[445]
2. Zielkonflikte: Die untergeordneten Manager können gegebenenfalls eigene Ziele oder Ziele, die nicht kompatibel mit dem Unternehmensziel sind, verfolgen.[446] In diesem Zusammenhang sind auch etwaig vorliegende Interdependenzen zu nennen, wie sie in Abschnitt 2.1.2.1 erläutert wurden.

Um diesen Nachteilen zu begegnen, ist eine Koordination der delegierten Entscheidungen notwendig.[447] Wie in Abschnitt 2.1.2.1 erläutert, besteht die Notwendigkeit zur Koordination allgemein auf Grund von Sach– und Verhaltensinterdependenzen. Zur Lösung der Koordinationsaufgaben existieren vielfältige Instrumente.[448]

---

441 Einen kurzen Überblick gibt Beuermann (1992), Sp. 2622 f.

442 Vgl. zu den folgenden Vor– und Nachteilen Schanz (1994), S. 214 ff., Kaplan/Atkinson (1998), S. 288 ff., Sandbiller (1998), S. 2 ff., Illner (1999), S. 5 ff., Jiambalvo (2004), S. 418 ff., Bühner (2004), S. 124, Laux/Liermann (2005), S. 194 ff.

443 Vgl. auch Laux/Liermann (2005), S. 166.

444 Vgl. Mintzberg (1979), S. 183. Hoitsch/Baumann (1991), S. 238, weisen darauf hin, dass Unternehmen in einem Umfeld von sich schnell ändernden Rahmenbedingungen nur mit einer dezentralen Organisationsstruktur bestehen können.

445 Ein Beispiel hierfür sind getrennte Einkaufsabteilungen zweier Divisionen, durch die Synergieeffekte, wie zum Beispiel bestimmte Mengenrabatte, nicht genutzt werden können.

446 Die Delegation von Entscheidungsbefugnissen beziehungsweise die Dezentralisierung begründet somit eine Principal–Agent–Beziehung. Der Principal ist hier das Top–Management, der Agent das dezentrale Management.

447 Vgl. Schanz (1994), S. 216.

448 Vgl. Ewert/Wagenhofer (2005), S. 402 ff.

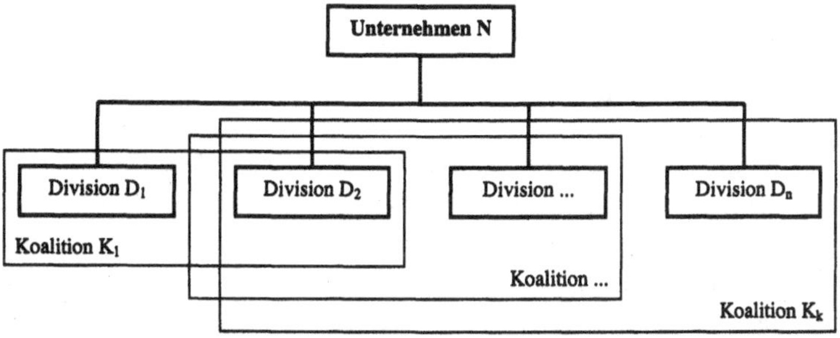

Abbildung 3.1: Dezentrales Unternehmensmodell

Ein bedeutendes Instrument zur Koordination stellt die Risikokapitalallokation dar. Sie ermöglicht einerseits eine sachliche Koordination auf Grund eines vorliegenden Risikoverbundes und andererseits eine personelle Koordination auf Grund von Informationsasymmetrien und Zielkonflikten.

Grundlage für die weitere Darstellung bildet ein dezentral organisiertes Unternehmen, wie es in Abbildung 3.1 dargestellt ist. Das Unternehmen besteht aus Divisionen, die man sich als Abteilungen, Geschäftsbereiche oder Tochterunternehmen vorstellen kann. Teilmengen dieser Divisionen werden als Koalitionen bezeichnet. Somit sind insgesamt drei Betrachtungsebenen zu unterscheiden:

1. Auf *Divisionsebene* gibt es n Divisionen D_i $(i = 1, ..., n)$. Zwischen den Divisionen existiert in diesem Unternehmensmodell keine Hierarchie.[449]
2. Die Menge aller Divisionen sei $N = \{D_1, ..., D_n\}$. Auf *Unternehmensebene* trifft die Zentrale für alle Divisionen bindende Entscheidungen.
3. Auf *Koalitionsebene* gibt es $2^n - 1$ verschiedene Koalitionen K_k mit $K_k \subseteq N$ für $k = 1, ..., (2^n - 1)$. Die Menge aller Koalitionen ist $\mathcal{P}(N) - \{\emptyset\}$, das heißt die Potenzmenge von N ohne die leere Menge. Koalitionen beinhalten somit sowohl eine einzelne Division $K_k = \{D_i\}$ als auch das Unternehmen $K_k = N = \{D_1, ..., D_n\}$ als Sonderfälle.[450]

Zusammenfassend lässt sich festhalten, dass eine dezentrale Unternehmensorganisation Ausgangspunkt für die Notwendigkeit zur Koordination unternehmerischer Teilaktivitäten ist. Wie sich im Folgenden zeigen wird, stellt die Risikokapitalallokation ein Instrument dar, das einen bedeutenden Beitrag zur Koordination leisten kann.

[449] Zur Verkürzung der Notation und zum einfacheren Sprachgebrauch wird im Folgenden häufig auch von einer Division i gesprochen. Gemeint ist damit dann eine Division D_i.

[450] Zur Verkürzung der Notation und zum einfacheren Sprachgebrauch wird im Folgenden häufig auch von einer Koalition K gesprochen. Gemeint ist damit dann eine Koalition K_k.

3.1.2 Abgrenzung der Begriffe Risikokapital und Risikokapitalallokation

3.1.2.1 Begriff des Risikokapitals

In den vorangegangenen Ausführungen wurde bereits häufig auf den Begriff des Risikokapitals rekurriert. Zum grundlegenden Verständnis wurde daher schon in der Einleitung Risikokapital als ein Kapitalbetrag definiert, der unerwartet auftretende Verluste kompensieren soll. Diese recht allgemeine Definition soll nun konkretisiert und von anderen Kapitalbegriffen abgegrenzt werden. Dabei ist anzumerken, dass sich bislang kein einheitliches Verständnis des Begriffs Risikokapital herausgebildet hat.[451] Die Darstellung soll daher auch in gewisser Weise einer Systematisierung dienen.

Zunächst einmal müssen zwei grundsätzlich verschiedene Bedeutungen des Begriffs Risikokapital unterschieden werden. Insbesondere in der deutschsprachigen Literatur ist der Begriff Risikokapital ein Homonym für zwei unterschiedliche Konzepte:

1. *Risikokapital im Sinne von Wagniskapital*: Der in der angelsächsischen Literatur häufig unter dem Begriff „Venture Capital" vorzufindende Kapitalbegriff beschreibt eine Kapitalressource, die meist jungen, relativ kleinen und innovativen Unternehmen unter Inkaufnahme eines erhöhten Risikos und im Rahmen der externen Finanzierung zur Verfügung gestellt wird.[452] Offensichtlich steht hierbei die Finanzierungsfunktion des Eigenkapitals im Vordergrund.[453]
2. *Risikokapital im Sinne von Reservekapital*: Hierunter ist ein Kapitalbetrag zu verstehen, der notwendig ist, um unerwartet auftretende Verluste des Unternehmens zu kompensieren oder abzusichern. Im Vordergrund steht dabei die Verlustausgleichsfunktion des Eigenkapitals.

Im Weiteren steht selbstverständlich der zweite Risikokapitalbegriff im Vordergrund. Im Schrifttum wird dieser Kapitalbegriff synonym zu den Begriffen ökonomisches Kapital,[454] risikoadjustiertes Kapital oder Sicherheitskapital verwendet.[455] Möchte man den Begriff Risikokapital konkretisieren, so lassen sich zwei in der Literatur vorzufindende Sichtweisen unterscheiden.

Auf Merton und Perold (1993) geht eine *optionstheoretische Sichtweise* zurück, die Risikokapital als den kleinstmöglichen Betrag versteht, der investiert werden muss, um sich

[451] Vgl. Cummins (2000), S. 8, Straßberger (2002), S. 144, Dresel (2003), S. 43, Chorafas (2004), S. 107, Society of Actuaries (2004), S. 6.
[452] Für einen Überblick zum Thema Venture Capital vgl. Gerke (2001), Sp. 2128 ff.
[453] Zu den verschiedenen Funktionen des Eigenkapitals vgl. Abschnitt 3.4, S. 125 ff.
[454] Ebenfalls häufig in englischer Sprache: Economic capital.
[455] Vgl. jeweils stellvertretend Baud et al. (2000), S. 7, Albrecht/Koryciorz (2004), S. 124, Graumann/Baum (2003), S. 428 ff. Die genannten Begriffe beschreiben jeweils das Risikopotenzial und damit das ökonomische Risiko einer unter Betrachtung stehenden Einheit.

gegen einen Verlust des Netto–Vermögens im Vergleich zur risikolosen Anlage zu versichern.[456] Das Risikokapital nimmt hier die Form einer Versicherungs– oder Optionsprämie an, die gezahlt wird, um sich gegen einen Verlust des Netto–Vermögens abzusichern. In abstrakter Weise lässt sich diese Konzeption wie folgt darstellen:[457] Man stelle sich das Netto–Vermögen als Underlying einer Put–Option vor. Durch Kauf einer Put–Option auf das Netto–Vermögen sichert man sich gegen jeglichen Wertverlust ab. Der Preis dieser Put–Option determiniert dann das notwendige Risikokapital. Diese Konzeption berücksichtigt bei der Bestimmung des Risikokapitals die gesamte Verteilung der Verluste.[458]

In Theorie und Praxis häufiger vorzufinden ist dagegen die *wahrscheinlichkeitstheoretische Sichtweise* des Risikokapitals. Das Risikokapital entspricht hierbei dem kleinstmöglichen Betrag, der als Verlustpuffer bei schlagend werdenden Risiken dient, um eine Insolvenz des Unternehmens mit einer bestimmten Wahrscheinlichkeit zu verhindern.[459] Offensichtlich wird hier nur ein Teil der unteren Wahrscheinlichkeitsverteilung in Betracht gezogen. Risikokapital soll also keinen maximal möglichen Verlust absichern, sondern einen Verlust, der mit nur einer geringen Wahrscheinlichkeit übertroffen wird. Zur Operationalisierung des Risikokapitals wird am häufigsten der Value–at–Risk herangezogen. Bei Vorgabe eines Konfidenzniveaus $(1-\alpha)$ gilt dann per Definition für das notwendige Risikokapital RK:

$$RK = VaR_{1-\alpha}. \tag{3.1}$$

In der weiteren Arbeit wird Risikokapital immer im Sinne dieser Konkretisierung als Value–at–Risk–Größe verstanden.[460] Die Nutzung anderer Risikomaße zur Quantifizierung des Risikokapitals sowie die Fundierung des Value–at–Risk ist Gegenstand der Ausführungen in Abschnitt 3.3.2.

Für den Fall normalverteilter Erträge zeigt Perold (2001), dass sich das Risikokapital aus optionstheoretischer Sicht proportional zur Standardabweichung der Erträge und damit zum Value–at–Risk (wahrscheinlichkeitstheoretische Sicht) verhält.[461] Die beiden Sichtweisen sind in diesem Spezialfall daher miteinander vereinbar.

Da das Risikokapital das notwendige Kapital für ein festgelegtes Risikoprofil bestimmt, ist es mit der Risikotragfähigkeit in Form eines vorhandenen Risikopuffers (zum Beispiel

---

456 Vgl. Merton/Perold (1993), S. 17, Perold (2001), S. 8.

457 Konkrete Beispiele geben Merton/Perold (1993), S. 18 ff., und Perold (2001), S. 8.

458 Vgl. Perold (2001), S. 8.

459 Vgl. ähnlich James (1996), S. 17 f., Marvin (1996), S. 1, Lister (1997), S. 19, Johanning (1998), S. 46, Culp (2000), S. 16, Matten (2000), S. 33 f., Kinder/Steiner/Willinsky (2001), S. 283, Straßberger (2002), S. 154, Dresel (2003), S. 44, Schierenbeck (2003a), S.21, Smithson (2003b), S. 7 f.

460 Die wahrscheinlichkeitstheoretische Sichtweise des Risikokapitalbegriffs erscheint insbesondere auf Grund der einfacheren Anwendbarkeit dieses Konzepts in der Praxis als sinnvoll.

461 Dies gilt offensichtlich nur für Fälle mit einem Erwartungswert von null beziehungsweise unter Zugrundelegung des relativen Value–at–Risk. Vgl. Perold (2001), S. 8. Die Argumentation erfolgt über die Black–Scholes–Formel.

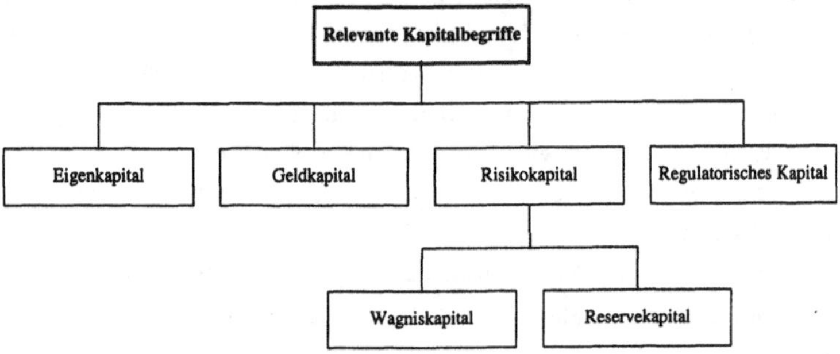

Abbildung 3.2: Überblick über unterschiedliche Kapitalbegriffe

Eigenkapital) des Unternehmens abzustimmen. Um ein bestimmtes Sicherheitsniveau sicherstellen zu können, ist die Relation[462]

$$RK \leq RP \tag{3.2}$$

unbedingt einzuhalten. *RP* bezeichnet hierbei die Höhe des verfügbaren Risikopuffers des Unternehmens. Die Quantifizierung dieses Risikopuffers ist Thema des Abschnitts 3.4.

Der Risikokapitalbegriff ist in jedem Fall von anderen Kapitalbegriffen wie dem Eigenkapital,[463] dem Geldkapital im Sinne eines investierten Kapitals[464] und dem regulatorischen Kapital[465] abzugrenzen. Abbildung 3.2 gibt einen Überblick über die unterschiedlichen, im Kontext dieser Arbeit relevanten Kapitalbegriffe, die im Folgenden zwecks Abgrenzung kurz erläutert werden sollen.

Betriebswirtschaftlich stellt das *Eigenkapital* die Gesamtheit der von den Eigenkapitalgebern gewährten Mittel dar.[466] Es unterscheidet sich vom Fremdkapital dadurch, dass es residuale, ergebnisabhängige Zahlungsansprüche verbürgt.[467] Man unterscheidet ein Eigenkapital zu Buchwerten (Eigenkapital im bilanziellen Sinne) und ein Eigenkapital zu Marktwerten (Eigenkapital aus finanzierungstheoretischer Sicht). Ersteres berechnet sich auf Grund bilanzrechtlicher Vorschriften, während letzteres aus Marktpreisen abgeleitet wird und häufig mit Hilfe von Unternehmensbewertungsmodellen bestimmt wird. Für Kreditinstitute existieren gesonderte Eigenkapitalabgrenzungen.[468] Im vorliegenden

[462] Vgl. ähnlich Hölscher (2002), S. 22, Schierenbeck (2003b), S. 32.
[463] Vgl. Jorion (2001), S. 384, Smithson (2003b), S. 6, Albrecht/Koryciorz (2004), S. 124.
[464] Vgl. Merton/Perold (1993), S. 17, Culp (2000), S. 16, Perold (2001), S. 8.
[465] Vgl. Merton/Perold (1993), S. 17, Perold (2001), S. 8, Smithson (2003b), S. 6 f., Albrecht/Koryciorz (2004), S. 124.
[466] Vgl. Steiner/Wagner (2002), Sp. 589.
[467] Vgl. Busse von Colbe/Pellens (1998), S. 202.
[468] Vgl. dazu Kohlhaussen (2001).

Kontext kommt dem Eigenkapital die Funktion eines Risikopuffers zu. Im Vergleich zum Risikokapital, welches als das notwendige Kapital sozusagen die Soll–Größe in der Relation (3.2) darstellt, steht das Eigenkapital als Ist–Größe für die tatsächliche Risikotragfähigkeit des Unternehmens.[469]

Das *Geldkapital* oder auch investierte Kapital stellt auf den Liquiditätsaspekt des Kapitals ab. Es bezeichnet das Kapital, das physisch zur Finanzierung von Investitionsprojekten benötigt wird. Es kann in Form von Bar– oder Buchgeld dem Unternehmen zur Verfügung stehen. Im Gegensatz zum Risikokapital, das lediglich eine rechnerische Größe darstellt, ist das Geldkapital eine reale und pagatorische Größe.[470].

Unter dem *regulatorischen Kapital* ist das von den jeweils zuständigen Aufsichtsbehörden geforderte Mindestkapital zu verstehen. Entsprechende regulative Vorschriften existieren sowohl für die Bank– als auch für die Versicherungsbranche, da beiden Branchen für die Stabilität der Volkswirtschaft eine erhöhte Bedeutung zu kommt. Der Hauptzweck dieser Kapitalvorschriften liegt daher auch in der Insolvenzvermeidung von Unternehmen und somit beim Schutz der Kapitalgeber. Sowohl die Bestimmung des regulatorischen Kapitals als auch die Zusammensetzung eines entsprechenden regulatorischen Risikopuffers ist explizit gesetzlich geregelt.[471] Konzeptionell steht das regulatorische Kapital dem Risikokapital am nächsten. Auf Grund der zum Teil unterschiedlichen Zwecke beider Kapitalkonzeptionen weichen beide jedoch regelmäßig voneinander ab.[472]

3.1.2.2 Begriff der Risikokapitalallokation

In der Einleitung dieser Arbeit wurde Risikokapitalallokation als die Aufteilung des für das gesamte Unternehmen quantifizierten Risikokapitals auf Teilbereiche des Unternehmens bezeichnet.[473] Im Folgenden soll dieser Prozess weiter konkretisiert werden.

Die Allokation von Risikokapital ist als ein Teil des betrieblichen Planungs– und Steuerungsprozesses anzusehen. Es ist daher darauf zu achten, dass die Risikokapitalallokation

---

[469] Wie Albrecht/Koryciorz (2004) korrekt anmerken, besteht somit eine Verbindung zwischen dem Eigenkapital und dem Risikokapital. Beide können sich der Höhe nach jedoch deutlich voneinander unterscheiden. Eine genauere Bestimmung der Risikotragfähigkeit von Unternehmen erfolgt in Abschnitt 3.4, S. 125 ff.

[470] Stoughton/Zechner (2000b), S. 2, weisen darauf hin, dass für Finanzinstitute das Risikokapital eine wichtigere Rolle spielt als das Geldkapital. Diese Sichtweise unterstützen Groß/Knippschild (1995), S 107, indem sie sagen: „Money is not the raw material of banking, it is risk".

[471] Ein Überblick über die Bestimmung des regulatorischen Kapitals und die Zusammensetzung des regulatorischen Risikopuffers in der Bankbranche wird in Abschnitt 3.2.2 gegeben.

[472] Vgl. KPMG (2002a), S. 8.

[473] Vgl. Marvin (1996), S. 1.

in den allgemeinen Managementprozess integriert wird.[474] Aus solch einer prozessualen Sicht lässt sich die Risikokapitalallokation in zwei Phasen unterteilen:[475]

1. Bestimmung des notwendigen Risikokapitals
2. Aufteilung des notwendigen Risikokapitals

In der ersten Phase soll bestimmt werden, wie viel Risikokapital das Unternehmen auf Unternehmensebene und auf allen Divisionsebenen benötigen wird (ex ante) oder benötigt hat (ex post). Im Rahmen dieses Prozessschrittes muss das Management festlegen, welches Risikomaß zu Grunde gelegt werden soll und welches Risikokapital auf welche Allokationseinheiten verteilt werden soll.[476] Unabhängig vom Allokationszweck ist das Ergebnis wichtiger Eingangsparameter für die folgende Allokation.

Die zweite Prozessphase lässt sich auch als Risikokapitalallokation im engeren Sinne bezeichnen, während beide Phasen zusammen die Risikokapitalallokation im weiten Sinne darstellen. In der zweiten Phase geht es darum, eine geeignete und in der ersten Phase quantifizierte Risikokapitalgröße auf Teilbereiche des Unternehmens zu verteilen.[477] Bei diesen Teilbereichen kann es sich zum Beispiel um Abteilungen, Geschäftsbereiche, einzelne Händler, Einzelgeschäfte oder Regionen handeln. Das Risikokapital wird bei dieser Aufteilung nicht physisch, sondern rein virtuell aufgeteilt.[478] Wie sich im Abschnitt 3.2.1 zeigen wird, geschieht dies vornehmlich zur Unternehmenssteuerung und Performancemessung. Insbesondere im Rahmen der Performancemessung geht es darum, die Kosten für das Risikokapital zu verteilen. Sie ergeben sich durch Multiplikation eines adäquaten Zinssatzes mit dem jeweils allozierten Risikokapital.[479] Da es sich bei der Berechnung der Kosten des Risikokapitals letztlich nur um eine lineare Transformation handelt, wird im Weiteren synonym von der Allokation der Kosten des Risikokapitals, des Risikokapitals beziehungsweise des Risikos gesprochen. Im Rahmen dieses Prozessschrittes muss sich das

---

474 Vgl. Marvin (1996), S. 5 f., Dresel (2003), S. 46.

475 Vgl. Burmester/Hille/Deutsch (1999), S. 416, Jovic (1999), S. 121 f., Hille/Burmester/Otto (2000), S. 194, Dowd (2001), S. 203, Laeven/Goovaerts (2004), S. 2, Goovaerts/van den Borre/Laeven (2005), S. 3. Die erste Prozessphase wird in Teilen der Literatur auch als absolutes Problem der Risikokapitalallokation und die zweite Prozessphase als relatives Problem der Risikokapitalallokation bezeichnet. Eine genauere Gliederung des Prozesses ist vom jeweiligen Allokationszweck abhängig.

476 Zur Frage der Abgrenzung der Allokationseinheiten vgl. Saita (1999), S. 98 ff., Cummins (2000), S. 3. Eine empirische Untersuchung erfolgt in Abschnitt 5.1.2.2, S. 187 ff. Der Frage nach dem zu verteilenden Risikokapital wird in Abschnitt 3.3.3 nachgegangen. Eine Auseinandersetzung mit der Frage nach einem geeigneten Risikomaß erfolgt in Abschnitt 3.3.2, S. 118 ff.

477 Bühler/Birn (2002), S. 29 ff., und Dresel (2003), S. 65 ff., bezeichnen die Aufteilung des Risikokapitals auch als divisionale beziehungsweise hierarchische Disaggregation.

478 Vgl. Albrecht (1998b), S. 232, Albrecht (2004), S. 1459, Graumann/Baum (2003), S. 430, Schradin (2001), S. 106.

479 Die konkrete Bestimmung eines adäquaten Zinssatzes soll nicht Gegenstand dieser Arbeit sein. Es sei daher auf entsprechende Arbeiten verwiesen. Vgl. Merton/Perold (1993), S. 25-27, James (1996), S. 7, Froot/Stein (1998), S. 66, Lehar/Welt/Wiesmayr/Zechner (1998b), S. 951-952, Stoughton/Zechner (2000a), S. 894-900, Straßberger (2002), S. 193-197.

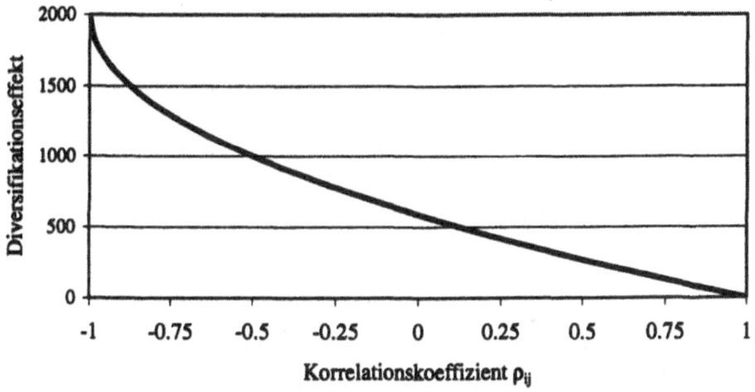

Abbildung 3.3: Diversifikationseffekte zweier Divisionen in Abhängigkeit des Korrelationskoeffizienten

Management auf eine bestimmte Allokationsmethode festlegen. Die Auswahl solch einer Allokationsmethode ist primärer Untersuchungsgegenstand der Kapitel 4 und 5.

Verantwortlich für die Nicht–Trivialität der Risikokapitalallokation im engeren Sinne sind Diversifikationseffekte auf Grund stochastischer Abhängigkeiten.[480] Bei adäquater Wahl eines Risikomaßes zur Quantifizierung des Risikokapitals sorgen diese Effekte dafür, dass die Summe des notwendigen Risikokapitals der einzelnen Teilbereiche in der Regel höher ist als das notwendige Risikokapital für das gesamte Unternehmen.[481] Definiert man mit X_i die Risikoposition einer Division D_i, so stellen sich die Diversifikationseffekte DE formal wie folgt dar:

$$DE = \sum_{i=1}^{n} RK(X_i) - RK\Big(\sum_{i=1}^{n} X_i\Big) \geq 0 \text{ mit } X_i \in \mathcal{X}. \tag{3.3}$$

Für den Fall normalverteilter Risikopositionen X_i lässt sich der Diversifikationseffekt für zwei Divisionen D_i und D_j in Abhängigkeit des Korrelationskoeffizienten ρ_{ij} darstellen. Abbildung 3.3 zeigt den Diversifikationseffekt bei Nutzung des Value–at–Risk als Risikomaß.[482] Wie zu erwarten war, nehmen die Diversifikationseffekte mit abnehmendem Korrelationskoeffizienten zu. Im Falle perfekt positiver Korrelation ergeben sich Diversifikationseffekte von null,[483] während bei perfekt negativer Korrelation das Risiko eliminiert wird und damit das insgesamt notwendige Risikokapital auf null sinkt.

480 Vgl. Schradin/Zons (2003), S. 8, Koryciorz (2004), S. 185 ff.

481 Die adäquate Wahl eines Risikomaßes setzt dessen Subadditivität voraus. Vgl. hierzu Abschnitt 2.2.1, S. 35.

482 Es wurde ein Konfidenzniveau von 99 Prozent, Erwartungswerte von null und eine Standardabweichung von 429 angenommen. Damit ergibt sich ein Risikokapitalbedarf von 1.000 je einzelner Division.

483 Aus der Relation (3.3) wird dann eine Gleichung.

	Risikokapitalallokation	Gemeinkostenallokation
Basis der Verteilung	Risikomaß	Kostenfunktion
Verteilungsproblematik	stochastische Abhängigkeiten (→ subadditives Risikomaß)	Kostendegressionseffekte (→ degressive Kostenfunktion)
Grund für Problematik	stochastische Abhängigkeiten	Fixkosten, Rabatte etc.

Tabelle 3.1: Vergleich von Risikokapitalallokation und Gemeinkostenallokation

Das Problem der Risikokapitalallokation ist eng verwandt mit dem der Gemeinkostenallokation. Während bei der Allokation von Gemeinkosten eine Kostenfunktion Grundlage der Bestimmung der Kosten ist, ist bei der Risikokapitalallokation ein gewähltes Risikomaß die Grundlage. Dieses Risikomaß sollte die Eigenschaft der Subadditivität besitzen.[484] Analog zu dieser Eigenschaft sind Kostenfunktionen häufig degressiv. Ursache hierfür sind beispielsweise Rabatte oder Fixkosten. Im Falle der Risikokapitalallokation sind stochastische Abhängigkeiten für die Diversifikationseffekte verantwortlich. Tabelle 3.1 fasst den dargelegten Vergleich kurz zusammen.

Nachdem nun die wichtigsten Grundbegriffe geklärt wurden, soll im folgenden Abschnitt die Risikokapitalallokation aus unterschiedlichen Perspektiven den jeweiligen Zwecken nach dargestellt werden.

3.2 Perspektiven der Risikokapitalallokation

Die Allokation von Risikokapital auf Teilbereiche des Unternehmens kann aus unterschiedlichen Gründen erfolgen. Beispielhaft wurden einige Gründe bereits in der Einleitung angeführt. Häufig verbleibt der eigentliche Grund der Allokation jedoch im Unklaren.[485] Aus diesem Grund wird in den folgenden drei Abschnitten die Risikokapitalallokation aus verschiedenen Perspektiven untersucht. Die Funktionen und Aufgaben werden jeweils aus einer ökonomischen Perspektive (Abschnitt 3.2.1), der aufsichtsrechtlichen Perspektive (Abschnitt 3.2.2) und der Perspektive des Kapitalmarktes (Abschnitt 3.2.3) beleuchtet.

[484] Vgl. Abschnitt 2.2.1, S. 35.
[485] Vgl. Gründl/Schmeiser (2002), S. 809.

3.2.1 Ökonomische Perspektive der Risikokapitalallokation

Aus ökonomischer Sicht dient die Risikokapitalallokation in erster Linie als *Koordinationsinstrument.*[486] Ein Koordinationsbedarf ergibt sich auf Grund von Interdependenzen.[487] Ein *sachlicher Koordinationsbedarf* ergibt sich dadurch, dass die dezentral organisierten Divisionen einen Risikoverbund bilden. Falls der Unternehmensleitung alle relevanten Informationen bekannt wären und sie die notwendige Kapazität besäße, könnte sie alle Entscheidungen bezüglich des Eingehens von Risiken selbst treffen. Eine Allokation von Risikokapital wäre dann nicht notwendig, da zentral alle notwendigen Parameter (zum Beispiel Produktionsmengen, Anlagebeträge) simultan festgelegt werden könnten.[488] Eine Koordination wird zusätzlich erschwert durch Verhaltensinterdependenzen, die einen *personellen Koordinationsbedarf* begründen.[489] Dieser wird notwendig durch die Delegation von Entscheidungen innerhalb des Unternehmens.[490] Mit der Delegation von Entscheidungen geht jedoch auch eine asymmetrische Verteilung der Informationen zwischen Unternehmensleitung und Divisionen einher. Dies wird insbesondere dann problematisch, wenn Zielkonflikte zwischen der Unternehmensleitung und den Divisionsverantwortlichen bestehen, da gegebenenfalls nicht mehr wahrheitsgemäß berichtet wird.

Zur Lösung der sachlichen und personellen Koordinationsprobleme kann mit Hilfe der Risikokapitalallokation zu zwei Zeitpunkten (ex ante und ex post) eingegriffen werden. Wie Abbildung 3.4 zeigt, lassen sich dabei die Funktionen der Risikosteuerung und der Performancemessung unterscheiden.[491]

Einem Geschäftsjahr zeitlich vorgelagert (ex ante) ist die Risikosteuerung. Durch die Vergabe von Risikolimiten für Divisionen lässt sich das Gesamtrisiko des Unternehmens

486 Mit ökonomischer Sicht ist hier eine rein interne beziehungsweise betriebswirtschaftliche Perspektive gemeint. Es wird dabei von externen Notwendigkeiten durch Kapitalmärkte und Aufsichtsbehörden abstrahiert. Letztlich ist deren Beachtung selbstverständlich auch eine ökonomische Notwendigkeit, was auf eine mangelnde Überschneidungsfreiheit der drei verwendeten Perspektiven hindeutet, die zum Zwecke der Darstellung jedoch in Kauf genommen wird.

487 Zur Notwendigkeit der Koordination von Interdependenzen im Rahmen des Risikocontrolling vgl. Abschnitt 2.1.2.1, S. 13 ff.

488 Ein entsprechendes Totalmodell der Unternehmung wäre jedoch alleine schon auf Grund der Komplexität unlösbar. Vgl. Kinder/Steiner/Willinsky (2001), S. 283. Dem hier dargestellten Instrument der Risikokapitalallokation liegt dementsprechend ein Partialmodell des Unternehmens zu Grunde.

489 Vgl. Abschnitt 2.1.2.1.

490 Zu den Vor- und Nachteilen einer dezentralen Organisation vgl. Abschnitt 3.1.1, S. 80 ff.

491 Zur Unterscheidung vgl. Saita (1999), S. 96. In beiden Fällen erfolgt eine Allokation des Risikokapitals rein kalkulatorisch, das heißt, tatsächliche Zahlungsströme werden nicht initiiert. Vgl. Albrecht (1998b), S. 232, Matten (2000), S. 74, Koryciorz (2004).

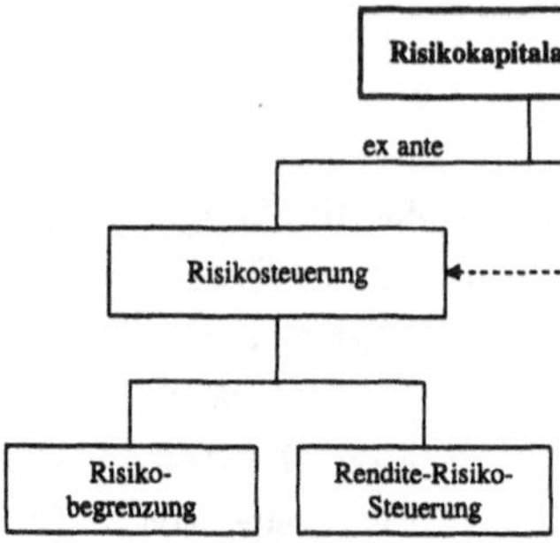

Abbildung 3.4: Funktionen der Risikokapitalallokation

begrenzen und steuernd auf die Rendite–Risiko–Position des Unternehmens einwirken.[492] Hierbei erfolgt eine Koordination mittels Budgetvorgaben.[493] Die ex ante Risikosteuerung ist Thema des folgenden Abschnitts 3.2.1.1.

Die Performancemessung ist dagegen einem Geschäftsjahr zeitlich nachgelagert (ex post). Auf Basis eines vorzugebenden Allokationsmechanismus, der das Risiko auf einzelne Divisionen verteilt, erfolgt die Beurteilung und gegebenenfalls die Entlohnung der Divisionsverantwortlichen. Eine Koordination erfolgt dabei über die Vorgabe eines Beurteilungsmaßstabes. Die Funktion der Performancemessung steht im Vordergrund der Ausführungen des Abschnitts 3.2.1.2. Da die Divisionsverantwortlichen ihr Handeln am jeweiligen Beurteilungsmaßstab ausrichten, hat die Vorgabe eines Performancemaßes auch indirekt Auswirkung auf die Risikosteuerung. Dieser Aspekt wird ausführlich in Abschnitt 3.2.1.3 diskutiert.

Abbildung 3.4 stellt die Differenzierung der Funktionen der Risikokapitalallokation nochmals grafisch dar. Der gestrichelte Pfeil soll dabei die indirekte Abhängigkeit der Risikosteuerung von der Performancemessung darstellen. Da zwischen der ex ante Allokation von Risikolimiten und der ex post Allokation von Risikokapital alleine schon auf Grund der unterschiedlichen Funktionen bedeutende methodische Unterschiede liegen, werden sie im Folgenden separat erläutert.

---

492 Vgl. allgemein zur Risikosteuerung Hagen/Jakobs (1995), S. 664, Poppensieker (1997), S. 48. Vgl. speziell zur Risikolimitierung Straßberger (2002), S. 164. Die Begriffe Risikokapital und Risikolimit können hier, Bühler/Birn (2002) folgend, synonym verwendet werden. Analog zu der hier vorgenommenen Differenzierung unterscheiden Schierenbeck et al. (2003), S. 7, mit Bezug auf die Bankbranche ein Risikotragfähigkeitskalkül (Risikobegrenzung) und ein Risiko–Chancen–Kalkül (Rendite–Risiko–Optimierung).

493 Vgl. Dresel (2003), S. 71. Zu Budgets allgemein vgl. Hartmann–Wendels/Pfingsten/Weber (2000), S. 576 ff., Ewert/Wagenhofer (2005), S. 414.

3.2.1.1 Unternehmenssteuerung im Rahmen der ex ante Risikokapitalallokation

Wie im vorangegangenen Abschnitt erwähnt, lassen sich Risikolimite im Rahmen der Unternehmensplanung zur Risikosteuerung einsetzen. Ein Risikolimit ist dabei als Ausprägung eines Budgets zu verstehen. Hierunter versteht man allgemein einen „formalzielorientierten, in wertmäßigen Größen formulierten Plan, der einer Entscheidungseinheit für eine bestimmte Zeitperiode mit einem bestimmten Verbindlichkeitsgrad vorgegeben wird".[494] Im vorliegenden Fall bezieht sich der zu formulierende Plan auf die Risikoposition des Unternehmens beziehungsweise einer Division. Ein Risikolimit lässt sich in Anlehnung an die Budget–Definition als eine für einen bestimmten Zeitraum und einen bestimmten Bereich verbindlich vorgegebene Risiko–Obergrenze auffassen. Häufig werden gleichzeitig auch Performanceziele oder auch risikoadjustierte Performanceziele vorgegeben.[495]

Ist einer Division einmal ein Risikolimit alloziert worden, so kann diese in dessen Rahmen ihre Entscheidungen frei treffen.[496] Die Risikolimitierung ermöglicht somit die Delegation von Entscheidungsbefugnissen im Rahmen einer dezentralen Steuerung bei gleichzeitiger Sicherstellung übergeordneter Zielsetzungen. Ein Überschreiten der Risikolimite ist mit Hilfe geeigneter organisatorischer Regelungen sicherzustellen. In diesem Zusammenhang können beispielsweise Berichtspflichten an Vorgesetzte hilfreich sein.[497]

Allgemein können sich Risikolimite auf unterschiedliche Grundlagen beziehen. Man kann Limite auf Basis von[498]

- Volumina beziehungsweise Nominalwerten,
- Markt– beziehungsweise Barwerten,
- Sensitivitäten,
- Value–at–Risk–Größen und
- sonstigen Risikomaßen

unterscheiden.[499] Im Weiteren sollen Risikolimite auf Basis von Value–at–Risk–Größen, so genannte Value–at–Risk–Limite, Gegenstand der Darstellung sein.[500] Ein Value–at–Risk–Limit kennzeichnet einen Verlustbetrag in Geldeinheiten. Dieser Verlustbetrag darf nur

494 Vgl. Göpfert (1993), Sp. 589-590. Einen Überblick über Budgets und den Prozess der Budgetierung geben Ewert/Wagenhofer (2005), S. 414 ff.

495 Vgl. Dresel/Kern/Rudolph (2000), S. 12, Straßberger (2002), S. 177.

496 Vgl. Witt (1994), S. 110, Johanning (1998), S. 97, Straßberger (2002), S. 175, Dresel (2003), S. 56.

497 Vgl. Dresel (2003), S. 60.

498 Vgl. Straßberger (2002), S. 166, sowie ähnlich Scharpf (1998), S. 56, Krumnow (2000), S. 689 f., Scharpf/Luz (2000), S. 168.

499 Siehe auch Abbildung 3.6.

500 Eine kurze Diskussion der anderen Limit–Arten gibt Straßberger (2002), S. 166 ff. Ab sofort werden die Begriffe Risikolimit und Value–at–Risk–Limit synonym verwendet. Laut Locarek-Junge/Straßberger/Vollbehr (2000), S. 834 f., findet man in Banken größtenteils Value–at–Risk–Risikolimite.

mit einer geringen Wahrscheinlichkeit in Bezug auf einen bestimmten Zeitraum überschritten werden.[501] Ein Value–at–Risk–Limit wird somit durch die Höhe, das Konfidenzniveau und den Zeithorizont determiniert. Durch die Nutzung eines Risikolimits als Nebenbedingung im Rahmen der Theorie der Portfolio Selection lässt sich die Anwendung des Value–at–Risk theoretisch fundieren.[502] Die Nutzung von Value–at–Risk–Limiten hat den Vorteil, dass sie unternehmensweit einsetzbar sind, da eine Aggregation über fast alle Risikoarten hinweg möglich ist.[503]

Ausgangspunkt der Risikolimitierung stellt ein festgelegtes Globallimit für das Gesamt–Unternehmen dar. Die Höhe des Globallimits wird maßgeblich bestimmt durch die Risikotragfähigkeit und die Risikopräferenz des Unternehmens.[504] Das Globallimit stellt im Falle der Nutzung von Value–at–Risk–Limiten die maximal zulässige Höhe des Value–at–Risk auf Unternehmensebene dar.[505] Dieses Globallimit lässt sich nun in zweierlei Hinsicht disaggregieren.[506] Zum einen kann eine temporale Disaggregation, zum anderen eine divisionale Disaggregation erfolgen.

Die *temporale Disaggregation* bezeichnet den Prozess der Aufteilung von Risikolimiten bezogen auf einen festen Zeitraum in Risikolimite bezogen auf Teilzeiträume dieses fixen Zeitraums. Wie die in Abschnitt 5.1.2.2 präsentierten Ergebnisse einer Umfrage unter 20 deutschen Großbanken zeigen werden, beträgt der Allokationszyklus bei den meisten Banken ein Jahr. Für die Planungen in einigen Teilbereichen der Bank, wie zum Beispiel dem Eigenhandel, sind jedoch unter anderem auch wegen gesetzlicher Bestimmungen[507] sehr viel kürzere Zeiträume der Allokation zu Grunde zu legen. Die Jahreslimite müssen dann etwa in Monats–, Wochen– oder Tageslimite umgerechnet werden.[508] Zur Umrechnung wird hierbei meist die Anwendung der Quadratwurzelregel (2.31) empfohlen.[509]

---

501 Vgl. Johanning (1998), S. 97, Dresel (2003), S. 56 f. Es wird somit kein hoher Maximalverlust ausgeschlossen und kein Verlust beschränkt. Eine Beschränkung bezieht sich lediglich auf die Wahrscheinlichkeit, mit der ein Verlust eintritt. Der Zeithorizont des Value–at–Risk sollte immer mit dem Zeitraum, auf den sich das Limit bezieht, übereinstimmen. Die Definition zeigt, dass es sich bei Risikolimiten um Risikokapitalgrößen handelt.

502 Vgl. Johanning (1998), S. 97-101 und S. 118. Zur Nutzung des Value–at–Risk als zusätzliche Restriktion in das Modell der Portfolio Selection vgl. beispielsweise auch Leibowitz/Henriksson (1989) und Leibowitz/Kogelmann (1991).

503 Vgl. Abschnitt 2.2.3.1, S. 40 ff.

504 Vgl. Straßberger (2002), S. 173. Zur Bestimmung der Risikotragfähigkeit vgl. auch Abschnitt 3.4, S. 125 ff.

505 Erfolgt eine Limitierung nur für Teilbereiche des Unternehmens, bezieht sich das Globallimit entsprechend auch nur auf diese Teilbereiche.

506 Vgl. Bühler/Birn (2002), S. 28 ff., Straßberger (2002), S. 174, Dresel (2003), S. 61 ff.

507 Vgl. Abschnitt 3.2.2, S. 104 ff.

508 Vgl. Lister (1997), S. 201 ff., Johanning (1998), S. 105, Schierenbeck (2003a), S. 40 ff.

509 Vgl. Beeck/Johanning/Rudolph (1999), S. 265 ff., Bühler/Birn (2002), S. 28, Dresel (2003), S. 61 ff., Schierenbeck (2003a), S. 41 ff. Bezüglich der notwendigen Annahmen hierzu vgl. Abschnitt 2.2.3.2, S. 45 ff.

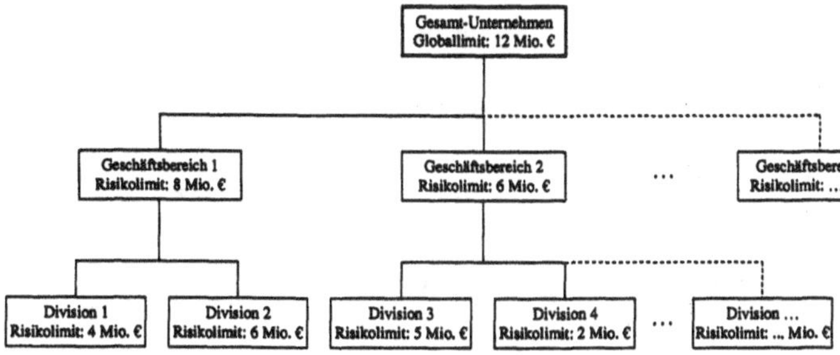

Abbildung 3.5: System von Value–at–Risk–Limiten[513]

Bei Betrachtung der temporalen Dimension müssen Regelungen bezüglich der Verrechnung von angefallenen Gewinnen oder Verlusten mit dem vergebenen Risikolimit getroffen werden. Hierbei lassen sich drei unterschiedliche Limitarten unterscheiden.[510] Ein starres Limit bleibt im Laufe eines festgelegten Zeitraums von anfallenden Gewinnen oder Verlusten unberührt. Ein dynamisches Limit erhöht sich dagegen um etwaige realisierte Gewinne und verringert sich um entsprechende Verluste. Die dritte Limitart, das Verlustbegrenzungslimit, behandelt Gewinne und Verluste imparitätisch. Während realisierte Verluste das Limit verringern, werden Gewinne nur maximal bis zu dem ursprünglich vorgesehenen Limit berücksichtigt.[511]

Die *divisionale Disaggregation* ist gleichbedeutend mit der (ex ante) Risikokapitalallokation im engeren Sinne. Hierunter versteht man den Prozess der Risikolimitierung. Es geht darum, das Globallimit auf einzelne Divisionen aufzuteilen. Das Ergebnis dieser Limitvergabe ist ein Risikolimitsystem, wie es beispielhaft in Abbildung 3.5 dargestellt ist. Unter einem Risikolimitsystem versteht man dabei ein hierarchisches Gefüge von mehreren Risikolimiten.[512] Mit Hilfe der Limitsetzung sollen zwei Ziele verfolgt werden. Vornehmlich geht es um eine *Risikobegrenzung*. Diese ist insbesondere durch die dezentrale Organisationsstruktur des Unternehmens geboten. Unabhängig und unkoordiniert getroffene Entscheidungen der Divisionsverantwortlichen können ansonsten auf Unternehmensebene zu unnötig hohen, die Risikotragfähigkeit des Unternehmens übersteigenden Risiken führen. Durch den Verbindlichkeitscharakter der Risikolimite kann solch eine Situation vermieden werden. Liegen die Entscheidungen aller Divisionen innerhalb der vorgegebenen

---

510 Vgl. Johanning (1998), S. 107 ff., Beeck/Johanning/Rudolph (1999), S. 269-272, Straßberger (2002), S. 274 ff. Siehe auch Abbildung 3.6.

511 Beeck/Johanning/Rudolph (1999) zeigen Vor– und Nachteile der Limitarten auf, indem sie simulationsgestützt die Eigenschaften der drei Limitarten untersuchen.

512 Vgl. Straßberger (2002), S. 175.

513 Eigene Darstellung in Anlehnung an J.P. Morgan/Reuters (1996), S. 33.

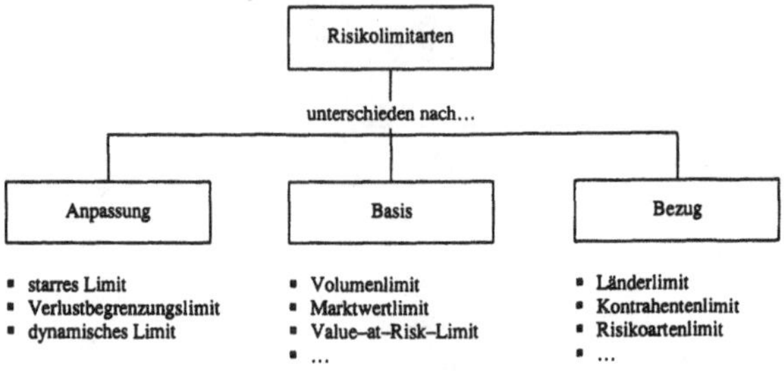

Abbildung 3.6: Arten von Risikolimiten

Risikolimite, so wird das zentral geplante Globallimit in der Regel eingehalten.[514] Neben der Erfordernis der Risikobegrenzung auf Grund der dezentralisierten Entscheidungen ist die Risikolimitierung auch zur Vermeidung von Risikokonzentrationen notwendig.[515] So kann beispielsweise über eine entsprechende Limitsetzung die Risikokonzentration auf einzelne Länder oder Vertragspartner vermieden werden. Dies kann mit Hilfe von Länder– oder Kontrahentenlimiten erreicht werden. Abbildung 3.6 fasst die bislang dargestellten Risikolimitarten nochmals in grafischer Form zusammen.

Das zweite Ziel der Risikolimitierung ist die *Rendite–Risiko–Steuerung*. Die Risikolimite sind dazu so zu verteilen, dass der Shareholder Value des Unternehmens maximiert wird. Eine derartige Zielsetzung wird in diesem Zusammenhang von zahlreichen Autoren gefordert und gleichzeitig offensichtlich häufig als erfüllt angesehen.[516] Hierzu sollen extern kommunizierte Renditeansprüche der Anteilseigner in interne Kennzahlen, wie den in Abschnitt 2.3 dargestellten Kennzahlen (zum Beispiel RORAC), transformiert und den einzelnen Divisionen als Zielgröße vorgegeben werden.[517] Das Risikokapital ist dann in die Divisionen zu lenken, die eine hohe und über dem Zielwert liegende risikoadjustierte Performance erwarten lassen.[518] Abbildung 3.7 zeigt die zu Grunde liegende Dynamik einer solchen ex ante Risikosteuerung mit Hilfe des RORAC. Nachdem zunächst das gesamte notwendige Risikokapital festgelegt wird, ist im nächsten Schritt ein Ziel–RORAC für die Divisionen festzulegen. Daran anschließend ist das Risikokapital beziehungsweise die Risikolimite auf die Divisionen zu allozieren. Nach einer periodischen Kontrolle des erzielten Ist–RORAC der Divisionen beginnt der Prozess von neuem.

514 Diversifikationseffekte als möglicher Grund für die Nicht–Erreichung dieses Zieles werden am Ende dieses Abschnittes thematisiert.
515 Vgl. Brockmann/Danschke/Dewner (2000), S. 927, Straßberger (2002), S. 172.
516 Eine derartige Forderung findet sich beispielsweise bei Cummins (2000), S. 8 ff., Kinder/Steiner/Willinsky (2001), S. 285, oder Tierny/Smithson (2003), S. 82. Kritisch zur Kompatibilität äußern sich zum Beispiel Gründl/Schmeiser (2002), S. 809 ff., und Albrecht/Koryciorz (2004), S. 125.
517 Vgl. Kinder/Steiner/Willinsky (2001), S. 285.
518 Vgl. Kinder/Steiner/Willinsky (2001), S. 285.

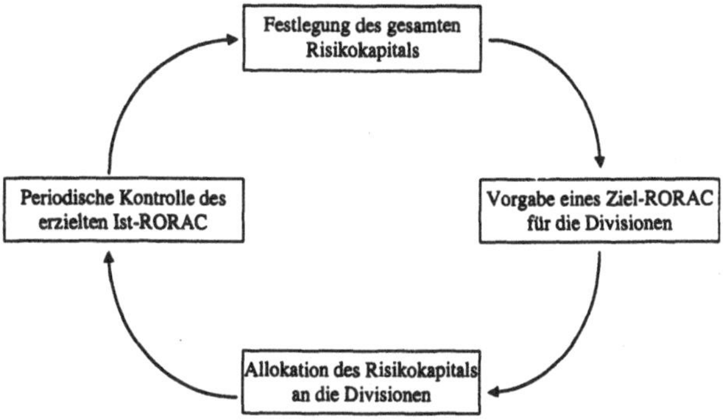

Abbildung 3.7: Prozess der Allokation von Risikolimiten mit Hilfe des RORAC[519]

Wie die Darstellung der risikoadjustierten Performancemaße gezeigt hat, sind diese Maße, und damit indirekt auch die Risikokapitalallokation als Instrument zur Berechnung eines wichtigen Eingangsparameters dieser Maße, zumindest nicht immer kompatibel mit der Zielsetzung der Maximierung des Shareholder Value.[520] Es besteht somit die Gefahr, dass eine suboptimale Allokation der Ressource Risikokapital und damit eine suboptimale Steuerung des Unternehmens erfolgt.[521] Trotz solch theoretischer Defizite weisen Risikolimitsysteme jedoch den großen Vorteil auf, dass sie rasche Entscheidungen bei den Spezialisten vor Ort ermöglichen. Sie sind daher zum Beispiel in der Bankpraxis weit verbreitet.[522]

Zur Durchführung der Risikolimitierung bieten sich drei *organisatorische Alternativen* an.[523] Zum einen lässt sich die Risikolimitierung über eine Top–Down–Allokation realisieren. Die Unternehmensleitung (Zentrale) teilt hierbei allen Divisionen jeweils einen Risikokapitalbetrag beziehungsweise ein Risikolimit zu. Konträr hierzu findet die Limitierung bei der Organisationsform des internen Marktes statt.[524] Diese Lösung setzt auf die Nutzung von Marktmechanismen zur Allokation der Risikolimite. Als ein möglicher Marktmechanismus kommt beispielsweise die Auktion in Frage.[525] Dabei können alle beteiligten Divisionen für Teile des Risikokapitals Gebote abgeben. Diese werden in Abhängigkeit ihrer eigenen Performanceziele bereit sein, entsprechende Preise zu zahlen. Die

519 Vgl. Varnholt (1997), S. 274, Matten (2000), S. 323, Kinder/Steiner/Willinsky (2001), S. 286.
520 Vgl. Abschnitt 2.3.2, S. 74 ff.
521 Vgl. Dresel (2003), S. 71.
522 Vgl. Dresel (2003), S. 60.
523 Vgl. hierzu Saita (1999), S. 100 f., Dresel/Kern/Rudolph (2000), S. 12, Straßberger (2002), S. 177 ff., Dresel (2003), S. 71 ff.
524 Eine detaillierte Darstellung eines internen Marktes für Eigenkapital geben Sandbiller (1998), S. 210-219, und Willinsky (2001), S. 215 ff.
525 Eine detaillierte Darstellung der Nutzung eines Auktionsmechanismuses zur Allokation von Risikokapital gibt Klein (1998), S. 309-323.

Idee ist, dass so gleichzeitig das Risikokapital seiner effizientesten Verwendungsmöglichkeit zugeführt und das Gesamtrisiko begrenzt werden kann.[526] Beim konkreten Design der Mechanismen des internen Marktes obliegen der Unternehmensführung zahlreiche Gestaltungsmöglichkeiten, auf die an dieser Stelle nicht näher eingegangen werden soll.[527] Eine dritte Organisationsmöglichkeit zur Allokation von Risikolimiten stellen Verhandlungen dar. Verhandlungen bezüglich der Höhe der zu allozierenden Risikolimite können als ein Mittelweg zwischen der zentralen Top–Down–Lösung und der dezentralen Marktlösung aufgefasst werden. Es handelt sich um einen iterativen Prozess, bei dem sich Unternehmensführung und Divisionsverantwortliche nach einem ersten Vorschlag der Zentrale auf eine Allokation einigen.[528] Der dadurch in Gang gesetzte Informationsaustausch kann zu einer erheblich gesteigerten Effizienz der resultierenden Allokation führen.[529] Nachteilig ist jedoch der hohe Zeit– und Organisationsaufwand sowie mögliche machtinduzierte Verzerrungen.

Bislang unbeantwortet blieb die Frage nach der Festsetzung der konkreten Höhe der Risikolimite. Hierzu werden in der Literatur häufig Optimierungsmodelle vorgeschlagen. Da diese Optimierungsmodelle nicht Gegenstand dieser Arbeit sind, wird auf die entsprechende Literatur verwiesen.[530] Eine weitere Möglichkeit ist eine Budgetierung der Risikolimite auf Basis subjektiver Einschätzungen der Unternehmensleitung unter Berücksichtigung unterschiedlicher „weicher“ Faktoren.[531] Bei der Bestimmung der Risikolimite sehen sich die Entscheider einer Reihe von Gestaltungsproblemen ausgesetzt. Die beiden wichtigsten *Probleme* sind dabei die folgenden:

- *Berücksichtigung von Diversifikationseffekten*: Damit es zu einer Auslastung des Globallimits kommen kann, müssen Korrelationen zwischen den Risikopositionen berücksichtigt werden.[532] Das heißt, dass die Summe der vergebenen Limite höher sein muss als das Globallimit selbst.[533] Den Divisionen müssen nämlich Risikolimi-

[526] Problematisch dabei ist jedoch die ex ante unbekannte Höhe der Korrelationen zwischen den Risikopositionen der zum Zuge kommenden Divisionen. Vgl. dazu Saita (1999), S. 100. Näheres zur Problematik der Berücksichtigung von Korrelationseffekten erfolgt am Ende dieses Abschnitts.

[527] Gestaltungsmöglichkeiten ergeben sich beispielsweise bei der Wahl der Marktform, eines Auktionsdesigns, zeitlichen Ausgestaltungen, Anzahl der einbezogenen Divisionen etc. Vgl. dazu im Näheren die in Fußnote 524 genannten Quellen.

[528] Eine Einigung betrifft in diesem Falle gleichzeitig auch entsprechende risikoadjustierte Ziele. Vgl. Saita (1999), S. 100.

[529] Vgl. Saita (1999), S. 100.

[530] Vgl. Baud et al. (1999), Burmester/Hille/Deutsch (1999), Hille/Burmester/Otto (2000), Bühler/Birn (2002), Theiler (2002), Schierenbeck (2003a), Schierenbeck et al. (2003), Homburg/Uhrig–Homburg (2004). Einen guten und kompakten Überblick geben Straßberger (2002), S. 206 ff, sowie Henschke (2004), S. 42 ff.

[531] Vgl. dazu zum Beispiel die Vorgehensweise von Trinkaus & Burkhardt in Hagen/Jakobs (1995), S. 665 f., sowie die Ausführungen von Straßberger (2002), S. 158 ff.

[532] Vgl. Schierenbeck/Lister (1998), S. 247, Dresel (2003), S. 59.

[533] Vgl. Kimball (1997), S. 34, Johanning (1998), S. 106, Saita (1999), S. 98. Vgl. ebenso als Beispiel Abbildung 3.5.

te vorgegeben werden, die sich an ihren Stand–Alone–Risiken orientieren, da die Divisionen nur ihre eigenen Risiken kennen und nur diese mit ihrem Risikolimit vergleichen können. Eine entsprechende Reduktion der Summe der Limite in Höhe der Differenz erfolgt dann auf Ebene des Gesamt–Unternehmens auf Grund von vorherrschenden Diversifikationseffekten.[534] Problematisch ist eine entsprechende Berücksichtigung aus drei Gründen. Zum Ersten sind die Korrelationen zwischen den Risikopositionen ex ante unbekannt. Dies ist darauf zurückzuführen, dass die genaue Zusammensetzung der gesamten Risikoposition durch die begrenzten Handlungsfreiheiten der Divisionen unbekannt ist. Selbst wenn die Zusammensetzung als bekannt angenommen wird, führen als zweiter Grund zeitliche Instabilitäten der Korrelationen zu einer entsprechenden Unsicherheit.[535] Drittens ist nicht bekannt, inwieweit die Limite ausgelastet werden, was wiederum zu einer Unsicherheit bezüglich der Zusammensetzung führt.

- *Informationsasymmetrie*: Zur optimalen Bestimmung der Risikolimite im Sinne der oben genannten Ziele benötigt die Unternehmensleitung Informationen bezüglich der erwarteten Renditen sowie der Volatilitäten und erwarteten Korrelationen zwischen den Renditen. Auf Grund von Informationsasymmetrien zwischen der Zentrale und den Divisionen dürften diese Informationen der Unternehmensleitung jedoch nicht oder nicht vollständig vorliegen. Es muss daher mit Abschätzungen gearbeitet werden, die zu suboptimalen Allokationen führen können.

Bei der Risikosteuerung handelt es sich nur um eine Funktion der Risikokapitalallokation. Eine zweite, nicht minder wichtige Funktion ist die Performancemessung, die im folgenden Abschnitt dargestellt werden soll.

3.2.1.2 Performancemessung im Rahmen der ex post Risikokapitalallokation

Unter Performancemessung versteht man den Prozess der Quantifizierung des Ertrags einzelner Divisionen oder des Gesamt–Unternehmens für einem vergangenen Zeitraum. Geschieht dies unter den beiden Aspekten Risiko und Ertrag, so spricht man von risikoadjustierter Performancemessung. Grundlage einer solchen risikoadjustierten Performancemessung sind risikoadjustierte Performancemaße, wie sie in Abschnitt 2.3 dargestellt wurden. Solche Kennzahlen verfolgen grundsätzlich zwei Funktionen.[536] Zum einen

[534] Häufig werden aus Vorsichtsgründen in der Praxis Korrelationen von eins unterstellt, so dass sich die Limite zum Globallimit addieren. Vgl. Johanning (1998), S. 106, Dresel (2003), S. 58. Diese Vorgehensweise führt jedoch zu einer ineffizienten Verwendung des Risikokapitals, da nicht unwesentliche Teile des Risikokapitals ungenutzt bleiben.

[535] Vgl. beispielsweise Johanning (1998), S. 106, Burmester/Hille/Deutsch (1999), S. 397 f., Straßberger (2002), S. 174.

[536] Vgl. hierzu und zum Folgenden Ewert/Wagenhofer (2005), S. 526. Die Funktionen treffen dabei auf Kennzahlen allgemein zu.

haben sie eine *Entscheidungsfunktion*, indem sie es dem Management ermöglichen, auf Basis aggregierter Informationen Entscheidungen bezüglich der Divisionen zu treffen. Aus informationsökonomischer Sicht ist die dabei stattfindende Aggregation regelmäßig mit einem Informationsverzicht verbunden, dem jedoch der Vorteil einer besseren Übersicht gegenübersteht. Zum anderen haben solche Kennzahlen eine *Verhaltenssteuerungsfunktion*. Innerhalb dieser Funktion tragen die Kennzahlen zur Koordination und Kontrolle in dezentral organisierten Unternehmen bei. Die letztgenannte Funktion soll im Folgenden im Zentrum der Ausführungen stehen.

Mit der Vorgabe eines (risikoadjustierten) Performancemaßes wird die Beurteilungsgröße eines Divisionsmanagers festgelegt, die beispielsweise Grundlage für Leistungsvergleiche zwischen verschiedenen Divisionen sein kann.[537] Weiterhin kann die Entlohnung des Divisionsmanagers an diese Beurteilungsgröße gekoppelt werden.[538] Der Divisionsmanager hat daher den Anreiz, das (risikoadjustierte) Performancemaß zu erhöhen. Daher ist es wichtig, dass das Maß im Einklang mit den Unternehmenszielen steht, das heißt anreizkompatibel ist.[539] Eine Risikoadjustierung ist in diesem Zusammenhang sinnvoll, um möglichen Anreizen einer erhöhten Risikoübernahme entgegen zu wirken.[540] Je mehr Risiko eine Division eingeht, desto höher sollte ceteris paribus ihre Performance sein.

Zur Berechnung risikoadjustierter Performancemaße benötigt man das Risikokapital, das dem zu beurteilenden Bereich ex post alloziert wird. Die Performance wird dann entweder zu diesem Risikokapital in Beziehung gesetzt (RAROC und RORAC) oder es werden die Kosten für das Risikokapital[541] von der Performance subtrahiert (EVA), wodurch die Kosten für die Bereitstellung des Risikokapitals auf die jeweilige Division verteilt werden.[542] Es stellt sich in diesem Zusammenhang die Frage, welches Risikokapital einer Division alloziert werden soll.

Zum einen ist zu unterscheiden, ob die Performance in Bezug auf das ex ante vorgegebene Risikolimit oder auf das ex post ermittelte tatsächlich genutzte Risikokapital errechnet werden soll.[543] Für die Nutzung des ex ante zugeteilten Risikolimits spricht, dass Divisionen für eine Unterauslastung der Limite zur Verantwortung gezogen werden, weil die risikoadjustierte Performance verringert wird.[544] Dies kann jedoch andererseits

537 Vgl. Kinder (1999), S. 209, Dresel (2003), S.81.
538 Vgl. Lehar/Welt/Wiesmayr/Zechner (1998b), S. 954.
539 Vgl. Abrams (1997), S. 30, Dermine (1998), S. 21, Ewert/Wagenhofer (2005), S. 526. Vgl. dazu Abschnitt 2.3.2, S. 74 ff.
540 Vgl. Stulz (1996), S. 23, Dresel (2003), S. 81.
541 Bei diesen Kosten handelt es sich auf Grund vorliegender Risikointerdependenzen um Gemeinkosten.
542 Vgl. Kinder (1999), S. 210 ff. Bezüglich der genannten risikoadjustierten Performancemaße vgl. Abschnitt 2.3, S. 2.3 ff.
543 Vgl. Lister (1997), S. 215, Schierenbeck/Lister (1997), S. 496, Kinder (1999), S. 209, Saita (1999), S. 101 ff., Culp (2000), S. 21 f. Die Nutzung des ex ante vorgegebenen Risikolimits setzte dabei natürlich eine entsprechend vorgenommene Risikolimitierung voraus.
544 Vgl. Kinder (1999), S. 210.

dazu führen, dass die divisionalen Manager immer genau ihr Limit ausschöpfen, was gegebenenfalls auf Grund veränderter Umfeldbedingungen nicht optimal ist.[545] Sofern die Limitfestsetzung top–down erfolgt ist, kann man es weiterhin als problematisch ansehen, Manager anhand von Größen zu beurteilen, auf die sie keinen oder nur indirekten Einfluss gehabt haben.[546] Vor diesem Hintergrund ist eine Performancemessung auf Basis des tatsächlich verwendeten Risikokapitals intuitiv gerechter.[547] Saita schlägt als Lösung die Allokation des tatsächlich verwendeten Risikokapitals zuzüglich eines Strafzuschlags für ungenutztes Risikokapital vor.[548]

Weiterhin problematisch ist die Verteilung des Diversifikationseffektes. Es stellt sich die Frage, ob das auf Unternehmensebene diversifizierte, das heißt um Diversifikationseffekte reduzierte Risikokapital oder das undiversifizierte Risikokapital (auch: Stand–Alone–Risikokapital), also die Summe des für die einzelnen Divisionen notwendigen Risikokapitals, bei der ex post Risikokapitalallokation Verwendung finden soll.[549] Die Nutzung des diversifizierten Risikokapitals führt dabei für die Divisionen zu einer Einsparung von Kosten für das Risikokapital. Andererseits lässt sich argumentieren, dass die Divisionen nur begrenzten Einfluss auf die Höhe der Diversifikationseffekte haben. Eine detaillierte Diskussion dieser Problematik erfolgt an späterer Stelle in Abschnitt 3.3.3.

Im Falle der Allokation des diversifizierten Risikokapitals schlagen Albrecht und Koryciorz folgenden ***Ablauf der ex post Risikokapitalallokation*** vor:[550]

1. Spezifikation der Verteilung der Risikoposition des Gesamt–Unternehmens $\sum_{i=1}^{n} X_i$ mit $X_i \in \mathcal{X}$ sowie der Verteilung der Risikoposition jeder Division i, $X_i \in \mathcal{X}$. Entweder kann direkt eine multivariate Verteilung der Risikoposition für das Gesamt–Unternehmen bestimmt werden oder es werden die Randverteilungen der Divisionen spezifiziert und die multivariate Abhängigkeitsstruktur mit Hilfe von Copulas festgelegt.[551] Neben einer solchen analytischen Vorgehensweise zur Bestimmung des Risikokapitals kann eine Bestimmung auch auf simulationsbasierten Ansätzen erfolgen.[552]
2. Auswahl eines Risikomaßes (zum Beispiel Value–at–Risk).
3. Berechnung des notwendigen Risikokapitals für das Gesamt–Unternehmen sowie für einzelne Divisionen.

545 Vgl. Culp (2000), S. 21-22.
546 Es verbleibt immerhin noch die Möglichkeit, die Performance zu beeinflussen.
547 Vgl. Kinder (1999), S. 210.
548 Vgl. Saita (1999), S. 103. Hier findet sich auch eine Diskussion der Vor– und Nachteile beider Allokationsvarianten.
549 Vgl. Kinder (1999), S. 210, Dresel (2003), S. 85.
550 Vgl. Albrecht/Koryciorz (2004), S. 129.
551 Zum Einsatz von Copulas bei der Bestimmung des Risikokapitals vgl. Hürlimann (2001), S. 21 ff., Koryciorz (2004), S. 120 ff.
552 Hier unterscheidet man die historische Simulation und die Monte–Carlo–Simulation. Vgl. dazu Abschnitt 2.2.3.2, S. 45 ff.

4. Prüfung auf Existenz eines positiven Diversifikationseffektes. Dieser liegt vor, sofern die Summe der Risikokapitalbeträge aller einzelnen Divisionen das notwendige Risikokapital des Gesamt–Unternehmens übersteigt.
5. Verteilung des notwendigen Risikokapitals für das Gesamt–Unternehmen auf die einzelnen Divisionen mit Hilfe eines geeigneten Allokationsverfahrens. Die Analyse verschiedener Allokationsverfahren ist zentraler Gegenstand der Kapitel 4 und 5.

Die beiden dargestellten Funktionen der Risikokapitalallokation, die Risikosteuerung und die Performancemessung, sind in der Realität nicht scharf trennbar. Auf die Zusammenhänge zwischen den beiden Funktionen soll im nächsten Abschnitt näher eingegangen werden.

3.2.1.3 Zusammenhänge zwischen den Funktionen

Die Funktion der Risikosteuerung und die Funktion der Performancemessung lassen sich in praxi nicht trennen. Eine Zuordnung der Funktionen zur ex ante und ex post Risikokapitalallokation, wie in den Abschnitten 3.2.1.1 und 3.2.1.2 aus didaktischen Gründen erfolgt, ist daher nicht eindeutig möglich.

Zum Verständnis der weiteren Ausführungen sei zunächst der Kreislauf der Risikokapitalallokation dargestellt. Abbildung 3.8 zeigt, wie ex ante und ex post Allokation von Risikokapital zusammen wirken. Nachdem im ersten Schritt das insgesamt notwendige Risikokapital festgelegt wird, erfolgt zunächst ex ante die Allokation von Risikolimiten. Während und im Anschluss an die Geschäftsperiode erfolgt dann eine Überprüfung auf Einhaltung dieser Risikolimite. Im Rahmen der risikoadjustierten Performancemessung erfolgt anschließend eine Beurteilung und gegebenenfalls Entlohnung der Divisionsverantwortlichen auf Basis der ex post Allokation von Risikokapital. Im nächsten Geschäftszeitraum wiederholt sich der gesamte Prozess. Die ex ante und die ex post Risikokapitalallokation müssen jedoch nicht immer beide durchgeführt werden.[553] Es ist ebenso denkbar, dass ein Unternehmen nur eine ex ante Allokation von Risikolimiten, beispielsweise zur Risikobegrenzung, oder eine ex post Allokation von Risikokapital einzeln durchführt. Der Kreislauf reduziert sich in diesem Fall auf die beiden in Abschnitt 3.1.2.2 dargestellten Phasen der Risikokapitalallokation.[554] Im letzteren Fall kann die Risikokapitalallokation jedoch keine Begrenzung der Risiken erreichen.

Betrachtet man die ex post Allokation von Risikokapital, so wird schnell deutlich, dass hierbei auch Aspekte der Risiko– beziehungsweise Unternehmenssteuerung von Relevanz

[553] Es ist auch möglich, dass beide Allokationen unterschiedlich durchgeführt werden. Vgl. Lehar/Welt/Wiesmayr/Zechner (1998b), S. 951.

[554] Im Falle der ex ante Allokation von Risikolimiten kommt dann noch die Kontrolle der Einhaltung der Risikolimite hinzu, die jedoch nicht mehr zur eigentlichen Risikokapitalallokation zählt.

[555] Vgl. Henschke (2004), S. 13.

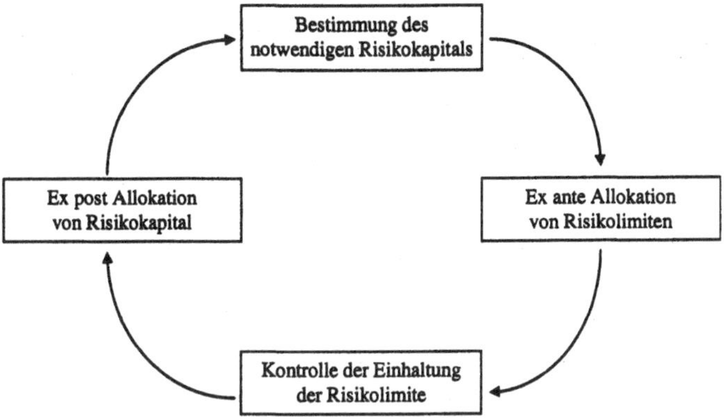

Abbildung 3.8: Allokation von Risikokapital als Kreislauf[555]

sind.[556] Die Allokation von Risikokapital dient in diesem Kontext der Berechnung risikoadjustierter Performancemaße. Die Vorgabe eines (risikoadjustierten) Performancemaßes hat jedoch deswegen auch Auswirkungen auf die Steuerung des Unternehmens, da die Divisionsmanager ihr Handeln danach ausrichten, ihr Performancemaß zu maximieren.[557] Im Rahmen der auf sie delegierten Kompetenzen haben sie dazu auch die Möglichkeit. Die Aufteilung des Risikokapitals sollte daher auch bei der ex post Allokation von Risikokapital immer vor dem Hintergrund der Unternehmenssteuerung erfolgen.

Weiterhin besitzt die auf Basis der ex post Allokation von Risikokapital berechnete risikoadjustierte Performance einen wesentlichen Einfluss auf die Aufteilung der Risikolimite der Folgeperiode. Grundsätzlich sollte im Rahmen der unter Steuerungsaspekten zu erfolgenden Allokation von Risikolimiten in erster Linie die zukünftige erwartete Performance bestimmend sein. Diese ist jedoch schwierig einzuschätzen und wird gegebenenfalls aus taktischen Gründen durch die Divisionen verfälscht dargestellt. Daher wird die historische Performance immer einen Einfluss auf die zukünftige Aufteilung von Risikolimiten in der Form haben, dass Divisionen mit einer hohen risikoadjustierten Performance in den Folgeperioden höhere und Divisionen mit einer vergleichsweise niedrigeren risikoadjustierten Performance geringere Risikolimite zugeteilt werden.[558]

Die aus der ökonomischen Perspektive durchgeführten Ausführungen haben gezeigt, dass die Risikokapitalallokation ex ante im Rahmen der Risikolimitierung und ex post im Rahmen der Performancemessung eingesetzt werden kann. Dabei stehen die Funktionen

556 Dies wird alleine schon dadurch deutlich, dass im Rahmen der Performancemessung eine Verhaltenssteuerung erfolgen soll.

557 Vgl. Kinder/Steiner/Willinsky (2001), S. 287.

558 Vgl. Wilson (1992), S. 112, Dresel (2003), S. 82.

der Risikosteuerung und Performancemessung im Vordergrund, welche in der Realität grundsätzlich simultan zu beachten sind. Im Rahmen der weiteren Ausführungen in den Kapiteln 4 und 5 wird die ex post Allokation von Risikokapital im Vordergrund stehen. Die nächsten beiden Abschnitte sollen die Risikokapitalallokation aus aufsichtsrechtlicher Perspektive und aus Kapitalmarktperspektive darstellen.

3.2.2 Aufsichtsrechtliche Perspektive der Risikokapitalallokation: Regulierung

Aufgabe dieses Abschnitts soll es sein, die Risikokapitalallokation unter Einbeziehung aufsichtsrechtlicher Regelungen zu untersuchen. Hierzu ist es erforderlich, zwischen Finanzdienstleistungsunternehmen, Versicherungsunternehmen und Industrie– und Handelsunternehmen zu differenzieren. Für die letztgenannten Unternehmen existieren keine direkten aufsichtsrechtlichen Vorschriften in Bezug auf die Allokation von Risikokapital. In der Allokation von Risikokapital kann höchstens indirekt die Möglichkeit gesehen werden, den Anforderungen an ein internes Überwachungssystem gemäß KonTraG[559] beziehungsweise auf internationaler Ebene an ein internes Kontrollsystem gemäß dem amerikanischen Sarbanes–Oxley Act nachzukommen.[560] Versicherungsunternehmen unterliegen dagegen einer umfangreichen staatlichen Aufsicht[561] und damit einhergehend einer Vielzahl von Regularien. Diese verpflichten die Versicherungen im Rahmen der so genannten Solvabilitätskontrolle, ihre Risiken mit Eigenkapital zu unterlegen.[562] Beispielhaft für die Vielzahl der Regulierungsvorschriften seien hier Solvency I/II und die Deutschen Rechnungslegungs–Standards (DRS 5–20) genannt.[563] Da der Fokus dieser Darstellung

[559] Vgl. Straßberger (2002), S. 170.

[560] Diese Möglichkeit besteht branchenübergreifend für alle Unternehmen, die diesen gesetzlichen Vorschriften unterliegen.

[561] Vgl. Farny (2000), S. 112, Schradin (2003), S. 3. Einen Überblick über das Versicherungs– und Bankenaufsichtsrecht gibt Egbers (2002).

[562] Einen breiten Überblick über regulatorische Anforderungen an die Versicherungsbranche geben Farny (2000) und Schradin (2003).

[563] Mit Solvency bezeichnet man den Harmonisierungsprozess der Europäischen Union auf dem Gebiet der Versicherungsaufsicht, insbesondere der Solvenzaufsicht. Die erste Stufe dieses Prozesses, Solvency I, wurde 2002 durch Verabschiedung der EU–Richtlinien 2002/13/EG für Schadenversicherungen und 2002/83/EG für Lebensversicherungen abgeschlossen. Eine entsprechende nationale Umsetzung dieser das bis dahin bestehende System lediglich modifizierenden Regelungen ist in Deutschland mittlerweile erfolgt. Das derzeit laufende Projekt Solvency II soll dagegen deutlich weitreichender und umfangreicher sein. Zum Teil aufbauend auf einem Bericht von KPMG (2002a) soll unter anderem das bestehende Solvabilitätssystem vollständig neu definiert werden. Ein Überblick über den Zeitplan findet sich in Europäische Kommission (2005a). Im Gegensatz zu diesen allgemeinen Versicherungsaufsichtsnormen, die sich auf eine Eigenmittelunterlegung auf Unternehmensebene und somit nur auf die erste Phase der in Abschnitt 3.1.2.2 definierten Risikokapitalallokation im weiten Sinne beziehen, hält der Deutsche Standardisierungsrat sogar eine Darstellung der Risikokapitalallokation (im engeren Sinne) im Jahresabschluss für wünschenswert. Vgl. DRS 5-20, Tz. 39.

nicht auf der Versicherungsbranche liegt, soll auf versicherungsaufsichtsrechtliche Bestimmungen hier nicht näher eingegangen werden.[564]

Ebenfalls stark reguliert ist der *Bankensektor*.[565] Die Regulierung erfolgt dabei vornehmlich aus Motiven des Funktions- und Gläubigerschutzes.[566] Im Rahmen des Funktionsschutzes soll die Funktionsfähigkeit des für das Wirtschaftssystem wichtigen Bankensystems gesichert, durch den Gläubigerschutz sollen Gläubiger der Banken vor Forderungsausfällen geschützt werden.[567] Hauptziel der Regulierung von Banken ist somit die Begrenzung des Insolvenzrisikos.[568] Hierzu existieren neben Liquiditätsgrundsätzen[569] so genannte *Eigenkapitalnormen*. Allgemein spezifizieren diese Normen, dass Banken Risikopositionen mit Eigenkapital[570] unterlegen müssen, um potenzielle Verluste ausgleichen zu können. Die entsprechenden Bestimmungen hierzu seien im Folgenden in den Grundzügen dargestellt.[571]

Grundlage der dargelegten Regelungen bildet die im Rahmen internationaler Harmonisierungsbestrebungen[572] vom Baseler Ausschuss für Bankenaufsicht[573] aufgestellte *Baseler Eigenkapitalvereinbarung* (Basel I). Im Jahre 1988 wurden erstmals Regelungen zur Eigenkapitalunterlegung von Kreditrisiken veröffentlicht.[574] Diese wurden dann im Jahre 1996 auf Marktrisiken erweitert.[575] Durch eine Neufassung des Kreditwesengesetzes wurden diese internationalen Empfehlungen in Deutschland in nationales Recht umge-

---

564 Einen Überblick geben Schradin (2003) und Europäische Kommission (2005b).

565 Vgl. Hartmann-Wendels/Pfingsten/Weber (2004), S. 361. Einen ausgezeichneten Literaturüberblick zur Theorie der Bankenregulierung geben Bhattacharya/Boot/Thakor (1998). Für eine Darstellung der Bankenregulierung insbesondere in Deutschland vgl. Hartmann-Wendels/Pfingsten/Weber (2004), S. 361-413.

566 Vgl. hierzu und im Folgenden Kinder/Steiner/Willinsky (2001), S. 282 f. Ähnlich Lister (1997), S. 25 f., und Schierenbeck/Hölscher (1998), S. 107 ff.

567 Vgl. Deutsche Bundesbank (2002), S. 42.

568 Zu den insolvenzauslösenden Tatbeständen vgl. Abschnitt 3.4.

569 Liquiditätsgrundsätze (zum Beispiel die „Goldene Bankregel") sollen zu jedem Zeitpunkt die Zahlungsfähigkeit einer Bank sicherstellen. Entsprechende Grundsätze sind über § 11 KWG im Grundsatz II über die Liquidität der Institute der Bundesanstalt für Finanzdienstleistungsaufsicht (BaFin), ehemals Bundesaufsichtsamt für Kreditwesen (BaKred), geregelt. Einen Überblick geben Hartmann-Wendels/Pfingsten/Weber (2004), S. 427 ff., und Meyer zu Selhausen (2001), Sp. 1504-1516.

570 Die Bankenaufsicht in Deutschland spricht in diesem Zusammenhang von Eigenmitteln. Vgl. hierzu Abschnitt 3.4.1, S. 129 ff.

571 Einen internationalen Vergleich verschiedener Methoden zur Bestimmung des regulatorischen Risikokapitals geben Dimson/Marsh (1995), S. 821-851.

572 Hiermit sollen Wettbewerbsverzerrungen im internationalen Bankengeschäft vermieden werden.

573 Der Baseler Ausschuss für Bankenaufsicht setzt sich zusammen aus Vertretern der Notenbanken und Bankenaufsichtsbehörden der wichtigsten Industrieländer der Welt. Zur Sicherung der Stabilität des internationalen Bankensystems werden aufsichtsrechtliche Mindeststandards und Empfehlungen formuliert, die im Rahmen eines Gentlemen's Agreement meist national umgesetzt werden. Zu den Organen und Normen der Bankenaufsicht und deren Entwicklung vgl. Hirschbeck (1998), S. 7 ff., Jorion (2003), S. 641 ff., Hartmann-Wendels/Pfingsten/Weber (2004), S. 377 ff.

574 Vgl. Basel Committee on Banking Supervision (1988).

575 Vgl. Basel Committee on Banking Supervision (1996).

setzt[576] und mit dem „*Grundsatz I* über die Eigenmittel der Institute“ der Bundesanstalt für Finanzdienstleistungsaufsicht (BaFin), vormals Bundesaufsichtsamt für Kreditwesen (BAKred), konkretisiert.

Grundgedanke des Grundsatzes I und damit auch der Baseler Eigenkapitalvereinbarung ist, dass ein ermitteltes Gesamtrisiko, gemessen als Summe aller Risiko–Anrechnungsbeträge, in gleicher Höhe mit Eigenmitteln zu unterlegen ist.[577] Die Ermittlung der Risiko–Anrechnungsbeträge kann dabei als Heuristik zur Ermittlung eines Value–at–Risk aufgefasst werden.[578] Das Gesamtrisiko setzt sich dabei additiv aus einzelnen Risiken zusammen (so genannter „Building–Block–Approach“), womit stochastische Abhängigkeiten zwischen einzelnen Risiken vernachlässigt werden. Bei der Ermittlung des Gesamtrisikos wird unterschiedlich je nach Risikoart und Geschäftsart (Handelsbuch versus Anlagebuch)[579] vorgegangen.

Der mit Eigenmitteln zu unterlegende Risiko–Anrechnungsbetrag von nicht zum Handelsbuch gehörenden Risikopositionen[580] beträgt acht Prozent des Produkts aus dem Risikoäquivalenzbetrag und dem Bonitätsgewichtungsfaktor. Der Risikoäquivalenzbetrag spiegelt den Risikogehalt der unterschiedlichen Risikoaktiva wider.[581] Der Bonitätsgewichtungsfaktor erfasst dagegen die unterschiedliche Bonität der Kontrahenten.[582] Hiermit sollen Adressenausfallrisiken und, bei Aktiva ohne Kontraktpartner,[583] Sachwertausfallrisiken begrenzt werden. Unterschiedlich hohe Risiken werden bei diesem System nur klassenweise und damit sehr grob differenziert.

Anders erfolgt dagegen die Berechnung der Risiko–Anrechnungsbeträge für die so genannte Marktrisikoposition. Hierunter fallen Wechselkursrisiken und Rohstoffpreisrisiken, unabhängig davon, in welchem Buch sie stehen, sowie Zins–, Wertpapier– und Optionsrisiken des Handelsbuches. Neben einem Standardverfahren, auf das an dieser Stelle nicht näher eingegangen werden soll,[584] ermöglicht das deutsche Aufsichtsrecht auch die Nutzung so genannter *interner Risikomodelle*.[585] Diese bauen auf dem Risikomaß Value–at–Risk

[576] Vgl. §§ 10, 10a, 10b KWG.

[577] Vgl. hierzu und im Folgenden Grundsatz I sowie erläuternd Hartmann–Wendels/Pfingsten/Weber (2004), S. 396 ff.

[578] Ein Risiko–Anrechnungsbetrag kann daher konzeptionell als Risikomaß verstanden werden.

[579] Dem Handelsbuch sind alle Finanzinstrumente zuzuordnen, die mit der Absicht des Wiederverkaufs im Bestand gehalten werden. Alle übrigen Finanzinstrumente werden im Anlagebuch gehalten. Vgl. Hartmann–Wendels/Pfingsten/Weber (2004), S. 398. Für eine umfassende Darstellung vgl. Luz/Scharpf (1998), S. 52 ff.

[580] Synonym spricht man auch von so genannten Risikoaktiva. Hierunter gehören zum Beispiel Kredite, Wertpapiere, die nicht dem Eigenhandel dienen, Gebäude, Garantien und bestimmte Derivate.

[581] Dieser orientiert sich für Bilanzaktiva am Buchwert

[582] Diese Gewichtung liegt zwischen 0 (beispielsweise für Forderungen gegen Zentralbanken) und 100 Prozent (beispielsweise für Forderungen gegen Privatkunden und Unternehmen). Vgl. Hartmann–Wendels/Pfingsten/Weber (2000), S. 387.

[583] Dies betrifft beispielsweise Grundstücke und Gebäude.

[584] Vgl. hierzu Hartmann–Wendels/Pfingsten/Weber (2000), S. 403-436.

[585] Vgl. § 32 des Grundsatzes I über die Eigenmittel der Institute.

auf und müssen bestimmten quantitativen und qualitativen Mindestanforderungen genügen.[586] Dabei muss das Risikomodell eine ausreichend hohe Anzahl von Risikofaktoren berücksichtigen, wobei bei Optionen Nicht-Linearitäten, bei Zinsrisiken sowohl Zinsstrukturrisiken als auch Spreadrisiken[587] und bei Wertpapier- und Rohstoffpreisrisiken Sonderbewegungen bestimmter Branchen und Teilmärkte einbezogen werden müssen. Gemäß den *quantitativen Anforderungen* ist dem Value-at-Risk[588]

1. ein Zeithorizont von 10 Arbeitstagen,
2. ein Konfidenzniveau von 99 Prozent und
3. ein Beobachtungszeitraum von mindestens einem Jahr (bei quartalsmäßiger Aktualisierung der entsprechenden Daten) zu Grunde zu legen.

Eine konkrete Berechnungsmethode zur Bestimmung des Value-at-Risk wird den Banken dagegen nicht vorgegeben.[589]

Die *qualitativen Anforderungen* an ein internes Risikomodell betreffen organisatorische Vorkehrungen,[590] Dokumentations- und Informationspflichten sowie ein Stress- und Backtesting des Modells.[591] Weiterhin wird explizit gefordert, dass ein Limitsystem zur Begrenzung von Wechselkurs-, Zins-, Wertpapier- und Rohstoffpreisrisiken in angemessener Weise vom internen Modell abhängig sein muss.[592] Somit wird gesetzlich explizit die Allokation von Risikokapital für Risikopositionen im Handelsbuch der Bank gefordert.

Der Risiko-Anrechnungsbetrag aus dem internen Risikomodell berechnet sich als das Maximum aus dem Value-at-Risk des Vortages und dem durchschnittlichen Value-at-Risk der letzten 60 Arbeitstage multipliziert mit dem Faktor drei.[593]

---

586 Im Grundsatz I wird anstelle des Begriffs Value-at-Risk von einem potenziellen Risikobeitrag gesprochen. Vgl. § 32 des Grundsatzes I über die Eigenmittel der Institute.

587 Zinsstrukturrisiken betreffen Änderungen der Zinsstrukturkurve, während Spreadrisiken eine nicht gleichförmig verlaufende Entwicklung der Renditen von Wertpapieren unterschiedlicher Emittenten betreffen. Vgl. § 35 des Grundsatzes I über die Eigenmittel der Institute und Hartmann-Wendels/Pfingsten/Weber (2000), S. 437.

588 Vgl. § 34 des Grundsatzes I über die Eigenmittel der Institute. Eine erläuternde Zusammenfassung sowohl der quantitativen als auch der qualitativen Anforderungen gibt Lister (1997), S. 28 f.

589 Sollte das verwendete Modell zur Bestimmung des Value-at-Risk die möglichen Verluste nicht ausreichend gut prognostizieren, so fällt dies im Rahmen eines regelmäßig durchgeführten Backtesting des Risikomodells auf. Konsequenz einer möglichen Unterschätzung des Risikos ist eine Verschärfung der Eigenkapitalanforderungen durch die Aufsichtsbehörde.

590 Hier wird beispielsweise die Einrichtung einer vom Handel unabhängigen Stelle zur Erstellung, Pflege und Weiterentwicklung des Risikomodells gefordert. Vgl. § 36 Abs. 2 des Grundsatzes I über die Eigenmittel der Institute.

591 Vgl. § 36 des Grundsatzes I über die Eigenmittel der Institute und erläuternd Hartmann-Wendels/Pfingsten/Weber (2000), S. 437.

592 Vgl. § 36 Abs. 6 des Grundsatzes I über die Eigenmittel der Institute. Diese Vorschrift lässt sich auf die Empfehlungen des Baseler Auschusses für Bankenaufsicht zurückführen. Vgl. Basel Committee on Banking Supervision (1996), S. 39 f. Richtungsweisend in diesem Zusammenhang waren die Empfehlungen der „Group of Thirty". Vgl. Global Derivatives Study Group (1993), S. 8 und 10.

593 Stellt sich im Rahmen des Backtesting eine mangelnde Prognosegüte des Modells heraus, kann zu diesem Faktor ein Summand von maximal eins hinzugefügt werden. Vgl. § 33 des Grundsatzes I über die Eigenmittel der Institute.

Das bestehende, auf den Baseler Eigenkapitalvereinbarungen von 1988 und 1996 zurückgehende Aufsichtssystem wurde bis heute vielfach kritisiert. Insbesondere die mangelhafte Berücksichtigung von individueller Bonität, Diversifikationseffekten und Sicherheiten im Bereich der Kreditrisiken[594], welche unter anderem dazu führten, dass Banken risikoarme Forderungen in Form von eigenständigen Wertpapieren verkauften,[595] haben den Baseler Ausschuss für Bankenaufsicht dazu veranlasst, die bestehende Eigenkapitalvereinbarung zu überarbeiten. Die Neue Baseler Eigenkapitalvereinbarung *Basel II* geht dabei weit über die reinen Vorschriften zur Eigenmittelunterlegung hinaus und liegt mittlerweile als überarbeitete Rahmenvereinbarung aus dem Jahr 2004 vor.[596] Sie fußt auf insgesamt drei Säulen, wovon nur die erste Säule die Mindesteigenkapitalanforderungen betrifft.[597]

Während die Eigenmittelunterlegung für Marktrisiken unverändert bleibt, haben Banken zukünftig die Möglichkeit, Kreditrisiken entweder auf Basis eines Standardansatzes[598] oder durch einen auf internen Ratings basierenden Ansatz zu quantifizieren.[599] Zur Unterbindung der angesprochenen regulatorischen Kapitalarbitrage wurde die Eigenmittelunterlegung bei der Verbriefung von Kreditforderungen neu geregelt.[600] Operationelle Risiken sind erstmals auch mit Eigenkapital zu unterlegen. Es wird dabei angestrebt, dass die Eigenmittelunterlegung für diese Risikoart ungefähr 12 Prozent der bisherigen gesamten Eigenmittelunterlegung ausmachen soll.[601] Zur Quantifizierung dieser Risiken stehen dabei drei verschiedene Verfahren zur Auswahl, auf die an dieser Stelle nicht näher eingegangen werden soll.[602] Eine Einführung von Basel II ist beginnend mit dem Jahr 2007 geplant, wobei einige Übergangsregelungen für die Jahre ab 2007 vorgesehen sind.[603]

Die Größe, die auf Grund aufsichtsrechtlicher Vorschriften mit Eigenmitteln zu unterlegen ist, wird häufig auch als *regulatorisches Kapital* bezeichnet.[604] Demgegenüber

594 Vgl. Jorion (2003), S. 657 f., Hartmann-Wendels/Pfingsten/Weber (2004), S. 393.

595 Ein solches Verhalten wird regulatorische Kapitalarbitrage genannt. Vgl. Deutsche Bundesbank (2002), S. 47.

596 Vgl. Basel Committee on Banking Supervision (2004). Einen Überblick über die Inhalte von Basel II geben Hartmann-Wendels/Grundke/Spörk (2005), Holtorf/Muck/Rudolf (2005) und Hofmann/Pluto (2005).

597 Die beiden anderen Säulen betreffen das aufsichtliche Überprüfungsverfahren und die Marktdisziplin.

598 Der Standardansatz basiert weitgehend auf externen Ratings. Vgl. Hartmann-Wendels/ Pfingsten/Weber (2004), S. 393.

599 Vgl. Basel Committee on Banking Supervision (2004), Abs. 50 ff. Einen guten kommentierten Überblick geben Hartmann-Wendels/Pfingsten/Weber (2004), S. 602 ff.

600 Vgl. Basel Committee on Banking Supervision (2004), Abs. 538 ff.

601 Vgl. Hartmann-Wendels/Pfingsten/Weber (2004), S. 394.

602 Vgl. Basel Committee on Banking Supervision (2004), Abs. 645 ff., sowie zur Erläuterung Hartmann-Wendels/Pfingsten/Weber (2004), S. 668 ff. Gemäß der Definition in Basel Committee on Banking Supervision (2004), Abs. 644, sind operationelle Risiken deckungsgleich mit den in Abschnitt 2.1.1 dargestellten operativen Risiken zu verstehen.

603 Vgl. Basel Committee on Banking Supervision (2004), Abs. 45-49.

604 Vgl. Smithson (2003b), S. 6 f., sowie Abschnitt 3.1.2.1, S. 84 ff.

steht das ökonomische beziehungsweise Risikokapital als das Kapital, welches Anteilseigner unabhängig von einer Aufsichtsbehörde basierend auf rein ökonomischen Erwägungen festlegen würden.[605] Im Zuge der Entwicklungen von Basel II ist jedoch eine Annäherung der beiden Kapitalgrößen festzustellen.[606]

Eine weitere Quelle regulatorischen Eingreifens mit Bezug zur Risikokapitalallokation sind die Mindestanforderungen an das Risikomanagement (*MaRisk*). Die MaRisk sollen die gesetzlichen Anforderungen des § 25a KWG[607] sowie die wesentlichen qualitativen Elemente der 2. Säule der Neuen Baseler Eigenkapitalvereinbarung (Basel II) angemessen konkretisieren.[608] Derzeit liegen die MaRisk in einem ersten Entwurf vor.

Die wichtigsten Vorschriften mit Bezug zur Risikokapitalallokation betreffen den Bereich der Adressenausfallrisiken und der Marktpreisrisiken. Zur Begrenzung der erstgenannten Risiken werden Limite unter Berücksichtigung der Risikotragfähigkeit gefordert, ohne die kein Kreditgeschäft abgeschlossen werden darf.[609] In einem mindestens vierteljährlich zu erstellenden internen Risikobericht sind darüber hinaus der Umfang der vergebenen Limite sowie bedeutende Limitüberschreitungen der Geschäftsleitung mitzuteilen.[610] Für die Risikoklasse der Marktpreisrisiken wird ein System von Limiten zur Risikobegrenzung gefordert. Auch hier darf kein Geschäft ohne entsprechendes Limit beziehungsweise ohne Zustimmung der Geschäftsleitung abgeschlossen werden.[611] Im Rahmen des bereits erwähnten Risikoberichts ist ebenfalls auf nennenswerte Limitüberschreitungen der Marktpreisrisiken einzugehen.[612]

Die dargelegten Ausführungen zeigen, dass eine Allokation von Risikokapital auch Gegenstand sich aus dem Aufsichtsrecht ergebender Verpflichtungen ist. Zunächst ist hier die Verpflichtung zur Eigenkapitalunterlegung von Risiken zu nennen, welche die erste Phase der Risikokapitalallokation abdeckt. Darüber hinaus wird sogar explizit die Allokation von

605 Vgl. Gordy/Howells (2004), S. 1, Elizalde/Repullo (2004), S. 1. Zur detaillierten Unterscheidung vgl. Deutsche Bundesbank (2002), S. 47.

606 Vgl. Baud et al. (2000), S. 1, Blache/Bluhm (2001), S. 264, Gordy/Howells (2004), S. 1. Wie bereits dargelegt, darf beispielsweise für bestimmte Klassen von Risiken der Value-at-Risk als Risikomaß verwendet werden. Unterschiede kommen insbesondere auf Grund der unterschiedlichen Zielsetzungen beider Konzepte zustande. Während die Risikosteuerung und Performancemessung Grund für die Nutzung des ökonomischen Kapitals ist, steht hinter dem regulatorischen Kapital lediglich die Zielsetzung der Vermeidung der Gefahr einer Insolvenz und damit der Sicherung der Stabilität der Bank. Vgl. dazu Deutsche Bundesbank (2002), S. 48, Straßberger (2002), S. 153.

607 Hierbei soll insbesondere der Begriff der geforderten „ordnungsgemäßen Geschäftsorganisation" konkretisiert werden.

608 Vgl. Deutsche Bundesbank (2005), S. 3. Die neuen Anforderungen sollen die bisherigen Mindestanforderungen an das Kreditgeschäft (MaK), die Mindestanforderungen an das Betreiben von Handelsgeschäften (MaH) und die Mindestanforderungen an die Ausgestaltung der Internen Revision (MaIR) zusammenfassen und ergänzen.

609 Vgl. Deutsche Bundesbank (2005), S. 21.

610 Vgl. Deutsche Bundesbank (2005), S. 21.

611 Vgl. jeweils Deutsche Bundesbank (2005), S. 22.

612 Vgl. Deutsche Bundesbank (2005), S. 23.

Risikokapital im Sinne der ex ante Allokation von Risikolimiten in den MaRisk sowie in der Erweiterung der Baseler Eigenkapitalvereinbarung aus dem Jahr 1996 gefordert. Auch zur Berechnung des regulatorischen Kapitals wird dabei immer mehr ein Messinstrumentarium benötigt, welches auch Grundlage für die Allokation des ökonomischen Kapitals sein kann. Der zusätzliche Aufwand hierzu wird damit immer kleiner. Aus der dritten und letzten Perspektive sollen etwaige Gründe für eine Allokation von Risikokapital von Seiten des Kapitalmarktes analysiert werden. Diese Untersuchung ist Gegenstand des folgenden Abschnitts.

3.2.3 Kapitalmarktperspektive der Risikokapitalallokation: Risikokommunikation

Neben den beiden bisher dargestellten Perspektiven lässt sich die Risikokapitalallokation aus Sicht des Kapitalmarktes darstellen. Im Vordergrund der Kapitalmarktperspektive soll dabei die Risikokommunikation von Unternehmen stehen.[613] Die zu Grunde liegende Idee ist, dass durch eine Veröffentlichung der Ergebnisse der Risikokapitalallokation wichtige Informationen an die Stakeholder[614] kommuniziert werden können. Eine Veröffentlichung kann dabei dergestalt sein, dass lediglich Value–at–Risk–Größen und somit die Ergebnisse der ersten Phase der Risikokapitalallokation veröffentlicht werden. Es ist sogar vorstellbar, dass die bloße Information der Nutzung des Value–at–Risk Konzeptes — ohne Nennung von konkreten Zahlen — einen Wert für die Stakeholder darstellt. Ein Maximum an Information würde natürlich durch die Veröffentlichung der Werte des allozierten Risikokapitals für die jeweiligen Divisionen weitergegeben.

Bereits heute veröffentlichen einige deutsche Unternehmen entsprechende Informationen. Dies zeigt eine Auswertung der Konzernabschlüsse der DAX–Unternehmen für das Jahr 2004. Die Ergebnisse der Auswertung sind in Tabelle 3.2 dargestellt. Die zweite Spalte zeigt das der Konzernbilanz zu Grunde gelegte Rechnungslegungssystem an.[615] In der dritten Spalte wird die Veröffentlichung etwaiger Value–at–Risk– beziehungsweise Risikokapital–Informationen angezeigt.[616] In der letzten Spalte ist vermerkt, ob die Unternehmen Informationen bezüglich der Allokation von Risikokapital publizieren.

613 In diesem Sinne liegt somit keine Überschneidung mit den beiden vorgenannten Perspektiven vor, obwohl der Begriff Kapitalmarktperspektive dies zunächst vermuten lassen könnte.

614 Hiermit sind vornehmlich Eigen– und Fremdkapitalgeber gemeint.

615 Die Unternehmen Allianz AG, Altana AG, BASF AG, Schering AG und die Deutsche Telekom AG publizieren darüber hinaus noch eine Überleitungsrechnung zu US–GAAP. Es zeigt sich, dass das zu Grunde liegende Rechnungslegungssystem keinen Einfluss auf die hier untersuchte Risikokommunikation hat.

616 „Mit Werten" bedeutet, dass konkrete Value–at–Risk–Größen publiziert werden, „ohne Werte" steht dagegen dafür, dass die jeweiligen Unternehmen lediglich darüber informieren, intern den Value–at–Risk zu nutzen.

Unternehmen	Rechnungslegung	Publikation Value-at-Risk	Publikation Risikokapitalallokation
Adidas Salomon AG	IFRS	—	—
Allianz AG	IFRS	mit Werten	ja
Altana AG	IFRS	—	—
BASF AG	IFRS	—	—
Bay. Hypo- und Vereinsbank AG	IFRS	mit Werten	ja
Bayer AG	IFRS	—	—
BMW AG	IFRS	mit Werten	—
Commerzbank AG	IFRS	mit Werten	ja
Continental AG	US-GAAP	—	—
DaimlerChrysler AG	US-GAAP	mit Werten	—
Deutsche Bank AG	US-GAAP	mit Werten	ja
Deutsche Börse AG	IFRS	ohne Werte	—
Deutsche Lufthansa AG	IFRS	—	—
Deutsche Post AG	IFRS	mit Werten	ja
Deutsche Telekom AG	IFRS	—	—
E.ON AG	US-GAAP	ohne Werte	—
Fresenius Medical Care AG	US-GAAP	—	—
Henkel KGaA Vz.	IFRS	—	—
Infineon Technologies AG	US-GAAP	ohne Werte	—
Linde AG	IFRS	—	—
MAN AG	IFRS	—	—
Metro AG	IFRS	ohne Werte	—
Münchener Rück AG	IFRS	mit Werten	ja
RWE AG	IFRS	mit Werten	—
SAP AG	US-GAAP	—	—
Schering AG	IFRS	—	—
Siemens AG	US-GAAP	—	—
ThyssenKrupp AG	US-GAAP	—	—
TUI AG	IFRS	—	—
Volkswagen AG	IFRS	—	—

mit Werten = Publikation konkreter Value-at-Risk-Werte

ohne Werte = Publikation der Information, dass der Value-at-Risk verwendet wird

Tabelle 3.2: Risikokommunikation der DAX-Unternehmen auf Basis des Value-at-Risk im Jahre 2004

Es zeigt sich, dass insgesamt 13 Unternehmen darüber informieren, das Value-at-Risk Konzept zu nutzen. Von diesen 13 Unternehmen publizieren neun Unternehmen konkrete Value-at-Risk Werte für bestimmte Risikopositionen.[617] Hiervon stammen sechs Unternehmen aus der Bank- und Versicherungsbranche.[618] Bei drei Unternehmen, die Value-at-Risk Werte veröffentlichen, handelt es sich um Industrieunternehmen. Die publizierten Informationen dieser Unternehmen sind in Tabelle 3.3 dargestellt. Die Unternehmen publizieren Informationen bezüglich Finanzrisiken mit einem kurzfristigen Zeithorizont zwischen einem und zehn Tagen bei einem Konfidenzniveau von 99 Prozent. Es zeigt sich, dass die entsprechenden Risiken im zwei- bis dreistelligen Millionenbereich liegen und damit bedeutsam sind. Über eine Allokation von Risikokapital informieren lediglich sechs

617 Vier Unternehmen informieren lediglich darüber, die Risiken intern mit Hilfe des Value-at-Risk zu messen und zu steuern.

618 Die Deutsche Post AG wird dabei auch hinzu gezählt, da sie nur für das Tochterunternehmen Postbank AG entsprechende Werte veröffentlicht.

Unternehmen	Risikoposition	Konfidenz-niveau	Zeithorizont	Value-at-Risk in Mio. €
BMW AG	Zinsänderungsrisiken im Segment Finanzdienstleistungen	0,99	10 Tage	55,4
DaimlerChrysler AG	Währungsabsicherungskontrakte	0,99	5 Tage	148,0
	Zinssensitive Finanzinstrumente	0,99	5 Tage	73,0
RWE AG	Devisenderivate	0,99	1 Tag	107,7
	Zinsderivate	0,99	1 Tag	5,0
	aktien-/indexbezogene Derivate	0,99	1 Tag	4,2

Tabelle 3.3: Publizierte Value-at-Risk Informationen deutscher DAX-Industrieunternehmen im Jahre 2004

Unternehmen, welche alle aus der Bank- und Versicherungsbranche stammen.[619]

Insgesamt ist die Annahme, dass eine Kommunikation von Value-at-Risk Größen für den Kapitalmarkt einen Informationswert hat, sehr plausibel. Entsprechende Informationen könnten beispielsweise im Rahmen des Ratings von Unternehmen eingesetzt werden[620] oder Investoren direkt bei der Analyse von Unternehmen helfen. Die nachfolgend aufgeführten empirischen Untersuchungen stützen diese Theorie.[621]

Jorion (2002) untersucht in diesem Zusammenhang erstmals den Informationswert publizierter Value-at-Risk Größen.[622] Anhand von Quartalsveröffentlichungen von acht amerikanischen Banken im Zeitraum von 1994 bis 2000 kommt er zu dem Schluss, dass publizierte Value-at-Risk Größen des Handelsbereiches der Banken eine Prognose der zukünftigen Volatilität der Handelserträge der jeweiligen Banken zulassen. Die Größen lassen sich daher dazu nutzen, die Risikoprofile der Handelsportfolios der Banken zu vergleichen. Aufbauend auf dieser Arbeit kommen Liu, Ryan und Tan (2004) bei einer Untersuchung unter 17 Banken im Zeitraum von 1997 bis 2002 zu dem Ergebnis, dass die Value-at-Risk Daten Prognosekraft in Bezug auf die Volatilität der Rendite als auch in Bezug auf das Beta der Banken im folgenden Quartal haben.[623] Hirtle (2003) kommt bei einer Untersuchung der veröffentlichten Zahlen des regulatorischen Risikokapitals für Marktrisiken von 27 amerikanischen Banken zu dem Ergebnis, dass die entsprechenden Werte eine hohe Prognosefähigkeit in Bezug auf die Höhe der zukünftigen Risikoposition haben.[624] Sribunnak und Wong (2002) können in ihrer Untersuchung unter Nicht-Finanzunternehmen

619 Die RWE AG informiert darüber, dass der Konzernbereich RWE Trading auf Basis des RORAC Konzeptes gesteuert wird. Entsprechende Zahlen werden jedoch nicht veröffentlicht.
620 Vgl. Dresel (2003), S. 46, Schradin/Zons (2003), S. 4.
621 Einen guten Überblick über die empirischen Arbeiten und die zu Grunde gelegten Theorien gibt Dobler (2005).
622 Vgl. Jorion (2002), S. 911 ff.
623 Vgl. Liu/Ryan/Tan (2004).
624 Vgl. Hirtle (2003).

im Zeitraum von 1997 bis 1999 einen Zusammenhang zwischen Value–at–Risk Höhe und zukünftiger Volatilität der Aktienrenditen feststellen.[625]

Die empirischen Untersuchungen zeigen den Informationsgehalt einer Publikation von Value–at–Risk Größen. Gestützt auf diese Ergebnisse könnte die Veröffentlichung der Ergebnisse der Risikokapitalallokation, zum Beispiel in Form segmentspezifischer Value–at–Risk Größen, also eine sinnvolle Ergänzung zur Veröffentlichung aggregierter Value–at–Risk Werte sein. Damit kann die Risikokapitalallokation eine wichtige Funktion im Rahmen der Risikokommunikation der Unternehmen an den Kapitalmarkt übernehmen.

Seitens des Gesetzgebers gibt es bereits dahingehend erste Schritte, dass Banken im Rahmen ihrer Berichterstattung auf die Verfahren der Risikokapitalallokation eingehen müssen. In den DRS 5–10 wird spezifiziert: „In diesem Rahmen ist auch auf die Verfahren der Risikokapitalallokation einzugehen".[626]

Mit Bezug auf die drei dargestellten Perspektiven lässt sich zusammenfassen, dass die Risikokapitalallokation insgesamt vier wichtige Funktionen übernehmen kann. Die ökonomische Perspektive hat gezeigt, dass eine Allokation von Risikokapital hinsichtlich der Risikosteuerung und Performancemessung sinnvoll sein kann. Aus aufsichtsrechtlicher Sicht in Bezug auf Banken wird dagegen die Begrenzung des Unternehmensrisikos im Hinblick auf die Stabilität der für die Volkswirtschaft wichtigen Finanzbranche verfolgt. Die Kapitalmarktperspektive hat gezeigt, dass sich das hier untersuchte Instrument auch im Rahmen der Risikokommunikation einsetzen lässt. Die Ausführungen haben somit klar und eindeutig die Notwendigkeit einer Allokation von Risikokapital verdeutlicht. Hierauf aufbauend sollen im nächsten Abschnitt die Gestaltungsmöglichkeiten beim Einsatz der Risikokapitalallokation untersucht werden.

3.3 Gestaltungsoptionen bei der Risikokapitalallokation

3.3.1 Überblick über die Gestaltungsoptionen

Die Ausführungen in Abschnitt 3.2 haben gezeigt, dass die Risikokapitalallokation zu unterschiedlichen Zwecken einsetzbar ist. Bei der Verfolgung dieser Ziele ergeben sich für die Unternehmensleitung eine Vielzahl von Implementierungsmöglichkeiten. Bei den zu treffenden Entscheidungen ist allgemein zwischen übergeordneten Entscheidungen, welche bei

[625] Hierbei wird jedoch ein positiver Zusammenhang beim Value–at–Risk und überraschenderweise ein negativer Zusammenhang bei den Earnings–at–Risk konstatiert. Vgl. Sribunnak/Wong (2002).

[626] Vgl. DRS 5–10, Tz. 18. Dies erklärt auch die in der empirischen Untersuchung bei Banken (Tabelle 3.2) festgestellte Veröffentlichung. In den analogen DRS für Versicherungsunternehmen werden entsprechende Informationen bislang lediglich für wünschenswert erachtet. Vgl. DRS 5–20, Tz. 39.

Übergeordnete Entscheidungen

- Allokationszweck
- Allokationseinheiten
- Allokationszyklus
- ...
- Art des Risikokapitals
- Berücksichtigte Risikoarten
- Parameterwahl
- Risikopuffer
- Organisatorische Implementierung
- Risikomaß als Allokationsgrundlage

Entscheidungen im Rahmen der ex ante Allokation

- Festlegung des Globallimits
- Allokationsverfahren
- Temporale Disaggregation
- Limitüberwachung
- ...

Entscheidungen im Rahmen der ex post Allokation

- Höhe des zu verteilenden Risikokapitals
- Allokationsverfahren
- Risikoadjustiertes Performancemaß
- Anreizorientierte Entlohnung
- ...

Abbildung 3.9: Gestaltungsoptionen bei der Risikokapitalallokation[627]

jedweder Allokation zu treffen sind, und zwischen Entscheidungen im Rahmen der ex ante Allokation von Risikolimiten beziehungsweise der ex post Allokation von Risikokapital zu differenzieren. Abbildung 3.9 gibt einen Überblick über die wichtigsten Gestaltungsoptionen.

Im Rahmen der *übergeordneten Entscheidungen* ist zunächst der *Allokationszweck* von grundlegender Bedeutung. Hierbei lässt sich die Risikosteuerung in Form einer Risikobegrenzung oder Rendite–Risiko–Optimierung, die Performancemessung und die Risikokommunikation unterscheiden.[628] Zu beachten sind jeweils die Interdependenzen zwischen den einzelnen Zwecken. Setzt man die Risikokapitalallokation beispielsweise zur Performancemessung ein, so hat dies automatisch auch eine gewisse Steuerungswirkung, der in jedem Falle ebenfalls Beachtung geschenkt werden sollte.

Ein weiterer wichtiger Aspekt bei der Planung der Allokation von Risikokapital ist die Festlegung der *Allokationseinheiten*. Unter Allokationseinheiten versteht man die organisatorischen Bereiche, denen Risikokapital zugeordnet werden soll. Eine Allokation kann grundsätzlich nach divisionalen Aspekten,[629] nach Risikoarten, Regionen, Produkten, Kunden oder ähnlichen Aspekten erfolgen.[630] Hierbei kann auch eine Hierarchie der Allokationseinheiten bestimmt werden. Sind die Aspekte, nach denen sich die Allokationseinheiten bestimmen, einmal festgelegt, muss die Unternehmensleitung auch die Reichweite der Allokation festlegen. Es muss also bestimmt werden, ob sich die Allokation von Risikokapital auf das gesamte Unternehmen oder nur auf Teile des Unternehmens erstre-

627 In Anlehnung an Henschke (2004), S. 19.

628 Vgl. Abschnitt 3.2, S. 90 ff.

629 Hiermit sind, wie bereits in Abschnitt 3.1.1 erläutert, beispielsweise Abteilungen, Geschäftsbereiche oder Tochterunternehmen gemeint.

630 Im Rahmen dieser Arbeit wird immer eine Allokation von Risikokapital unter divisionalen Aspekten zu Grunde gelegt.

cken soll. Eine wirksame Begrenzung des Insolvenzrisikos kann nur erfolgen, wenn sich die Allokation auf das gesamte Unternehmen bezieht. Es ist davon auszugehen, dass sich die Festlegung der Allokationseinheiten meist eng an der bestehenden Organisation des Unternehmens orientiert. Saita (1999) sieht in der Festlegung der Allokationseinheiten eine allgemeine organisatorische Fragestellung, in der es darum geht, einen optimalen Grad an Risikospezialisierung zu finden.[631] Risikospezialisierung liegt dann vor, wenn die Aufteilung von Verantwortung und Entscheidungsbefugnissen mit einer Aufteilung nach unterschiedlichen Risikoarten korrespondiert.[632] Saita sieht darin insbesondere die Möglichkeit, höhere Renditen zu erwirtschaften, da Risiken von den Personen gehandhabt werden, die dies am besten können.[633] Weiterhin soll hierdurch der Überwachungsprozess vereinfacht und die Wahrscheinlichkeit ungewollter interner Hedges verringert werden. Gegen eine vollständige Risikospezialisierung spricht jedoch, dass eine Separation von Risiken häufig gar nicht möglich ist[634] und das Management mehrerer Risiken häufig auf Grund von Synergieeffekten sinnvoll ist.[635] Es kann somit vornehmlich nur darum gehen, die richtige Balance zwischen einer Risikospezialisierung und anderen Kriterien zu finden.[636] Auf welche und wie viele Allokationseinheiten das Risikokapital in der Praxis verteilt wird, zeigen die Ergebnisse einer Umfrage unter deutschen Banken, welche in Abschnitt 5.1.2.2 dargestellt werden.

Sind die Allokationseinheiten festgelegt, muss die Unternehmensleitung mit dem *Allokationszyklus* festlegen, wie oft das Risikokapital auf die Einheiten zu allozieren ist. Ein kurzer Allokationszyklus ermöglicht durch eine Erhöhung der Reaktionsgeschwindigkeit eine verbesserte Flexibilität. Gleichwohl steigt hierdurch der Allokations- und Überwachungsaufwand an. Im Schrifttum wird meist von einem Allokationszyklus von 12 Monaten ausgegangen.[637] Bestätigt wird dies durch die Umfrageergebnisse in Abschnitt 5.1.2.2.

Bei der Frage nach der *Art des Risikokapitals*, das zu allozieren ist, muss sich die Unternehmensführung zwischen dem ökonomischen und dem regulatorischen Risikokapital entscheiden. Die Nutzung des in Abschnitt 3.2.2 dargestellten regulatorischen Risikokapitals hat zum einen den Vorteil, dass es ohnehin berechnet werden muss und somit der

---

631 Vgl. Saita (1999), S. 98 f. Vgl. ebenso Cummins (2000), S. 8.

632 Saita spricht in diesem Zusammenhang von der Bildung von so genannten „risk-taking centers". Damit die bestehende Organisation im Unternehmen unberührt bleiben kann, schlägt er den Einsatz von Verrechnungspreisen vor, mit Hilfe derer die Risiken zu den jeweiligen „risk-taking centers" transferiert werden sollen. Er räumt jedoch gleichzeitig ein, dass die Bestimmung entsprechender Verrechnungspreise ein schwieriges Problem darstellt. Vgl. Saita (1999), S. 98 f.

633 Vgl. hierzu und zu den weiteren Argumenten Saita (1999), S. 98.

634 Beispielhaft seien hier Preis- und Mengenrisiken in Industrieunternehmen genannt. Hierbei ist es häufig gar nicht möglich, die eigentliche Ursache zum Beispiel eines Umsatzeinbruches klar zu benennen. Für ein weiteres Beispiel vgl. Saita (1999), S. 98.

635 Vgl. Saita (1999), S. 99.

636 Vgl. Saita (1999), S. 99.

637 Vgl. Beeck/Johanning/Rudolph (1999), S. 262, Dresel/Härtl/Johanning (2002), S. 7, Hallerbach (2003), S. 3.

zusätzliche Rechenaufwand sehr gering ist.[638] Zum anderen ermöglicht diese Kapitalgröße objektive Vergleiche zwischen Unternehmen, da die Methode klar definiert ist.[639] Dennoch ist das ökonomische Kapital dem regulatorischen vorzuziehen, weil letzteres nicht auf dem tatsächlichen ökonomischen Risiko basiert und zudem keine Diversifikationseffekte zwischen den Divisionen berücksichtigt.[640]

Weiterhin ist zu spezifizieren, welche *Risikoarten* im Rahmen der Risikokapitalallokation erfasst werden sollen. In Frage kommen dabei alle in Tabelle 2.1 dargestellten Risiken.[641] Je mehr Risiken in die Risikokapitalallokation einbezogen werden, desto eher lassen sich die verfolgten Ziele erreichen. Dabei stellt jedoch die Messung bestimmter Risikoarten, zum Beispiel die Messung operativer oder betrieblicher Risiken, ein gravierendes Problem dar. Einen Überblick darüber, welche Risiken derzeit Berücksichtigung finden, zeigen die Ergebnisse der bereits zitierten Studie in Abschnitt 5.1.2.2.

Eine Entscheidung mit fundamentaler Bedeutung betrifft die *Auswahl des Risikomaßes*, welches die Grundlage der Allokation bildet. Hierbei bieten sich insbesondere der Value–at–Risk sowie der Expected Shortfall an. Beide Risikomaße wurden in den Abschnitten 2.2.3 und 2.2.4 allgemein diskutiert. Eine Analyse in Bezug auf die Eignung im Rahmen der Risikokapitalallokation erfolgt dagegen in Abschnitt 3.3.2.

Für die genannten Risikomaße sowie allgemein für die Risikokapitalallokation müssen geeignete *Parameter* bestimmt werden. Hierbei handelt es sich insbesondere um die Höhe der Kosten des Risikokapitals, die den Divisionen in Rechnung zu stellen sind.[642] Darüber hinaus müssen als Eingangsparameter zur Berechnung der Risikomaße das Konfidenzniveau und der Zeithorizont bestimmt werden. Die Bestimmung dieser Parameter wurde bereits in Abschnitt 2.2.3.1 erläutert.

Bislang gänzlich außer acht gelassen wurde der zur Verfügung stehende *Risikopuffer*. Hierbei müssen Entscheidungen über die konkrete Definition des Risikopuffers getroffen werden. Es muss also festgelegt werden, aus welchen Positionen sich der Risikopuffer zusammensetzt. Darüber hinaus sind auch Entscheidungen bezüglich zeitlicher Anpassungen des Risikopuffers zu treffen. Abschnitt 3.4 befasst sich ausführlich mit Fragestellungen im Rahmen dieses Problemkreises.

Als letzte übergeordnete Entscheidung soll hier die *organisatorische Implementierung* der Risikokapitalallokation genannt werden. Gemeint sind damit sämtliche organisatorischen Fragestellungen, die im Rahmen der Ein– und Durchführung der Risikokapital-

---

638 Vgl. Dresel/Kern/Rudolph (2000), S. 11, Stoughton/Zechner (2000a), S. 884.

639 Vgl. Stoughton/Zechner (2000a), S. 884.

640 Vgl. Dresel/Kern/Rudolph (2000), S. 11, Stoughton/Zechner (2000a), S. 884. Im Weiteren wird daher, wie bereits erwähnt, das ökonomische Risikokapital zu Grunde gelegt. Zum Begriff des ökonomischen Risikos vgl. Abschnitt 3.3.2, S. 118 ff.

641 Für Versicherungsunternehmen ist zusätzlich noch aus weiteren Risiken auszuwählen (zum Beispiel versicherungstechnisches Risiko).

642 Bezüglich der Bestimmung eines geeigneten Zinssatzes vgl. Fußnote 479.

allokation anfallen. Dabei ist beispielsweise festzulegen, welche Stellen für die Ein– und Durchführung der Prozesse zuständig sind (Aufbauorganisation). Hierzu muss bestimmt werden, wer die notwendigen Daten liefert und wer die Daten den Vorgaben entsprechend zu verarbeiten hat. Weiterhin sind die Prozesse der Risikokapitalallokation exakt zu spezifizieren (Ablauforganisation). Hierbei muss insbesondere das Berichtswesen einbezogen werden, indem festgelegt wird, wer an wen was zu berichten hat.

Im Rahmen der *ex ante Allokation* von Risikolimiten stellen sich dem Management einige besondere Fragestellungen, auf die hier in der gebotenen Kürze eingegangen werden soll.[643] Die *Festlegung des Globallimits* in Abhängigkeit der Risikotragfähigkeit und der Risikopräferenz des Unternehmens stellt die Grundlage der ex ante Allokation der Risikolimite dar.[644] Ausgehend von diesem Globallimit erfolgt die konkrete Risikosteuerung und –begrenzung durch die Verteilung des Globallimits auf ausgewählte Divisionen. Ein entsprechendes *Allokationsverfahren* wird häufig zentral organisiert und erfolgt somit top–down. Zur Festlegung der konkreten Limithöhen sind unterschiedliche Vorgehensweisen und Optimierungsverfahren möglich, die mit jeweils spezifischen Vor– und Nachteilen verbunden sind.[645] Neben der top–down Allokation können die Limite auch durch Verhandlungen oder durch Nutzung eines internen Marktes festgelegt werden.[646] Da die Risikolimite auf Gesamt–Unternehmensebene häufig für längere Zeiträume festgelegt werden, in Teilbereichen des Unternehmens jedoch eine kurzfristigere Limitierung sinnvoll ist, sollte festgelegt werden, wie eine *zeitliche Disaggregation* der Risikolimite auszusehen hat. Hierfür werden im Schrifttum die Quadratwurzelregel sowie die Verteilung auf Basis der Risikopräferenz diskutiert.[647] Im Rahmen der *Limitüberwachung* ist zu entscheiden, welche Art von Limit in Bezug auf die Anpassung bei Realisierung von Gewinnen oder Verlusten zum Einsatz kommen soll. Hierfür bieten sich die in Abschnitt 3.2.1.1 dargestellten starren, dynamischen und Verlustbegrenzungslimite an. Weiterhin ist über die Vorgehensweise bei Limitüberschreitung sowie eine gegebenenfalls notwendige zwischenzeitliche Anpassung der Limite[648] zu entscheiden.

Betrachtet man die *ex post Allokation* von Risikokapital, so ist zunächst darüber zu entscheiden, wie viel Risikokapital auf die einzelnen Bereiche verteilt werden soll. Bei

643 Eine kurze Darstellung erfolgt an dieser Stelle deswegen, weil die ex ante Allokation im Weiteren nicht mehr im Vordergrund der Darstellung stehen wird.

644 Vgl. Straßberger (2002), S. 173, sowie Abschnitt 3.2.1.1, S. 93 ff.

645 Vgl. Henschke (2004), S. 21. Bezüglich unterschiedlicher Allokationsverfahren im Rahmen der ex ante Allokation von Risikolimiten vgl. Baud et al. (2000), Burmester/Hille/Deutsch (1999), Hille/Burmester/Otto (2000), Bühler/Birn (2002), Theiler (2002), Schierenbeck (2003a), Schierenbeck et al. (2003). Einen kompakten Überblick gibt Straßberger (2002), S. 206 ff.

646 Vgl. hierzu Abschnitt 3.2.1.1, S. 93 ff.

647 Vgl. Abschnitt 2.2.3.2, S. 45 ff., sowie Johanning (1998), S. 107 ff., Beeck/Johanning/Rudolph (1999), S. 265, Lister (1997), S. 201 f., Straßberger (2002), S. 270 ff., Jorion (2003), S. 65 f.

648 Dies kann beispielsweise sinnvoll sein, wenn einige Bereiche ihr Limit nur gering, andere Bereiche ihr Limit dagegen schon voll ausgeschöpft haben.

der Frage nach der *Höhe des zu verteilenden Risikokapitals* muss insbesondere bestimmt werden, ob Diversifikationseffekte an die einzelnen Divisionen weitergegeben oder ob alternativ jedem Bereich sein Stand–Alone–Kapital zugewiesen werden soll. Darüber hinaus bieten sich auch das inkrementelle Risikokapital oder das ex ante allozierte beziehungsweise ex post ausgenutzte Risikolimit zur Verteilung an. Mit dieser Fragestellung beschäftigt sich Abschnitt 3.3.3. Steht die Höhe des zu verteilenden Risikokapitals fest, so bieten sich verschiedene *Verfahren zur Allokation des Risikokapitals* an. In Abhängigkeit des Allokationsverfahrens und des zu Grunde gelegten Risikomaßes ergeben sich zum Teil erhebliche Unterschiede in der Höhe des allozierten Kapitals einzelner Divisionen.[649] Die theoretische und empirische Analyse dieser Verfahren erfolgt in Kapitel 4 und 5. Die auf Basis eines verwendeten Verfahrens resultierenden Allokationen dienen als Input für ein zu bestimmendes *risikoadjustiertes Performancemaß*. Zur Auswahl stehen dabei unter anderem die in Abschnitt 2.3 dargestellten risikoadjustierten Performancemaße RORAC, RAROC und EVA. Solche risikoadjustierten Performancemaße können gleichzeitig Grundlage für eine *anreizorientierte Entlohnung* sein, indem beispielsweise die Divisionsmanager über eine lineare Entlohnungsfunktion ihrer Leistung entsprechend variabel vergütet werden.[650]

Die Fülle der dargestellten Gestaltungsoptionen zeigt die hohe Komplexität im Rahmen der Ausgestaltung des Instruments der Risikokapitalallokation. Viele der zu treffenden Entscheidungen sind dabei voneinander abhängig. Beispielsweise hängt das Allokationsverfahren stark von der Höhe des zu verteilenden Risikokapitals ab. Entscheidet man sich zum Beispiel für die Verteilung des Stand–Alone–Risikokapitals, so wird hiermit gleichzeitig auch das Allokationsverfahren bestimmt. Die nachfolgenden beiden Abschnitte befassen sich mit zwei besonders wichtigen Gestaltungsoptionen: Dem Risikomaß als Allokationsgrundlage und der Höhe des zu verteilenden Risikokapitals. Ab Kapitel 4 steht dann das Entscheidungsproblem der Auswahl eines Allokationsverfahrens im Vordergrund der Untersuchung.

3.3.2 Risikomaß als Allokationsgrundlage

Zweck dieses Abschnitts ist die Untersuchung der Eignung verschiedener Risikomaße im Rahmen der Risikokapitalallokation. Dazu sollen wichtige Eigenschaften herausgearbeitet werden, welche die zu Grunde gelegten Risikomaße für den Einsatz bei der Risikokapitalallokation aufweisen sollten. Insofern unterscheidet sich diese Untersuchung im Vergleich zu der bereits erfolgten Analyse der allgemeinen Anforderungen an ein Risikomaß dadurch,

649 Vgl. beispielsweise Schradin (2003), S. 13 f., sowie Abschnitt 4.4.7, S. 168 ff.

650 Ein breiter Überblick über leistungsorientierte Entlohnung findet sich bei Raulin (1996), S. 185 ff. Eine kompakte Darstellung unterschiedlicher Strukturen von Entlohnungsfunktionen findet sich bei Willinsky (2001), S. 260.

dass sie hier im Lichte eines konkreten Anwendungskontextes erfolgt.[651] Die Untersuchung konzentriert sich dabei auf die Nutzung im Rahmen der ex post Allokation von Risikokapital.[652] Die Auswahl eines geeigneten Risikomaßes erfolgt bei dem von Albrecht und Koryciorz vorgeschlagenen Prozess im zweiten Schritt.[653]

Das Risikokapital soll als Maß für das ökonomische Risiko eines Unternehmens dienen. Es existiert jedoch keine generell akzeptierte Definition des ökonomischen Risikos,[654] so dass hier auf den allgemeinen Risikobegriff, wie er in Abschnitt 2.1.1 abgegrenzt wurde, abgestellt wird. Sinn der Messung des ökonomischen Risikos ist es, damit gleichzeitig ein Maß für die notwendige Risikotragfähigkeit in Form einer Deckungsmasse für etwaig auftretende Verluste zu erhalten.[655] Somit soll das Risikokapital den in Gleichung (3.2) dargestellten Vergleich von Risikopotenzial und Risikotragfähigkeit ermöglichen.

Hierzu muss das zu Grunde liegende Risikomaß bestimmte Anforderungen erfüllen. Zunächst einmal sollte das Risikomaß das Risiko in *Geldeinheiten* messen,[656] damit der Vergleich mit der Risikotragfähigkeit in gleicher Einheit erfolgen kann. Von den in Abschnitt 2.2 diskutierten Risikomaßen erfüllen diese Anforderung alle Risikomaße mit Ausnahme der Varianz, die das Risiko in quadrierten Geldeinheiten misst.

Weiterhin wichtig ist die *Translationsinvarianz* des Risikomaßes.[657] Ein translationsinvariantes Risikomaß stellt sicher, dass die Höhe des gemessenen Risikos als minimal notwendiges Kapital verstanden werden kann, um die Risikoposition abzusichern.[658] Eine Investition in ein risikoloses Instrument in Höhe des gemessenen Risikos führt nämlich dazu, dass das Gesamtrisiko eliminiert wird. Dies bedeutet im Umkehrschluss jedoch nicht, dass der dem Risikokapital gegenüber stehende Risikopuffer risikolos investiert werden muss. Es kann schließlich nicht das Ziel des Unternehmens sein, sämtliches Risiko zu vermeiden und auf null zu reduzieren. Die Messung mit Hilfe eines translationsinvarianten Risikomaßes ermöglicht lediglich die Abschätzung einer Kapitalhöhe, die notwendig ist, um das Risiko abzupuffern.[659] Die Untersuchungen in Abschnitt 2.2 haben gezeigt, dass

---

651 Von etwaigen Messproblemen bei der Bestimmung der jeweiligen Risikomaße soll daher auch an dieser Stelle abstrahiert werden.

652 Für eine Analyse der Eignung des Value–at–Risk im Rahmen der ex ante Allokation von Risikolimiten vgl. Johanning (1998), S. 96 ff. Streng genommen handelt es sich daher bei dieser Entscheidung nicht um eine übergeordnete Entscheidung, wie in Abbildung 3.9 dargestellt. Da jedoch meist ein einheitliches Risikomaß Verwendung findet, erfolgt die Einordnung in diese Kategorie.

653 Vgl. Abschnitt 3.2.1.2, S. 101 ff.

654 Vgl. Stoughton/Zechner (2000a), S. 884.

655 Vgl Johanning (1998), S. 119.

656 Vgl. Straßberger (2002), S. 69.

657 Vgl. Albrecht/Koryciorz (2004), S. 130. Zur Translationsinvarianz vgl. Abschnitt 2.2.1, S. 35 ff.

658 Vgl. Dresel (2003), S. 13, Albrecht/Koryciorz (2004), S. 130.

659 Der genauere Zusammenhang zwischen Risikokapital und Risikopuffer als Maß für die Risikotragfähigkeit wird in Abschnitt 3.4 erläutert.

lediglich der (absolute) Value–at–Risk und der Expected Shortfall translationsinvariant und somit als Grundlage zur Risikokapitalallokation geeignet sind.[660]

Die *Subadditivität* des Risikomaßes ist ebenfalls eine wichtige Anforderung im Rahmen der Risikokapitalallokation.[661] Der Grund hierfür liegt darin, dass die Risikokapitalallokation naturgemäß in dezentral organisierten Unternehmen verwendet wird. Ist das Risikomaß subadditiv, so ermöglicht die reine Addition der Risikokapitalgrößen einzelner Divisionen eine konservative Schätzung für das notwendige Risikokapital des Gesamt–Unternehmens. Während der Expected Shortfall uneingeschränkt subadditiv ist, gilt dies für den Value–at–Risk nur bei Grundlage normalverteilter Risikopositionen.

Es zeigt sich somit, dass sowohl der Value–at–Risk bei Annahme normalverteilter Risikopositionen als auch allgemein der Expected Shortfall als Risikomaß im Rahmen der Risikokapitalallokation geeignet sind.[662] Im weiteren Verlauf der Arbeit, das heißt in den Kapiteln 4 und 5, wird mit dem Value–at–Risk das in der Praxis am weitesten verbreitete Risikomaß zur Quantifizierung des Risikokapitals genutzt.[663] Gegenüber dem Expected Shortfall weist der Value–at–Risk den Vorteil einer einfacheren Interpretierbarkeit auf. So gibt er den Betrag an Kapital an, der benötigt wird, um Verluste mit einem hohen Wahrscheinlichkeitsgrad abzupuffern.[664]

3.3.3 Höhe des zu verteilenden Risikokapitals

Ist die Wahl auf ein geeignetes Risikomaß zur Quantifizierung des notwendigen Risikokapitals gefallen, stellt sich die Frage, welche Menge an Risikokapital insgesamt auf die einzelnen Divisionen zu verteilen ist. Bei dieser Entscheidung stehen der Unternehmensleitung, wie Abbildung 3.10 zeigt, insgesamt vier Optionen zur Verfügung.[665] Die Allokation kann zunächst auf Basis des undiversifizierten Risikokapitals (synonym: Stand–Alone–Risikokapital) erfolgen. Hierunter versteht man die Summe des notwendigen Risikokapitals aller einzelnen Divisionen. Diese Größe ist regelmäßig höher als das notwendige Risikokapital des Gesamt–Unternehmens, da dieses durch Diversifikationseffekte verringert

660 Standardabweichung und Varianz werden im Folgenden daher nicht mehr betrachtet.

661 Vgl. Straßberger (2002), S. 70.

662 In Bezug auf den Value–at–Risk steht dieses Ergebnis im Gegensatz zu der Auffassung von Johanning (1998), S. 121 ff. Johanning begründet seine Ablehnung des Value–at–Risk als geeignetes Maß zur Berechnung des zu unterlegenden Eigenkapitals unter Angabe zweier Argumente. Erstens sieht er im Value–at–Risk nur ein Maß für das erwartete Risiko und somit als ungeeignet zur Quantifizierung des Potenzials unerwartet auftretender Verluste. Zweitens führt er die Messproblematik für sehr hohe Konfidenzniveaus an. Das erste Argument wurde bereits in Abschnitt 2.2.3.1, S. 40 ff., diskutiert und als nicht relevant eingestuft. Das zweite Argument stellt sicherlich in der Praxis teilweise ein Problem dar, schränkt jedoch nicht die grundsätzliche Eignung des Value–at–Risk ein. Der Auffassung von Johanning wird daher hier nicht gefolgt.

663 Vgl. Saita (1999), S. 95, Yamai/Yoshiba (2002a), S. 61. Hierbei werden zusätzlich normalverteilte Risikopositionen angenommen.

664 Vgl. Ridder (1998), S. 161-162. Die Interpretation des Expected Shortfall ist dagegen schwieriger.

665 Zur Unterscheidung vgl. Henschke (2004), S. 16 f.

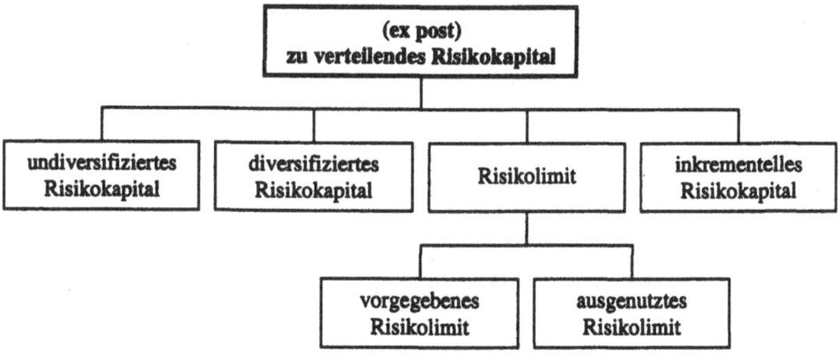

Abbildung 3.10: Möglichkeiten zur Bestimmung der Höhe der ex post Allokation von Risikokapital

wird.[666] Eine weitere Möglichkeit ist daher auch, das um Diversifikationseffekte verminderte Risikokapital des Gesamt–Unternehmens auf die einzelnen Divisionen zu verteilen. Diese Kapitalgröße wird auch als diversifiziertes Risikokapital bezeichnet. Im Gegensatz zur Allokation des undiversifizierten Risikokapitals, bei der mit der Allokation des divisionalen Stand–Alone–Risikokapitals ein natürliches Allokationsverfahren vorgegeben ist, muss dies bei der Verteilung des diversifizierten Risikokapitals noch spezifiziert werden.

Es ist ebenfalls möglich, den Divisionen Risikokapital in Höhe des Risikolimits zu allozieren. Hierbei lassen sich, wie bereits in Abschnitt 3.2.1.2 diskutiert, das ex ante allozierte Risikolimit und das ex post tatsächlich ausgenutzte Risikolimit verwenden.[667] Die konkrete Allokation bereitet auch in diesen Fällen keine Schwierigkeiten, da klar ist, welche Höhe an Risikokapital zu allozieren ist.[668] Eine letzte Möglichkeit besteht darin, den Divisionen das inkrementelle Risikokapital zu allozieren. Bei der zu allozierenden Größe handelt es sich dann um die Summe des inkrementellen Risikokapitals aller Divisionen. Das inkrementelle Risikokapital einer Division ist dabei definiert als die Differenz zwischen dem (diversifizierten) Risikokapital des Gesamt–Unternehmens und dem (diversifizierten) Risikokapital des Gesamt–Unternehmens ohne die betrachtete Division.[669] Die Höhe des zu allozierenden Risikokapitals ist hiermit ebenfalls festgelegt. Die Summe der inkremen-

666 Eine Ausnahme bildet der Fall perfekt positiv korrelierter Risikopositionen. Die Aussagen gelten jedoch nur bei Verwendung eines subadditiven Risikomaßes, was im Folgenden unterstellt wird.

667 Das ex post ausgenutzte Risikolimit ist bei entsprechender Durchsetzung regelmäßig niedriger als das ex ante allozierte Risikolimit. Im Einzelfall kann es auch gleich hoch sein.

668 Das Problem wird hierbei jedoch auf die ex ante Allokation von Risikolimiten verlagert. Hierbei muss dann festgelegt werden, wie hoch die zu vergebenden Limite sind und ob dabei Diversifikationseffekte berücksichtigt werden oder nicht.

669 Eine formale Definition wird in Abschnitt 4.4 gegeben. Das inkrementelle Risikokapital wird im Schrifttum zum Teil auch als marginales Risikokapital bezeichnet, so zum Beispiel bei Merton/Perold (1993), S. 28, Smithson/Po/Rozario (1997), S. 40, Kimball (1998), S. 48 f., Kinder (1999), S. 213 ff., Saita (1999), S. 104, und Kinder/Steiner/Willinsky (2001), S. 289.

tellen Risikokapitalbeträge aller Divisionen ist in der Regel geringer als das notwendige (diversifizierte) Risikokapital des Gesamt-Unternehmens.[670]

Es stellt sich nun die Frage, welche der vier Risikokapitalgrößen als Grundlage der ex post Risikokapitalallokation und damit der Performancemessung dienen sollte. Das *inkrementelle Risikokapital* eignet sich weniger für die Performancemessung als vielmehr für Fragen im Rahmen von Investitionsentscheidungen.[671] Mit dem inkrementellen Risikokapital lässt sich nämlich bei Investitionsentscheidungen der zusätzliche Risikokapitalbedarf bei Hinzunahme neuer Divisionen beziehungsweise im Rahmen von Desinvestitionsentscheidungen das freigesetzte Risikokapital für zu veräußernde Divisionen bestimmen. Es wird somit eine in der Betriebswirtschaft übliche Grenzbetrachtung bei der Durchführung von Investitionsentscheidungen ermöglicht.

Die Nutzung der ex ante budgetierten *Risikolimite* beziehungsweise der ex post ausgenutzten Risikolimite ist dagegen sicherlich eine sinnvolle Allokationsgröße zur Nutzung im Rahmen der Performancemessung.[672] Wie bereits erwähnt, wird allerdings hiermit das Problem lediglich verlagert. Unabhängig von der Frage bezüglich der Art des im Rahmen der Performancemessung zu nutzenden Risikolimits[673] bleibt damit zunächst weiterhin fraglich, wie die Höhe der ex ante festzulegenden Risikolimite zu bestimmen ist. Darüber hinaus bleibt ebenso offen, inwiefern Diversifikationseffekte zu berücksichtigen sind. Ferner ist es denkbar, dass eine alleinige ex post Allokation von Risikokapital ohne vorherige ex ante Allokation von Risikolimiten durchgeführt wird, so dass auf die ex ante Größen nicht zugegriffen werden kann. Aus diesem Grunde soll im Folgenden nur noch die Wahl zwischen der Nutzung des diversifizierten (vollständigen) und undiversifizierten (Stand-Alone) Risikokapitals diskutiert werden.[674]

Die Befürworter der ex post Allokation des *undiversifizierten Risikokapitals* führen im Wesentlichen zwei Argumente an.[675] Die Allokation des diversifizierten Risikokapitals bedeutet, dass die Diversifikationseffekte den einzelnen Divisionen alloziert werden. Das erste Argument betrifft daher die fehlende Beeinflussbarkeit der Allokationshöhe durch die Divisionsmanager. Diese wird darüber begründet, dass die einzelnen Divisionen keinen direkten Einfluss auf die Höhe der Diversifikationseffekte haben, welche durch die kollekti-

[670] Vgl. Smithson/Po/Rozario (1997), S. 40, Cummins (2000), S. 10. Ein Beweis befindet sich in Abschnitt 4.4.2, S. 157 ff.

[671] Vgl. Matten (2000), S. 240, Smithson/Po/Rozario (1997), S. 41, Kinder/Steiner/Willinsky (2001), S. 289.

[672] Vgl. Lister (1997), S. 215, Schierenbeck/Lister (1997), S. 496, Saita (1999), S. 101 ff.

[673] Eine Diskussion der Vor- und Nachteile der Nutzung des ex ante budgetierten Risikolimits beziehungsweise des ex post ausgenutzten Limits zur Performancemessung erfolgte bereits in Abschnitt 3.2.1.2, S. 99 ff.

[674] Letzten Endes geht es somit um die Frage, ob Diversifikationseffekte bei der ex post Allokation von Risikokapital berücksichtigt werden sollen oder nicht.

[675] Vgl. beispielsweise Smithson/Po/Rozario (1997), S. 41, Lehar/Welt/Wiesmayr/Zechner (1998b), S. 954, Culp (2000), S. 21, Matten (2000), S. 240, Dresel (2003), S. 85, Schradin (2003), S. 17.

ven Entscheidungen aller Divisionen determiniert werden. Performancemaße sollten jedoch grundsätzlich beeinflussbar sein. Schradin (2003) schlägt daher vor, den Diversifikationseffekt der Unternehmensleitung als eigenem Profit–Center gutzuschreiben.[676] Inwiefern die Unternehmensleitung jedoch tatsächlich auf die Höhe der Diversifikationseffekte Einfluss nehmen kann, ist insbesondere vor dem Hintergrund der delegierten Verantwortlichkeiten im Rahmen der dezentralen Steuerung fraglich. Zweitens wird argumentiert, dass es zu starken Schwankungen des allozierten Risikokapitals auf Grund von Veränderungen in der Korrelationsstruktur der Risikopositionen kommen kann. Dabei kann es sogar passieren, dass sich das einem Bereich allozierte Risikokapital verändert, obwohl es in diesem Bereich zu keinerlei Veränderungen gekommen ist. Aus den beiden genannten Gründen wird häufig für die Allokation des undiversifizierten Risikokapitals im Rahmen der Performancemessung plädiert.

Für eine Verteilung des Diversifikationseffektes und damit für die Verwendung des ***diversifizierten Risikokapitals*** im Rahmen der ex post Risikokapitalallokation spricht das Argument, dass das Unternehmen letztlich nur das diversifizierte Risikokapital als Puffer vorhalten muss. Hierdurch entstehen Kosten in Höhe des notwendigen diversifizierten Risikokapitals multipliziert mit einem geeignet bestimmten Zinssatz.[677] Da es letztlich um die Verteilung der Kosten des Risikokapitals geht, würde die Nutzung des undiversifizierten Risikokapitals nun bedeuten, dass mehr Kosten an die Divisionen verteilt würden, als tatsächlich entstanden sind.[678] Kimball (1998) merkt in diesem Zusammenhang korrekterweise an:[679] „If capital allocations to individual businesses exceed the actual capital of the bank, then managers may believe this [...] capital unfairly biases downward the reported return on equity of each business". Kinder (1999) argumentiert auf gleiche Art und Weise für eine Allokation der Kosteneinsparungen auf Grund von Diversifikationseffekten.[680]

Anstelle der direkten Allokation des um die Diversifikationseffekte reduzierten Risikokapitals ist alternativ jedoch die Allokation des undiversifizierten Risikokapitals bei gleichzeitiger Korrektur des Zinssatzes auf zwei verschiedene Arten möglich. Zum einen könnte man pauschal den Zinssatz für alle Divisionen entsprechend verringern. Dies würde dazu führen, dass Divisionen mit hohem Stand–Alone–Risikokapital einen überproportional hohen Anteil am Diversifikationseffekt erhalten und umgekehrt.[681] Zum anderen könnte jeder Division ein möglichst adäquater Zinssatz in der Weise vorgegeben werden, dass die verteilten Gesamtkosten den Kosten für das diversifizierte Risikokapital auf Ebene des Gesamt–Unternehmens entsprechen. Hierdurch gelangt man jedoch wieder zu dem

676 Vgl. Schradin (2003), S. 17.
677 Bezüglich der Bestimmung des Zinssatzes vgl. Fußnote 479.
678 Vgl. Kinder (1999), S. 219.
679 Vgl. Kimball (1998), S. 46.
680 Vgl. Kinder (1999), S. 210.
681 Dies führt letztlich zu dem im Abschnitt 4.4.1 untersuchten Activity–Level Verfahren, das auf Basis des diversifizierten Risikokapitals alloziert.

gleichen Aufteilungsproblem, das man auch bei Verwendung des diversifizierten Risikokapitals erhält.[682] Ebenso sprächen dann wieder die gleichen, oben genannten Argumente gegen die Verwendung.

Weiterhin spricht für eine Allokation auf Basis des diversifizierten Risikokapitals, dass die Vorgabe eines Performancemaßes immer auch Aspekte der Unternehmenssteuerung beinhaltet.[683] Risikosteuerung und Performancemessung sind somit untrennbar miteinander verbunden. Kinder, Steiner und Willinsky gehen daher den richtigen Weg, indem sie versuchen, mit einem einheitlichen Allokationsverfahren auf Basis des diversifizierten Risikokapitals einen Trade–Off zwischen diesen beiden Zielen zu erreichen.[684] Zur theoretischen Fundierung der schlechten Steuerungseigenschaften einer Stand–Alone–Allokation von Risikokapital wird in Kapitel 4 modellgestützt gezeigt, dass die Verwendung des Stand–Alone–Risikokapitals zu höheren Fehlanreizen bei der ex ante Risikosteuerung führt als dies bei der Allokation des diversifizierten Risikokapitals der Fall ist. Da sich die ex ante Risikosteuerung und die ex post Performancemessung gegenseitig beeinflussen, muss die Performancemessung ebenfalls wie im ex ante Fall die Korrelationen berücksichtigen. Insofern ist von der Deckungsgleichheit zwischen Verantwortung und Beeinflussbarkeit hier gegebenenfalls abzuweichen.

Ferner lässt sich auch argumentieren, dass zumindest eine teilweise Beeinflussbarkeit der Diversifikationseffekte durch die Divisionsverantwortlichen gegeben ist. Eine solche Beeinflussbarkeit ließe sich in der Praxis beispielsweise dadurch herstellen, dass den Divisionsmanagern über ein geeignetes Informationssystem die Möglichkeit gegeben wird, die Auswirkung ihrer Entscheidungen auf die Gesamtrisikoposition des Unternehmens vorher abzuschätzen.

Culp (2000) sieht in der Entscheidung zwischen einer Allokation des diversifizierten und des undiversifizierten Risikokapitals eine Entscheidung, die jedes Unternehmen für sich selbst treffen muss.[685] Für Denault (2001) ist die vollständige Aufteilung des diversifizierten Risikokapitals sogar eine Mindestanforderung, die an die Risikokapitalallokation zu stellen ist.[686] Eine empirische Studie unter deutschen Banken in Kapitel 5 dieser Arbeit zeigt, dass viele Banken die Allokation auf Basis des diversifizierten Risikokapitals durchführen.[687] Dieses Ergebnis wird gestützt durch eine Fallstudie von James (1996). Er

682 Aus diesem Grund plädieren Tierny/Smithson (2003), S. 91, dafür, einen einheitlichen Zinssatz zu verwenden und das Risikokapital möglichst adäquat aufzuteilen.

683 Vgl. Abschnitt 3.2.1.3, S. 102 ff.

684 Vgl. Kinder/Steiner/Willinsky (2001), S. 289 ff., Lehar/Welt/Wiesmayr/Zechner (1998b), S. 954, deuten ebenfalls einen Kompromiss als Lösung an.

685 Vgl. Culp (2000), S. 21.

686 Vgl. Denault (2001), S. 4 ff.

687 Vgl. Abschnitt 5.1.2.2, S. 187 ff.

stellt fest, dass die Bank of America Diversifikationseffekte im Rahmen der Risikokapitalallokation berücksichtigt.[688]

Auf Basis der genannten theoretischen und empirischen Argumente werden bei der ex post Risikokapitalallokation im weiteren Verlauf der Arbeit die Diversifikationseffekte berücksichtigt, das heißt es wird das diversifizierte Risikokapital zu Grunde gelegt. Da es keine „richtige“ Methode zur Allokation des diversifizierten Risikokapitals gibt, unterliegt die Wahl einer konkreten Allokationsmethode immer auch einer gewissen Willkür.[689] Diese Willkür gilt es jedoch in Grenzen zu halten, indem bestimmte Anforderungen an das Allokationsverfahren gestellt werden.[690] Genau dies entspricht dem Vorgehen in den Kapiteln 4 und 5. Zunächst sei aber im nächsten Abschnitt auf die Bestimmung der Risikotragfähigkeit näher eingegangen.

3.4 Bestimmung der Risikotragfähigkeit

Bislang wurde insbesondere auf das notwendige Risikokapital als Maß für das Risikopotenzial eingegangen. Dem gegenüber steht der Risikopuffer als Maßgröße für die Risikotragfähigkeit des Unternehmens. Die Unternehmensleitung muss ihr Augenmerk darauf richten, dass das Risikopotenzial, quantifiziert durch das Risikokapital, zu keinem Zeitpunkt die Risikotragfähigkeit, gemessen durch den Risikopuffer, übersteigt.[691] Unter *Risikotragfähigkeit* versteht man die Fähigkeit eines Unternehmens, Verluste aus schlagend werdenden Risiken tragen zu können, ohne insolvent zu werden.[692] Der *Risikopuffer*[693] quantifiziert die Risikotragfähigkeit und setzt sich aus der Ergebnis- und Kapitalsubstanz zusammen, welche dem Unternehmen zur Abdeckung von schlagend werdenden Risiken zur Verfügung steht.[694] Der Risikopuffer determiniert daher den maximal tragbaren Verlust, der nicht zur Insolvenz des Unternehmens führt. Er wird hauptsächlich durch die Ertragskraft und das Eigenkapital des Unternehmens determiniert.[695]

688 Vgl. James (1996), S. 3.

689 Vgl. Merton/Perold (1993), S. 17, Schradin (1998), S. 218, Myers/Read (2001), S. 547, Schradin (2001), S. 108, Gründl/Schmeiser (2002), S. 798, Schradin (2003), S. 17, Koryciorz (2004), S. 175 f. Dies entspricht analog den Ergebnissen im Rahmen der Gemeinkostenallokation. Vgl. hierzu Pfaff (1994). Zur Analogie vgl. Abschnitt 3.1.2.2, S. 87 ff. Venter (2002) fordert daher sogar im Titel seiner Arbeit provokativ „Allocating Surplus – Not!“.

690 Vgl. Abschnitt 4.3, S. 152 ff.

691 In der Literatur ist häufig eine Vermischung der Konzepte des Risikokapitals und des Risikopuffers festzustellen.

692 Vgl. Baetge/Jerschensky (1999), S. 173, Hölscher (2002), S. 23.

693 Synonym: Risikodeckungsmasse. Straßberger benutzt den Begriff Risikotragfähigkeitspotenzial ebenfalls synonym. Da hierdurch Verwechslungen mit dem Begriff Risikopotenzial entstehen können, dem ein anderes Konzept zu Grunde liegt, soll dieser Begriff im Weiteren nicht verwendet werden.

694 Vgl. Jentzsch (2002), S. 16.

695 Vgl. Büschgen (1998), S. 1082.

Die Höhe der Risikopuffer kann von der Unternehmensleitung als endogene oder exogene Größe angesehen werden.[696] Dabei kann der Risikopuffer kurzfristig nur als exogene Größe angesehen werden, da er in der kurzen Frist kaum beeinflussbar ist. Langfristig stellt sich jedoch die Frage nach der optimalen Höhe des Risikopuffers.[697] Eine Vergrößerung des Risikopuffers kann beispielsweise durch Maßnahmen einer Eigenkapitalerhöhung oder Gewinnthesaurierung erreicht werden. Neben der „optimalen" Allokation des Risikokapitals in einer Zeitperiode ist dann auch die „optimale" Höhe des Risikokapitals beziehungsweise des Risikopuffers im zeitlichen Verlauf ein wichtiges Problem. Im Weiteren wird eine einperiodige Betrachtungsweise eingenommen und der Risikopuffer somit als exogene Größe angesehen.

Die Abstimmung zwischen notwendigem Risikokapital und dem zur Verfügung stehenden Risikopuffer lässt sich anschaulich anhand der Bilanz darstellen.[698] Das notwendige Risikokapital wird hauptsächlich durch die Risiken der Aktiva determiniert. Die Pufferung dieser Risiken erfolgt dagegen durch Positionen auf der Passivseite der Bilanz. Von diesen in Eigen- und Fremdkapital unterscheidbaren Positionen ist es insbesondere das *Eigenkapital*, das die Höhe des Risikopuffers bestimmt.[699] Eine direkte Legaldefinition für das Eigenkapital ist handelsrechtlich nicht vorgegeben.[700] Bilanziell ergibt sich das Eigenkapital als Saldogröße zwischen dem Bilanzvermögen[701] und den Schulden.[702] Nach dem handelsrechtlichen Gliederungsschema in § 266 HGB setzt sich das Eigenkapital aus den in Tabelle 3.4 dargestellten Positionen zusammen. Es besteht dabei jedoch eine gewisse Unschärfe, da nicht das gesamte Eigenkapital in diesen Positionen enthalten ist. Faktisch lassen sich in der Praxis Eigen- und Fremdkapital nicht exakt voneinander trennen. So können im bilanzierten Fremdkapital weitere Eigenkapitalkomponenten enthalten sein.[703]

Betriebswirtschaftlich stellt das Eigenkapital die Gesamtheit der von den Eigenkapitalgebern gewährten Mittel dar.[704] Diese Mittel nimmt das Unternehmen durch Eigenfinan-

---

696 Vgl. Henschke (2004), S. 23.

697 Froot/Stein (1998) und Homburg/Uhrig-Homburg (2004) befassen sich mit der Thematik der Bestimmung der optimalen Risikopuffer.

698 Vgl. die Abbildung bei Smithson (2003b), S. 7. Die Veranschaulichung ist dabei stark vereinfacht und abstrahiert beispielsweise davon, dass zahlreiche Geschäftsvorfälle nicht in der Bilanz erscheinen.

699 Es ist dabei unmöglich, einzelnen Vermögenspositionen auf der Aktivseite Teile des Eigen- oder Fremdkapitals auf der Passivseite zuzuordnen. Alle Kapitalbestandteile sind praktisch in allen Vermögensgegenständen enthalten. Vgl. Straßberger (2002), S. 145.

700 Vgl. Deutsche Bundesbank (2002), S. 44.

701 Zuzüglich der aktivischen Rechnungsabgrenzungsposten.

702 Einschließlich der passivischen Abgrenzungsposten. Die indirekte Definition als Residualgröße liegt sowohl der Rechnungslegung nach HGB als auch der gemäß der EG-Verordnung 1606/2002 für Kapitalgesellschaften für den Konzernabschluss ab dem Jahre 2005 beziehungsweise in Ausnahmefällen ab dem Jahre 2007 verpflichtenden Rechnungslegung gemäß IFRS zu Grunde.

703 Ein bekanntes Beispiel ist der Sonderposten mit Rücklageanteil. Vgl. Coenenberg (2003), S. 292 ff.

704 Vgl. Steiner/Wagner (2002), Sp. 589.

	Gezeichnetes Kapital abzüglich ausstehender Einlagen
+	Kapitalrücklage (zum Beispiel Agio)
+	Gewinnrücklagen
	+ gesetzliche Rücklage
	+ Rücklage für eigene Anteile
	+ satzungsmäßige Rücklage
	+ andere Gewinnrücklagen
±	Gewinn-/Verlustvortrag
±	Jahresüberschuss/-fehlbetrag
=	Eigenkapital gemäß § 266 Abs. 3 HGB

Tabelle 3.4: Gliederung des Eigenkapitals einer Kapitalgesellschaft gemäß § 266 Abs. 3 HGB

zierung entweder in Form der Beteiligungsfinanzierung (externe Eigenfinanzierung) oder in Form der Selbstfinanzierung (interne Eigenfinanzierung) zum Beispiel durch Gewinnthesaurierung auf. Das zur Verfügung gestellte Eigenkapital erfüllt dabei unterschiedliche Funktionen. Diese Funktionen werden in der Literatur sehr verschieden abgegrenzt.[705] Die wichtigsten dieser Funktionen lauten:[706]

1. *Verlustausgleichsfunktion*: Verluste aus schlagend werdenden Risiken können intertemporär über das Eigenkapital ausgeglichen werden, was zu einer Verstetigung des Ergebnisausweises führt. Der Ausgleich kann dabei entweder erfolgswirksam über die Gewinn- und Verlustrechnung oder erfolgsneutral durch die Auflösung von Reserven erfolgen.[707]
2. *Garantie- und Haftungsfunktion*: Das Eigenkapital dient als Haftungsmasse für Gläubiger im Falle einer Insolvenz und ist somit ein wichtiges Element des Gläubigerschutzes.
3. *Finanzierungsfunktion*: Im Rahmen der Eigenfinanzierung stellt das Eigenkapital das notwendige Geldkapital für Aktivgeschäfte zur Verfügung. Es werden somit unter anderem Investitionen in betriebsnotwendige Vermögensgegenstände ermöglicht.
4. *Vertrauensfunktion*: Durch eine adäquate Eigenkapitalausstattung kann bei allen Stakeholdern ein entsprechendes Vertrauen bezüglich der Solvenz und der wirtschaftlichen Leistungsfähigkeit des Unternehmens aufgebaut werden. Im Rahmen dieser Funktion dient das Eigenkapital gleichzeitig auch der Repräsentation, dem Imageaufbau und der Werbung.

705 Vgl. beispielsweise Lister (1997), S. 9 f., Büschgen (1998), S. 1085 ff., Jovic (1999), S. 56 ff., Steiner/Wagner (2002), S. 590.

706 Die nachfolgende Aufzählung ist im Wesentlichen an Büschgen (1998), S. 1085 ff., angelehnt, wobei zwei bankspezifische Funktionen hierbei außer acht gelassen werden. Die dargestellten Funktionen sind nicht vollständig überschneidungsfrei, da sich beispielsweise mehrere Funktionen gegenseitig bedingen. So kann das Eigenkapital erst durch die Garantie- und Haftungsfunktion eine Vertrauensfunktion erfüllen. Die drei erstgenannten Funktionen werden auch als originäre Funktionen des Eigenkapitals, die drei letztgenannten Funktionen als derivative Funktionen des Eigenkapitals bezeichnet.

707 Vgl. Jovic (1999), S. 59.

5. *Gründungsfunktion*: Eigenkapital ist die notwendige Voraussetzung für die Gründung eines Unternehmens. Ohne ein gewisses Mindest–Eigenkapital kann keine Kapitalgesellschaft gegründet werden.[708]
6. *Ausschüttungsbemessungsfunktion*: Das Eigenkapital dient als Bemessungsgrundlage für die Gewinn– und Verlustverteilung, die sich aus gesellschaftsrechtlichen und satzungsmäßigen Vorschriften ergeben. Im Regelfall ist diese Verteilung dabei im Verhältnis der Geschäftsanteile vorzunehmen.

Da das Vorhalten von Risikopuffern der Insolvenzvermeidung dienen soll, ist es sinnvoll, zwischen Erfolgs– und Liquiditätsrisiken zu unterscheiden.[709] Die Differenzierung zwischen diesen Risiken erlaubt nämlich eine Verknüpfung von Risiken und Insolvenzursachen. Die insolvenzauslösenden Tatbestände sind in Deutschland in der Insolvenzordnung (InsO) geregelt. Man unterscheidet die Insolvenz auf Grund von Zahlungsunfähigkeit (§ 17 InsO), drohender Zahlungsunfähigkeit (§ 18 InsO) und Überschuldung (§ 19 InsO).[710] Wie Abbildung 3.11 zeigt, können schlagend werdende Erfolgsrisiken zu einer Überschuldung des Unternehmens führen. Liquiditätsrisiken können dagegen zu einer (drohenden) Zahlungsunfähigkeit führen.

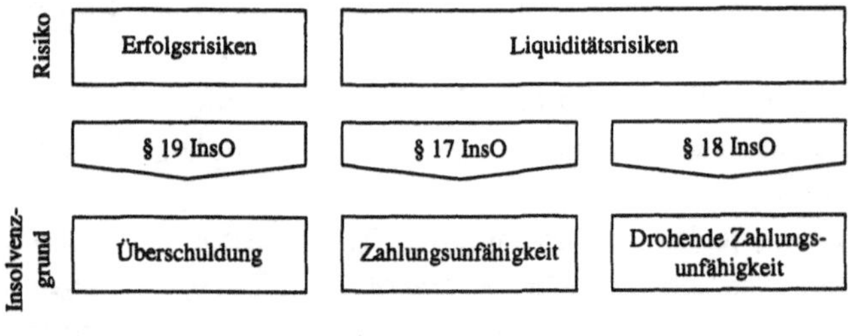

Abbildung 3.11: Risiken und Insolvenzgründe[711]

Zur Bestimmung der Risikotragfähigkeit in Finanzunternehmen ist primär auf Erfolgsrisiken zu fokussieren, um eine Überschuldung des Unternehmens zu verhindern.[712] Diese Risiken lassen sich mit Hilfe des Earnings–at–Risk beziehungsweise des Value–at–Risk

[708] Zur Gründung einer Aktiengesellschaft benötigt man gemäß § 7 AktG ein Grundkapital von mindestens 50.000 Euro, zur Gründung einer Gesellschaft mit beschränkter Haftung benötigt man hingegen gemäß § 5 GmbHG ein Stammkapital von 25.000 Euro. Für Banken gelten gemäß § 33 KWG zusätzlich gesonderte Bestimmungen. Ein so genanntes Einlagenkreditinstitut benötigt demnach 5 Mio. Euro Anfangskapital.

[709] Die hier genannte Unterscheidung von Risiken der Wirkung nach (finale Dimension) wird detailliert in Abschnitt 2.1.1, S. 9 ff., beschrieben.

[710] Einen guten Überblick zum Insolvenzrecht gibt Lackmann (2005).

[711] Zur allgemeinen Verknüpfung von Risiken und Insolvenzgründen vgl. Hölscher (2002), S. 21 f.

[712] Vgl. Henschke (2004), S. 23.

quantifizieren.[713] Liquiditätsrisiken spielen für Banken dagegen eine sehr untergeordnete Rolle, da sich eine Bank stets Liquidität über die Zentralbank beschaffen kann.[714] Darüber hinaus existieren umfangreiche gesetzliche Vorschriften zur Sicherstellung der ständigen Zahlungsfähigkeit von Kreditinstituten.[715] Implizit kann somit das Vorhandensein stets ausreichend liquider Mittel angenommen werden.

In Nicht–Finanzunternehmen ist dagegen der Blick mehr auf Liquiditätsrisiken und damit auf Zahlungsströme zu richten. Eine Statistik des Statistischen Bundesamtes belegt, dass (drohende) Zahlungsunfähigkeit der Grund oder Mitgrund für mehr als 98 Prozent aller Unternehmensinsolvenzen im Jahre 2003 in Deutschland war.[716] Die hierfür verantwortlichen Liquiditätsrisiken lassen sich auf Basis des Cash–Flow–at–Risk (CFaR) quantifizieren und steuern.[717]

Die hier getroffene Unterscheidung zwischen Erfolgsrisiken und Liquiditätsrisiken beziehungsweise zwischen dem Insolvenzgrund der Überschuldung und der (drohenden) Zahlungsunfähigkeit soll die Grundlage für die Ausführungen in den folgenden Abschnitten 3.4.1 (Finanzunternehmen) und 3.4.2 (Nicht–Finanzunternehmen) bilden.

3.4.1 Bestimmung der Risikotragfähigkeit in Finanzunternehmen

In Finanzunternehmen steht vorwiegend die originäre Verlustausgleichsfunktion sowie die Garantie– und Haftungsfunktion des Eigenkapitals im Vordergrund. Gleichzeitig tritt die Finanzierungsfunktion deutlich in den Hintergrund.[718] Neben den im vorherigen Abschnitt genannten Eigenkapitalfunktionen besitzt das Eigenkapital in Finanzunternehmen darüber hinaus auch eine Limitierungsfunktion. Diese resultiert daraus, dass aufsichtsrechtlich die Höhe der einzugehenden Risiken und damit einhergehend bestimmte Geschäfte durch die Höhe der vorhandenen Eigenmittel begrenzt werden.[719]

Es existieren unterschiedliche Auffassungen darüber, aus welchen Komponenten sich der Risikopuffer zur Vermeidung einer bilanziellen Verschuldung zusammensetzen soll. Da der Finanzsektor stark reguliert ist, muss auch bezüglich der Zusammensetzung der

[713] Eine ausführliche Behandlung beider Methoden im Rahmen des Bankenmanagements findet sich bei Matten (2000). Auf Grund der Tatsache, dass primär Wertveränderungen von Bestandsgrößen im Vordergrund stehen, ist der Value–at–Risk hier das häufiger eingesetzte Risikomaß.

[714] Vgl. Büschgen (1998), S. 1077 f.

[715] Vgl. Fußnote 569 auf S. 105.

[716] Vgl. Statistisches Bundesamt (2004), S. 17.

[717] Vgl. Abschnitt 2.2.3.1, S. 40 ff. Schierenbeck et al. sprechen in diesem Zusammenhang auch von Financial–Mobility–at–Risk und Liquidity–at–Risk. Vgl. Schierenbeck et al. (2003), S. 8.

[718] Vgl. Kimball (1998), S. 44. Gleiches gilt für Versicherungsunternehmen. Vgl. Gründl/Schmeiser (2002), S. 801.

[719] Vgl. Büschgen (1998), S. 1087, sowie Abschnitt 3.2.2, S. 104 ff.

Risikopuffer zwischen einem vom Regulator vorgeschriebenen Risikopuffer[720] und einem bankintern verwendeten Risikopuffer unterschieden werden.

Der ***intern verwendete Risikopuffer***, den die Kreditinstitute im Rahmen der Gesamtbanksteuerung verwenden, ist in der Regel weder mit dem bilanziellen Eigenkapital noch mit dem regulatorischen Risikopuffer deckungsgleich.[721] Die konkrete Zusammensetzung dieser Risikodeckungsmasse ist stark von subjektiven Einschätzungen der Unternehmensleitung bezüglich der Risikotragfähigkeit des Unternehmens geprägt und kann daher von den handelsrechtlichen und regulatorischen Bestimmungen abweichen. Da die meisten Banken ein vitales Interesse an einem möglichst guten Rating der Ratingagenturen haben, lehnt sich der verwendete Risikopuffer jedoch stark an das bilanzielle Eigenkapital beziehungsweise das noch zu erläuternde Kernkapital an.

Die regulatorischen Risikopuffer werden vom gesetzgebenden Regulierer auch als *Eigenmittel* bezeichnet. Die Eigenmittel setzen sich insgesamt aus drei Komponenten zusammen: Dem Kernkapital (Tier 1–Kapital), dem Ergänzungskapital (Tier 2–Kapital) und den Drittrangmitteln (Tier 3–Kapital). Die Zusammensetzung des Kernkapitals wird in § 10 Abs. 2 KWG beschrieben. Es besteht im Wesentlichen aus dem tatsächlich eingezahlten Kapital, den Gewinn– und Kapitalrücklagen, dem (Zwischen–)Bilanzgewinn/ –verlust und dem Sonderposten für allgemeine Bankrisiken.[722] Immaterielle Vermögensgegenstände sind dagegen wegen ihrer schlechten Veräußerbarkeit abzuziehen.[723] Das Ergänzungskapital setzt sich aus Positionen geringerer Haftungsqualität zusammen. Es wird daher nur maximal bis zur Höhe des Kernkapitals anerkannt[724] und setzt sich zusammen aus den Vorsorgereserven, Teilen der Neubewertungsreserven und des Sonderpostens mit Rücklageanteil bezüglich Immobilien, dem Genussrechtskapital, kumulativen Vorzugsaktien sowie längerfristigen nachrangigen Verbindlichkeiten.[725] Somit gehören bereits zum Ergänzungskapital Fremdkapital–Bestandteile. Das Kernkapital und das Ergänzungskapital ergeben zusammen das haftende Eigenkapital.[726] Die Drittrangmittel setzen sich aus

[720] Häufig wird hierbei auch vom regulatorischen Eigenkapital gesprochen. Da es jedoch zu Verwechslungen mit dem regulatorischen Risikokapital kommen kann, unter dem hier das notwendige Risikokapital verstanden wird, wird diese Begriffsdefinition im Weiteren nicht verwendet.

[721] Vgl. hierzu und im Folgenden Deutsche Bundesbank (2002), S. 42.

[722] Beim Sonderposten für allgemeine Bankrisiken handelt es sich um offen ausgewiesene Reserven, die Kreditinstitute auf Grund besonderer Rechnungslegungsvorschriften bilden. Sie werden mit den offenen Rücklagen gleich gestellt, da sie wirtschaftlich gesehen einen ähnlichen Charakter haben.

[723] Aufgezählt wurden nur die wichtigsten Komponenten. Eine vollständige Darstellung findet sich im Gesetzestext in § 10 Abs. 2 KWG. Vgl. dazu erläuternd Hartmann–Wendels/Pfingsten/Weber (2004), S. 406-407.

[724] Bezüglich zusätzlicher Einschränkungen, insbesondere der hier nicht vorgenommenen Unterscheidung in Ergänzungskapital der Klasse 1 und Klasse 2 vgl. Hartmann–Wendels/Pfingsten/Weber (2004), S. 408-411.

[725] Wiederum ist bezüglich einer vollständigen Darstellung auf die in Fußnote 723 genannten Quellen zu verweisen.

[726] Hiervon sind noch die Positionen in § 10 Abs. 6 Satz 1 KWG abzuziehen.

Primärer Risikopuffer	für erwartete Verluste gebildete Rückstellungen
	kalkulierte Standardrisikokosten (Risikoprämien)
	Übergewinn
Sekundärer Risikopuffer	stille Reserven
Tertiärer Risikopuffer	Mindestgewinn
	Sonderposten für allgemeine Bankrisiken
Quartärer Risikopuffer	offene Rücklagen / Reserven
	gezeichnetes Kapital
Quintärer Risikopuffer	Ergänzungskapital (ohne stille Reserven)
	Drittrangmittel

Abbildung 3.12: Stufenweise Abgrenzung der Risikopuffer in Banken[727]

dem Nettogewinn des Handelsbuches, den kurzfristigen nachrangigen Verbindlichkeiten und gegebenenfalls gekapptem Ergänzungskapital zusammen. Sie dürfen insgesamt 250 Prozent des freien Kernkapitals nicht überschreiten.

Sollten Risiken schlagend werden, so ist es sinnvoll, die genannten Risikopuffer stufenweise zur Abdeckung der Risiken zu verwenden, um negative Publizitätswirkungen möglichst zu vermeiden. Damit zeigt sich, dass nicht alle Positionen im Risikopuffer gleichermaßen dazu geeignet sind, realisierte Verluste auszugleichen.[728] Schierenbeck (2003b) stellt unter Hinzunahme der nicht in den Eigenmitteln enthaltenen stillen Reserven, des realisierten Gewinns sowie der Rückstellungen für erwartete Verluste die in Abbildung 3.12 dargestellte *Abstufung* der Risikopuffer auf.[729] Der Abstufung zufolge sollten bei auftretenden Verlusten zunächst die primären Risikopuffer, anschließend die sekundären Risikopuffer usw. verwendet werden. Die Eignung der Positionen zum Ausgleich von Verlusten nimmt also stetig ab.

Spätestens nachdem die tertiären Risikopuffer aufgebraucht sind, was zu einer gegebenenfalls verminderten Gewinnausschüttung führt, muss die Bank jedoch mit gravierenden Auswirkungen rechnen.[730] Die Nutzung des quartären Risikopuffers ist bilanziell offenzulegen, belastet jedoch nur die Eigenkapitalgeber. Die Auflösung des quintären Risiko-

727 Vgl. Schierenbeck (2003b), S. 31, und Schierenbeck et al. (2003), S. 12.

728 Vgl. Hölscher (2002), S. 23.

729 Einen ausführlichen Überblick über stille Reserven und deren Nutzung als Risikopuffer gibt Büschgen (1998), S. 1087-1097.

730 Die Bankenaufsicht behält sich in Deutschland sogar vor, eine Bank zu schließen, sofern die Verluste die Hälfte des Eigenkapitals aufzehren.

puffers führt dagegen sogar zur Nutzung bestimmter Fremdkapitalpositionen.[731] In der Regel führt dies zur Beendigung der selbständigen Existenz der Bank.[732] Mit der Nutzung zunehmend hoher Risikopuffer ist mit einer Erhöhung der negativen Auswirkungen, beispielsweise in Form von Kosten finanzieller Notlagen, zu rechnen.

Die Abstufung der Risikopuffer erlaubt es der Unternehmensleitung, differenzierte risikopolitische Grundsätze für die Kapitalunterlegung der Risiken aufzustellen. Es ist somit beispielsweise möglich, das für unterschiedliche Risikoszenarien berechnete Risikokapital den einzelnen Risikopuffern zuzuordnen. Konkret könnte die Unternehmensleitung festlegen, dass das für ein Konfidenzniveau von 95 Prozent berechnete Risikokapital nicht den primären Risikopuffer, das zum Konfidenzniveau von 99 Prozent berechnete Risikokapital nicht den sekundären Risikopuffer usw. überschreiten darf.[733] Insgesamt verbleibt es der Unternehmensleitung, das maximal zulässig notwendige Risikokapital beziehungsweise das Globallimit als Teilmenge der Risikopuffer festzulegen. Hierbei spielen neben der Risikotragfähigkeit des Unternehmens die folgenden Aspekte eine Rolle:[734]

- Risikobereitschaft/–toleranz des Unternehmens,
- Geschäftsstrategie,
- (erwartete) Ertragslage des Unternehmens,
- Erfahrung und Qualifikation des Personals und
- EDV–technische Ausstattung des Unternehmens.

Zusammenfassend bleibt festzuhalten, dass die Risikotragfähigkeit eines Finanzunternehmens primär durch das bilanzielle Eigenkapital bestimmt wird. Da jedoch auch Positionen wie beispielsweise die stillen Reserven zu den Risikopuffern hinzugezählt werden sollten, übersteigen diese im Regelfall das bilanzielle Kapital. Die genaue Bestimmung der Risikopuffer bleibt eine komplexe Aufgabe und hat sich konkret an denjenigen Positionen zu orientieren, die dazu geeignet sind, eine Überschuldung des Unternehmens auf Grund schlagend werdender Erfolgsrisiken und damit eine Insolvenz zu vermeiden.

731 Vgl. Schierenbeck (2003b), S. 30.
732 Vgl. Büschgen (1998), S. 1083.
733 Für weitere Ausführungen und ein Beispiel hierzu vgl. Schierenbeck (2003b), S. 32-39.
734 Vgl. Global Derivatives Study Group (1993), S. 10, Scharpf/Luz (2000), S. 166 f.

3.4.2 Bestimmung der Risikotragfähigkeit in Nicht–Finanzunternehmen

Im Gegensatz zur Finanzbranche ist das Instrument der Risikokapitalallokation in Nicht–Finanzunternehmen bislang lediglich vereinzelt behandelt worden.[735] Wie bereits erwähnt, sollten in Nicht–Finanzunternehmen Liquiditätsrisiken als Ursache für eine mögliche Zahlungsunfähigkeit im Vordergrund der Betrachtung stehen. Damit ändert sich der Fokus weg von der Bilanzebene, hin zur Zahlungsebene. Dies erfolgt auf Grund der Tatsache, dass Verluste in Nicht–Finanzunternehmen meist auch zu Zahlungsmittelabflüssen führen. Dies bestätigt sich durch empirische Ergebnisse, wonach die Zahlungsunfähigkeit zu den mit Abstand häufigsten Insolvenzursachen gehört.[736] Eine Ausblendung des Liquiditätsrisikos, wie bei Finanzunternehmen, ist daher nicht mehr sinnvoll.

Zur Quantifizierung des Risikos in Nicht–Finanzunternehmen bietet sich der *Cash-Flow-at-Risk* (CFaR) an.[737] Für die in Nicht–Finanzunternehmen in den realwirtschaftlichen Bereichen getätigten Geschäfte lässt sich ein Marktwert normalerweise nicht problemlos bestimmen.[738] Man setzt zur Quantifizierung der Risiken daher auf der Zahlungsebene an. Diese werden typischerweise auch bei der Planung und Bewertung von Investitionen herangezogen,[739] so dass bei der Risikoquantifizierung primär Zahlungsströme und nur sekundär Wertveränderungen im Vordergrund stehen.[740] Weiterhin lässt sich der in diesen Unternehmen übliche längerfristige Planungshorizont im Bereich von Monaten bis Jahren[741] problemlos auf den CFaR übertragen.

Mit dem CFaR lässt sich somit das Risikopotenzial in Nicht–Finanzunternehmen messen. Der CFaR beschreibt die Höhe des notwendigen Risikopuffers. In Bezug auf die Risikotragfähigkeit stellt sich daher die Frage, wie das Unternehmen etwaig auftretende Verluste in Form von Zahlungsmittelabflüssen kompensieren kann. Es stellt sich somit die Frage, woraus die Risikopuffer in Nicht–Finanzunternehmen bestehen.

Erste Anhaltspunkte zur Beantwortung dieser Frage gibt die Liquidität des Unternehmens. Der Begriff *Liquidität* hat allgemein zwei Bedeutungen. Zum einen kann die Eigenschaft von Wirtschaftssubjekten im Sinne der Zahlungsfähigkeit von Unternehmen

---

735 Homburg/Uhrig–Homburg (2004) untersuchen für Industrieunternehmen die Unterlegung von Risiken mit Eigenkapital auf Basis des Cash–Flow–at–Risk. Tierny/Smithson (2003) stellen in einer Fallstudie den Einsatz einer Methodik zur Allokation von Risikokapital beim Industrieunternehmen Michelin vor.

736 Vgl. die Ausführungen in Fußnote 716 auf S. 129.

737 Vgl. hierzu wie im Folgenden Homburg/Stephan (2004), S. 315, sowie Burger/Buchhart (2002), S. 136 ff. Vgl. zum CFaR ebenfalls Abschnitt 2.2.3.1, S. 40 ff.

738 Vgl. Bühler (1998), S. 219 ff.

739 Vgl. Adam (2000), S. 4 ff.

740 Wertveränderungen in Nicht–Finanzunternehmen spielen nur in Bezug auf Wertpapier–, Fremdwährungs– und Rohstoffbestände eine Rolle.

741 Vgl. Burger/Buchhart (2002), S. 133.

gemeint sein (subjektbezogene Liquidität). Zum anderen kann sie sich auf die Eigenschaft von Wirtschaftsobjekten beziehen, wenn zum Beispiel kurzfristig ein Vermögensgegenstand zu einem angemessenen Preis veräußert werden kann (objektbezogene Liquidität).[742] Ein Unternehmen mit hoher (subjektbezogener) Liquidität besitzt meist ausreichend viele Vermögensgegenstände mit entsprechend hoher (objektbezogener) Liquidität. Die Liquiditätsplanung erfolgt in Unternehmen in der Regel auf Basis eines Finanzplans. Hierbei handelt es sich um eine differenzierte Prognoserechnung der erwarteten Ein- und Auszahlungen über einen bestimmten Zeitraum.[743]

Zur Bestimmung der verfügbaren Risikopuffer sollte sich der Blick zunächst auf die objektbezogene Liquidität der Vermögensgegenstände des Unternehmens richten. Es sind alle diejenigen Vermögensgegenstände des Unternehmens relevant, die mit Blick auf den Zeithorizont des CFaR liquidierbar sind.[744] Ausgangspunkt kann hierbei die Bilanz des Unternehmens sein. Bezugnehmend auf die Bilanzkennziffern der Liquidität ersten, zweiten und dritten Grades sind die hier eingehenden Positionen der Zahlungsmittel, der kurzfristigen Forderungen und der Vorräte zu nennen.[745] Die Nutzung von Bilanzdaten zur Bestimmung der Risikopuffer hat jedoch mehrere entscheidende Nachteile.[746] Zum einen gibt die Bilanz Werte aus der Vergangenheit wieder. Dies ist insbesondere ein Problem, wenn Bilanzstichtag und Analysestichtag weit auseinander liegen. Zum anderen lässt sich die Liquidität der in der Bilanz verzeichneten Vermögensgegenstände je nach Gliederungsschema nur schwer bestimmen.[747] Ferner erscheinen bestimmte Liquiditätsquellen, wie zum Beispiel Kontokorrentkredite, überhaupt nicht in der Bilanz.

Die Liquidität einzelner Vermögensgegenstände ist insbesondere abhängig von den folgenden beiden Aspekten:[748]

- Geldnähe: Die Geldnähe wird bestimmt durch die Selbstliquidationsperiode. Hierunter versteht man die Frist, die bei planmäßigem Geschäftsablauf verstreicht, bis zu der eine entsprechende Einzahlung auftritt. Je nach Vermögensgegenstand ist sie abhängig von der Restlaufzeit (zum Beispiel bei Geldanlagen), der Umschlagsdauer (zum Beispiel bei Forderungen) oder der Kapitalfreisetzungsperiode (zum Beispiel beim Anlagevermögen).

742 Ein dritter, jedoch selten verwendeter Liquiditätsbegriff bezeichnet Liquidität als Synonym für einen Bestand an liquiden Mitteln. Zu den Begriffsabgrenzungen vgl. Stützel (1975), Sp. 2515 ff., Vormbaum (1993), Sp. 2608 ff., Kempf (1999), S. 4 ff., Kürsten (2005), S. 177.

743 Vgl. Schmidt/Terberger (1997), S. 28, Kürsten (2005), S. 177.

744 Vernachlässigt werden dabei mögliche Ungleichverteilungen der Zahlungen innerhalb dieses Zeitraums.

745 Zu den genannten Bilanzkennzahlen vgl. Coenenberg (2003), S. 967, Franke/Hax (2004), S. 130 ff.

746 Vgl. hierzu Vormbaum (1993), Sp. 2611-2612.

747 Die Position „Guthaben bei Kreditinstituten“ gemäß § 266 Abs. 2 HGB lässt beispielsweise den Bilanzleser bezüglich der Fälligkeit der unter dieser Position verzeichneten Mittel im Ungewissen.

748 Vgl. Stützel (1975), Sp. 2518-2519.

- Fungibilität: Die Fungibilität bezeichnet den Grad der Abtretbarkeit, Handelbarkeit beziehungsweise Marktgängigkeit. Ein Maß hierfür ist die Differenz zwischen dem Barwert des planmäßigen Veräußerungserlöses und dem Sicherheitsäquivalent des Betrages, den man im Notfall der vorzeitigen Veräußerung vermutlich erhalten wird. Je höher diese Differenz ist, desto geringer ist die Fungibilität.

Bei entsprechendem Liquiditätsbedarf bleiben dem Unternehmen insgesamt drei Möglichkeiten. Es kann die Selbstliquidationsperiode abwarten, es kann die Vermögensgegenstände vorzeitig an Dritte abtreten oder es kann die Vermögensgegenstände bei Kreditinstituten beleihen und somit als Sicherheiten einsetzen.[749] All diese Möglichkeiten müssen bei der Bestimmung der Risikopuffer in Betracht gezogen werden.

Darüber hinaus sollten bei der Bestimmung der Risikopuffer jedoch auch Optionen berücksichtigt werden, die beispielsweise durch kurzfristige Änderungen der Geschäftspläne zu ausreichend liquiden Mitteln führen. So könnte beispielsweise durch Auszahlungsverzögerungen in einer Planungsperiode indirekt zusätzliche Liquidität geschaffen werden. Ein um solche Aspekte erweitertes Liquiditätskonzept hat Donaldson unter dem Begriff der *finanziellen Mobilität* geschaffen.[750] Hierunter versteht er die Fähigkeit eines Unternehmens, die Verwendung der finanziellen Mittel in Abhängigkeit neuer Informationen und geänderter Umweltbedingungen zeitnah anzupassen.[751] Notwendig hierzu sind entsprechend liquide und flexible Mittel. Das Konzept der finanziellen Mobilität lässt sich im vorliegenden Kontext zur Bestimmung der Risikopuffer einsetzen.[752]

Die einzelnen Bestandteile der finanziellen Mobilität können anhand von fünf verschiedenen Aspekten beurteilt werden. Es handelt sich hierbei um ähnliche, jedoch differenziertere Kriterien, als die bezüglich der Liquidität genannten. Die Kriterien lauten im Einzelnen:[753]

1. Höhe: Bezeichnet den tatsächlichen Betrag, der aufgebracht werden kann.
2. Konditionen: Beschreiben die Kosten und Bedingungen, zu denen die Mittel in Anspruch genommen werden können. Der Verkauf eines illiquiden Wertpapiers kann beispielsweise mit hohen Kursabschlägen verbunden sein.
3. Verfügbarkeit: Beschreibt die Wahrscheinlichkeit, mit der die Mittel tatsächlich zur Verfügung stehen. Hierbei ist zu berücksichtigen, dass die Verfügbarkeit in Krisenzeiten eingeschränkt sein kann, indem beispielsweise Kreditlinien durch die Bank gestrichen werden.

749 Vgl. Stützel (1975), Sp. 2519, Kürsten (2005), S. 177.
750 Vgl. Donaldson (1986).
751 Vgl. Donaldson (1986), S. 8.
752 Vgl. Henschke (2004), S. 27.
753 Vgl. bezüglich der ersten vier Aspekte Donaldson (1986), S. 280, Henschke (2004), S. 27.

4. Vorlaufzeit: Steht für die Zeit, die zur Aktivierung der gewünschten Mittel benötigt wird.
5. Publizitätswirkung: Jede Maßnahme sollte in Bezug auf eine mögliche negative Publizitätswirkung untersucht werden, die gegebenenfalls zu erhöhten Kosten finanzieller Notlagen führen kann.[754]

Die Kompensation von Zahlungsmittelabflüssen und damit die Vermeidung einer Insolvenz auf Grund von Zahlungsunfähigkeit lässt sich über verschiedene Maßnahmen erreichen. Jede dieser Maßnahmen ist hinsichtlich der oben genannten fünf Kriterien auf ihre Verwendungseignung als Risikopuffer hin zu untersuchen. Die Maßnahmen lassen sich gemäß Abbildung 3.13 in vier grundlegende Klassen unterteilen. Zahlungsmittelabflüsse lassen sich demnach durch die Nutzung liquider Aktiva, durch Aktivtausch, Bilanzverlängerung und die Vermeidung einer Bilanzverkürzung kompensieren.[755]

Abbildung 3.13: Maßnahmen zur Kompensation von Zahlungsmittelabflüssen[756]

Abbildung 3.13 soll einen grundlegenden Überblick über die Quellen der finanziellen Mobilität geben. Sie zeigt ohne Anspruch auf Vollständigkeit einige Maßnahmen zur Kompensation von Zahlungsmittelabflüssen. Zunächst besteht die Möglichkeit, auf bereits vorhandene liquide Aktiva wie den Kassenbestand oder etwaige Bankguthaben zurückzugreifen. Darüber hinaus lässt sich ein Aktivtausch in Bezug auf das Umlaufvermögen durch die Veräußerung von Wertpapieren, den Verkauf von Vorräten oder den Abbau von Debitoren beispielsweise durch eine Verschärfung der Zahlungsbedingungen oder mit

754 Die plötzliche Verminderung der auf Basis von Bilanzdaten berechneten Bilanzkennziffer „Liquidität erster Ordnung" kann beispielsweise zu steigenden Risikoprämien in Form höherer Finanzierungskosten bei Kapitalgebern, schlechteren Zahlungskonditionen bei Lieferanten oder höheren Gehaltsforderungen bei Mitarbeitern führen.

755 Die Anlehung an das Vokabular des externen Rechnungswesens soll in diesem Zusammenhang nicht die konkreten Buchungen, sondern lediglich die fiktive und zu Grunde liegende Mechanik verdeutlichen.

756 Eigene Darstellung in Anlehnung an Donaldson (1986), S. 273-297, Schierenbeck (2003b), S. 497-501, Henschke (2004), S. 28.

Hilfe von Factoring vornehmen.[757] Ferner lässt sich das Anlagevermögen (Finanz– und Sachanlagen) veräußern. Beispielsweise ist es möglich, technische Anlagen zu verkaufen und gleichzeitig zurückzuleasen, so dass sie weiter genutzt werden können (sale–and–lease–back). Im Zuge einer Bilanzverlängerung kann Eigenkapital durch eine Kapitalerhöhung oder eine stille Beteiligung aufgenommen werden. Fremdkapital kann durch die Erhöhung der Verbindlichkeiten aus Lieferung und Leistung (Kreditoren), durch Ausnutzung von Kreditlinien oder kurz– und langfristige Darlehen beschafft werden. Hierbei können vorhandene Aktiva als Sicherheit verwendet werden. Weiterhin können Zahlungsmittelabflüsse durch die Vermeidung von Bilanzverkürzungen in Form von Zahlungsverzögerungen (Vermeidung von Kreditorenabbau durch Ausnutzung von Zahlungszielen gegebenenfalls unter Inkaufnahme von Skontoverlusten) und Ausgabenkürzungen kompensiert werden. Ausgabenkürzungen können durch Dividendenkürzungen/–streichungen, Investitionskürzungen/–stopp, Reduktion von Personalkosten (betriebsbedingte Kündigungen,[758] Einstellungsstopp) oder Senkung von Gemeinkosten erreicht werden.

Es ist Aufgabe der Unternehmensleitung, sämtliche der genannten Maßnahmen aus den vier Klassen in Bezug auf die fünf genannten Beurteilungsaspekte hin zu untersuchen. Die jeweilige Beurteilung bezüglich der Eignung als Risikopuffer kann dabei jeweils nur situativ vorgenommen werden. Ziel ist es, zu einer quantifizierten Abstufung der Risikopuffer zu gelangen, so dass die einzelnen Bestandteile des Risikopuffers sinnvoll und sukzessive aufgebraucht werden. Diese Aufgabe ist sicherlich als sehr komplex einzustufen. Weitere Forschung in diesem Bereich erscheint daher sinnvoll.

Analog zum Risikopuffer in Finanzunternehmen sollte auch in Nicht–Finanzunternehmen das notwendige Risikokapital nur eine Teilmenge der zur Verfügung stehenden Risikopuffer ausmachen. Dabei gilt es, neben den in Abschnitt 3.4.1 genannten Aspekten, weitere Restriktionen zu beachten. Um die Möglichkeit einer Insolvenz auf Grund von Überschuldung zu vermeiden, sollte das notwendige Risikokapital nicht den entsprechend relevanten Risikopuffer aus Abschnitt 3.4.1 überschreiten.[759]

---

757 Eine besondere Art des Verkaufs von Aktiva ist die Umsetzung mittels so genannter „Asset Backed Securities". Hierbei werden die Vermögenswerte an eine zu gründende Zweckgesellschaft verkauft, die sich durch die Emission von Wertpapieren finanziert. Vgl. hierzu Hartmann-Wendels/Pfingsten/Weber (2004), S. 263 ff.

758 Diese führen jedoch häufig zunächst zu einer Erhöhung der Ausgaben auf Grund von zu zahlenden Abfindungen.

759 Vgl. Henschke (2004), S. 28-29.

3.5 Zwischenfazit

Aufbauend auf den Grundlagen des Risikomanagements aus Kapitel 2 wurde in diesem Kapitel das Instrument der Risikokapitalallokation umfassend dargestellt. Hierbei wurde zwischen der ex ante Allokation von Risikolimiten und der ex post Allokation von Risikokapital unterschieden. Es wurde gezeigt, dass das Instrument in einem dezentral organisierten Unternehmen mehrere Funktionen erfüllen kann.

Aus rein betriebswirtschaftlicher Perspektive lassen sich hiermit Risiken steuern und begrenzen (ex ante Perspektive). Mit Hilfe von Vorgaben risikoadjustierter Performancemaße kann das Instrument darüber hinaus wichtiger Bestandteil einer risikoadjustierten Performancemessung sein und dabei gegebenenfalls notwendige Anreize setzen (ex post Perspektive). Insbesondere die Möglichkeit der Risikobegrenzung im Rahmen der Risikolimitierung führt dazu, dass Aufsichtsbehörden von Finanzunternehmen entsprechende Vorgaben zum Einsatz des Instruments machen. Darüber hinaus besteht die Möglichkeit, das Instrument im Rahmen der Kapitalmarktkommunikation zur Information über die Risikolage des Unternehmens einzusetzen.

Beim Einsatz des Instruments wurden zahlreiche Gestaltungsoptionen aufgezeigt, zwischen denen die Unternehmensleitung zu entscheiden hat. Dabei wurde versucht, die Bedeutung und die Konsequenzen der einzelnen Optionen darzustellen, wobei die Auswahl eines geeigneten Risikomaßes als Allokationsgrundlage sowie die Bestimmung der Höhe des zu verteilenden Risikokapitals intensiver diskutiert wurden. Das Kapitel wurde mit Ausführungen zur Bestimmung der verfügbaren Risikopuffer in (Nicht-)Finanzunternehmen beendet.

Die weiteren Ausführungen sollen mit der Auswahl eines konkreten Allokationsverfahrens eine bedeutende Gestaltungsoption detaillierter untersuchen: Die zunächst theoretische (Kapitel 4) und später empirische (Kapitel 5) Untersuchung geht dabei von einer ex post Allokation von Risikokapital auf Basis des Value-at-Risk zum Zwecke der Performancemessung aus.

Kapitel 4

Theoretische Untersuchung der Risikokapitalallokation

„Es gibt nichts Praktischeres als eine gute Theorie."
Immanuel Kant, deutscher Philosoph, 1724–1804

Ziel dieses Kapitels ist eine umfassende theoretische Analyse der wichtigsten Verfahren zur Allokation von Risikokapital. Unter einem *Verfahren zur Risikokapitalallokation* versteht man dabei einen Mechanismus, der das notwendige Risikokapital des Unternehmens auf Teile des Unternehmens, im Folgenden Divisionen, verteilt.[760] Im Rahmen der Untersuchung wird dabei unterstellt, dass das Risikokapital ex post, das heißt einer Geschäftsperiode zeitlich nachgelagert, alloziert werden soll. Vorrangiger Zweck einer solchen Allokation ist die risikoadjustierte Performancemessung der am Unternehmen beteiligten Divisionen. Die risikoadjustierte Performance einer Division hängt unter anderem von den Kosten des allozierten Risikokapitals ab. Je mehr Risikokapital einer Division alloziert wird, mit desto höheren Risikokapitalkosten wird die Division belastet. Das notwendige Risikokapital soll mit Hilfe des Risikomaßes Value–at–Risk quantifiziert werden.[761] Von etwaigen Problemen der Risikomessung wird dabei abstrahiert.[762] Da die zu Grunde liegenden Risikopositionen als normalverteilt angenommen werden, erfüllt das verwendete Risikomaß alle Kohärenzaxiome.[763] Ferner wird davon ausgegangen, dass das diversifizierte Risikokapital vollständig alloziert werden soll[764] und die vorhandenen Risikopuffer dem notwendigen Risikokapital der Höhe nach entsprechen.

---

760 Eine formale Definition erfolgt in Abschnitt 4.3, S. 152.
761 Vgl. Abschnitt 2.2.3, S. 39 ff.
762 Vgl. dazu Abschnitt 2.2.3.4, S. 55 ff.
763 Vgl. Abschnitt 2.2.3.3, S. 52 ff.
764 Vgl. hierzu die ausführliche Diskussion in Abschnitt 3.3.3.

Das Auftreten von Diversifikationseffekten bei Nutzung des diversifizierten Risikokapitals als Allokationsgrundlage macht die Risikokapitalallokation zu einer nicht–trivialen Aufgabe. Es existiert hierzu kein objektiv „richtiges" Verfahren, so dass die Verteilung des Diversifikationseffekts stets einen Kompromiss bedeutet.[765] Wie noch zu erläutern sein wird, sollte ein Allokationsverfahren das notwendige Risikokapital des Unternehmens möglichst in fairer Weise auf die einzelnen Divisionen verteilen.[766] Wie Abschnitt 3.2.1.3 gezeigt hat, sind bei der Performancemessung auch Steuerungsaspekte zu berücksichtigen. Aus diesem Grunde sollte ein Allokationsverfahren auch immer so ausgestaltet sein, dass es die richtigen Anreize im Rahmen der Risikosteuerung setzt.

Beide Aspekte, Fairness und Anreizkompatibilität bezüglich der Risikosteuerung des Unternehmens, sollen hier mit Hilfe zweier spieltheoretischer Modelle untersucht werden. Die *Spieltheorie* beschäftigt sich allgemein mit dem strategischen Verhalten mehrerer in Interaktion stehender Parteien.[767] Wesentliches Merkmal dieser Interaktion ist die Interdependenz der involvierten Parteien in dem Sinne, dass ihre Entscheidungen voneinander abhängen.[768] Auf Grund dieser Interdependenz verhalten sich die Parteien strategisch, indem sie das Verhalten der anderen Parteien in ihr Kalkül mit einbeziehen.[769] In Bezug auf die Risikokapitalallokation ergeben sich die Interdependenzen zwischen den Divisionen insbesondere auf Grund des vorliegenden Risikoverbundes.[770] Es liegt somit eine Situation vor, die sich als Spiel modellieren lässt.

Grundlage jeden Spiels ist die Definition von Spielern. Bei der Risikokapitalallokation lassen sich die einzelnen Divisionen als Spieler auffassen. Diese Spieler haben Präferenzen und es wird unterstellt, dass sie sich rational verhalten und ihren Nutzen maximieren.[771] Sie unterliegen dabei keinerlei intellektuellen Einschränkungen und berücksichtigen bei ihren Entscheidungen das Verhalten der anderen Parteien (strategisches Verhalten). Die Spieler verfügen über ein gemeinsames Wissen (common knowledge).[772] Ein gemeinsames Wissen liegt dann vor, wenn jedem Spieler die gleichen Informationen bekannt sind.[773]

765 Vgl. Merton/Perold (1993), S. 17, Schradin (1998), S. 218, Myers/Read (2001), S. 547, Gründl/Schmeiser (2002), S. 798, Schradin (2003), S. 17, Koryciorz (2004), S. 175 f.

766 Vgl. hierzu auch Albrecht/Koryciorz (2004), S. 134. Zur Begründung der Relevanz von Fairness vgl. Abschnitt 4.1.1, S. 142 ff.

767 Gute Einführungen in die Spieltheorie geben Lucas (1972), Fudenberg/Tirole (1991), Gibbons (1992), Beuermann (1993), Osborne/Rubinstein (1994) und Holler/Illing (2003).

768 Vgl. Beuermann (1993), Sp. 3929, Holler/Illing (2003), S. 1.

769 Vgl. Osborne/Rubinstein (1994), S. 1, Jost (2001b), S. 13.

770 Zu den Interdependenzen vgl. Abschnitt 2.1.2.1, S. 13 ff.

771 Bezüglich der Implikationen der Nutzenmaximierung vgl. Jost (2001b), S. 12.

772 Zum gemeinsamen Wissen vgl. Aumann (1976), S. 1236 f., Gibbons (1992), S. 7, Osborne/Rubinstein (1994), S. 73 ff., Jost (2001b), S. 16 f., Wiese (2002), S. 126 f., Holler/Illing (2003), S. 43.

773 Jeder Spieler weiß dabei, dass die anderen Spieler dies wissen. Jeder Spieler weiß dabei auch, dass die anderen Spieler wissen, dass er weiß und so weiter.

Das gemeinsame Wissen bezieht sich dabei auf die Rahmenbedingungen des Spiels sowie die Rationalität der Spieler.[774]

Von Neumann und Morgenstern folgend lässt sich die Spieltheorie in zwei Ansätze unterteilen: Die kooperative und die nicht-kooperative Spieltheorie.[775] Die *kooperative Spieltheorie* hat Gruppen von Spielern (Koalitionen) als Betrachtungsobjekt.[776] Es wird angenommen, dass in dieser Welt kommuniziert werden kann und dabei bindende Absprachen, zum Beispiel in Form durchsetzbarer Verträge, getroffen werden können.[777] Die *nicht-kooperative Spieltheorie* sieht diese Möglichkeit dagegen nicht vor.[778] Hier steht der einzelne Spieler im Vordergrund der Betrachtung, bei der Absprachen nicht notwendig sind, da die Lösungen so beschaffen sind, dass jeder Spieler ein Eigeninteresse daran hat, sich der Lösung entsprechend zu verhalten.[779]

Die folgenden Ausführungen basieren im Wesentlichen auf einem Arbeitspapier von Homburg und Scherpereel (2005a).[780] Der weitere Aufbau dieses Kapitels sieht entsprechend wie folgt aus: Zunächst wird die Risikokapitalallokation spieltheoretisch modelliert. Das erste von zwei Modellen baut auf der kooperativen Spieltheorie auf und ermöglicht die Analyse von Fairness-Eigenschaften der Verfahren zur Risikokapitalallokation (Abschnitt 4.1). Im Rahmen des zweiten, nicht-kooperativen Modells lassen sich Steuerungseigenschaften von Risikokapitalallokationsverfahren und damit von diesen ausgehende Anreizwirkungen untersuchen (Abschnitt 4.2). In Abschnitt 4.3 wird ein Überblick über weitere Anforderungen an Verfahren zur Risikokapitalallokation gegeben. Aufbauend auf den beiden Modellen und diesen Anforderungen werden in Abschnitt 4.4 konkrete Verfahren zur Risikokapitalallokation vorgestellt und analysiert. Diese Untersuchung wird dann durch eine Simulationsstudie in Abschnitt 4.5 vervollständigt. Das Kapitel schließt mit einer Zusammenfassung der Ergebnisse der theoretischen Analyse.

---

774 Vgl. Gibbons (1992), S. 7, Jost (2001b), S. 16 f. Im Gegensatz zu Beiträgen, die auf der Principal-Agent-Theorie basieren, wird im Rahmen dieser Arbeit eine symmetrische Informationsverteilung angenommen. Für einen Beitrag unter der Annahme asymmetrischer Informationsverteilung vgl. das auf den Arbeiten von Harris/Kriebel/Raviv (1982) und Harris/Raviv (1996) basierende Modell von Stoughton/Zechner (2004).

775 John von Neumann und Oskar Morgenstern gelten mit ihrem Werk „Theory of Games and Economic Behavior" aus dem Jahre 1944 als die Begründer der Spieltheorie. Vgl. von Neumann/Morgenstern (2004) in einer Ausgabe anlässlich des 60. Jubiläums der Veröffentlichung. Dieses Werk ist eine Erweiterung der bereits im Jahre 1928 entwickelten „Theorie der Gesellschaftsspiele" von John von Neumann. Vgl. von Neumann (1928).

776 Vgl. Osborne/Rubinstein (1994), S. 2. Zur kooperativen Spieltheorie allgemein vgl. neben den in Fußnote 767 genannten Quellen von Neumann/Morgenstern (2004), S. 504 ff., sowie Aubin (1982), S. 293 ff.

777 Vgl. Osborne/Rubinstein (1994), S. 256, Holler/Illing (2003), S. 6.

778 Vgl. Holler/Illing (2003), S. 6.

779 Vgl. Holler/Illing (2003), S. 6.

780 Vgl. Homburg/Scherpereel (2005a).

4.1 Risikokapitalallokation als kooperatives Spiel

4.1.1 Fairness als wichtige Eigenschaft eines Allokationsverfahrens

Aus sozialwissenschaftlicher Perspektive kommt der *Fairness* in Bezug auf das Sozialverhalten von Individuen eine Schlüsselrolle bei der Verteilung von Kosten und Nutzen zu.[781] Dementsprechend existiert eine breit gefächerte Literatur zur Frage der gerechten Verteilung von Gemeinkosten. Erste Vorschläge stammen von den Ingenieuren und Wirtschaftswissenschaftlern der Tennessee Valley Authority, die in den frühen 1930-er Jahren einen Weg finden mussten, die Kosten eines Staudammprojektes am Tennessee River möglichst fair auf alle Beteiligten zu verteilen.[782] Seitdem wurde das Problem der Gemeinkostenverteilung häufig mit Hilfe axiomatischer Ansätze analysiert.

Allgemein ist die empfundene Fairness einer Allokation ein wichtiger Faktor in Bezug auf deren Akzeptanz.[783] Hierdurch kann sowohl die Motivation als auch die Effizienz der divisionalen Manager maßgeblich beeinflusst werden. Die Bedeutung der Fairness in Bezug auf die Risikokapitalallokation wird auch durch die Ergebnisse einer in Abschnitt 5.1.2.2 darzustellenden Umfrage deutlich. Wie sich zeigen wird, wurde das Kriterium der Fairness auf einer Skala von 1 (sehr wichtig) bis 6 (unwichtig) von den befragten 20 Banken mit durchschnittlich 1,94 bewertet. Darüber hinaus wird der Fairness einer Allokation an mehreren Stellen in der Literatur eine hohe Bedeutung zugesprochen.[784]

Im Schrifttum existieren zahlreiche axiomatische Konzepte beziehungsweise Kriterien, um Fairness zu operationalisieren.[785] Diese Axiome basieren häufig auf der kooperativen Spieltheorie. Für den vorliegenden Kontext lässt sich ein Kriterium von besonderer Bedeutung identifizieren. Es handelt sich um das spieltheoretische Core–Konzept.[786] Der *Core* bezeichnet die Menge von Allokationen, die keiner Koalition den Anreiz bietet, ihr Risiko in einer kleineren Koalition als dem Gesamt–Unternehmen mit Kapital zu unterlegen.[787] Eine Allokation, die diese Bedingung erfüllt, wird core–kompatibel genannt.[788] Zusätzlich zum Core–Kriterium können weitere Axiome sinnvoll sein, falls der Core leer sein sollte.

781 Vgl. Adams (1963), Homans (1974), Kapitel 12, Lind/Tyler (1988), Kapitel 2.

782 Vgl. Ransmeier (1942). Einen guten Überblick dazu geben Straffin/Heaney (1981).

783 Rauhut/Schmitz/Zachow (1979) sehen in einem gerechten Allokationsverfahren die Grundlage für ein gutes Performancemaß. Vgl. Rauhut/Schmitz/Zachow (1979).

784 Vgl. Hooker et al. (1996), S. 292, Schmock/Straumann (1999), S. 3, Denault (2001), S. 1, Albrecht/Koryciorz (2004), S. 134.

785 Vgl. beispielsweise Thomas (1980).

786 Im weiteren Verlauf wird die englische Originalbezeichnung anstelle der deutschen Übersetzung „Kern“ verwendet.

787 Eine formale Definition des Core erfolgt im nächsten Abschnitt 4.1.2.

788 Ein Verfahren zur Allokation von Risikokapital wird dagegen genau dann core–kompatibel genannt, wenn es nur Allokationen liefert, die im Core liegen.

Darüber hinaus können zusätzliche Kriterien auch dann zweckmäßig sein, wenn der Core mehr als eine Allokation umfasst, um die Menge der Allokationen zu reduzieren.[789]

Die Frage bezüglich der Core–Kompatibilität einer Allokation ist im Kontext der Risikokapitalallokation aus zwei Gründen von besonderer Relevanz. Erstens lässt sich zeigen, dass der Core bei der Risikokapitalallokation nicht–leer ist und somit immer mindestens eine Allokation existiert, die diese Bedingung erfüllt. Diese Aussage wird in Abschnitt 4.4.3 sogar konstruktiv bewiesen, das heißt, es wird ein konkretes Verfahren vorgestellt, das immer core–kompatible Allokationen liefert. Zweitens führt die Erfüllung der Core–Bedingung dazu, dass keine Koalition ein begründetes Argument gegen die Allokation vorbringen kann. Dies ist deswegen wichtig, da nicht nur die risikoadjustierte Performance einzelner Divisionen, sondern darüber hinaus auch häufig die risikoadjustierte Performance von Gruppen von Divisionen (Koalitionen) gemessen werden soll. Beispielsweise lässt sich hier die Handelsabteilung einer Bank, die aus mehreren Händlern besteht, nennen. Die Unternehmensleitung wird nicht nur die Performance einzelner Händler evaluieren wollen, sondern darüber hinaus auch die Performance von Gruppen von Händlern, die zum Beispiel für bestimmte Branchen, Regionen oder Produkte zuständig sind.

4.1.2 Kooperatives Modell

Die Analyse soll nun unter Nutzung formaler Modelle erfolgen. Mit Hilfe des folgenden Modells wird dabei der Frage nach einer möglichst fairen Allokation der Kosten des Risikokapitals für ein dezentral organisiertes Unternehmen mit n Divisionen $i = 1, ..., n$ untersucht. Jede Division i verfügt über eine Risikoposition in Form eines Portfolios aus riskanten Investments. Es sei Σ die $(n \times n)$ Kovarianzmatrix[790] der Erträge der Portfolios der Divisionen, wobei $\sigma_{ii} = \sigma_i^2$ die Varianz der Erträge von Division i und σ_{ij} die Kovarianz der Erträge zwischen Division i und Division j ist.[791] Für $K \subset N := \{1, ..., n\}$ sei

$$e_i^K := \begin{cases} 1 \text{ wenn } i \in K \\ 0 \text{ sonst,} \end{cases} \tag{4.1}$$

---

789 Vgl. Callen (1978).

790 Bezüglich der Eigenschaften einer Kovarianzmatrix vgl. Abschnitt 4.5, S. 170 ff.

791 Im Vergleich zu der formal korrekten Darstellung aus Abschnitt 2.2 werden in diesem Abschnitt einige Notationsvereinfachungen zwecks besserer Lesbarkeit vorgenommen. Die zukünftig unsicheren Erträge einer Division i seien durch die Zufallsvariable $X_i \in \mathcal{X}$ modelliert. Für die Standardabweichung einer Division i wird im Weiteren $\sigma_i = \sigma(\{i\}) = Std(X_i) = \sigma_{X_i}$ verwendet. Für die Standardabweichung einer Koalition $K \subset N$ wird $\sigma(K) = \sigma(\{K\}) = Std(\sum_{i \in K} X_i) = \sigma_{\Sigma_{i \in K} X_i}$ geschrieben. Für den Value–at–Risk einer Division i wird $VaR_i = VaR_{1-\alpha}(X_i)$, für den einer Koalition $K \subset N$ $VaR(K) = VaR_{1-\alpha}(\sum_{i \in K} X_i)$ verwendet.

und $e(K) := (e_1^K, ..., e_n^K)$.[792] Für die Standardabweichung $\sigma(K)$ der Erträge eines Portfolios, das aus den Portfolios aller Divisionen $i \in K$ besteht, gilt dann

$$\sigma(K) = [e(K) \cdot \Sigma \cdot e(K)^T]^{1/2}. \tag{4.2}$$

Es wird angenommen, dass die Erträge des Portfolios der Division i mit dem Erwartungswert μ_i und der Standardabweichung σ_i normalverteilt sind. Für den Value–at–Risk der Division i gilt dann gemäß Gleichung (2.19)

$$VaR_i = -(\mu_i + z_\alpha \cdot \sigma_i), \tag{4.3}$$

wobei z_α das α–Quantil der Standardnormalverteilung und $0 \leq 1 - \alpha \leq 1$ das Konfidenzniveau des Value–at–Risk bezeichnet.[793] Mit einer Wahrscheinlichkeit von $1 - \alpha$ (zum Beispiel 99 Prozent) wird der Verlust des Portfolios von Division i den Wert VaR_i nicht überschreiten. Das notwendige Risikokapital von Division i beträgt somit

$$RK_i = VaR_i. \tag{4.4}$$

Im Allgemeinen gilt $VaR_i \geq 0$, so dass $RK_i \geq 0$. Falls der Value–at–Risk jedoch negativ sein sollte, so ist dies als Möglichkeit der Reduktion des notwendigen Risikokapitals zu interpretieren.

Der Value–at–Risk einer Koalition $K \subset N$ und das sich daraus ergebende notwendige Risikokapital ist

$$VaR(K) = RK(K) = -(\sum_{i \in K} \mu_i + z_\alpha \cdot \sigma(K)). \tag{4.5}$$

Für jede Koalition $K \subset N$ existiert ein Diversifikationseffekt in dem Sinne, dass auf Grund von $\sum_{i \in K} \sigma(i) \geq \sigma(K)$ analog zu Gleichung (3.3)

$$\sum_{i \in K} VaR_i = \sum_{i \in K} RK_i \geq VaR(K) = RK(K) \tag{4.6}$$

gilt. Die sich hieraus ergebenden Einsparungen der Kosten des Risikokapitals ergeben sich wie folgt:

$$v(K) = r \cdot (\sum_{i \in K} RC_i - RC(K)) \text{ für } K \subset N. \tag{4.7}$$

---

792 Im Weiteren beinhaltet $K \subset N$ immer den Fall $K = N$.

793 Wie bereits erwähnt, wird hier aus Gründen der Vereinfachung der Value–at–Risk als Risikomaß benutzt. Ohne Änderung der Ergebnisse könnte an dieser Stelle auch der Expected Shortfall beziehungsweise der Conditional Value–at–Risk als Risikomaß verwendet werden. Vgl. hierzu Gleichung (2.44).

r steht dabei für die Kosten des Risikokapitals.[794] $v(\cdot)$ bezeichnet die so genannte charakteristische Funktion des Risikokapitalallokationsspiels.[795] Gleichung (4.7) zeigt, dass sich das Problem der Allokation der Kosten des Risikokapitals analog als Problem der Allokation des Risikokapitals selbst auffassen lässt.[796] Im Folgenden geht es daher um die Betrachtung der Allokation des Risikokapitals beziehungsweise der Allokation des Value-at-Risk.

Der Diversifikationseffekt des Gesamt-Unternehmens N ist größer als der für jede Koalition $K \subset N$. Dies zeigt sich mit $K_1, ..., K_k$ wobei $K_i \cap K_j = \emptyset$ falls $i \neq j$ und $\sum_{i=1}^{k} K_i = N$ auf Grund von

$$\sum_{i=1}^{k} \sigma(K_i) \geq \sigma(N); \sum_{i=1}^{k} VaR(K_i) = \sum_{i=1}^{k} RK(K_i) \geq VaR(N) = RK(N). \tag{4.8}$$

Im Allgemeinen ist es daher für das Unternehmen von Nachteil, wenn die Risiken von mehreren Koalitionen unabhängig vom Gesamt-Unternehmen N mit Kapital unterlegt werden, da dies zu höheren Kosten führt.[797] Um ein solch unabhängiges Vorgehen zu vermeiden, sollte die Allokation des Risikokapitals sicherstellen, dass das einer Koalition $K \subset N$ allozierte Risikokapital in keinem Fall das Risikokapital übersteigt, das diese Koalition außerhalb des Gesamt-Unternehmens benötigen würde. Ist diese Bedingung für alle Koalitionen K sowie die Bedingung der vollständigen Allokation des für das Gesamt-Unternehmen benötigten Risikokapitals $RK(N)$ erfüllt, so liegt die resultierende Allokation im *Core*. Formal stellen sich die Core-Bedingungen wie folgt dar. $RK_i^a = VaR_i^a$ sei das einer Division i $(i = 1, ..., n)$ allozierte Risikokapital beziehungsweise der allozierte Value-at-Risk. Eine Allokation $RK^a := (RK_1^a, ..., RK_n^a) = (VaR_1^a, ..., VaR_n^a) =: VaR^a$ liegt im Core, falls

$$\sum_{i \in K} RK_i^a = \sum_{i \in K} VaR_i^a \leq VaR(K) = RK(K) \text{ für alle } K \subset N \tag{4.9}$$

und

$$\sum_{i=1}^{n} RK_i^a = \sum_{i=1}^{n} VaR_i^a = VaR(N) = RK(N) \tag{4.10}$$

---

[794] Vgl. hierzu Fußnote 479.

[795] Allgemein zur charakteristischen Funktion vgl. Owen (1995), S. 213.

[796] Vgl. hierzu Abschnitt 3.1.2.2, S. 87 ff.

[797] Es sei nochmals darauf hingewiesen, dass der in Gleichung (4.8) unterstellte Zusammenhang bezüglich des Value-at-Risk nur für den Sonderfall normalverteilter Risikopositionen beziehungsweise allgemeiner für den Fall elliptisch verteilter Risikopositionen gilt. Vgl. Abschnitt 2.2.3.3.

gilt.[798] Mit einer core–kompatiblen Allokation des Risikokapitals hat also keine Koalition den Anreiz, ihr Risiko außerhalb des Gesamt–Unternehmens mit Kapital zu unterlegen.[799] Es sei an dieser Stelle darauf hingewiesen, dass es sich dabei um ein hypothetisches Konstrukt handelt, da in der allgemeinen Unternehmenspraxis entsprechende Austrittsmöglichkeiten im Allgemeinen nicht bestehen und somit eine Drohung nicht glaubwürdig wäre. Dennoch lässt sich die Hypothese aufstellen, dass die Anwendung eines solchen Konzepts aus Gründen der Gerechtigkeit von allen Divisionen akzeptiert wird.[800] Wie Hamlen, Hamlen und Tschirhart (1980) andeuten, „even if the divisions were prohibited from such independent action, the division leaders would be aware of their potential for an improved performance record by independent action and an indirect efficiency problem would be present".[801] Es reicht somit aus, wenn eine Division über die potenzielle Möglichkeit geringerer Risikokapitalkosten außerhalb des Unternehmens informiert ist. Dies kann dann zukünftig zu Ineffizienzen führen.

Um das Beispiel aus dem vorherigen Abschnitt aufzugreifen, könnte es sich bei der Koalition K um eine Gruppe von Händlern handeln. Indem man die risikoadjustierte Performance dieser Händlergruppe zum Beispiel in Form des RAROC oder EVA berechnet, würde sie auf Basis des ihr zugeteilten Risikokapitals $\sum_{i \in K} RK_i^a$ evaluiert. Ist dieses zugeteilte Risikokapital geringer oder gleich hoch wie das Stand–Alone–Risiko der Händlergruppe $VaR(K)$, so sind Beanstandungen an der Allokation des Risikokapitals unwahrscheinlich. Das Core–Kriterium scheint daher eine plausible Möglichkeit zur Operationalisierung von Fairness zu sein.

Für allgemeine Allokationsspiele erweisen sich die beiden Core–Bedingungen (4.9) und (4.10) teilweise als zu restriktiv. Dies kann dazu führen, dass keine Allokationen existieren, die beide Bedingungen erfüllen und der Core damit leer ist. Im Falle der Risikokapitalallokation als kooperatives Spiel zeigt dagegen Denault (2001), dass der Core auf Basis eines kohärenten Risikomaßes immer nicht–leer ist und somit immer eine Allokation existiert, welche beide Core–Bedingungen erfüllt.[802] Dass es sich bei diesem Ergebnis um eine Besonderheit der Risikokapitalallokation handelt, zeigt das folgende Beispiel einer Gemeinkostenallokation. Hierzu wird angenommen, dass Gemeinkosten in Höhe von 475

---

798 Zum allgemeinen Konzept des Core vgl. Gillies (1959), Aubin (1982), S. 310 ff., Moulin (1988), S. 87 ff., Osborne/Rubinstein (1994), S. 257 ff. Die verwendete Core–Definition unterstellt implizit einen transferierbaren Nutzen. Das heißt, dass die Divisionen einen etwaig zugeteilten Diversifikationseffekt untereinander austauschen können.

799 Es ist in diesem Zusammenhang für die spätere Untersuchung sinnvoll, die Menge der Core–Bedingungen in zwei Klassen zu unterteilen. Core–Bedingungen mit $|K| = 1$ werden im Weiteren Core–Bedingungen auf Individualebene, Core–Bedingungen mit $|K| > 1$ dagegen Core–Bedingungen auf Koalitionsebene genannt.

800 Vgl. Denault (2001), S. 9.

801 Vgl. Hamlen/Hamlen/Tschirhart (1980), S. 282.

802 Vgl. Denault (2001). In Abschnitt 4.4.3 wird darüber hinaus ein konstruktiver Beweis für die Existenz einer core–kompatiblen Allokation geführt.

Geldeinheiten zwischen $n = 3$ Divisionen aufzuteilen sind. $C(K)$ sei die Kostenfunktion für Koalitionen $K \subset N$:

$$C(K) = \begin{cases} 200, & \text{falls } |K|=1 \\ 300, & \text{falls } |K|=2 \\ 475, & \text{falls } |K|=3. \end{cases} \tag{4.11}$$

Dem auf Grund von Diversifikationseffekten subadditiven Risikomaß bei der Risikokapitalallokation entspricht hier die degressive Kostenfunktion auf Grund von Skaleneffekten. Es ist leicht ersichtlich, dass der Core dieses Gemeinkostenspiels leer ist.[803] Dies zeigt, dass das Resultat eines nicht–leeren Core nicht nur auf Grund eines subadditiven Risikomaßes (hier: einer degressiven Kostenfunktion) zustande kommt. Das Ergebnis ergibt sich vielmehr aus der Kombination der Subadditivitätseigenschaft des Risikomaßes mit der sich in der Kovarianzmatrix zeigenden Abhängigkeitsstruktur der zu Grunde liegenden Risikopositionen.

Das Core–Konzept soll nun an einem Beispiel erläutert werden. Hierzu werden $n = 3$ Divisionen angenommen, welche über einen Erwartungswert der Erträge von $\mu_i = 0$ verfügen. Für die Kovarianzmatrix der Erträge Σ_1 gilt

$$\Sigma_1 = \begin{pmatrix} 57 & 22 & 6 \\ 22 & 42 & -9 \\ 6 & -9 & 28 \end{pmatrix}. \tag{4.12}$$

Bei einem angenommenen Konfidenzniveau von circa 84 Prozent ($z_\alpha = -1$) ergeben sich die folgenden Core–Bedingungen:[804]

$$\begin{aligned} VaR_1^\alpha &\leq 7,55 \\ VaR_2^\alpha &\leq 6,48 \\ VaR_3^\alpha &\leq 5,29 \\ VaR_1^\alpha + VaR_2^\alpha &\leq 11,96 \\ VaR_1^\alpha + VaR_3^\alpha &\leq 9,85 \\ VaR_2^\alpha + VaR_3^\alpha &\leq 7,21 \\ VaR_1^\alpha + VaR_2^\alpha + VaR_3^\alpha &= 12,85 \end{aligned} \tag{4.13}$$

[803] c_i^a seien die der Division i allozierten Kosten. Indem man die Bedingung der vollständigen Allokation $c_3^a = 475 - c_1^a - c_2^a$ in die Core–Bedingungen $c_1^a + c_3^a \leq 300$ und $c_2^a + c_3^a \leq 300$ einsetzt, erhält man $c_2^a \geq 175$ und $c_1^a \geq 175$. Dies widerspricht offensichtlich der Core–Bedingung $c_1^a + c_2^a \leq 300$.

[804] Auf Grund der getroffenen Annahmen entspricht der Value–at–Risk der einfachen Standardabweichung.

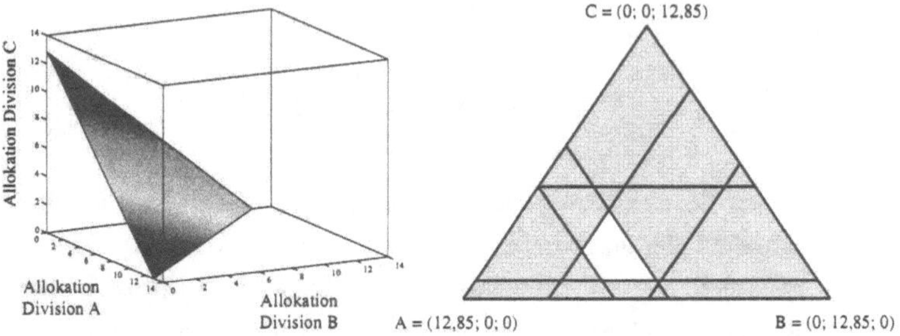

Abbildung 4.1: Fundamentales Dreieck in drei und zwei Dimensionen

Grafisch lässt sich die Allokationsproblematik mit Hilfe des so genannten fundamentalen Dreiecks darstellen.[805] Das in drei und zwei Dimensionen dargestellte fundamentale Dreieck des oben genannten Beispiels findet sich in Abbildung 4.1. Beim linken, dreidimensionalen Teil der Abbildung bezeichnen die Achsen die Allokationshöhe der jeweiligen Division. Das eingezeichnete Dreieck beschreibt die Menge aller Allokationen, welche Gleichung (4.10) erfüllen und positiv sind. Reduziert man die Darstellung um eine Dimension, so erhält man das im rechten Teil der Abbildung dargestellte fundamentale Dreieck. Die drei Eckpunkte beschreiben Situationen, in denen das gesamte Risiko der jeweiligen Division alloziert wird und die verbleibenden Divisionen kein Risiko zugeteilt bekommen. Die eingetragenen Linien innerhalb des Dreiecks stellen die einzelnen Restriktionen aus der ersten Core–Bedingung in Gleichung (4.7) dar. Das weiße Trapez innerhalb des Dreiecks zeigt die Menge aller core–kompatiblen Allokationen.

4.2 Risikokapitalallokation als nicht–kooperatives Spiel

4.2.1 Steuerungsaspekte im Rahmen der ex post Allokation von Risikokapital

Im kooperativen Modell wird implizit angenommen, dass die ex post Allokation keinerlei Auswirkungen auf die Risikosteuerung hat. Wie in Abschnitt 3.2.1.3 gezeigt, hat die Art der Performancemessung immer auch indirekte Auswirkungen auf die ex ante Risikosteuerung. Der Grund hierfür liegt darin, dass die einzelnen Divisionen über die Art der Performancemessung vorab in Kenntnis gesetzt werden und bereits ex ante antizipieren, welche Konsequenzen die Handlungen auf die Performance haben. Diese Aspekte sollen im Rahmen des folgenden Modells berücksichtigt werden.

805 Vgl. Hamlen/Hamlen/Tschirhart (1977), S. 618 ff.

Als Performancemaß soll dabei der in Abschnitt 2.3.1 dargestellte Economic Value Added verwendet werden. Die Performance einer Division ergibt sich somit aus dem Ertrag der Division abzüglich der Kosten des Risikokapitals, bestehend aus dem allozierten Risikokapital multipliziert mit einem adäquaten Zinssatz.[806] Da mit zunehmender Höhe des allozierten Risikokapitals der Wert des Performancemaßes ceteris paribus sinkt, werden die Manager der Divisionen bestrebt sein, möglichst wenig Risikokapital zugeteilt zu bekommen. Das insgesamt notwendige Risikokapital des Unternehmens wird dabei auf Grund von Diversifikationseffekten erheblich reduziert.[807] Da das zu verteilende diversifizierte Risikokapital von der zu Grunde liegenden Korrelationsstruktur der Risikopositionen aller Divisionen abhängig ist, hängt die Höhe des einer einzelnen Division allozierten Risikokapitals und damit deren Performance von den Entscheidungen aller Divisionen ab. Im Umkehrschluss beeinflusst die Entscheidung einer Division die Performancemaße aller anderen Divisionen. Im Weiteren wird daher angenommen, dass die Divisionen ihr erwartetes Performancemaß in nicht–kooperativer Weise zu maximieren versuchen. Wie sich im nächsten Abschnitt zeigen wird, führt dies zu einem strategischen Spiel.

4.2.2 Nicht–kooperatives Modell

Es wird wiederum von n Divisionen (Spielern) $i = 1, ..., n$ ausgegangen, welche nun zwischen m verschiedenen, sich gegenseitig ausschließenden Portfolios P_{ij} $(j = 1, ..., m)$ wählen können. Die unsicheren Erträge jedes Portfolios (Strategie) P_{ij} sind normalverteilt und damit vollständig über den Erwartungswert μ_{ij} und die Standardabweichung σ_{ij} charakterisiert. Die $(mn \times mn)$ Kovarianzmatrix Σ beschreibt die Abhängigkeiten zwischen allen möglichen Portfolios.

Insgesamt existieren m^n verschiedene Portfoliokombinationen. Im Folgenden repräsentiere $k = (k_1, ..., k_n)$ die Portfoliokombination $(P_{1k_1}, ..., P_{nk_n})$. Das Unternehmensziel bestehe in der Maximierung des erwarteten Economic Value Added (EVA). Eine Allokation sollte daher sicherstellen, dass alle Divisionsmanager ein Portfolio wählen, so dass die resultierende Portfoliokombination k den erwarteten EVA des Unternehmens maximiert. Der erwartete EVA des Unternehmens auf Basis der Portfoliokombination k beträgt

$$EVA(N)_k = \sum_{i \in N} \mu_{ik_i} - r \cdot RK(N)_k, \tag{4.14}$$

wobei $RK(N)_k$ das auf Unternehmensebene notwendige Risikokapital bezeichnet, das sich für die Portfoliokombination k ergibt. Es berechnet sich analog zu Gleichung (4.5). Eine

[806] Vgl. hierzu Fußnote 479.

[807] Perold (2001) zeigt empirisch anhand einer Fallstudie, dass das diversifizierte Risikokapital im Einzelfall um mehr als 70 Prozent unter dem undiversifizierten Risikokapital liegen kann. Für weitere empirische Ergebnisse vgl. Abschnitt 5.1.2.2, S. 187 ff.

Portfoliokombination k^{opt} wird als optimal (*globales Optimum*) bezeichnet, falls dadurch Gleichung (4.14) maximiert wird, das heißt

$$k^{opt} \in \arg\max_{k} EVA(N)_k. \tag{4.15}$$

Auf Grund der dezentralen Organisation des Unternehmens wird die Entscheidung über die Zusammensetzung der Divisionsportfolios auf Divisionsebene getroffen. Es wird dabei angenommen, dass ein Manager der Division i den aus der Portfoliokombination k resultierenden erwarteten EVA_{ik} seiner Division (Auszahlungsfunktion) maximieren möchte. Mit $RK(i)_k^a$ als dem der Division i bei Zustandekommen der Portfoliokombination k allozierten Risikokapital erhält man das divisionale Performancemaß

$$EVA_{ik} = \mu_{ik_i} - r \cdot RK(i)_k^a. \tag{4.16}$$

Da EVA_{ik} von $RK(i)_k^a$ abhängt, ist er gleichzeitig auch von den Entscheidungen aller Divisionsmanager abhängig. Im Rahmen dieses Spiels wird von vollständiger Information in dem Sinne ausgegangen, dass jeder Divisionsleiter die Menge und Charakteristika aller möglichen Portfolios der anderen Divisionsleiter kennt. Es liegt somit ein strategisches Spiel vor, in dem jeder Divisionsmanager die Entscheidungen aller anderen Divisionsmanager in sein Kalkül einbeziehen muss. Ein solches strategisches Spiel hat genau dann ein so genanntes *Nash–Gleichgewicht*[808] (in reinen Strategien), falls eine Portfoliokombination k^* bei gegebenem Allokationsverfahren existiert, für die

$$EVA_{ik^*} \geq EVA_{ik} \text{ für alle } i \text{ wobei } k_j = k_j^* \text{ für } j \neq i \tag{4.17}$$

gilt. Das bedeutet, dass k_i^* eine schwach beste Antwort für Division i darstellt. Ein Allokationsverfahren erlaubt hier genau dann eine optimale Steuerung, wenn es das Risikokapital so alloziert, dass k^{opt} gleichzeitig ein Nash–Gleichgewicht k^* darstellt. Darüber hinaus sollte bei k^{opt} das einzige Nash–Gleichgewicht liegen.

		Division 1		Division 2	
		Portfolio 1	Portfolio 2	Portfolio 1	Portfolio 2
Division 1	Portfolio 1	62	19	52	46
	Portfolio 2	19	95	35	17
Division 2	Portfolio 1	52	35	89	42
	Portfolio 2	46	17	42	80

Tabelle 4.1: Kovarianzmatrix Σ im Rahmen des Beispiels zum nicht–kooperativen Modell

808 Zum Nash–Gleichgewicht vgl. Nash (1951) sowie erläuternd Fudenberg/Tirole (1991), S. 11 ff., Gibbons (1992), S. 8 ff., Osborne/Rubinstein (1994), S. 14 ff., Jost (2001b), S. 49 ff., Holler/Illing (2003), S. 57 ff.

Das Modell soll nun anhand eines Beispiels mit $n = 2$ Divisionen und $m = 2$ Portfolios je Division illustriert werden. Die Erwartungswerte der Erträge seien $\mu_{ij} = 1$ für alle i und j und es gelte $z_\alpha = -1$, was einem Konfidenzniveau von ungefähr 84 Prozent entspricht. Der Zinssatz des Risikokapitals liege bei 10 Prozent. Tabelle 4.1 stellt die Kovarianzmatrix der Erträge aller Portfolios dar.

Tabelle 4.2 zeigt für alle $2^2 = 4$ Portfoliokombinationen die jeweils mit Hilfe von Gleichung (4.14) und der Kovarianzmatrix Σ berechneten erwarteten *EVAs* des Gesamt–Unternehmens. Es wird deutlich, dass Kombination $k^{opt} = (2,2)$ mit einem erwarteten *EVA* von 0,5543 die optimale Portfoliokombination (globales Optimum) darstellt. Ein Allokationsverfahren sollte entsprechend die Anreize dazu geben, dass Division 1 und 2 jeweils das Portfolio 2 wählen.

k	$\text{EVA}(N)_k$
(1,1)	0,4031
(1,2)	0,4703
(2,1)	0,4063
(2,2)	0,5543

Tabelle 4.2: Erwartete EVAs des Gesamt–Unternehmens im Rahmen des Beispiels zum nicht–kooperativen Modell

Die Ergebnisse eines beliebigen Verfahrens zur Risikokapitalallokation sind in Tabelle 4.3 zu sehen. Die Darstellung liegt hier in Normalform vor. Jede der vier mit zwei Zahlen gefüllten Zellen zeigt die aus der jeweiligen Portfoliokombinationen resultierenden EVAs der einzelnen Divisionen. Die jeweils obere Zahl entspricht dem EVA von Division 1, die untere dem EVA von Division 2. Aus der Normalform–Darstellung ist leicht ersichtlich, dass es sich bei der Portfoliokombination zur fett gedruckten Zelle um das einzige Nash–Gleichgewicht im Spiel handelt. Somit gilt $k^* = (1,2)$. Sobald Division 1 das Portfolio 1 und Division 2 das Portfolio 2 gewählt haben, hat keine Division mehr den Anreiz, ihre Wahl isoliert zu ändern. Im vorliegenden Beispiel liegt damit eine Situation vor, in der die für das Gesamt–Unternehmen optimale Portfoliokombination kein Nash–Gleichgewicht ist ($k^{opt} \neq k^*$). Im Weiteren wird eine Portfoliokombination, die zugleich globales Optimum k^{opt} und Nash–Gleichgewicht k^* ist, als *Nash–Optimum* bezeichnet. Im vorliegenden Beispiel liegen alle Allokationen im Core. Das bedeutet, dass bei vorliegender Fairness (Core–Kompatibilität) nicht immer eine optimale Risikosteuerung in dem Sinne erfolgt, dass durch eine faire (core–kompatible) Allokation die Divisionsmanager dazu veranlasst werden, eine Portfoliokombination zu wählen, die für das Gesamt–Unternehmen optimal ist.

Im nächsten Abschnitt werden einige weitere wichtige Anforderungen, die an ein Verfahren zur Risikokapitalallokation zu stellen sind, dargestellt. Hierauf aufbauend werden

		Division 2	
		Portfolio 1	Portfolio 2
Division 1	Portfolio 1	0,2735 0,1296	**0,2838** **0,1865**
	Portfolio 2	0,1901 0,2161	0,2461 0,3082

Tabelle 4.3: Normalform für ein beliebiges Allokationsverfahren im Rahmen des Beispiels zum nicht-kooperativen Modell

dann im darauf folgenden Abschnitt 4.4 konkrete Verfahren zur Allokation von Risikokapital vorgestellt. Diese werden jeweils daraufhin untersucht, ob sie die im folgenden Abschnitt darzustellenden Anforderungen erfüllen. Die Eigenschaften der Verfahren innerhalb des nicht-kooperativen Modells werden in Abschnitt 4.5 mit Hilfe von Simulationsstudien analysiert.

4.3 Anforderungen an ein Verfahren zur Risikokapitalallokation

Analog zum Vorgehen von Artzner, Delbaen, Eber und Heath (1997) lassen sich auch bezüglich der Verfahren zur Risikokapitalallokation bestimmte wünschenswerte Eigenschaften formulieren. In der Literatur existieren hierzu zahlreiche Axiome, die meist spieltheoretisch fundiert sind. Solche Zusammenstellungen von Axiomen finden sich beispielsweise bei Kinder (1999), Kinder/Steiner/Willinsky (2001) oder Schradin/Zons (2003).[809] Denault (2001) hat unter dem Begriff der *kohärenten Verfahren zur Risikokapitalallokation* drei Axiome postuliert, die seiner Meinung nach ein gerechtes und glaubwürdiges Verfahren auszeichnen und denen derzeit die größte Beachtung und Akzeptanz zuteil wird.[810] Bezo-

809 Darüber hinaus existieren im Schrifttum auch häufig qualitativ formulierte Anforderungen, wie beispielsweise die Forderung nach einer risikogerechten Verteilung, nach niedrigen Kosten des Einsatzes oder geringer Beanspruchung der Unternehmensleitung. Da diese schwer zu operationalisieren sind, soll hier darauf nicht näher eingegangen werden. Vgl. hierzu Schmock/Straumann (1999), S. 3, Gleißner/Lienhard (2001), S. 278, Hall (2002), S. 33, Graumann/Baum (2003), S. 438 ff., Schierenbeck (2003a), S. 516 ff.

810 Vgl. Denault (2001), S. 5. Wie bei den Kohärenzaxiomen für Risikomaße unterliegen auch die Kohärenzaxiome für Risikokapitalallokationsverfahren einer grundsätzlichen Kritik. Die Frage nach der Fairness eines Verfahrens zur Risikokapitalallokation kann letztlich nur subjektiv und kontextabhängig beantwortet werden. Vgl. hierzu Koryciorz (2004), Fußnote 535. Im Rahmen der empirischen Gerechtigkeitsforschung entspricht eine axiomatische Operationalisierung von Fairness dem Paradigma einer prinzipiengeleiteten Abgrenzung von Gerechtigkeit. Einen Überblick hierzu gibt Liebig (2004). Eine notwendige empirische Überprüfung des Axioms der Core-Kompatibilität erfolgt in experimenteller Weise in den Abschnitten 5.2 und 5.3. Für eine Erläuterung der im Folgenden dargestellten Kohärenzaxiome vgl. Hürlimann (2001), S. 12 f., Panjer (2002), S. 5, Dresel (2003), S. 74, Albrecht/Koryciorz (2004), S. 138 ff., Koryciorz (2004), S. 189 ff.

gen auf den Value-at-Risk bei normalverteilten Risikopositionen, handelt es sich bei den Kohärenzaxiomen im Einzelnen um:

1. *Core-Kompatibilität*[811]

$$\sum_{i\in K} RK_i^a = \sum_{i\in K} VaR_i^a \leq VaR(K) = RK(K) \text{ für alle } K \subset N \tag{4.18}$$

   Die Core–Eigenschaft wurde bereits ausführlich in Abschnitt 4.1.2 erläutert. Um Core-Kompatibilität zu erreichen, ist die Allokation so zu gestalten, dass keine Koalition auf Grund einer zu hohen Belastung mit alloziertem Risikokapital damit drohen kann, das Unternehmen zu verlassen. Eine Koalition wird dies genau dann androhen, wenn sie mit mehr Risikokapital belastet wird, als sie alleine eigentlich tragen müsste.

2. *Symmetrie*

   Unter Nutzung des inkrementellen Value–at–Risk einer Division i in Bezug auf eine Koalition K

$$\begin{aligned} \Delta VaR_i(K) &:= VaR(K) - VaR(K - \{i\}) \\ &\text{für } K \subset N \text{ mit } i \in K, \text{ und } VaR(\emptyset) := 0 \end{aligned} \tag{4.19}$$

   ist ein Verfahren zur Allokation von Risikokapital genau dann symmetrisch, wenn

$$\begin{aligned} &VaR_i^a = RK_i = RK_j = VaR_j^a \\ &\quad \text{für alle } i, j \text{ mit } \Delta VaR_i(K + \{i\}) = \Delta VaR_j(K + \{j\}) \\ &\quad \text{und für alle } K \subset N \setminus \{i, j\} \end{aligned} \tag{4.20}$$

   gilt. Die Allokationshöhe einer einzelnen Einheit darf nur von deren Risikobeitrag abhängen. Somit müssen zwei austauschbare Divisionen die gleiche Höhe an Risikokapital alloziert bekommen. Man nennt zwei Divisionen genau dann austauschbar, wenn sie zu allen Koalitionen eines Unternehmens, welche nicht i und j enthalten, den gleichen Risikobeitrag leisten.

3. *Risikofreie Allokation*

$$RK_i^a = VaR_i^a = -\mu_i \text{ für alle } i \text{ mit } \sigma_i = 0 \tag{4.21}$$

[811] Denault (2001) nennt diese Eigenschaft „no undercut“. Sie beinhaltet nicht die vollständige Allokation, das heißt $\sum RK_i^a = VaR(N)$. Da jedoch sowohl im Rahmen dieser Arbeit (siehe Gleichung (4.23)) als auch bei Denault die vollständige Allokation Bestandteil der Definition eines Verfahrens zur Risikokapitalallokation ist, liegt bei Erfüllung von Gleichung (4.18) Core–Kompatibilität vor. Vgl. auch Denault (2001), S. 9. Hesselager/Andersson (2002), S. 11, nennen dieses Axiom „recognition of diversification“.

Einer Division i, die ein risikoloses Portfolio wählt, sollte exakt die Höhe ihres Value-at-Risk, welcher dann dem negativen Erwartungswert entspricht, zugeteilt werden. Eine solche Division erhält somit eine negative Allokation, sofern $\mu_i > 0$. In spieltheoretischer Literatur wird in diesem Zusammenhang häufig von der Strohmann–Eigenschaft gesprochen.[812] Bei einem Strohmann i handelt es sich um eine Division, die zu jeder Koalition genau ihr Divisionsrisiko beiträgt, das heißt $\Delta VaR_i(K) = VaR_i$ für alle $K \subset N \setminus \{i\}$. Dies ist genau dann der Fall, wenn $\sigma_i = \sigma_{i,j} = 0$ für alle j gilt. Ein Allokationsverfahren erfüllt die Strohmann-Eigenschaft, wenn es allen Strohmännern i exakt die Höhe Ihres Beitrags alloziert, das heißt $RK_i = VaR_i$. Jedes Verfahren, das die Strohmann-Eigenschaft erfüllt, erfüllt somit auch die Eigenschaft der risikofreien Allokation.[813]

Ein Allokationsverfahren ist zusätzlich nicht–negativ kohärent, falls

$$RK_i \geq 0 \text{ für alle } i \in N \tag{4.22}$$

gilt.[814] Die Erfüllung dieser drei Axiome soll sicherstellen, dass ein Verfahren zur Risikokapitalallokation als möglichst fair und gerecht empfunden wird. Dabei führen diese Eigenschaften jedoch nicht unbedingt zu einer optimalen Risikosteuerung,[815] so dass im Folgenden das in Abschnitt 4.2.1 eingeführte Konzept der Nash–Optima als zusätzliches Kriterium dazu genutzt werden soll, die Risikosteuerungsaspekte der einzelnen Verfahren zu analysieren.

Aufbauend auf der dargestellten Kohärenzsystematik sollen zunächst im folgenden Abschnitt mehrere Verfahren zur Risikokapitalallokation vorgestellt und hinsichtlich der Erfüllung der einzelnen Axiome untersucht werden.

4.4 Verfahren zur Risikokapitalallokation

Ein *Verfahren zur Risikokapitalallokation* bezüglich eines Risikomaßes R ist allgemein eine Abbildung Φ, die jedem Zufallsvektor $\mathbf{X}$ einer beliebigen Dimension n einen reellen Allokationsvektor gleicher Dimension zuordnet,

$$\Phi : \mathbf{X} = \begin{pmatrix} X_1 \\ \vdots \\ X_n \end{pmatrix} \longmapsto \begin{pmatrix} RK_1^a \\ \vdots \\ RK_n^a \end{pmatrix}, \tag{4.23}$$

812 Synonym: Dummy–Player–Eigenschaft.
813 Die risikolose Division kann daher auch als Strohmann bezeichnet werden.
814 Vgl. Denault (2001), S. 5.
815 Vgl. Abschnitt 4.2.1.

so dass eine vollständige Allokation gewährleistet ist, das heißt $\sum_{i=1}^{n} RK_i^a = R(\sum_{i=1}^{n} X_i)$ für jeden Zufallsvektor **X**.[816]

Im Weiteren sollen nur solche Verfahren untersucht werden, die von der Unteilbarkeit der einzelnen Divisionen ausgehen.[817] Das heißt, dass es nicht möglich ist, eine Division beispielsweise zu halbieren. Insbesondere für den Einsatz in Industrieunternehmen ist diese Annahme realistisch. Die Annahme der Teilbarkeit einzelner Divisionen könnte allenfalls für Handelsabteilungen in Banken oder Versicherungen realistisch sein, wobei auch hier keine unendliche Teilbarkeit vorliegen dürfte. Einzelne Wertpapiere können beispielsweise nicht in Bruchteilen verkauft werden und ebenso ist es aus Gesichtspunkten der Wirtschaftlichkeit auf Grund von Transaktionskosten nicht sinnvoll, Positionen in beliebig kleinen Stückelungen ab– oder aufzubauen. Die Annahme der Unteilbarkeit einzelner Divisionen führt dazu, dass im Folgenden alle Verfahren, die auf der Betrachtung marginaler Veränderungen der Größe einzelner Divisionen aufbauen, von der Analyse ausgeschlossen werden.[818]

Die folgende Darstellung erfolgt in der Weise, dass zunächst das jeweilige Allokationsverfahren vorgestellt wird. Im Anschluss daran wird die Erfüllung der Eigenschaften Core–Kompatibilität, Symmetrie und risikolose Allokation geprüft. Der Abschnitt schließt mit einem Beispiel, das den Einfluss der Verfahrenswahl auf die Allokation verdeutlicht.

4.4.1 Activity–Level–Verfahren

Bei dem ersten hier vorzustellenden Verfahren zur Allokation von Risikokapital handelt es sich um das so genannte Activity–Level–Verfahren.[819] Diese in Theorie und Praxis häufig verwendete Allokationsregel alloziert das auf Unternehmensebene insgesamt notwendige

816 Die hier verwendete Definition schließt somit alle Allokationsverfahren aus, die zu keiner vollständigen Allokation führen. Eine Definition ohne notwendige Vollständigkeit der Allokation ist hier denkbar, jedoch für den Kontext der vorliegenden Arbeit nicht relevant.

817 Denault (2001), S. 5 ff., spricht in diesem Zusammenhang von „atomic" beziehungsweise „non-fractional players".

818 Insofern werden alle Verfahren ausgeschlossen, die auf einer Differentiation der zu Grunde liegenden Risikomaße aufbauen. Zu diesen Verfahren zählen beispielsweise das Aumann–Shapley Verfahren (vgl. Aumann/Shapley (1974)), das marginale Verfahren (vgl. Myers/Read (2001)) und das Euler–Verfahren (vgl. Patrik/Bernegger/Rüegg (1999)).

819 Häufig wird auch vom proportionalen Verfahren oder Splitting–Verfahren gesprochen. Vgl. beispielsweise Stoughton/Zechner (2000a), S. 888, beziehungsweise Culp (2000), S. 21.

Risikokapital proportional zum jeweils notwendigen Risikokapital auf Divisionsebene.[820] Für das allozierte Risikokapital RK_i^a gilt somit

$$RK_i^a = \frac{RK_i}{\sum_{j=1}^n RK_j} \cdot RK(N) = \frac{VaR_i}{\sum_{j=1}^n VaR_j} \cdot VaR(N) \text{ für alle } i = 1, ..., n. \tag{4.24}$$

Für

$$\frac{VaR(N)}{\sum\limits_{i=1}^{n} VaR_i} \leq \frac{VaR(K)}{\sum\limits_{i \in K} VaR_i} \text{ für alle } K \subset N. \tag{4.25}$$

liefert dieses Allokationsverfahren eine core-kompatible Allokation.[821] Im Allgemeinen ist diese Eigenschaft allerdings nicht immer erfüllt. Dies lässt sich anhand eines einfachen Beispiels mit $n = 3$ Divisionen und der Kovarianzmatrix der Erträge der Divisionen Σ_1 aus Abschnitt 4.1.2 zeigen. Hierzu wird ohne Verlust der Allgemeingültigkeit angenommen, dass $\mu_i = 0$ für alle i und $z_\alpha = -1$, so dass $VaR(K) = \sigma(K)$ gilt.[822] Bei diesem Beispiel wird gegen die Bedingung aus Gleichung (4.25) verstoßen, da

$$\frac{VaR(1,2,3)}{\sum\limits_{i=1}^{3} VaR_i} = \frac{12,8452}{19,3220} = 0,6648 > 0,6126 = \frac{7,2111}{11,7722} = \frac{VaR(2,3)}{\sum\limits_{i=2}^{3} VaR_i}. \tag{4.26}$$

Das Activity-Level-Verfahren (4.24) führt zur Allokation

$$RK_1^a = 5,0191\ ,\ RK_2^a = 4,3084 \text{ und } RK_3^a = 3,5178 \tag{4.27}$$

des notwendigen Risikokapitals auf Unternehmensebene $VaR(1,2,3) = 12,8452$. Auf Grund von

$$RK_2^a + RK_3^a = 7,8262 > 7,2111 = VaR(2,3) \tag{4.28}$$

[820] Vgl. Hamlen/Hamlen/Tschirhart (1977), S. 621, Kimball (1998), S. 46 f., Saita (1999), S. 104, Culp (2000), S. 21, Stoughton/Zechner (2000a), S. 888 f., Gleißner/Lienhard (2001), S. 280, Bühler/Birn (2002), S. 30 f., Graumann/Baum (2003), S. 433 f., Schierenbeck (2003a), S. 525 ff., Albrecht/Koryciorz (2004), S. 141 ff. Im vorliegenden Kontext entspricht diese Methode der so genannten Moriarity-Methode. Dies ist darauf zurückzuführen, dass abgesehen von dem konstanten Faktor r kein Unterschied zwischen dem Risikokapital und den Kosten für das Risikokapital besteht. Vgl. Moriarity (1975).

[821] Vgl. Hamlen/Hamlen/Tschirhart (1977), S. 621. Die Erfüllung von (4.25) ist dabei notwendig und hinreichende Bedingung für die Core-Kompatibilität des Activity-Level-Verfahrens. Die linke Seite der Ungleichung stellt dabei den prozentualen Anteil des Stand-Alone-Risikos der einzelnen Divisionen dar, der diesen alloziert wird. Ist dieser größer als ein entsprechender Anteil, der sich aus der Allokation im Rahmen einer Koalition ergibt, wird gegen die Core-Bedingung für diese Koalition verstoßen.

[822] Die gleichen Annahmen gelten für alle folgenden Beispiele, sofern nicht explizit hiervon abgewichen wird.

liegt diese Allokation nicht im Core. Sie führt dazu, dass Division 2 und 3 einen Anreiz dazu haben, ihr Risiko außerhalb des Unternehmens mit Kapitel zu unterlegen.

Mit dem Symmetrie–Axiom (4.20) wird für zwei austauschbare Divisionen i und j eine gleich hohe Allokation von Risikokapital gefordert. Austauschbare Divisionen weisen immer ein gleich hohes Stand–Alone–Risiko auf. Dies zeigt sich, indem man in Gleichung (4.20) $K = \emptyset$ setzt, womit sich $VaR_i = VaR_j$ ergibt. Divisionen, die das gleiche Stand–Alone–Risiko aufweisen, erhalten durch das Activity–Level–Verfahren immer gleich hohe Risikokapitalallokationen, womit die Methode die Symmetrie–Eigenschaft erfüllt.

Mit Hilfe der Kovarianzmatrix

$$\Sigma_2 = \begin{pmatrix} 0 & 0 & 0 \\ 0 & 4 & -1 \\ 0 & -1 & 1 \end{pmatrix} \tag{4.29}$$

lässt sich das Verfahren auf die Eigenschaft der risikolosen Allokation hin überprüfen. Hierzu setzt man $\mu_1 = 1$, $\mu_2 = \mu_3 = 0$ und $z_\alpha = -1$. Das Axiom wäre für das Beispiel genau dann erfüllt, wenn Division 1 Risikokapital in Höhe von -1 alloziert würde. Da das Activity–Level–Verfahren $RK_i^a = -0,37 \neq -1$ alloziert, wird hier gegen das Axiom der risikolosen Allokation verstoßen. Insgesamt zeigt sich somit, dass das Activity–Level–Verfahren auf Grund fehlender Core–Kompatibilität sowie mangels risikoloser Allokation nicht kohärent ist.

4.4.2 Inkrementelles Verfahren

Das inkrementelle Allokationsverfahren nutzt im Vergleich zum Activity–Level–Verfahren bereits mehr Informationen des zu Grunde liegenden Sachverhalts. Das Verfahren basiert auf dem inkrementellen Value–at–Risk, wie er in Gleichung (4.19) in Abschnitt 4.3 bereits dargestellt wurde. Der inkrementelle Value–at–Risk $\Delta VaR_i(K)$ quantifiziert den Einfluss, den eine Division i auf die Koalition K hat.[823] Der inkrementelle Value–at–Risk einer Division ist genau dann positiv, wenn diese Division das Risiko des Rest–Unternehmens erhöht. Ein negativer inkrementeller Value–at–Risk liegt dann vor, wenn eine Division in Bezug auf das Rest–Unternehmen eine Sicherungswirkung hat und damit Risikokapital einspart.[824] Die Allokation auf Basis des inkrementellen Value–at–Risk verläuft, analog

[823] Der inkrementelle Value–at–Risk wird im Schrifttum zum Teil auch als marginaler Value–at–Risk bezeichnet, so zum Beispiel bei Merton/Perold (1993), S. 28, Smithson/Po/Rozario (1997), S. 40, Kimball (1998), S. 48 f., Kinder (1999), S. 213 ff., Saita (1999), S. 104, und Kinder/Steiner/Willinsky (2001), S. 289. Hier soll jedoch der inkrementelle Value–at–Risk die Veränderung des Value–at–Risk bei Variation ganzer Divisionen und der hier nicht betrachtete marginale Value–at–Risk die Veränderung des Value–at–Risk bei Variation infinitesimal kleiner Variationen der Größe der Divisionen beschreiben.

[824] Vgl. Bühler/Birn (2002), S. 31.

zur Allokation auf Basis des Activity–Level–Verfahrens, proportional zum inkrementellen Value–at–Risk der jeweiligen Division, das heißt[825]

$$RK_i^a = \frac{\Delta\, VaR_i}{\sum_{j=1}^{n} \Delta\, VaR_j} \cdot VaR(N) \text{ für alle } i = 1, ..., n, \tag{4.30}$$

wobei $\Delta\, VaR_i := \Delta\, VaR_i(N)$. Falls der inkrementelle Value–at–Risk einer Division negativ ist, ergibt sich ebenfalls ein negatives alloziertes Risikokapital, das inhaltlich als eine Risikokapitalgutschrift zu verstehen ist.[826]

Häufig wird in der Literatur unter dem inkrementellen Verfahren auch nur eine Allokation der Inkremente selbst verstanden.[827] Bei einer solchen Definition würde jedoch weniger als das gesamte auf Unternehmensebene notwendige Risikokapital alloziert, wie sich unter Ausnutzung der Subadditivitätseigenschaft des Value–at–Risk bei normalverteilten Risikopositionen zeigen lässt. Es gilt:[828]

$$(n-1)\sum_{i=1}^{n} X_i = \sum_{i=1}^{n}\sum_{\substack{j=1\\ j\neq i}}^{n} X_j. \tag{4.31}$$

Folglich

$$\begin{aligned} (n-1)\, VaR\Big(\sum_{i=1}^{n} X_i\Big) &= VaR\Big(\sum_{i=1}^{n}\sum_{\substack{j=1\\ j\neq i}}^{n} X_j\Big) \\ &\leq \sum_{i=1}^{n} VaR\Big(\sum_{\substack{j=1\\ j\neq i}}^{n} X_j\Big). \end{aligned} \tag{4.32}$$

Durch Umstellen erhält man schließlich

$$\sum_{i=1}^{n}\Big(VaR\Big(\sum_{i=1}^{n} X_i\Big) - VaR\Big(\sum_{\substack{j=1\\ j\neq i}}^{n}(X_j)\Big)\Big) \leq VaR\Big(\sum_{i=1}^{n} X_i\Big). \tag{4.33}$$

---

825 Vgl. Lemaire (1984), S. 66, Overbeck (2000), S. 8 f., Graumann/Baum (2003), S. 437, Korycio rz (2004), S. 226 f.

826 Vgl. Bühler/Birn (2002), S. 31.

827 Es gilt dann $RK_i^a = \Delta\, VaR_i$. Vgl. Merton/Perold (1993), S. 28 ff., Kimball (1998), S. 48 f., Kinder (1999), S. 217 ff., Saita (1999), S. 104, Stoughton/Zechner (2000a), S. 892 ff., Bühler/Birn (2002), S. 31, Schierenbeck (2003a), S. 523 ff., Albrecht/Koryciorz (2004), S. 136 f. Vgl. hierzu auch Abschnitt 3.3.3.

828 Aus beweistechnischen Gründen wird an dieser Stelle auf die Notation aus Abschnitt 2.2.3 Rückgriff genommen, bei der $X_i \in \mathcal{X}$ die Zufallsvariable der Erträge der Division i darstellt. Zum Beweis vgl. auch Merton/Perold (1993), S. 32.

Intuitiv lässt sich dies dadurch erklären, dass hierbei die Diversifikationseffekte der jeweils betrachteten Abteilung vollständig und damit mehrfach zugerechnet werden.[829] Eine solch definiertes Verfahren würde somit nicht die hier verwendete Definition eines Verfahrens zur Risikokapitalallokation aus Gleichung (4.23) erfüllen.

Da $RK_i^a = \gamma \cdot \Delta\, VaR_i$ mit $0 < \gamma := VaR(N)/\sum_{j=1}^n \Delta\, VaR_j$ gilt, hängt die Allokationshöhe nur vom inkrementellen Value–at–Risk einer Division in Bezug auf das Unternehmen N ab. Für das Beispiel aus dem vorherigen Abschnitt mit Σ_1 als Kovarianzmatrix ergibt sich eine Allokation auf Basis des inkrementellen Verfahrens von

$$RK_1^a = 7,6041 \ , \ RK_2^a = 4,0440 \ \text{ und } RK_3^a = 1,1971. \tag{4.34}$$

Auf Grund von

$$RK_1^a = 7,6041 > 7,5498 = VaR(1), \tag{4.35}$$

ist diese Allokation nicht im Core. Es besteht nämlich ein Anreiz für Division 1, das Risiko unabhängig vom Gesamt–Unternehmen mit Kapital zu unterlegen.

Das Verfahren ist jedoch symmetrisch, da zwei austauschbare Divisionen den gleichen inkrementellen Value–at–Risk in Bezug auf das Gesamt–Unternehmen aufweisen und damit Risikokapital in derselben Höhe alloziert bekommen. Für das zweite Beispiel aus dem vorherigen Abschnitt mit Σ_2 als Kovarianzmatrix erhält man eine Allokation für Division 1 in Höhe von $RK_1^a = 1,37 \neq -1$. Damit ist das Axiom der risikolosen Allokation aus Gleichung (4.21) verletzt. Auf Grund der fehlenden Core–Kompatibilität sowie der Verletzung des Axioms der risikolosen Allokation ist auch dieses Verfahren nicht kohärent.

4.4.3 Beta–Verfahren

Eine weitere bekannte Methode zur Allokation von Risikokapital ist das Beta–Verfahren.[830] Mit $Cov(i, N)$ als der Kovarianz zwischen dem Ertrag der Division i und dem Ertrag des Unternehmens N sei

$$\beta_i = \frac{Cov(i,N)}{\sigma(N)^2} = \frac{\sum\limits_{j=1}^{n} Cov(i,j)}{\sigma(N)^2} \tag{4.36}$$

[829] Vgl. Stoughton/Zechner (2000a), S. 893.

[830] Vgl. Kimball (1998), S. 47 f., Saita (1999), S. 104 f., Matten (2000), S. 236 ff., Stoughton/Zechner (2000a), S. 889 ff., Hürlimann (2001), S. 11, Panjer (2002), S. 9 f., Albrecht/Koryciorz (2004), S. 143 ff., Belmont (2004), S. 113 ff., Koryciorz (2004), S. 205 ff.

das interne Beta der Division i. Das interne Beta ist somit ein Maß für das systematische Risiko der Division i innerhalb des Unternehmens N.[831] Die Allokation von Risikokapital erfolgt in Abhängigkeit dieser internen Betas:[832]

$$RK_i^a = -\mu_i + \beta_i \left(VaR(N) + \textstyle\sum_{i=1}^n \mu_i \right) = -\mu_i - \beta_i z_\alpha \sigma(N) \quad \text{für alle } i = 1, ..., n. \tag{4.37}$$

Die Vollständigkeit der Allokation ist gewährleistet durch $\sum_{i=1}^n \beta_i = \sum_{i=1}^n \frac{Cov(i,N)}{\sigma(N)^2}$ $= \frac{Cov(N,N)}{\sigma(N)^2} = 1$. Das Verfahren ist genau dann core–kompatibel, wenn

$$\sum_{i \in K} RK_i^a \leq VaR(K) = -\left(\sum_{i \in K} \mu_i + z_\alpha \sigma(K) \right) \quad \text{für alle } K \subset N, \tag{4.38}$$

was wiederum genau dann der Fall ist, wenn

$$\sum_{i \in K} \frac{Cov(i,N)}{\sigma(N)} \leq \sigma(K) \text{ für alle } K \subset N \tag{4.39}$$

gilt. Ungleichung (4.39) ist erfüllt, da

$$\rho_{KN} = \frac{Cov\,(K,N)}{\sigma(K) \cdot \sigma(N)} = \sum_{i \in K} \frac{Cov(i,N)}{\sigma(K) \cdot \sigma(N)} \leq 1, \tag{4.40}$$

wobei ρ_{KN} den Korrelationskoeffizienten zwischen dem Ertrag der Koalition K und dem Ertrag des Unternehmens N bezeichnet.[833] Das Beta–Verfahren liefert daher immer core–kompatible Allokationen, womit zugleich auch ein konstruktiver Beweis für die Aussage vorliegt, dass der Core im Kontext der Risikokapitalallokation nicht–leer ist.[834]

---

[831] Konzeptionell zeigt sich hier insofern eine Analogie zum Beta des Capital Asset Pricing Model (CAPM). Das interne Beta unterscheidet sich vom Beta des CAPM jedoch in Bezug auf das Anlageuniversum. Beim internen Beta ist es auf die Portfolios der einzelnen Divisionen und damit auf die Anlagemöglichkeiten im Unternehmen beschränkt. Beim CAPM setzt es sich aus allen Anlagemöglichkeiten im Gesamtmarkt zusammen.

[832] Die Definition dieses Verfahrens erfolgt an dieser Stelle leicht modifiziert im Vergleich zur teilweisen Darstellung im Schrifttum. Auf Grund der Modifikation ist das Verfahren, wie sich zeigen wird, auch dann core–kompatibel, falls $\mu_i \neq 0$.

[833] Der Fall $\sigma(K) = 0$ ist trivial, da dann aus der Ungleichung (4.39) eine Gleichung wird.

[834] Der konstruktive Beweis betrifft hier die Fälle, in denen die zu Grunde liegenden Risikopositionen normalverteilt sind und der Value–at–Risk zur Quantifizierung des Risikokapitals verwendet wird. Ein allgemeiner Beweis findet sich bei Denault (2001).

Anhand des folgenden Beispiels mit $n = 3$ Divisionen lässt sich zeigen, dass die Beta-Methode im Allgemeinen nicht symmetrisch ist. Es gelte $\mu_1 = \mu_3 = 0$, $\mu_2 = 1$ und $z_\alpha = -1$. Die Abhängigkeiten der Erträge seien beschrieben durch die Kovarianzmatrix

$$\Sigma_3 = \begin{pmatrix} 1 & 1 & -0.5 \\ 1 & 4 & -0.5 \\ -0.5 & -0.5 & 1 \end{pmatrix}. \tag{4.41}$$

Die Divisionen 1 und 2 sind somit austauschbar, da $VaR_1 = VaR_2$ und $VaR(1,3) = VaR(2,3)$. Das Beta-Verfahren liefert für dieses Beispiel die Allokation

$$RK_1^a = 0,61 \ , \ RK_2^a = 0,84 \ \text{und} \ RK_3^a = 0. \tag{4.42}$$

Das Verfahren ist nicht symmetrisch, da $RK_1^a \neq RK_2^a$. Es lässt sich jedoch zeigen, dass das Beta-Verfahren für den Spezialfall $\mu_i = 0$ für alle i symmetrisch ist. In diesem Fall gilt $Cov(i,k) = Cov(j,k)$ für $k \in N$, falls die beiden Divisionen i und j austauschbar sind. Die Betas beider Divisionen sind daher gleich ($\beta_i = \beta_j$), so dass Symmetrie in diesem Spezialfall vorliegt.

Für jede Division i, die risikolose Erträge aufweist ($\sigma_i = 0$), gilt $\beta_i = 0$. Das Axiom der risikolosen Allokation ist somit erfüllt. Zusammenfassend lässt sich festhalten, dass das Beta-Verfahren für den in der Praxis bedeutenden Fall $\mu_i = 0 \ \forall \ i$ kohärent ist. Im Allgemeinen ist das Beta-Verfahren jedoch auf Grund mangelnder Symmetrie nicht kohärent.

4.4.4 Shapley-Verfahren

Beim so genannten Shapley-Wert (hier: Shapley-Verfahren) handelt es sich um einen der bekanntesten Ansätze zur Allokation von Gemeinkosten beziehungsweise Risikokapital.[835] Die Methode basiert auf spieltheoretischen Überlegungen und wurde bereits im Jahr 1953 von ihrem Namensgeber Lloyd S. Shapley entwickelt.[836] Sie besitzt viele wünschenswerte Eigenschaften und es existieren mehrere axiomatische Charakterisierungen dieser Methode.[837] Im Wesentlichen baut die Methode auf dem Konzept der inkrementellen Kosten beziehungsweise, im hier vorliegenden Kontext, auf dem inkrementellen Value-at-Risk

835 Die intensive Auseinandersetzung mit dem Shapley-Verfahren spiegelt sich in den zahlreichen Aufsätzen in einer von Alvin E. Roth (1988) herausgegebenen Aufsatzsammlung wider. Vgl. Roth (1988). Der Begriff „Wert“ verdeutlicht, dass es sich im Gegensatz zum Core beim Shapley-Wert um ein punktwertiges Lösungskonzept der kooperativen Spieltheorie handelt.

836 Vgl. Shapley (1953).

837 Das Shapley-Verfahren ist das einzige Verfahren, welches das Symmetrie-Axiom, das Strohmann-Axiom sowie das Axiom der Additivität über Spiele erfüllt. Vgl. hierzu sowie im Näheren zum Axiom der Additivität über Spiele Shapley (1953).

auf. Dabei alloziert die Methode eine gewichtete Summe verschiedener inkrementeller Value–at–Risk Größen. Auf Grund dieser Gewichtung nutzt das Verfahren in weitaus größerem Maße die Struktur des zu Grunde liegenden Risikokapitalallokationsspiels, als dies beim inkrementellen Verfahren der Fall ist. Die Allokation sieht dabei folgendermaßen aus:[838]

$$RK_i^a = \sum_{\substack{K \subset N \\ i \in K}} \frac{(|K|-1)! \cdot (n-|K|)!}{n!} \cdot \Delta\, VaR_i(K) \text{ für alle } i = 1, ..., n, \tag{4.43}$$

wobei $|K|$ die Anzahl der Divisionen in Koalition K bezeichnet. Die Intuition hinter dem Shapley–Verfahren sieht wie folgt aus:[839] Zu Grunde liegt die Idee, dass ein Unternehmen durch ein sequentielles Hinzufügen einzelner Divisionen entsteht. Jede Division, die dem Unternehmen beitritt, wird dabei mit dem notwendigen Risikokapital belastet, das sie zusätzlich verursacht ($\Delta\, VaR_i(K)$). Das Problem, dass es keine feste Reihenfolge gibt, in der die Divisionen dem Unternehmen beigetreten sind, wird darüber gelöst, dass fiktiv eine jeweils gleich hohe Wahrscheinlichkeit dafür angenommen wird, dass eine Division als Erste, Zweite, Dritte und so weiter dem Unternehmen beitritt. Der Faktor $\frac{(|K|-1)! \cdot (n-|K|)!}{n!}$ ist somit für eine fixierte Menge bereits beigetretener Divisionen als Wahrscheinlichkeit für den Beitritt der Division $i \in K$ als $|K|$-te Division zum Unternehmen zu interpretieren.

Für den Fall dreier Divisionen i, j und k sieht die Allokation dann wie folgt aus:

$$RK_i^a = \frac{1}{3} \cdot \Delta\, VaR_i(i) + \frac{1}{6} \cdot (\Delta\, VaR_i(i,j)) + \Delta\, VaR_i(i,k)) + \frac{1}{3} \cdot \Delta\, VaR_i(i,j,k). \tag{4.44}$$

Der erste Summand belastet die Division i mit dem Risikokapital, das sie bei einem Eintritt als erste Division zum Unternehmen verursacht. Da dies per Annahme gleich wahrscheinlich ist wie ein Beitritt als zweite oder dritte Division, wird dieser Wert mit 1/3 gewichtet. Der zweite Summand belastet die Division i mit dem Risikokapital, das es im Falle eines Unternehmensbeitritts als zweite Division verursacht. Dabei kann es sein, dass vorher entweder Division j oder Division k dem Unternehmen bereits beigetreten sind. Da dies auch als gleich wahrscheinlich angenommen wird, wird jeder dieser Möglichkeiten eine Wahrscheinlichkeit von 1/6 beigemessen. Der dritte Summand belastet die Division analog für den Fall eines Beitritts als letzte Division.

---

838 Vgl. erläuternd zum Shapley–Verfahren Hamlen/Hamlen/Tschirhart (1980), S. 273 ff., Moulin (1988), S. 109 ff., Lemaire (1991), S. 27 ff., Osborne/Rubinstein (1994), S. 291 ff., Young (1994), S. 1213 ff., Kinder (1999), S. 170 f., Denault (2001), S. 7 ff., Hürlimann (2001), S. 13 f., Holler/Illing (2003), S. 304 ff., Albrecht/Koryciorz (2004), S. 152, Koryciorz (2004), S. 240 ff.

839 Vgl. hierzu Hamlen/Hamlen/Tschirhart (1977), S. 621.

Das Shapley–Verfahren ist somit offensichtlich deutlich komplexer als das zu Grunde liegende inkrementelle Verfahren. Für das Beispiel auf Basis der Kovarianzmatrix Σ_1 liefert das Verfahren daher auch die Allokation

$$RK_1^a = 6,0671 \ , \ RK_2^a = 4,2137 \ \text{ und } RK_3^a = 2,5644, \tag{4.45}$$

welche im Core liegt.

Dennoch liefert das Shapley–Verfahren nicht immer Allokationen, die im Core liegen. Dies lässt sich anhand des folgenden Beispiels auf Basis der Kovarianzmatrix

$$\Sigma_4 = \begin{pmatrix} 28 & 28 & -12 \\ 28 & 33 & -11 \\ -12 & -11 & 6 \end{pmatrix} \tag{4.46}$$

mit $\mu_i = 0$ für alle i und $z_\alpha = -1$ zeigen. Die Allokation auf Basis des Shapley–Verfahrens ergibt für dieses Beispiel

$$RK_1^a = 4,2786 \ , \ RK_2^a = 4,9855 \ \text{ und } RK_3^a = -0,4892. \tag{4.47}$$

Auf Grund von

$$RK_1^a + RK_3^a = 3,7894 > 3,1623 = VaR(1,3) \tag{4.48}$$

ist das Shapley–Verfahren im Allgemeinen nicht core–kompatibel.[840] Das Shapley–Verfahren ist jedoch symmetrisch und besitzt die Strohmann–Eigenschaft.[841] Wie in Abschnitt 4.3 beschrieben, lässt sich ein Strohmann im vorliegenden Kontext als risikolose Division auffassen, womit das Verfahren auch die Eigenschaft der risikolosen Allokation erfüllt.[842] Da das Shapley–Verfahren im Allgemeinen jedoch nicht core–kompatibel ist, kann das Verfahren nicht als kohärent bezeichnet werden.

4.4.5 Kostenlücken–Verfahren

Ein erst in jüngerer Zeit entwickeltes Allokationsverfahren ist das auf dem von Tijs (1981) entwickelten Lösungskonzept des τ–Wertes basierende Kostenlücken–Verfahren

840 Shapley zeigt, dass im Falle eines konvexen Spiels sein Verfahren core–kompatibel ist. Vgl. dazu Shapley (1971). Wie das oben genannte Beispiel zeigt, ist das Spiel der Risikokapitalallokation offensichtlich nicht immer konvex.

841 Vgl. Shapley (1953).

842 Vgl. dazu auch Fußnote 813, Denault (2001), S. 10 sowie Abschnitt 4.3, S. 152 ff.

von Tijs/Driessen.[843] In Bezug auf den vorliegenden Kontext alloziert das Kostenlücken-Verfahren einer Division i das Risikokapital wie folgt:[844]

$$RK_i^a = \begin{cases} \Delta VaR_i(N) \text{ wenn } VaR(N) - \sum_{j=1}^{n} \Delta VaR_j(N) = 0 \\ \Delta VaR_i(N) + \frac{\gamma_i}{\sum_{k=1}^{n} \gamma_k} \cdot (VaR(N) - \sum_{j=1}^{n} \Delta VaR_j(N)) \text{ sonst,} \end{cases} \tag{4.49}$$

wobei $\gamma_i := \min_{K \subset N,\, i \in K} \{ VaR(K) - \sum_{j \in K} \Delta VaR_j(N)\} \geq 0$. Die Methode von Tijs und Driessen (1986) basiert auf der Funktion

$$c_g(K) := VaR(K) - \sum_{j \in K} \Delta VaR_j(N) \text{ falls } \emptyset \neq K \subset N \text{ und } c_g(\emptyset) = 0. \tag{4.50}$$

Diese Funktion wird auch Kostenlückenfunktion genannt. Die Kostenlücke des Unternehmens $c_g(N)$ stellt das nicht separierbare Risikokapital des Gesamt–Unternehmens dar. Jede Division erhält zunächst ihren Beitrag zum insgesamt notwendigen Risikokapital des Unternehmens, das so genannte separierbare Risikokapital $\Delta VaR_i(N)$, alloziert. Hinzu kommt ein Anteil am nicht separierbaren Risikokapital des Gesamt–Unternehmens. Die Gewichtung erfolgt dabei wie folgt: Es sei $K \subset N$ eine Koalition mit $i \in K$. Division i kann nun argumentieren, dass ihr nicht mehr Risiko als $\Delta VaR_i(N)+c_g(K)$ alloziert werden darf. Im Falle von $RK_i^a > \Delta VaR_i(N)+c_g(K)$ hätte Division i den Anreiz, ihr Risiko unabhängig vom Gesamt–Unternehmen im Rahmen der Koalition K mit Kapital zu unterlegen.[845] Dazu könnte Division i den anderen Divisionen $j \in K - \{i\}$ anbieten, jeweils nur ihr separierbares Risikokapital $\Delta VaR_j(N)$ tragen zu müssen, während Division i das restliche notwendige Risikokapital der Koalition K, $VaR(K) - \sum_{j \in K-i} \Delta VaR_j(N) = \Delta VaR_i(N) + c_g(K)$, trägt. Angewendet auf alle möglichen Koalitionen K, bildet dieses Argument die Basis für die Gewichte γ_i, die durch Division mit $\sum_{k=1}^{n} \gamma_k$ normalisiert werden.

Auf Grund der Subadditivität des Risikomaßes, der Nicht–Negativität der Kostenlückenfunktion und $\sum_{i=1}^{n} \gamma_i \geq c_g(N)$ liefert das Kostenlücken–Verfahren (4.49) für $n \leq 3$ immer core–kompatible Allokationen.[846] Für die vorgenannten Beispiele mit den Kova-

[843] Zum τ–Wert vgl. Tijs (1981). Zum Kostenlücken–Verfahren vgl. Tijs/Driessen (1986). Eine Untersuchung der Eigenschaften dieses Verfahrens findet sich bei Tijs (1987).

[844] Neben den in Fußnote 843 genannten Originalquellen vgl. erläuternd Kinder (1999), S. 183 ff., Kinder/Steiner/Willinsky (2001), S. 290 ff., Schierenbeck (2003a), S. 535 f., Schradin/Zons (2003), S. 11 f. Eine modifizierte Version dieses Verfahrens, auf die im Rahmen dieser Arbeit nicht näher eingegangen werden soll, findet sich bei Kinder (1999), S. 190 ff, und Kinder/Steiner/Willinsky (2001), S. 292 ff.

[845] Bezüglich der Realitätsnähe dieses Arguments vgl. Abschnitt 4.1.2, S. 143 ff.

[846] Vgl. Tijs/Driessen (1986), S. 1021. Die Subadditivität des Value–at–Risk bei normalverteilten Risikopositionen ist in (2.34), die Nicht–Negativität von $c_g(\cdot)$ in (4.32) gezeigt. Die dritte Aussage ergibt sich aus $VaR(K) + \sum_{i \in K} VaR(N - \{i\}) \geq |K| \cdot VaR(N)$ für jede Koalition $K \subset N$, wobei |K| die Anzahl der Divisionen in K bezeichnet.

rianzmatrizen Σ_1 und Σ_4 liefert das Kostenlücken–Verfahren die wegen $n = 3$ core–kompatiblen Allokationen:

$$\Sigma_1 : \quad RK_1^a = 6,3779 \; ; \; RK_2^a = 4,2884 \; ; \; RK_3^a = 2,1790 \; ; \tag{4.51}$$

$$\Sigma_4 : \quad RK_1^a = 4,8985 \; ; \; RK_2^a = 5,6716 \; ; \; RK_3^a = -1,7951. \tag{4.52}$$

Mit dem folgenden Beispiel für $n = 4$ Divisionen lässt sich zeigen, dass das Kostenlücken–Verfahren für $n > 3$ im Allgemeinen nicht mehr core–kompatibel ist. Grundlage ist die folgende Kovarianzmatrix

$$\Sigma_5 = \begin{pmatrix} 12 & -14 & 22 & -7 \\ -14 & 41 & -30 & 17 \\ 22 & -30 & 57 & -14 \\ -7 & 17 & -14 & 10 \end{pmatrix}. \tag{4.53}$$

Das Kostenlücken–Verfahren liefert bei Annahme von $\mu_i = 0$ für alle i und $z_\alpha = -1$ die Allokation

$$RK_1^a = 1,8371 \; , \; RK_2^a = 1,7685 \; , \; RK_3^a = 3,5791 \; \text{und} \; RK_4^a = 1,0615. \tag{4.54}$$

Wegen

$$RK_1^a + RK_4^a = 2,8986 > 2,8284 = VaR(1,4), \tag{4.55}$$

liegt diese Allokation nicht im Core. Den Divisionen 1 und 4 wird der Anreiz gegeben, ihr Risiko außerhalb des Unternehmens mit Kapital zu unterlegen.[847]

Für zwei austauschbare Divisionen i und j gilt $VaR(L + \{j\}) = VaR(L + \{i\})$ für $L \subset N\backslash\{i,j\}$ und $\Delta VaR_i(N) = \Delta VaR_j(N)$. Daraus folgt, dass $\gamma_i = \gamma_j$ in (4.49). Das Kostenlücken–Verfahren ist somit symmetrisch.

Eine risikolose Division i ($\sigma_i = 0$) hat einen inkrementellen Value–at–Risk $\Delta VaR_i(N) = VaR_i$. Auf Grund von $\gamma_i = 0$ für $K = \{i\}$ alloziert das Kostenlücken–Verfahren dieser Division ihr Stand–Alone–Risikokapital. Somit ist auch das Axiom der risikolosen Allokation erfüllt. Das Kostenlücken–Verfahren ist damit nur im Falle von $n \leq 3$ Divisionen kohärent. Für $n \geq 4$ Divisionen ist das Verfahren mangels Core–Kompatibilität nicht kohärent.

---

847 Driessen und Tijs (1985) zeigen für die Klasse der semi–konvexen Spiele, dass für $n = 4$ Divisionen das Kostenlücken–Verfahren core–kompatibel ist. Vgl. Driessen/Tijs (1985). Tijs und Driessen (1986) beweisen für die Klasse der quasi–konkaven Spiele, dass für $n > 3$ Divisionen das Kostenlücken–Verfahren core–kompatibel ist. Offensichtlich trifft keine der beiden untersuchten Eigenschaften auf die Risikokapitalallokation zu.

4.4.6 Nucleolus–Verfahren

Das letzte hier darzustellende Verfahren zur Risikokapitalallokation ist das von Schmeidler im Jahre 1969 entwickelte Nucleolus–Verfahren.[848] Auch für dieses Verfahren existieren umfangreiche axiomatische Beschreibungen.[849] Die wichtigste Eigenschaft für den vorliegenden Kontext ist jedoch, dass die Allokationen dieses Verfahrens immer im Core liegen. Dem Verfahren liegt die Idee der Maximierung des minimalen Überschusses δ_N über alle Koalitionen $K \subset N$ zu Grunde. Bei gegebener Allokation RK^a beträgt der Überschuss $s(K)$ einer Koalition $K \subset N$

$$s(K) = VaR(K) - \sum_{i \in K} RK_i^a. \tag{4.56}$$

$s(K)$ kann somit als Maß für die Zufriedenheit einer Koalition K mit einer bestimmten Allokation betrachtet werden. Diese ist umso höher, je größer der allozierte Anteil am Diversifikationsvorteil des Unternehmens ist. Die Nucleolus–Allokation RK^a sowie das korrespondierende Maximum δ_N^* kann durch die folgende Maximierung unter Nebenbedingungen bestimmt werden:[850]

$$\delta_N^* = \max_{RK^a} \delta_N \tag{4.57}$$

unter Beachtung der Nebenbedingungen

$$\delta_N \leq s(K) \text{ für alle } K \subset N,\ K \neq N,\ K \neq \emptyset \quad \text{und} \tag{4.58}$$

$$\sum_{i=1}^{n} RK_i^a = VaR(N). \tag{4.59}$$

Bei $\delta_N \geq 0$ ist die Erfüllung der Nebenbedingungen (4.58) und (4.59) hinreichend für die Erfüllung der Core–Bedingungen (4.9) und (4.10). Da der Core andererseits nicht–leer ist, erhält man mindestens eine Allokation, die (4.9) und (4.10) erfüllt und für die $\delta_N = 0$ gilt. Das Nucleolus–Verfahren ist somit wegen $\delta_N^* \geq 0$ core–kompatibel.

Für die drei vorgenannten Beispiele (4.12), (4.46) und (4.53) liefert das Nucleolus–Verfahren die folgenden core–kompatiblen Allokationen:

$$\Sigma_1 : \quad RK_1^a = 6,5920\ ;\ RK_2^a = 3,9542\ ;\ RK_3^a = 2,2990; \tag{4.60}$$

[848] Vgl. Schmeidler (1969).

[849] Vgl. beispielsweise Sobolev (1975).

[850] Das hier dargestellte Nucleolus–Verfahren weicht in dem Punkt von der Darstellung von Schmeidler ab, dass hier keine lexikografische Maximierung erfolgt. Daher handelt es sich streng genommen auch nicht um ein Risikokapitalallokationsverfahren, wie es in Abschnitt 4.4 definiert wurde. Das Verfahren stellt ein mengenwertiges und kein punktwertiges Lösungskonzept dar. Die konkrete Allokation ist daher vom jeweiligen Optimierungsalgorithmus abhängig. Vgl. erläuternd zum Nucleolus–Verfahren Osborne/Rubinstein (1994), S.285 ff., Holler/Illing (2003), S. 300 ff. Vgl. ebenfalls Fußnote 851 als Begründung für die Abweichung von der Original–Definition des Verfahrens.

$$\Sigma_4: \quad RK_1^a = 4,7178 \ ; \ RK_2^a = 5,6786 \ ; \ RK_3^a = -1,6215; \tag{4.61}$$

$$\Sigma_5: \quad RK_1^a = 1,2711 \ ; \ RK_2^a = 2,8955 \ ; \ RK_3^a = 2,8955;$$
$$RK_4^a = 1,1841. \tag{4.62}$$

In einem weiteren Beispiel mit der Kovarianzmatrix

$$\Sigma_6 = \begin{pmatrix} 82 & -41 & 7 \\ -41 & 82 & 7 \\ 7 & 7 & 37 \end{pmatrix} \tag{4.63}$$

und mit $\mu_i = 0$ für alle i sind die Divisionen 1 und 2 austauschbar, da $VaR_1 = VaR_2$ und $\Delta\, VaR_1(1,3) = \Delta\, VaR_2(2,3)$. Die resultierende Nucleolus–Allokation VaR^a mit einem Zielfunktionswert von $\delta_N^* = 1,5069$ lautet:

$$\Sigma_6: \quad RK_1^a = 2,0987 \ , \ RK_2^a = 5,4498 \ \text{und} \ RK_3^a = 4,5759. \tag{4.64}$$

Auf den ersten Blick scheint das Nucleolus–Verfahren nicht symmetrisch zu sein, da $VaR_1^a \neq VaR_2^a$ gilt, obwohl Division 1 und 2 austauschbar sind. Dennoch lässt sich dieser Mangel leicht abstellen, indem Risikokapital zwischen den beiden austauschbaren Divisionen so verschoben wird, dass beide eine gleich hohe Allokation erhalten. Die modifizierte Allokation

$$\Sigma_6: \quad RK_1^a = 3,7742 \ , \ RK_2^a = 3,7742 \ \text{und} \ RK_3^a = 4,5759 \tag{4.65}$$

besitzt den gleichen Zielfunktionswert δ_N^* wie die vorherige Allokation. Das gleiche kann auch allgemein gezeigt werden. Die Nebenbedingungen (4.58) können für zwei austauschbare Divisionen i und j in zwei Klassen unterteilt werden. Die erste Klasse beinhaltet Nebenbedingungen, in denen K nur eine der beiden austauschbaren Divisionen enthält, das heißt $|K \cap \{i \cup j\}| = 1$. Die zweite Klasse beinhaltet alle Nebenbedingungen, in denen K beide oder keine der austauschbaren Divisionen enthält. Unabhängig von der Anzahl der bindenden Nebenbedingungen muss mindestens eine Nebenbedingung aus der zweiten Klasse von Nebenbedingungen bindend sein. Ansonsten könnte der Zielfunktionswert durch eine Verschiebung von Risikokapital zwischen den beiden austauschbaren Divisionen i und j verbessert werden. Erlaubt man also eine wie oben beschriebene Verschiebung des

Risikokapitals zwischen zwei austauschbaren Divisionen, so ist das Nucleolus-Verfahren symmetrisch.[851]

Für eine risikolose Division i, deren Value-at-Risk definitionsgemäß $VaR_i = -\mu_i$ beträgt, gilt der Zusammenhang

$$VaR(N) = VaR_i + VaR(N - \{i\}). \tag{4.66}$$

Da der Core nicht-leer ist ($\delta_N^\star \geq 0$), erhält man die beiden Bedingungen

$$\begin{aligned} RK_i^a &\leq VaR_i \quad \text{und} \\ \sum_{j \neq i} RK_j^a &\leq VaR(N - \{i\}). \end{aligned} \tag{4.67}$$

Wie aus (4.66) und (4.67) in Verbindung mit (4.10) ersichtlich, werden aus den Ungleichungen in (4.67) Gleichungen und es gilt $\delta_N^\star = 0$. Mit $RK_i^a = VaR_i$ ist das Axiom der risikolosen Allokation bewiesen. Zusammenfassend lässt sich festhalten, dass das Nucleolus-Verfahren kohärent ist, sofern man eine zielfunktionswertinvariante Verschiebung des Risikokapitals erlaubt. Ansonsten verstößt das Nucleolus-Verfahren gegen das Symmetrie-Axiom.

4.4.7 Einfluss der Verfahrenswahl auf die Allokation

Bislang wurden sechs unterschiedliche Verfahren zur Allokation von Risikokapital vorgestellt. Darüber hinaus werden in der Literatur zahlreiche weitere Verfahren dargestellt, von denen hier nur eine kleine Teilmenge präsentiert werden konnte. Insbesondere die Kombination unterschiedlicher Risikomaße mit verschiedenen Allokationsverfahren kann zu einer Vielzahl unterschiedlicher Allokationen für das gleiche zu Grunde liegende Allokationsproblem führen. Wie unterschiedlich diese Allokationen sein können, soll das folgende Beispiel zeigen. Dem Beispiel soll die Kovarianzmatrix

$$\Sigma_1 = \begin{pmatrix} 57 & 22 & 6 \\ 22 & 42 & -9 \\ 6 & -9 & 28 \end{pmatrix}. \tag{4.68}$$

zu Grunde liegen. Die Erwartungswerte aller drei Divisionen seien $\mu_i = 0$. Für das Konfidenzniveau wird ein Wert von ungefähr 84 Prozent festgelegt ($z_\alpha = -1$), so dass $VaR_i = \sigma_i$

[851] Der verbleibende Freiheitsgrad bei diesem Verfahren wird, wie in Fußnote 850 beschrieben, im Allgemeinen dazu benutzt, um den Überschuss der einzelnen Divisionen lexikografisch zu maximieren. Das heißt, es wird zunächst die Zufriedenheit der unzufriedensten Koalition, dann die Zufriedenheit der zweit-unzufriedensten Koalition und so weiter maximiert. Es wurde in diesem Abschnitt hiervon abgewichen, um das Axiom der Symmetrie zu erfüllen.

gilt. Die Anwendung der sechs vorgestellten Allokationsregeln führt zu den in Tabelle 4.4 dargestellten Allokationen.

Allokationsverfahren	RK_1^a	RK_2^a	RK_3^a
Activity-Level-Verfahren	5,0191	4,3084	3,5178
Inkrementelles Verfahren	7,6041	4,0440	1,1971
Beta-Verfahren	6,6172	4,2817	1,9462
Shapley-Verfahren	6,0671	4,2137	2,5644
Kostenlücken-Verfahren	6,3779	4,2884	2,1790
Nucleolus-Verfahren	6,5920	3,9542	2,2990
Maximum	7,6041	4,3084	3,5178
Minimum	5,0191	3,9542	1,1971

Tabelle 4.4: Vergleich der Allokationen unterschiedlicher Allokationsverfahren[852]

Zur besseren Vergleichbarkeit sind diese Allokationen noch einmal in Abbildung 4.2 grafisch veranschaulicht. Es zeigt sich, dass insbesondere die Allokationen von Division 1 und 3 stark variieren. Division 1 erhält bei Anwendung der sechs Verfahren zwischen 5,02 und 7,60 Einheiten Risikokapital zugeteilt. Bei Division 3 schwanken die Allokationen sogar zwischen 1,20 und 3,52.

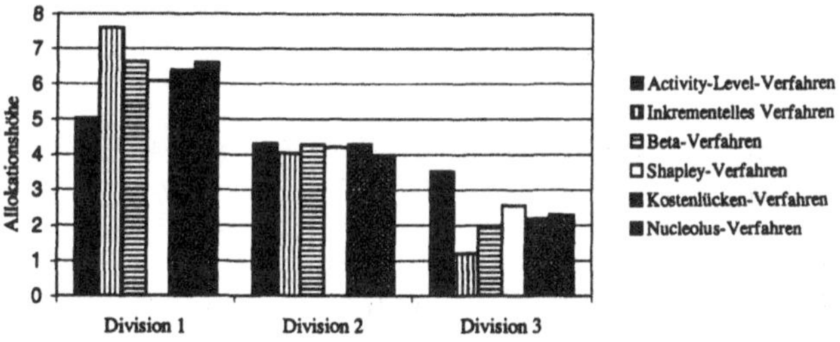

Abbildung 4.2: Vergleich der Allokationen verschiedener Allokationsverfahren

Die Lage der einzelnen Allokationen zueinander zeigt sich darüber hinaus in dem in Abbildung 4.3 dargestellten fundamentalen Dreieck. Wie bereits bei Abbildung 4.1 zeigt das helle Trapez die Menge aller Allokationen, die den Core-Bedingungen (4.9) und (4.10) genügen. Im vorliegenden Beispiel befinden sich mit Ausnahme der Activity-Level-Allokation und der inkrementellen Allokation alle Allokationen im Core.

Die Ausführungen belegen die starke Abhängigkeit der konkreten Allokationshöhe vom gewählten Allokationsverfahren.[853] Es wird damit deutlich, wie bedeutsam die Entschei-

[852] Etwaige Unterschiede in der Summe des jeweils allozierten Risikokapitals sind auf Rundungsdifferenzen zurückzuführen.

[853] Zu ähnlichen Ergebnissen kommen Kimball (1998), S. 49 ff., Venter (2002), S. 5-6, und Schradin/Zons (2003), S. 13 ff.

dung für ein bestimmtes Allokationsverfahren ist. Um größtmögliche Akzeptanz im Unternehmen zu erreichen und damit gegebenenfalls negative Auswirkungen auf die Motivation der Mitarbeiter zu vermeiden, sollte die Auswahl auf Basis möglichst objektiver Kriterien erfolgen. Aus diesem Grund fußt die Untersuchung auf den plausiblen Axiomen der Core–Kompatibilität, der Symmetrie und der risikolosen Allokation. Die weiteren Ausführungen im nächsten Abschnitt komplettieren die theoretische Untersuchung dahingehend, dass der Grad an Core–Kompatibilität sowie Steuerungseigenschaften der einzelnen Verfahren im Rahmen einer Simulationsstudie analysiert werden.

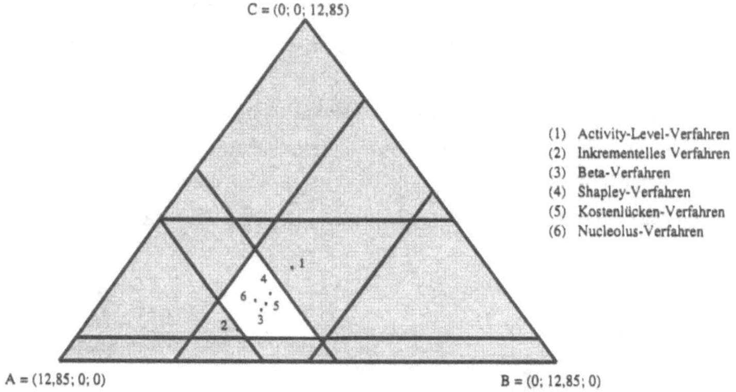

Abbildung 4.3: Allokationen im fundamentalen Dreieck

4.5 Simulationen im Rahmen der Modelle

Die weitere Analyse soll im Rahmen einer Simulationsstudie erfolgen. Die Simulation erfolgt dabei unter Nutzung der beiden in den vorherigen Abschnitten vorgestellten Modelle.[854]

Bei den Simulationen werden zufällige Kovarianzmatrizen erzeugt. Die *Kovarianzmatrix* eines n–dimensionalen Zufallsvektors $\mathbf{X} = [X_1, ..., X_n]^T$ mit $X_i \in \mathcal{X}$ ist definiert als[855]

$$\Sigma = E\left[\begin{pmatrix} X_1 - \mu_1 \\ \vdots \\ X_n - \mu_n \end{pmatrix} \begin{pmatrix} X_1 - \mu_1 & \dots & X_n - \mu_n \end{pmatrix}\right]. \tag{4.69}$$

Eine Kovarianzmatrix weist die folgenden Eigenschaften auf. Sie ist

[854] Vgl. die Abschnitte 4.1 und 4.2.
[855] Vgl. beispielsweise Mittelhammer (1999), S. 157.

- quadratisch,
- symmetrisch und
- positiv semidefinit.[856]

Eine symmetrische $(n \times n)$ Matrix A ist genau dann positiv semidefinit, wenn

$$d^T Ad \geq 0 \text{ für alle } d \in \mathbb{R}^n \tag{4.70}$$

gilt.[857] Es lässt sich zeigen, dass positive Semidefinitheit einer symmetrischen Matrix A genau dann vorliegt, wenn alle Eigenwerte größer oder gleich null sind.[858] Eine Prüfung auf positive Semidefinitheit kann somit an den Eigenwerten ansetzen. Eine andere Möglichkeit zur Prüfung besteht darin, die Minoren der Matrix zu überprüfen.[859] Sie müssen bei einer positiv semidefiniten Matrix notwendiger– und hinreichenderweise alle größer oder gleich null sein.[860]

Das weitere Vorgehen sieht wie folgt aus: In Abschnitt 4.5.1 wird im kooperativen Modell untersucht, zu welchem Grad die einzelnen Verfahren core–kompatibel sind. Die Steuerungseigenschaften der Verfahren sollen dann in Abschnitt 4.5.2 analysiert werden.

4.5.1 Simulation im Rahmen des kooperativen Modells

Obwohl das Nucleolus–Verfahren und das Beta–Verfahren eine core–kompatible Allokation von Risikokapital garantieren, besteht von Seiten der Unternehmensleitung möglicherweise der Wunsch, ein anderes Verfahren zur Risikokapitalallokation zu verwenden. Grund hierfür könnte sein, dass jedes Verfahren seine spezifischen Vor– und Nachteile mit sich bringt und andere Kriterien wie zum Beispiel die Erfüllung der anderen Kohärenzaxiome oder eine geringe Komplexität des Verfahrens als bedeutsamer eingestuft werden. Bisher wurde nur gezeigt, dass das Nucleolus–Verfahren und das Beta–Verfahren immer core–kompatible Allokationen liefern. Die dargestellten Gegenbeispiele, mit deren Hilfe ein Verstoß gegen die Core–Bedingungen im Falle der anderen vier Allokationsverfahren gezeigt wurde, sagen jedoch noch nichts über die Häufigkeit aus, mit der sich solche Konstellationen ergeben. Ein wichtiges Kriterium für die Auswahl eines Allokationsverfahrens sollte daher auch die Wahrscheinlichkeit sein, mit der ein nicht core–kompatibles

856 Positive Semidefinitheit ist nur für symmetrische Matrizen definiert. Vgl. Fischer (2005), S. 321, Leydold (2003), S. 75. Insofern ist eine positiv semidefinite Matrix immer symmetrisch. Ebenso ist jede symmetrische Matrix quadratisch. Damit ist jede positiv semidefinite Matrix eine zulässige Kovarianzmatrix.

857 Vgl. Mittelhammer (1999), S. 158, Bronstein et al. (2001), S. 916.

858 Vgl. Leydold (2003), S. 76, Fischer (2005), S. 321. Eine symmetrische $(n \times n)$ Matrix besitzt immer genau n reelle Eigenwerte. Vgl. Ohse (2005), S. 319.

859 Leydold (2003), S. 78, spricht in diesem Zusammenhang von „allgemeinen" Hauptminoren.

860 Vgl. Leydold (2003), S. 78. Im Gegensatz dazu müssen bei einer positiv definiten Matrix die Hauptminoren größer null sein. Vgl. Leydold (2003), S. 77, Fischer (2005), S. 327 f.

Verfahren Allokationen liefert, die im Core liegen. Ein Verfahren mit einer entsprechend hohen Wahrscheinlichkeit würde dann seine spezifischen anderen Vorteile, wie beispielsweise eine geringe Komplexität oder eine hohe Akzeptanz im Unternehmen, mit einem hohen *Grad an Core-Kompatibilität* verbinden.

Um zu analysieren, wie häufig ein nicht core–kompatibles Verfahren Allokationen liefert, die nicht im Core liegen, wird eine Simulationsstudie durchgeführt. Dazu werden $(n \times n)$ Kovarianzmatrizen (Szenarien) $\Sigma = (\sigma_{ij})$ für $n = 3, ..., 10$ Divisionen zufällig generiert. Wie häufig im Bankensektor werden im Rahmen der Simulation Erwartungswerte in Höhe von null ($\mu_i = 0$ für $i = 1, ..., n$) angenommen.[861] Die Standardabweichungen der divisionalen Erträge werden auf Werte zwischen null und eins beschränkt, $0 \leq \sigma_i \leq 1$ $(i = 1, ..., n)$. Weiterhin wird das Konfidenzniveau auf circa 84 Prozent festgelegt ($z_\alpha = -1$), so dass $VaR(K) = \sigma(K)$ gilt.[862] Die konkrete Struktur einer Kovarianzmatrix ist selbstverständlich stark vom jeweils betrachteten Unternehmen abhängig und daher unbekannt. Aus diesem Grund sollen zufällige Kovarianzmatrizen aus der Menge aller positiv semidefiniten Matrizen gezogen werden. Die Hauptdiagonale dieser Matrizen soll dabei Werte zwischen null und eins aufweisen. Hierzu wird dreistufig vorgegangen:

1. Erzeugung einer zufälligen Korrelationsmatrix.
2. Ziehung von gleichverteilten Standardabweichungen im Intervall [0,1].
3. Berechnung der resultierenden Kovarianzen $\sigma_{ij} = \rho_{ij} \cdot \sigma_i \cdot \sigma_j$.

Im Rahmen der ersten Stufe kommt ein Algorithmus von Bendel und Mickey (1978) zur zufälligen Erzeugung von Korrelationsmatrizen zum Einsatz.[863] Dieser Algorithmus erzeugt Korrelationsmatrizen mit gleichverteilten Eigenwerten.[864] Diese Ziehungsmethode erscheint daher geeignet, die Menge aller möglichen Kovarianzmatrizen möglichst gleichmäßig abzudecken.

Auf Grund des hohen Berechnungsaufwands wird die Simulation auf Fälle von bis zu $n = 10$ Divisionen begrenzt. Um die Stabilität der Ergebnisse zu gewährleisten, werden insgesamt jeweils 100.000 Kovarianzmatrizen für jedes n erzeugt.[865] Für jedes Szenario werden Allokationen gemäß der oben genannten Verfahren zur Risikokapitalallokation berechnet. Im nächsten Schritt wird geprüft, ob die jeweiligen Allokationen im Core liegen.

861 Vgl. Stoughton/Zechner (2004), S. 8.

862 Hierbei handelt es sich um eine Vereinfachung. Die Ergebnisse hängen jedoch nicht vom konkret gewählten z_α ab.

863 Vgl. Bendel/Mickey (1978).

864 Eine Wiederholung der Simulation mit alternativen Methoden zur Erzeugung der Korrelationsmatrizen führt zu qualitativ sehr ähnlichen Resultaten in Bezug auf die Ordnung der Verfahren. Dies ist ein Hinweis dafür, dass das verwendete Verfahren zulässig ist. Als Alternativen sind wishart–verteilte Korrelationsmatrizen sowie Korrelationsmatrizen, die mit Hilfe einer Methode von Marsaglia und Olkin (1984) erzeugt wurden, eingesetzt worden. Vgl. Marsaglia/Olkin (1984).

865 Eine entsprechende Stabilität ist durch mehrfache Wiederholung der Simulation gewährleistet.

Anzahl Divisionen	Activity–Level–Verfahren		Inkrementelles Verfahren		Shapley Verfahren		Kostenlücken–Verfahren	
	(a)	(b)	(a)	(b)	(a)	(b)	(a)	(b)
3	66,06	0,0441	48,20	0,9009	90,04	0,0130	100,00	0,0000
4	50,08	0,0398	34,79	1,0745	85,38	0,0106	99,94	0,0000
5	36,78	0,0342	26,31	0,9165	82,06	0,0082	98,05	0,0056
6	27,92	0,0306	20,52	1,2801	79,76	0,0067	97,56	0,0053
7	21,14	0,0281	16,24	1,0683	77,70	0,0056	97,17	0,0046
8	16,34	0,0261	12,81	0,6960	75,72	0,0046	97,31	0,0037
9	12,63	0,0245	10,42	0,9284	74,48	0,0039	97,49	0,0032
10	9,84	0,0232	8,25	0,5071	73,04	0,0034	97,78	0,0027

(a) = Allokationen im Core (in Prozent)

(b) = durchschnittliches Distanzmaß gemäß (4.71)

Tabelle 4.5: Simulationsergebnisse im Rahmen des kooperativen Modells

Der Prozentsatz der Allokationen, die sich im Core befinden, kann dabei als ein Fairnessmaß betrachtet werden. Darüber hinaus ist für alle Allokationen außerhalb des Core der Abstand zum Core von Interesse. Für eine Allokation RK^a wird dieser als

$$\max_{K \subset N} \frac{1}{|K|} \cdot \left(\sum_{i \in K} RK_i^a - VaR(K) \right) = - \min_{K \subset N} \frac{s(K)}{|K|} \qquad (4.71)$$

definiert, wobei $s(K)$ wie in Gleichung (4.56) den Überschuss der Koalition K bezeichnet. Offensichtlich lässt sich mit diesem Maß das Ausmaß der Verletzung der Core–Bedingung (4.9) berechnen.[866] In diesem Sinne kann Gleichung (4.71) dazu verwendet werden, das Ausmaß der „Unfairness" von Allokationen außerhalb des Core zu berechnen. Eine Allokation außerhalb des Core, die jedoch nah am Core liegt, bietet nur einen sehr geringen Anreiz, das Risiko unabhängig vom Unternehmen mit Kapital zu puffern. Dies gilt insbesondere in Fällen, in denen ein solches Verhalten zu entsprechenden Kosten führt. Beispielsweise können hierdurch Kostendegressionseffekte nicht mehr genutzt werden, die mit zunehmender Unternehmensgröße ein Risikomanagement günstiger machen.

Tabelle 4.5 zeigt die Ergebnisse der Simulation. Die Ergebnisse des Beta– und Nucleolus–Verfahrens sind in die Darstellung nicht aufgenommen worden, da 100 Prozent der Allokationen im Core liegen. In den Spalten (a) ist der Prozentsatz der Allokationen angegeben, die im Core liegen. Die Spalten (b) zeigen die gemäß (4.71) berechnete durchschnittliche Distanz der Allokationen, die sich außerhalb des Core befinden. Zeilenweise sind die Werte für eine festgelegte Anzahl an Allokationen dargestellt. Das Shapley–Verfahren liefert beispielsweise in 77,70 Prozent aller Fälle mit $n = 7$ Divisionen eine

[866] Da alle Allokationen die zweite Core–Bedingung (4.10) erfüllen, ist das Distanzmaß immer nicht–negativ.

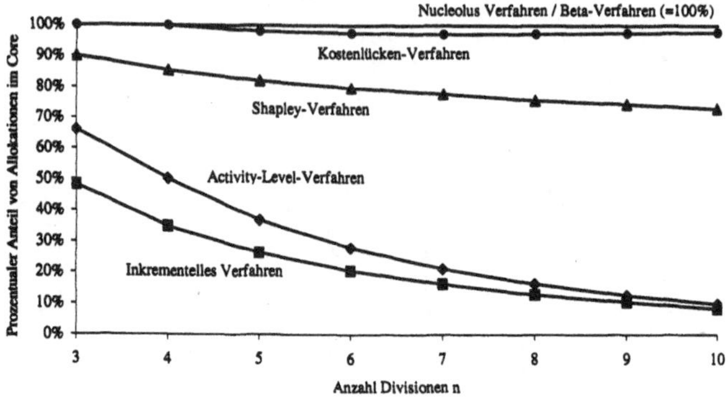

Abbildung 4.4: Prozentualer Anteil der Core–Allokationen

Allokation, die im Core liegt. In diesem Fall beträgt die durchschnittliche Distanz aller Allokationen außerhalb des Core zum Core 0,0056.

Abbildung 4.4 zeigt die Entwicklung des prozentualen Anteils core–kompatibler Allokationen für eine zunehmende Anzahl von Divisionen in grafischer Form. Alle Verfahren zeigen mit zunehmender Anzahl an Divisionen einen sinkenden Anteil core–kompatibler Allokationen. Dies ist mit der zunehmenden Schwierigkeit zu erklären, bei steigender Anzahl an Core–Bedingungen noch eine Allokation zu finden, welche im Core liegt.[867] Das Activity–Level–Verfahren und das inkrementelle Verfahren verhalten sich beide sehr ähnlich. Für $n = 3$ Divisionen liegt der Prozentsatz core–kompatibler Allokationen beim Activity–Level–Verfahren noch bei über 65 Prozent, während der gleiche Wert für das inkrementelle Verfahren knapp 50 Prozent beträgt. Für $n = 6$ Divisionen liegt das Niveau beider Verfahren nur noch bei unter 30 Prozent. Im Fall von $n = 10$ Divisionen liegt für beide Verfahren sogar nur noch weniger als jede zehnte Allokation im Core. Beide Verfahren schneiden bezüglich der Core–Kompatibilität somit schlecht ab, wobei das Activity–Level–Verfahren das inkrementelle Verfahren in dem Sinne dominiert, dass es für jede Divisionszahl ein höheres Fairness–Maß aufweist.[868] Darüber hinaus zeigen die Distanzmaße der beiden Verfahren, dass beim Activity–Level–Verfahren die Allokationen außerhalb des Core im Durchschnitt näher am Core liegen als die des inkrementellen Verfahrens.[869] Das Kostenlücken–Verfahren liefert, ähnlich dem Beta– und Nucleolus–Verfahren, Werte von nahezu 100 Prozent. Wie das durchschnittliche Distanzmaß dieses

[867] Liegt die Anzahl der Core–Bedingungen im Falle dreier Divisionen noch bei 7, so steigert sich die Anzahl der Bedingungen für $n = 10$ exponentiell auf 1023.

[868] Es sei angemerkt, dass ein derart definierter Dominanzbegriff keine Szenarien ausschließt, in denen die Activity–Level–Allokation außerhalb des Core liegt und das inkrementelle Verfahren gleichzeitig eine core–compatible Allokation liefert.

[869] Vgl. die Spalten 3 und 5 in Tabelle 4.3.

Verfahrens zeigt, liegen darüber hinaus die wenigen Allokationen außerhalb des Core sehr nah an diesem.[870] Das Shapley–Verfahren schneidet ebenfalls relativ gut ab. Zwischen 73 und 90 Prozent aller Allokationen dieses Verfahrens liegen im Core. Alle Allokationen außerhalb des Core liegen ebenfalls sehr nah daran.[871]

Zusammenfassend zeigt diese Simulationsstudie, dass das inkrementelle und Activity–Level–Verfahren in Bezug auf die Core–Kompatibilität vergleichsweise schlecht abschneiden. Das Kostenlücken–Verfahren und das Shapley–Verfahren scheinen dafür, dass sie allgemein nicht core–kompatibel sind, einen guten Kompromiss darzustellen. Beide liefern in der überwiegenden Anzahl aller simulierten Szenarien dennoch eine Allokation aus dem Core.

4.5.2 Simulation im Rahmen des nicht–kooperativen Modells

Wie in Abschnitt 4.2.2 gezeigt, führt eine core–kompatible Allokation nicht notwendigerweise zu einer optimalen Steuerung. Daher soll an dieser Stelle das nicht–kooperative Modell dazu benutzt werden, die Steuerungseigenschaften der einzelnen Verfahren im Näheren zu analysieren.

Hierzu wird eine Simulationsstudie für $n = 2, ..., 5$ Divisionen mit jeweils $m = 2$ Portfolios durchgeführt.[872] Es werden dabei 100.000 $(nm \times nm)$ Kovarianzmatrizen (Szenarien) wie in der vorherigen Simulation generiert. Ebenso wird $\mu_i = 0$ für alle i und $z_\alpha = -1$ angenommen. Darüber hinaus wird der Zinssatz auf 10 Prozent festgesetzt $(r = 0,1)$.[873]

Für jedes Szenario werden wiederum alle Allokationen gemäß der oben genannten Verfahren zur Risikokapitalallokation berechnet. Ebenso wird für jedes Szenario die optimale Portfoliokombination (globales Optimum) bestimmt, die den EVA des Gesamt–Unternehmens maximiert.[874] Im nächsten Schritt wird geprüft, ob das globale Optimum unter der betrachteten Allokationsregel ein Nash–Gleichgewicht ist und ob diese Allokation im Core liegt. Daraufhin wird je Allokationsverfahren über alle Szenarien hinweg der prozentuale Anteil aller Allokationen berechnet, bei denen das globale Optimum gleichzeitig ein Nash–Gleichgewicht ist. Eine solche Kongruenz ist in Tabelle 4.6 mit dem Begriff Nash–Optimum bezeichnet. Die Kongruenz von globalem Optimum und Nash–Gleichgewicht ist hinsichtlich der Risikosteuerung von Bedeutung. Aus theoretischer Sicht wird damit sichergestellt, dass die beteiligten Parteien einen Anreiz dazu haben, optimale Entscheidungen in Bezug auf das Gesamt–Unternehmen zu treffen. Der prozentuale Anteil von Allokationen, welche ein Nash–Optimum darstellen, an der gesamten Anzahl an

870 Vgl. letzte Spalte in Tabelle 4.3.
871 Vgl. Spalte 7 in Tabelle 4.3.
872 Eine Beschränkung auf 5 Divisionen erfolgt hier aus Gründen einer beschränkten Rechnerkapazität.
873 Die Simulationsergebnisse ändern sich nicht für andere $z_\alpha < 0$ und unterschiedliche Zinssätze.
874 Vgl. Abschnitt 4.2.2.

		$n=2$	$n=3$	$n=4$	$n=5$
Activity-Level-Verfahren	(a)	87,47	72,88	58,67	46,64
	(b)	100,00	91,72	85,37	79,29
Inkrementelles Verfahren	(a)	66,50	58,08	54,53	52,66
	(b)	84,38	62,18	44,74	31,64
Beta-Verfahren	(a)	78,15	69,25	62,30	56,84
	(b)	100,00	100,00	100,00	100,00
Shapley-Verfahren	(a)	83,77	73,44	64,23	56,72
	(b)	100,00	99,67	99,28	98,90
Kostenlücken-Verfahren	(a)	83,77	76,13	70,53	66,29
	(b)	100,00	100,00	100,00	99,98
Nucleolus-Verfahren	(a)	83,77	80,83	78,40	76,27
	(b)	100,00	100,00	100,00	100,00
Stand-Alone-Verfahren	(a)	67,06	49,23	36,13	26,60
	(b)	0,00	0,00	0,00	0,00

(a) = Nash-Optima (in Prozent)

(b) = Nash-Optima im Core (in Prozent)

Tabelle 4.6: Simulationsergebnisse im Rahmen des nicht-kooperativen Modells

Allokationen, kann daher als eine Art Qualitätsmaß in Bezug auf eine optimale Steuerung verstanden werden. Zusätzlich ist für jedes Verfahren zur Risikokapitalallokation der prozentuale Anteil der Nash-Optima berechnet, welche im Core liegen.[875] Falls eine Methode eine Allokation liefert, die sowohl ein Nash-Optimum darstellt als auch im Core liegt, erfüllt diese Methode sowohl die gestellten Anforderungen an die Fairness als auch an eine optimale Risikosteuerung.

Tabelle 4.6 zeigt spaltenweise die Simulationsergebnisse für $n = 2, ..., 5$ Divisionen. In den mit (a) gekennzeichneten Zeilen finden sich je Allokationsmethode die prozentualen Anteile der Szenarien mit Nash-Optima an der Gesamtzahl der Szenarien. In den mit (b) gekennzeichneten Zeilen sind die Prozentsätze core-kompatibler Allokationen innerhalb der Klasse der Allokationen mit Nash-Optimum dargestellt.

Zum Vergleich wird die Simulation auch für das Stand-Alone-Verfahren, das jeder Division ihr Stand-Alone-Risiko alloziert, durchgeführt.[876] Das Verfahren verstößt selbstverständlich gegen die Core-Bedingung der vollständigen Allokation (4.10). Daher liegen auch sämtliche Allokationen außerhalb des Core. Dennoch wird diese Methode, wie Abschnitt 5.1 zeigen wird, häufig in deutschen Banken eingesetzt.

Die Spalten 3 bis 6 in Tabelle 4.6 zeigen, dass mit zunehmender Anzahl an Divisionen der prozentuale Anteil von Allokationen mit Nash-Optimum über alle Allokationsverfahren hinweg sinkt. Im Falle zweier Divisionen weisen das Shapley-Verfahren, das

[875] Ein Wert von beispielsweise 80 Prozent bedeutet, dass 80 Prozent aller Nash-Optima im Core liegen.

[876] Gemäß der Definition aus Abschnitt 4.4 handelt es sich beim Stand-Alone-Verfahren streng genommen um gar kein Verfahren zur Allokation von Risikokapital, da mehr als das auf Unternehmensebene notwendige Risikokapital alloziert wird.

Anzahl Divisionen	$n = 2$	$n = 3$	$n = 4$	$n = 5$
Activity–Level–Verfahren	5,61%	7,48%	8,00%	8,41%
Inkrementelles Verfahren	1,04%	7,50%	16,73%	26,32%
Beta–Verfahren	2,96%	7,18%	11,67%	16,39%
Shapley–Verfahren	4,61%	8,33%	11,80%	15,27%
Kostenlücken–Verfahren	4,61%	10,01%	16,09%	22,26%
Nucleolus–Verfahren	4,61%	11,47%	19,51%	28,08%
Stand–Alone–Verfahren	0,00%	0,00%	0,00%	0,00%

Tabelle 4.7: Multiple Nash–Gleichgewichte (in Prozent aller Szenarien)

Kostenlücken–Verfahren und das Nucleolus–Verfahren die gleichen Prozentwerte auf. Dies liegt daran, dass alle drei Verfahren im Falle zweier Divisionen die gleichen Allokationen liefern. Das Nucleolus–Verfahren weist in Szenarien mit mehr als zwei Divisionen dabei die besten Werte auf. Für $n = 5$ Divisionen liegt bei über 76 Prozent aller Allokationen ein Nash–Optimum vor. Ähnlich gute Ergebnisse liefert das Kostenlücken–Verfahren mit nur geringfügig schlechteren Werten. Das Shapley–Verfahren fällt dagegen in Szenarien mit fünf Divisionen auf einen Anteil von Allokationen mit Nash–Optimum von knapp über 56 Prozent zurück. Bei allen drei genannten Allokationsverfahren liegen nahezu 100 Prozent aller Nash–Optima im Core. Die Ergebnisse des inkrementellen und Activity–Level–Verfahrens sehen dagegen deutlich schlechter aus. Der Prozentsatz der Nash–Optima fällt dabei beim Activity–Level–Verfahren am schnellsten. Für $n = 5$ Divisionen weisen nur noch weniger als 47 Prozent aller Allokationen ein Nash–Optimum auf. Beim inkrementellen Verfahren hat das Qualitätsmaß der Risikosteuerung für $n = 5$ Divisionen einen Wert von knapp 53 Prozent. Darüber hinaus ist bei beiden Verfahren der prozentuale Anteil von core–kompatiblen Allokationen an der Menge aller Allokationen mit Nash–Optima sehr niedrig. Obwohl, wie in Abschnitt 4.4.3 gezeigt, alle Allokationen des Beta–Verfahrens im Core liegen, weist dieses Verfahren bezüglich der Risikosteuerung nur wenig bessere Werte als das inkrementelle Verfahren auf. Das häufig verwendete Stand–Alone–Verfahren liefert dagegen die schlechtesten Qualitätsmaße der Risikosteuerung. Im Falle von fünf Divisionen führt nur jede vierte Allokation zu optimalen Steuerungsimpulsen. Insgesamt weisen die Szenarien, in denen ein Nash–Optimum vorliegt (Tabelle 4.6), durchweg eine bessere Core–Kompatibilität als allgemeine Szenarien (Tabelle 4.5) auf.

In Bezug auf die optimale Steuerung kann sich die Existenz multipler Nash–Gleichgewichte als Problem herausstellen. In einem solchen Fall ist das Erreichen des globalen Optimums auch für Verfahren mit einem Qualitätsmaß der Risikosteuerung von 100 Prozent theoretisch nicht mehr gewährleistet. Bei einer Anwendung des Stand–Alone–Verfahrens können grundsätzlich keine multiplen Nash–Gleichgewichte auftreten. Es ergibt sich immer exakt ein Nash–Gleichgewicht, da alle Divisionen das Portfolio mit dem jeweils minimalen Risiko wählen.[877] Tabelle 4.7 zeigt die relative Häufigkeit, mit der multiple Nash–Gleichgewichte bei einer zunehmenden Anzahl von Divisionen auftreten. Bei $n = 5$ Divisionen treten bei Anwendung der Nucleolus–Methode in 28 Prozent aller Szenarien multiple Nash–Gleichgewichte auf. Es zeigt sich, dass sich das Problem multipler Nash–Gleichgewichte in engen Schranken hält. Dennoch sollte der Unternehmensleitung bewusst sein, dass sich die Qualität der Risikosteuerung mit einer zunehmenden Anzahl an Divisionen vermindert und daher die Divisionen in solchen Fällen einer zusätzlichen Koordination bedürfen.

4.6 Zusammenfassung der Ergebnisse der theoretischen Analyse

In diesem Kapitel wurde das Problem der Auswahl eines geeigneten Verfahrens zur Allokation von Risikokapital theoretisch untersucht. Dabei wurde das Risiko der per Annahme normalverteilten Erträge der Divisionen mit Hilfe des Value–at–Risk quantifiziert. Der Fokus der Untersuchung lag auf der Funktion der risikoadjustierten Performancemessung.[878] Die Allokation des auf Gesamt–Unternehmensebene notwendigen Risikokapitals auf die einzelnen Divisionen ist auf Grund von Diversifikationseffekten keine triviale Aufgabe. Es wurden daher sechs grundsätzlich geeignete Allokationsverfahren vorgestellt und untersucht. Tabelle 4.8 fasst die Ergebnisse der Untersuchung zusammen.

	Activity-Level Verfahren	Inkrementelles Verfahren	Beta-Verfahren	Shapley-Verfahren	Kostenlücken-Verfahren	Nucleolus-Verfahren
Fairnessmaß	niedrig	niedrig	optimal	mittel	hoch	optimal
Symmetrie	ja	ja	nein	ja	ja	(ja)
Risikolose Allokation	nein	nein	ja	ja	ja	ja
Qualitätsmaß der Risikosteuerung	mittel	mittel	mittel	mittel	hoch	hoch

Tabelle 4.8: Zusammenfassung der theoretischen Ergebnisse

Ein Allokationsverfahren sollte insbesondere zwei Kriterien erfüllen: Erstens sollte das Allokationsverfahren von den beteiligten Divisionen als fair empfunden werden. Im Rahmen des in Abschnitt 4.1 vorgestellten kooperativen Modells wurde Fairness anhand des

877 Dies folgt aus der Tatsache, dass die Allokationshöhe einer Division unabhängig von der Allokationshöhe einer anderen Division ist.

878 Vgl. Abschnitt 3.2.1.2.

Core–Kriteriums beurteilt. Zwei der vorgestellten Allokationsverfahren, das Beta– und das Nucleolus–Verfahren, erfüllen dieses Kriterium vollständig. Bezüglich der anderen Verfahren wurde für zufällig generierte Szenarien von bis zu zehn Divisionen der Grad an Core–Kompatibilität analysiert. Hierunter versteht man in Bezug auf ein konkretes Allokationsverfahren den prozentualen Anteil der Allokationen, die im Core liegen. Es zeigte sich, dass das Kostenlücken–Verfahren einen sehr hohen Grad an Core–Kompatibilität aufweist. Zusätzlich zur Core–Kompatibilität wurden zwei weitere von Denault (2001) in Bezug auf die Risikokapitalallokation vorgeschlagene Fairness–Axiome untersucht. Es handelt sich um die Axiome der Symmetrie und der risikolosen Allokation. Drei Allokationsverfahren — das Shapley–Verfahren, das Kostenlücken–Verfahren sowie das Nucleolus–Verfahren — erfüllen dabei beide Kriterien.[879]

Zweitens sollte ein Allokationsverfahren Anreize für ein optimales Verhalten der Divisionen im Hinblick auf die Risikosteuerung des Gesamt–Unternehmens setzen. Im Rahmen des dargestellten nicht–kooperativen Modells wurde dieser Aspekt mit Hilfe des spieltheoretischen Lösungskonzepts des Nash–Gleichgewichtes untersucht.[880] Eine optimale Steuerung in diesem Modell war dabei genau dann gegeben, wenn für ein bestimmtes Allokationsverfahren ein Nash–Gleichgewicht bei der Portfoliokombination vorliegt, die für das Gesamt–Unternehmen den maximalen EVA erwarten lässt. Mit Hilfe einer Simulationsstudie wurden für Fälle zwischen zwei und fünf Divisionen bei jeweiliger Auswahlmöglichkeit zwischen zwei verschiedenen Portfolios die Steuerungseigenschaften für unterschiedliche Allokationsverfahren analysiert. Dabei zeigte sich, dass das Kostenlücken–Verfahren und das Nucleolus–Verfahren die besten Steuerungsanreize setzen. Weiterhin wurde im Rahmen dieser Simulation gezeigt, dass die Allokation des Stand–Alone–Risikokapitals aus Steuerungssicht immer schlechter als die vollständige Allokation des auf Gesamt–Unternehmensebene notwendigen Risikokapitals ist.

Zusammenfassend lässt sich feststellen, dass das Kostenlücken– und das Nucleolus–Verfahren die untersuchten Kriterien am besten erfüllen. Im Gegensatz dazu schneiden einfachere Allokationsverfahren, wie das Activity–Level–Verfahren oder das inkrementelle Verfahren, in Bezug auf Fairness und Steuerungseigenschaften deutlich schlechter ab. Das Beta–Verfahren, obwohl es zu 100 Prozent core–kompatibel ist, und das Shapley–Verfahren erfüllen die analysierten Kriterien durchschnittlich zu einem mittleren Grad. Es sei an dieser Stelle angemerkt, dass entsprechende Empfehlungen, wie bei allen modellbasierten Untersuchungen, nur bei Akzeptanz der in den Modellen vorgenommenen Annahmen gegeben werden können. Für eine abschließende Beurteilung sollte die Analyse

---

879 Das Nucleolus–Verfahren ist dabei nur dann symmetrisch, wenn man eine Verschiebung des allozierten Risikokapitals zwischen den beiden betrachteten, austauschbaren Divisionen erlaubt. Vgl. Abschnitt 4.4.6, S. 166 ff.

880 Vgl. Abschintt 4.2.

um empirische Aspekte erweitert werden. Entsprechende empirische Untersuchungen sind daher Thema des nächsten Kapitels.

Kapitel 5

Empirische Untersuchung der Risikokapitalallokation

„Nur ein Narr macht keine Experimente."
Charles Darwin, britischer Naturforscher, 1809–1882

Bisher wurden die verschiedenen Verfahren zur Risikokapitalallokation mittels theoretischer Methoden analysiert. Hierzu wurden Axiome postuliert, die möglichst plausible Anforderungen, welche an die einzelnen Verfahren zu stellen sind, operationalisieren. So ist es wünschenswert, keiner Division mehr Risikokapital zu allozieren, als diese alleine oder im Verbund mit anderen Divisionen tragen müsste. Operationalisiert wurde diese Eigenschaft mit Hilfe des Core–Kriteriums. Zweck dieses Vorgehens war es, die Fairness der verschiedenen Verfahren zu evaluieren und dabei ein oder mehrere möglichst faire Verfahren zu identifizieren. Die untersuchten Axiome dienten dabei als normative Operationalisierung.

Empirisch stellt sich nun die Frage, ob die aus normativer Sicht postulierten Axiome tatsächlich eine gute Operationalisierung des komplexen Konstruktes der Fairness darstellen. Es ist beispielsweise möglich, dass die Axiome, trotz aller Plausibilität aus normativer Sicht, keinen oder keinen nennenswerten Einfluss auf die empfundene Fairness eines Verfahrens haben. Innerhalb dieses Kapitels soll daher mit Hilfe experimenteller Methoden untersucht werden, welche Verfahren empirisch als fair betrachtet werden können. Ausgehend von der bislang normativen Sichtweise erfolgt somit nun ein Übergang zu einer deskriptiven Betrachtung des Untersuchungsgegenstandes.

Bevor dies geschieht, werden zunächst in Abschnitt 5.1 die Ergebnisse einer schriftlichen Befragung zum Einsatz des Instruments der Risikokapitalallokation in deutschen Banken vorgestellt. Darüber lassen sich Einblicke gewinnen, inwieweit die jeweiligen Verfahren in der Praxis eingesetzt werden. Im anschließenden Abschnitt 5.2 wird die empfundene Fairness verschiedener Verfahren zur Risikokapitalallokation im Rahmen eines Hörsaal-Experiments untersucht. Abschnitt 5.3 vervollständigt die Analyse, indem die gleichen Fragestellungen im Rahmen eines Verhandlungskontextes in einer Gruppe experimentell analysiert werden. Das Kapitel schließt in Abschnitt 5.4 mit einer Zusammenfassung der Ergebnisse der empirischen Analyse.

5.1 Gegenwärtige Praxis der Risikokapitalallokation

Die bisherigen Ausführungen haben gezeigt, dass die konkrete Allokation von Risikokapital sehr unterschiedlich ausgestaltet werden kann. Um einen Überblick über den Status Quo in der Praxis zu erhalten, wurde eine schriftliche Befragung hierzu durchgeführt. Die Befragung fokussiert dabei auf den Bankensektor, da insbesondere auf Grund von regulatorischen Anforderungen[881] davon auszugehen ist, dass der Entwicklungsstand hier am weitesten fortgeschritten ist.

Inhaltlich soll die Untersuchung der Allokation von Risikokapital im engeren Sinne, also die eigentliche Verteilung des Risikokapitals auf Teilbereiche des Unternehmens, im Vordergrund stehen. Untersucht werden soll daher neben grundlegenden Aspekten wie der Risikomessung insbesondere das Procedere der Verteilung des Risikokapitals. Hierzu zählen beispielsweise das konkrete Allokationsverfahren, der Allokationszyklus oder die Anzahl an Divisionen, auf die Risikokapital alloziert wird.

In Abschnitt 5.1.1 wird zunächst ein Überblick über vorhandene empirische Untersuchungen zu diesem Themenbereich gegeben. Im darauf folgenden Abschnitt 5.1.2 werden dann das Umfragedesign und die Ergebnisse der durchgeführten Umfrage vorgestellt.[882]

5.1.1 Vorhandene empirische Studien

Bezüglich der Allokation von Risikokapital existieren eine Reihe von empirischen Arbeiten, die jedoch meist auf andere Aspekte als den hier zu untersuchenden fokussieren. Im Folgenden soll dennoch ein kurzer Überblick über die vorhandenen empirischen Arbeiten gegeben werden.

Eine Umfrage von Marvin (1996) stellt die früheste Untersuchung zu diesem Themenbereich dar.[883] Befragt wurden für die Studie insgesamt zehn amerikanische Großbanken. Die Ergebnisse sind in sieben Thesen formuliert, die einen Soll-Zustand in Bezug auf den Instrumenteneinsatz beschreiben. Die Thesen lauten im Einzelnen:[884]

881 Vgl. Abschnitt 3.2.2, S. 104 ff.
882 Die Ausführungen in Abschnitt 5.1 basieren auf Homburg/Scherpereel (2005b).
883 Vgl. Marvin (1996).
884 Vgl. Marvin (1996), S. 4 ff.

1. Die Risikokapitalallokation sollte integraler Bestandteil des Managementprozesses sein.
2. Ziel der Risikokapitalallokation sollte die Maximierung des Shareholder Value sein.
3. Die Allokation sollte konsistent zu den Regelungen der Corporate Governance sein.
4. Die Allokation von Risikokapital sollte vollständig in dem Sinne sein, dass alle wesentlichen Risikoarten einbezogen werden.
5. Bei der Allokation von Risikokapital sollten sowohl quantitative als auch qualitative Elemente einbezogen werden.[885]
6. Der Allokationsprozess sollte verständlich sein sowie wirksam gesteuert und kommuniziert werden.
7. Die Entscheidungsträger im Unternehmen müssen das Instrument der Risikokapitalallokation als glaubwürdiges und zuverlässiges Instrument sehen.

Es zeigt sich, dass die Ergebnisse dieser frühen Studie sehr allgemeiner Natur sind und somit keine Einblicke in den konkreten Allokationsprozess geben können.

James (1996) stellt in einer Fallstudie das System zur Risikokapitalallokation bei der Bank of America dar. Es wird ersichtlich, dass die Bank of America den Cash-Flow-at-Risk mit einem Konfidenzniveau von 99,97 Prozent als Basis zur Quantifizierung des Risikos gewählt hat.[886] Das so quantifizierte Risikokapital wird dann quartalsmäßig auf insgesamt 45 Divisionen alloziert.[887] Ein genaues Allokationsverfahren kann aus den Ausführungen jedoch nicht abgeleitet werden.[888] Darüber hinaus bietet die Fallstudie nur Einblicke in die Praxis eines einzigen Unternehmens.

In einer Studie der Capital Market Risk Advisors (2001) wurden internationale Banken zur angewandten Berechnungsmethodik des Risikokapitals in Bezug auf verschiedene Risikoarten befragt. Inhaltlich beschränkt sich die Studie somit auf die Risikomessung und damit die erste Prozessphase der Risikokapitalallokation im weiten Sinne.[889] Die Ergebnisse zeigen, dass eine Allokation von Risikokapital insbesondere für Markt- und Kreditrisiken erfolgt und dass der Value-at-Risk meist das zu Grunde gelegte Risikomaß darstellt. Im Hinblick auf die Divisionen, denen Risikokapital alloziert wird, zeigt die Studie, dass es sich bei den Divisionen oft um große Unternehmensbereiche und seltener um

885 Mit qualitativen Elementen sind insbesondere Urteile erfahrener Mitarbeiter und Plausibilität gemeint. Vgl. Marvin (1996), S. 9 ff.

886 Vgl. James (1996), S. 21.

887 Vgl. James (1996), S. 19 und 25.

888 Es wird grundsätzlich das Stand-Alone-Risiko abzüglich einer Anpassung für Diversifikationseffekte alloziert. Vgl. James (1996), S. 3.

889 Vgl. Abschnitt 3.1.2.2, S. 87 ff.

kleinere organisatorische Teileinheiten handelt. Gleiches gilt für den Instrumenteneinsatz zum Zwecke der risikoadjustierten Performancemessung.[890]

PricewaterhouseCoopers (2002) fokussiert in einer Studie auf den Nutzen der Allokation von Risikokapital und dessen allgemeine Quantifizierung.[891] In mehr als 30 Interviews wurden hier internationale Banken und Versicherungen befragt. Die in dieser Studie identifizierten Pioniere, die in kleinen Fallstudien vorgestellt werden, stammen dabei allesamt aus angelsächsischen Ländern. Die Studie mündet in zehn Regeln für die Implementierung des Instruments, die jedoch, wie in der Studie von Marvin, sehr allgemeiner Natur sind und daher an dieser Stelle nicht näher vorgestellt werden sollen.[892]

KPMG (2002) befragte 61 internationale Finanzinstitute zum Thema Risikokapital.[893] Untersucht wurden Fragen der Risikomessung sowie der Anwendung der Allokation von Risikokapital zur Steuerung und Kontrolle. Bei dieser Umfrage handelt es sich um die bisher umfangreichste Untersuchung zu diesem Thema. Die Studie kommt zu dem Ergebnis, dass die Zwecke der Kommunikation, risikoadjustierten Performancemessung sowie der Planung und Steuerung bei der Anwendung der Risikokapitalallokation im Vordergrund stehen.[894] Ebenso wird das Instrument vorrangig auf Markt- und Kreditrisiken angewendet.[895] Bezüglich der Risikomessung zeigt die Umfrage, dass viele Unternehmen (59 Prozent) bei der Quantifizierung von Marktrisiken auf den Varianz-Kovarianz-Ansatz zurückgreifen und damit implizit eine Normalverteilung der Risikopositionen annehmen.[896]

Graumann/Baum (2003) konstatieren für die Versicherungsbranche, dass keine empirischen Untersuchungen bezüglich der konkreten Allokationsmethoden vorliegen.[897] Wie der kurze Überblick über vorhandene empirische Arbeiten zu diesem Themenbereich zeigt, gilt diese Aussage ebenso für die Bankbranche. Darüber hinaus liegen insbesondere für den deutschen Bankensektor bislang keine empirischen Untersuchungen vor. Mit der im Folgenden dargestellten Studie sollen hier erste Einblicke gegeben werden.

---

890 Auf einem so genannten „Business Level" erfolgt eine Allokation von Risikokapital zwar in über 65 Prozent aller befragten Unternehmen, zum Zwecke der Performancemessung wird sie jedoch nur in knapp über 40 Prozent aller Unternehmen genutzt. Entsprechende Planungen der Unternehmen legen jedoch nahe, dass die jeweiligen Prozentanteile in den letzten Jahren deutlich angestiegen sein müssten. Vgl. Capital Market Risk Advisors (2001), S. 6.

891 Vgl. PricewaterhouseCoopers (2002).

892 Vgl. hierzu PricewaterhouseCoopers (2002), S. 4-5.

893 Vgl. KPMG (2002b).

894 Vgl. KPMG (2002b), S. 7.

895 72 Prozent der befragten Institute wenden das Instrument auf Marktrisiken, 73 Prozent auf Kreditrisiken an. Vgl. KPMG (2002b), S. 10.

896 Die historische Simulation wird in 39 Prozent der Unternehmen, die Monte-Carlo-Simulation in 32 Prozent der Unternehmen eingesetzt. Mehrfachantworten waren offensichtlich möglich. Vgl. KPMG (2002b), S. 15.

897 Vgl. Graumann/Baum (2003), S. 438.

5.1.2 Umfrage unter deutschen Banken

5.1.2.1 Umfragedesign

Bei der Datengewinnung im Rahmen der Primärforschung kann zwischen der Beobachtung und der Befragung unterschieden werden.[898] Da davon auszugehen ist, dass die internen Risikomanagementsysteme von Banken für externe Beobachter nicht direkt zugänglich sind, scheiden Beobachtungen bereits auf Grund der Fragestellung als Erhebungsmethode aus.[899] Aus diesem Grund wurde die Befragung als Erhebungsmethode gewählt.[900] Auf Grund zu erwartender knapper zeitlicher Ressourcen bei den zu befragenden Personen wurde eine schriftliche Befragung einer mündlichen, telefonischen oder computergestützten Befragung vorgezogen.[901]

Für die schriftliche Befragung waren in einem ersten Schritt die Fragen festzulegen. Abgefragt wurden zunächst Kontaktdetails der Auskunftsperson, um bei möglichen Unklarheiten die Möglichkeit zur Nachfrage zu haben. Die konkreten Fragen lassen sich inhaltlich in zwei Blöcke untergliedern. Zunächst wurden kurz Details bezüglich der Risikokapitalallokation zu Grunde gelegten Risikomessmethodik abgefragt. Die sich daran anschließenden Fragen beziehen sich ausnahmslos auf Informationen zur Allokation des Risikokapitals im engeren Sinne. Der Fragebogen bestand insgesamt aus 18 Fragen. Da eine hohe Rücklaufquote angestrebt wurde, handelte es sich mit Ausnahme zweier Fragen ausschließlich um geschlossene Fragen in Form von Alternativ- oder Selektivfragen. Diese Frageformen besitzen den Vorteil eines geringen Zeitaufwands für die Auskunftspersonen. Die Wahrscheinlichkeit einer Beeinflussung durch die Vorgabe von Antworten wurde bei vielen Fragen durch eine zusätzliche offene Antwortmöglichkeit verringert. Das konkrete Befragungsinstrument findet sich in Anhang 1. Durchgeführt wurde die Umfrage im Zeitraum von Februar 2004 bis Juni 2004.

Im zweiten Schritt waren die Erhebungseinheiten auszuwählen, die Gegenstand der Untersuchung sein sollten. Hierfür musste die Grundgesamtheit derjenigen Banken abgegrenzt werden, für die eine Aussage als Ergebnis der Untersuchung getroffen werden

[898] Bei der Primärforschung werden Forschungsergebnisse aus speziell für den Analysezweck erhobenen Daten gewonnen. Die Sekundärforschung greift dagegen auf vorhandene Datenquellen zurück, die für andere oder ähnliche Zwecke erhoben wurden. Vgl. Böhler (1995), Sp. 1774. Wie der Überblick über vorhandene Untersuchungen in Abschnitt 5.1.1 gezeigt hat, existieren bislang keine Daten zum konkreten Untersuchungsgegenstand, so dass hier auf Methoden der Primärforschung zurückgegriffen werden muss.

[899] Mit Hilfe von Beobachtungen lassen sich darüber hinaus nur visuell erfassbare Verhaltensmerkmale und Zusammenhänge registrieren. Vgl. Berekoven/Eckert/Ellenrieder (2004), S. 151 ff. Zur Beobachtung allgemein vgl. ebenso Schnell/Hill/Esser (2005), S. 390 ff.

[900] Bei der Befragung handelt es sich um eine Erhebungsmethode, die dadurch gekennzeichnet ist, dass Auskunftspersonen durch systematische Fragen oder andere Kommunikationsformen zu mündlichen oder schriftlichen Angaben über den Untersuchungsgegenstand und damit zusammenhängende Fragestellungen veranlasst werden. Vgl. hierzu Kuß (1995), Sp. 190.

[901] Zu den einzelnen Befragungsformen und deren Vor- und Nachteilen vgl. Kuß (1995), Sp. 191-196.

sollte. Ziel der Umfrage war es, einen möglichst repräsentativen Überblick über die „Best Practice" Methoden der deutschen Banken im Bereich der Risikokapitalallokation zu gewinnen. Da die Anforderungen und damit die Anstrengungen bezüglich der Qualität der Risikomanagementsysteme von Banken grundsätzlich vom Geschäftsumfang und den dabei übernommenen Risiken abhängig sind, liegt es nahe, diejenigen Institute auszuwählen, die über den größten Umfang an Geschäftstätigkeit verfügen. Als Proxy für diesen Umfang wurde die Bilanzsumme einer Bank bestimmt. Befragt wurden daher alle deutschen Kreditinstitute, die über eine Bilanzsumme von mindestens 30 Mrd. Euro im Jahre 2003 verfügt haben. Gemäß einem Ranking von Karsch erfüllen dieses Kriterium insgesamt 40 deutsche Banken.[902] Von dieser ausgewählten Grundgesamtheit haben insgesamt 20 Banken geantwortet. Die hohe Rücklaufquote von 50 Prozent sowie zahlreiche Interessensbekundungen der befragten Banken zeigen die hohe Aktualität und Relevanz des untersuchten Themas für die deutschen Banken.[903] Die Gewichtung der Antworten nach Institutsgruppen ist in Abbildung 5.1 ersichtlich.

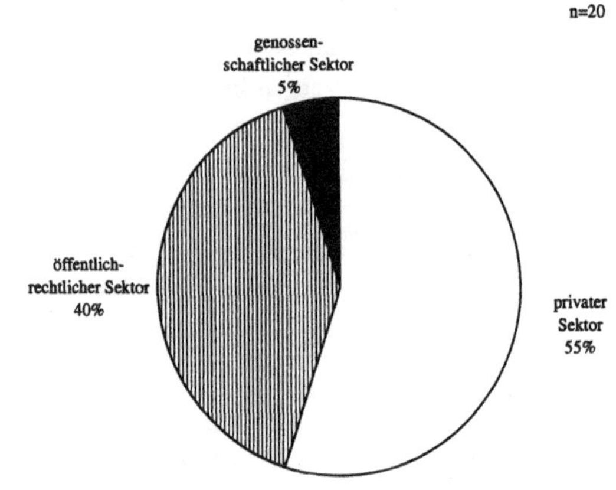

Abbildung 5.1: Teilnehmer der Umfrage nach Institutsgruppen

Die kumulierten Bilanzsummen aller teilnehmenden Kreditinstitute machen ungefähr 62 Prozent der kumulierten Bilanzsummen der Top 100 der deutschen Banken aus. Es ist davon auszugehen, dass der Einsatz des Instruments der Risikokapitalallokation auf Grund der oben dargestellten Gründe in größeren Banken fortgeschrittener ist als in kleineren Instituten. Es kann daher angenommen werden, dass Schwächen, die dort sichtbar werden, auch bei anderen Unternehmen auftreten.

902 Vgl. Karsch (2004).

903 Typische Rücklaufquoten einer schriftlichen Befragung liegen zwischen 15 und 30 Prozent der versandten Fragebogen. Vgl. Berekoven/Eckert/Ellenrieder (2004), S. 118.

Die Fragebogen wurden ausnahmslos von Mitarbeitern aus den relevanten Fachbereichen beantwortet. Diese Fachbereiche umfassen Konzern- beziehungsweise Gesamtbanksteuerung, Risiko- und Rentabilitätscontrolling, Risikomanagement und ähnliche Bereiche. Die Antworten von Spezialisten sprechen für eine hohe Qualität der Ergebnisse.

5.1.2.2 Ergebnisse der Umfrage

Von den 20 antwortenden Kreditinstituten gaben 18 an, eine Allokation von Risikokapital vorzunehmen. Bei den zwei Banken, die keine Risikokapitalallokation durchführen, handelt es sich um Spezialbanken, die nur in Teilbereichen des Bankgeschäfts tätig sind. In beiden Banken laufen derzeit jedoch Vorbereitungen zur Einführung der Allokation von Risikokapital. Die weiteren Auswertungen beziehen sich auf die 18 Institute, die das Instrument der Risikokapitalallokation anwenden.

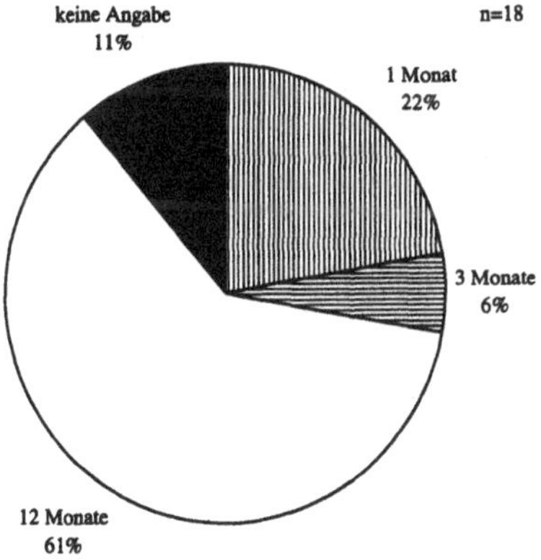

Abbildung 5.2: Allokationszyklus der befragten Institute

Wie zu erwarten war, nutzen alle 18 Banken den *Value-at-Risk* als zentrale Kennzahl für die Messung von Risiken.[904] Zwei Banken gaben zusätzlich die Standardabweichung beziehungsweise Varianz, eine Bank jeweils zusätzlich den Cash-Flow-at-Risk und den Expected Shortfall als Risikomaß an. Bei den eingesetzten Methoden zur Berechnung der Risikomaße zeigten sich sehr heterogene Ergebnisse. Fast allen Antworten gemein war eine Unterscheidung bezüglich der Risikoarten im Hinblick auf die Risikomessung. So wurden eher kurze Zeiträume bezüglich der zu Grunde gelegten Haltedauer bei Marktrisiken genannt (1-30 Tage), während bei Adressenausfallrisiken Zeithorizonte von in der Regel einem Jahr als Basis dienten. Es wurde nicht danach gefragt, ob und inwieweit eine zeitliche Anpassung bei Nutzung verschiedener Haltedauern für einzelne Risikoarten

[904] Vgl. Abschnitt 2.2.3, S. 39 ff.

vorgenommen wird. Dass eine Anpassung gegebenenfalls notwendig wird, geht aus den Antworten der Frage nach dem Allokationszyklus hervor (Abbildung 5.2).[905]

Bei den befragten Kreditinstituten liegt ein sehr uneinheitlicher *Allokationszyklus* vor.[906] Die meisten Unternehmen führen die Allokation des Risikokapitals jährlich durch (61 Prozent), während knapp ein Viertel der Unternehmen (22 Prozent) in monatlichem Rhythmus das Risikokapital zuteilt. Nur sechs Prozent der Unternehmen führen eine quartalsmäßige Allokation durch. Von zwei Unternehmen liegen hierzu keine Antworten vor.

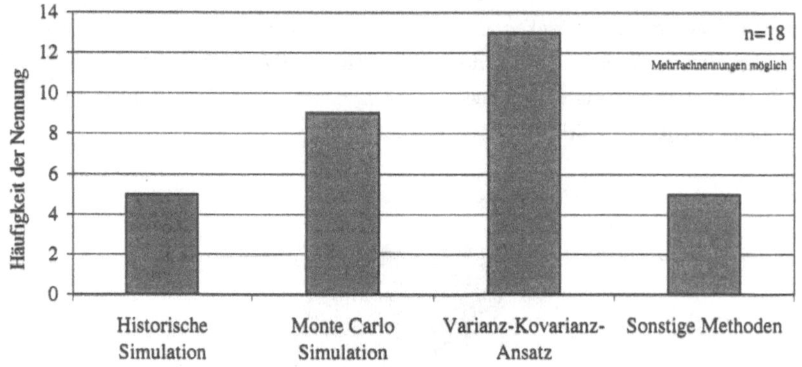

Abbildung 5.3: Berechnungsmethoden des Risikomaßes der befragten Institute

Bei der Frage nach der *Berechnungsmethode für die Risikomaßzahl* waren die Antworten ebenfalls sehr uneinheitlich.[907] Hier scheint sich noch kein Standard herausgebildet zu haben. Viele Institute setzen mehrere Verfahren gleichzeitig ein, und zwar meist in Abhängigkeit der Risikoart. Abbildung 5.3 verdeutlicht, dass der Varianz–Kovarianz–Ansatz sehr häufig (13-mal) Anwendung findet. Dies zeigt, wie stark die Annahme der Normalverteilung in der Praxis verbreitet ist. Ebenfalls häufig wird die Monte–Carlo–Simulation (9-mal) eingesetzt. Die historische Simulation sowie sonstige Methoden sind dagegen weniger bedeutend.

Das gewählte *Konfidenzniveau* bei der Berechnung des Value–at–Risk liegt mit einer Ausnahme bei 99 Prozent oder darüber.[908] Auch hier wird häufig nach Risikoart, insbesondere nach Marktrisiko und Adressenausfallrisiko, differenziert.

Bei den meisten Banken (16 Nennungen) erfolgt die Allokation von Risikokapital auf mehrere *Allokationseinheiten*. Wie Abbildung 5.4 zeigt, teilen alle befragten Institute das Risikokapital nach Geschäftsbereichen (GB) auf. Ebenfalls häufig anzutreffen ist die

905 Vgl. hierzu auch die Ausführungen zur temporalen Disaggregation in Abschnitt 3.2.1.1, S. 93 ff.
906 Zum Allokationszyklus vgl. auch Abschnitt 3.3.1, S. 113 ff.
907 Bezüglich unterschiedlicher Berechnungsmethoden vgl. Abschnitt 2.2.3.2, S. 113 ff.
908 Zur Wahl des Konfidenzniveaus vgl. Abschnitt 2.2.3.1, S. 40 ff.

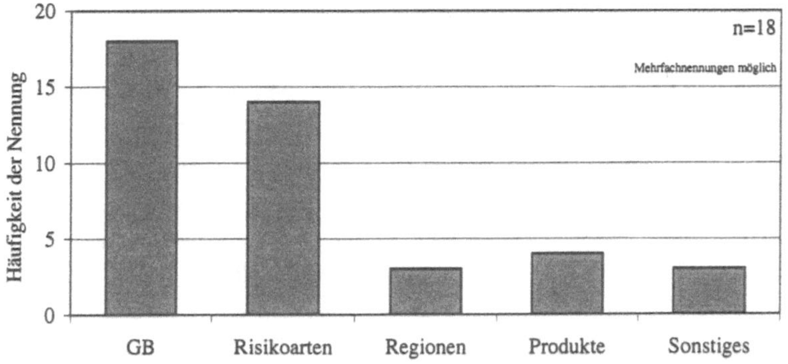

Abbildung 5.4: Allokationseinheiten der befragten Institute

Aufteilung nach Risikoarten, die 14-mal genannt wurde. Seltener ist die Aufteilung nach Regionen (3-mal), Produkten (4-mal) und sonstigen Kriterien (3-mal), wie zum Beispiel Einzelgeschäften. Hierbei ist jedoch zu beachten, dass die vorgegebenen Kriterien nicht überschneidungsfrei sind. So können Geschäftsbereiche natürlich auch nach Produkten aufgeteilt sein.

Die Umfrage zeigt, dass nur bestimmte *Risikoarten* in den Allokationsprozess einbezogen werden.[909] Die genauen Ergebnisse finden sich in Abbildung 5.5. Alle befragten Banken allozieren Risikokapital für das Marktpreisrisiko. Mit Ausnahme einer Bank allozieren ebenfalls alle Banken Risikokapital für Adressenausfallrisiken.[910] Ebenfalls häufig anzutreffen ist die Allokation für operationelles Risiko (13-mal genannt),[911] seltener dagegen für Geschäftsrisiken (6-mal genannt).[912] Unter den 8-mal genannten "sonstigen Risiken" waren unter anderem das Liquiditätsrisiko, das strategische Risiko und das Beteiligungsrisiko vertreten.[913]

Interessant sind die Antworten auf die Frage nach der *Höhe der Diversifikationseffekte*, auch wenn diese Frage nur von acht Kreditinstituten beantwortet wurde. Dies liegt wohl daran, dass eine allgemeine Antwort schwierig ist oder entsprechendes Datenmaterial den

[909] Eine Erläuterung verschiedener Risikoarten findet sich in Abschnitt 2.1.1, S. 9 ff.

[910] Synonym: Kreditrisiken.

[911] Operationelles Risiko ist hier synonym zum operativen Risiko zu verstehen. Vgl. dazu auch Abschnitt 2.1.1, S. 9 ff.

[912] Unter Geschäftsrisiken sind betriebliche Risiken mit Ausnahme des strategischen Risikos zu verstehen, das hier in der Kategorie „sonstige Risiken" geführt wird.

[913] Da sowohl in der Theorie als auch in der Praxis sehr unterschiedliche Risikoabgrenzungen vorgenommen werden, ist davon auszugehen, dass bei der Beantwortung dieser Frage den Antworten häufig unterschiedliche Bedeutungsinhalte beigemessen wurden. Bezüglich der am häufigsten genannten Risikoarten ist davon auszugehen, dass ein klares Begriffsverständnis existiert. Es ist jedoch möglich, dass die Antworten bezüglich der seltener genannten Risikoarten unter Umständen verzerrt sind.

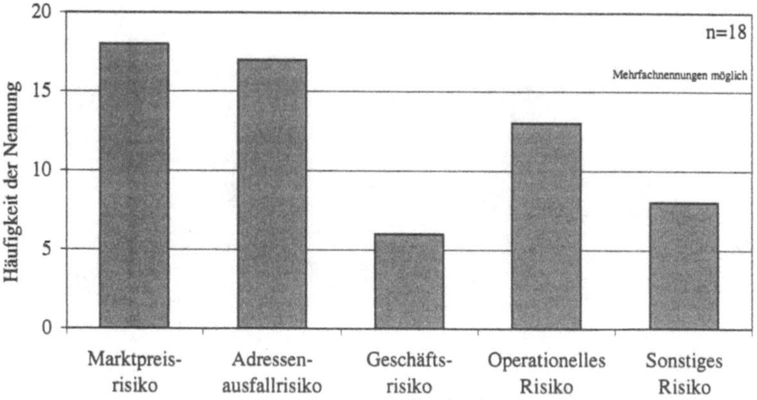

Abbildung 5.5: Allozierte Risikoarten der befragten Institute

Befragten unter Umständen nicht vorliegt. So zeigen sich auch bei den vorliegenden Antworten große Unterschiede. Während vier Institute angaben, ihr Gesamt–Risikokapital mit Diversifikationseffekten im Durchschnitt des letzten Kalenderjahres betrage weniger als 30 Prozent des Gesamt–Risikokapitals ohne Diversifikationseffekte, gaben drei Institute hier Werte von 80 Prozent und darüber an. Das arithmetische Mittel der Angaben beträgt 54 Prozent bei einer Standardabweichung von 28,5 Prozent. Die Stärke der Diversifikationseffekte verwundert hierbei zunächst. Gestützt werden die Ergebnisse allerdings von Perold (2001), der ebenfalls Werte von circa 30 Prozent für eine New Yorker Investmentbank aufzeigt.[914] Dieses Ergebnis macht auf jeden Fall das große Ausmaß der Diversifikationseffekte deutlich und unterstreicht deren Bedeutung.

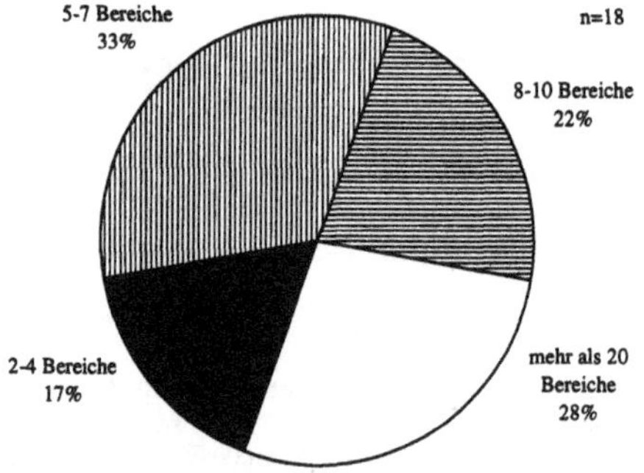

Abbildung 5.6: Anzahl zu allozierender Divisionen der befragten Institute

914 Vgl. Perold (2001), S. 10.

Um den Aufwand bei der Zuteilung von Risikokapital abschätzen zu können, wurde nach der *Anzahl der Divisionen* gefragt, auf die Risikokapital alloziert wird. Wie zu erwarten war, fielen die Antworten (vgl. Abbildung 5.6) in Abhängigkeit der Unternehmensgröße aus. Bei den Instituten, die angaben, das Risikokapital auf mehr als 20 Bereiche zu allozieren (28 Prozent), handelt es sich ausnahmslos um größere Kreditinstitute. So sind es mit einer Ausnahme auch nur kleinere Kreditinstitute, die das Risikokapital auf lediglich zwei bis vier Bereiche verteilen. Die meisten Institute (55 Prozent) gaben an, das Risikokapital regelmäßig auf fünf bis zehn Bereiche zu allozieren.

Bei der Frage nach dem *Allokationsverfahren* gaben mit Ausnahme zweier Institute alle Banken jeweils an, nur ein Verfahren zu nutzen.[915] Wie Abbildung 5.7 zeigt, nut-

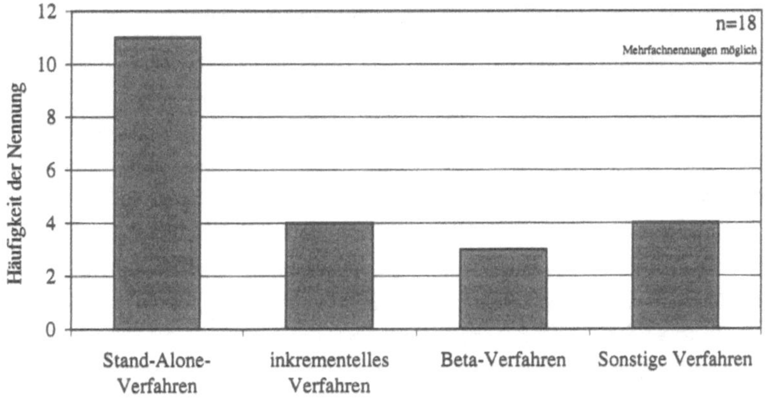

Abbildung 5.7: Verwendete Allokationsverfahren der befragten Institute

zen die meisten Banken (11 Nennungen) das Stand–Alone–Verfahren.[916] Jedem Bereich wird hier sein alleiniges Risikokapital zugeteilt, ohne Diversifikationseffekte des Gesamt–Unternehmens zu berücksichtigen. Das allozierte Risikokapital addiert sich hierbei im Allgemeinen nicht zum Gesamt–Risikokapital. Weiterhin wurde 4-mal das inkrementelle Verfahren genannt.[917] Hierbei wird jedem Bereich die Differenz zwischen dem Gesamt–Risikokapital mit und ohne den jeweiligen Bereich zugeteilt. Das Beta–Verfahren findet bei drei Banken Anwendung.[918] Sonstige Verfahren, wie zum Beispiel das Activity–Level–Verfahren, wurden 4-mal genannt.

915 Bezüglich unterschiedlicher Verfahren zur Risikokapitalallokation vgl. Abschnitt 4.4, S. 154 ff.

916 Wie bereits in Fußnote 876 erwähnt, handelt es sich streng genommen beim Stand–Alone–Verfahren um gar kein Verfahren zur Risikokapitalallokation im hier verwendeten Sinne.

917 Wie den Antworten zu entnehmen war, werden in diesen Fällen jeweils nur die Inkremente den einzelnen Allokationseinheiten zugeteilt. Vgl. dazu auch Abschnitt 4.4.2, S. 157 ff.

918 Zum Beta–Verfahren vgl. Abschnitt 4.4.3, S. 159 ff.

Auf die Frage nach der *Fairness* und *Verständlichkeit* des im jeweiligen Unternehmen eingesetzten Verfahrens auf einer Skala von 1 (sehr fair) bis 6 (sehr unfair) wurde im Durchschnitt mit 2,22 beziehungsweise 2,11 geantwortet. Die eingesetzten Verfahren werden somit tendenziell sowohl als fair als auch als verständlich eingeschätzt. Auf die Frage nach der allgemeinen Anforderung bezüglich Fairness und Verständlichkeit, die an ein solches Verfahren gestellt wird, wurden auf der gleichen Skala im Schnitt allerdings noch höhere Werte von 1,94 beziehungsweise 1,83 genannt. Es fällt auf, dass in beiden Fragen dem Aspekt der Verständlichkeit etwas mehr Bedeutung beigemessen wird als dem Aspekt der Fairness.

Alle befragten Kreditinstitute, die Risikokapital allozieren, setzen dieses Instrument zur *Geschäftsbereichssteuerung* ein. Weiterhin sehen 16 von 18 Instituten in der Wahl eines Allokationsverfahrens eine konkrete Steuerungsmöglichkeit.

Um die Nutzung des Instruments der Risikokapitalallokation im Rahmen der *Performancemessung* zu evaluieren, wurde nach dem Einfluss des allozierten Risikokapitals auf den Bereichserfolg sowie der Vergütung der Manager gefragt. Bezüglich des Einflusses auf den Bereichserfolg gaben 15 Kreditinstitute eine Antwort. In einem Fall hat das allozierte Risikokapital keinen Einfluss, ansonsten wird der Einfluss auf einer Skala von 1 (höchster Einfluss) bis 6 (niedrigster Einfluss) durchschnittlich mit 3,00, also mit einer mittleren Höhe, bewertet. Der Einfluss auf die Vergütung der Manager ist dagegen niedriger und wurde auf der gleichen Skala von acht Banken mit durchschnittlich 3,63 bewertet. Drei Banken gaben auf diese Frage keine Antwort. Sieben Banken gaben an, dass das Risikokapital keinen Einfluss auf das Gehalt der Manager hat.

Bei der Auswertung der Ergebnisse fiel insgesamt auf, dass die deutschen Banken die Risikokapitalallokation sehr unterschiedlich anwenden. Dies beginnt bereits bei der Risikomessung. Obwohl alle Banken den Value–at–Risk als zu Grunde liegendes Risikomaß verwenden, gibt es bei der Methodik der Berechnung deutliche Unterschiede. Was die Allokation von Risikokapital selbst betrifft, so wenden fast alle Banken das Instrument auf die Risikoarten Marktpreisrisiko und Adressenausfallrisiko an. Was andere Risikokategorien angeht, ist die Verbreitung des Instruments bereits deutlich geringer. Ähnlich sieht es bei den untersuchten Allokationseinheiten aus. Bei fast allen Kreditinstituten wird Geschäftsbereichen und Risikoarten Risikokapital zugeteilt. Regionen und Produkte wurden seltener genannt. Die deutlichste Heterogenität zeigt sich bei den eingesetzten Allokationsverfahren. Obwohl hier knapp über die Hälfte der Banken das Stand–Alone–Verfahren einsetzt, verfolgen die übrigen Banken (zum Teil zusätzlich) zahlreiche andere Verfahren. Dabei werden hohe Anforderungen an Fairness und Verständlichkeit gestellt. Insofern zeigt sich die Notwendigkeit der im Rahmen dieser Arbeit vorgenommenen Analyse verschiedener Allokationsverfahren.

5.2 Untersuchung im Rahmen eines Hörsaal–Experiments

Die im vorherigen Abschnitt dargestellten Ergebnisse der Umfrage konnten die Notwendigkeit einer intensiven Auseinandersetzung mit Verfahren zur Allokation von Risikokapital nochmals verdeutlichen. Insbesondere spricht die bei den Banken vorherrschende Divergenz der angewandten Verfahren zur Allokation des Risikokapitals für weiteren Klärungsbedarf. Eine eingehende theoretische Analyse dieser Verfahren erfolgte bereits in Kapitel 4. Die dort hervorgehobene Bedeutung der Fairness wurde ebenfalls durch die Umfrage gestützt. Fairness und Verständlichkeit als Anforderung, welche sicherlich eng miteinander verbunden sind, wurden in der Umfrage auf einer Skala von 1 (sehr wichtig) bis 6 (sehr unwichtig) durchschnittlich mit 1,94 beziehungsweise 1,83 bewertet.

Die Fairness einzelner Verfahren zur Allokation von Risikokapital soll nun deskriptiv mittels experimenteller Methoden analysiert werden. Der Begriff des Experiments wird in der Wissenschaft sehr unterschiedlich abgegrenzt.[919] Grundsätzlich handelt es sich bei einem Experiment um keine eigenständige Methode zur Datenerhebung.[920] Die Datengewinnung erfolgt vielmehr mittels Beobachtung oder Befragung auf Basis einer Versuchsanordnung unter kontrollierten Bedingungen. Unter einem *Experiment* soll daher auch im Weiteren eine systematische Beobachtung oder Befragung unter kontrollierten Bedingungen verstanden werden, mit deren Hilfe Hypothesen überprüft werden sollen.[921] Ziel eines Experiments ist es, mögliche Störfaktoren weitgehend auszuschließen oder zu kontrollieren. Die Hauptvorteile von Experimenten liegen in der Replizierbarkeit und der Kontrolle.[922] Ein Experiment kann in der Regel durch andere Experimentatoren unabhängig wiederholt werden. Unter Kontrolle versteht man die Fähigkeit eines Experimentators, wichtige Variablen wunschgemäß beeinflussen zu können.[923] Unter einem Hörsaal–Experiment ist eine spezielle Form eines Experiments zu verstehen. Es findet im Rahmen einer Veranstaltung in einem Hörsaal statt und bietet daher den Vorteil, dass es keiner Rekrutierung

919 Ein kompakter Überblick findet sich bei Stapf (1999), S. 230 ff. Gute Einführungen in die experimentelle Forschungen geben Davis/Holt (1993) und Friedman/Sunder (1994). Ein breiter Überblick über Experimente findet sich bei Kagel/Roth (1995).

920 Vgl. Berekoven/Eckert/Ellenrieder (2004), S. 156.

921 Vgl. ähnlich Chapin (1975), S. 221, in Verbindung mit Schnell/Hill/Esser (2005), S. 224. Die hier verwendete Abgrenzung ist sehr weit gefasst und stellt damit sicher, dass die im Folgenden verwendeten Methoden hierunter zu subsumieren sind. Häufig wird von einem Experiment darüber hinaus explizit gefordert, dass bestimmte Variablen in verschiedenen Treatments variiert werden. Unter einem Treatment versteht man dabei eine bestimmte Konfiguration von Versuchsvariablen. Vgl. hierzu Greenwood (1975), S. 178. Hier soll jedoch lediglich auf den Kontrollaspekt bei der Begriffsabgrenzung abgestellt werden. Vgl. hierzu auch Friedman/Sunder (1994), S. 12.

922 Vgl. Davis/Holt (1993), S. 14.

923 Häufig wird in Experimenten mit Kontrollgruppen gearbeitet. Während bei einer Untersuchungsgruppe das Experiment mit einem bestimmten Stimulus durchgeführt wird, durchläuft eine Kontrollgruppe das Experiment ohne diesen Stimulus.

von Teilnehmern bedarf. Darüber hinaus ist der Teilnehmerkreis je nach Veranstaltung speziell geschult.

Im folgenden Abschnitt 5.2.1 sollen zunächst die Ziele des Hörsaal–Experiments dargestellt werden. In Abschnitt 5.2.2 sollen dann Ablauf und Design des Experiments erläutert werden. Die Darstellung des Hörsaal–Experiments schließt mit den Ergebnissen des Experiments in Abschnitt 5.2.3.

5.2.1 Ziele des Hörsaal–Experiments

Bislang wurde das Core–Konzept dazu benutzt, Fairness zu operationalisieren. Core–Kompatibilität diente dabei als normative Operationalisierung für die empfundene Fairness eines Allokationsverfahrens. Der Untersuchung liegt die Hypothese zu Grunde, dass ein Verfahren zur Allokation von Risikokapital mit einem hohen Grad an Core–Kompatibilität als fairer einzuschätzen ist als Verfahren mit einem geringeren Grad an Core–Kompatibilität. Die individuell empfundene Fairness kann dennoch von vielen anderen Faktoren abhängen. Mit den Eigenschaften der Symmetrie und risikolosen Allokation wurden hier zwei weitere potenziell wichtige Faktoren untersucht.[924] Es ist zu vermuten, dass viele weitere Faktoren, welche die empfundene Fairness beeinflussen, existieren. Dies muss jedoch nicht heißen, dass die untersuchten Eigenschaften schlechte Operationalisierungen der empfundenen Fairness darstellen.

Das Hörsaal–Experiment dient der Analyse zweier Fragen:

1. Welche Allokationsverfahren werden vom Individuum tatsächlich als fair empfunden?
2. Spielt die Core–Kompatibilität in Bezug auf die empfundene Fairness eines Verfahrens zur Allokation von Risikokapital eine wichtige Rolle?

Zur Beantwortung dieser Fragen wurde das im nächsten Abschnitt vorgestellte Design eines Hörsaal–Experiments entwickelt.[925]

5.2.2 Ablauf und Design des Hörsaal–Experiments

Es nahmen insgesamt 127 Studenten der Wirtschafts- und Sozialwissenschaftlichen Fakultät der Universität zu Köln am Experiment teil. Das durchschnittliche Alter der Teilnehmer lag bei 25 Jahren. Über 35 Prozent der Teilnehmer waren weiblich und 32 Prozent

[924] Bezüglich der Untersuchungen zu diesen Eigenschaften lagen der oben genannten Hypothese entsprechende Hypothesen zu Grunde.

[925] Ein ähnliches, jedoch einfacheres Experiment–Design aus dem Bereich der Gemeinkostenallokation, auf dem das hier entwickelte Design aufbaut, findet sich bei Barton (1988).

verfügten bereits über erste Arbeitserfahrung im Bereich Controlling. Der Kolmogorov-Smirnov-Zweistichproben-Test[926] zeigte keine signifikanten Unterschiede der Ergebnisse bezüglich Geschlecht oder Arbeitserfahrung.[927] Das schriftlich durchgeführte Experiment wurde in einem Hörsaal durchgeführt und dauerte ungefähr eine Stunde. Alle Teilnehmer waren Hörer einer Controlling-Vorlesung, welche Bestandteil des Hauptstudium-Curriculums bei gewählter Vertiefungsrichtung im Fach Controlling ist. Die Allokation von Risikokapital wurde vorher im Rahmen der Vorlesung nicht behandelt, so dass die Teilnehmer unbeeinflusst am Experiment teilnehmen konnten. Während des Experiments war es den Teilnehmern nicht erlaubt, untereinander zu reden. Um eine Beeinflussung anderer Teilnehmer auszuschließen, durften etwaige Fragen nicht öffentlich im Hörsaal gestellt werden, sondern wurden leise am Platz der Teilnehmer beantwortet.

	Risiko	Risikozuwachs bei Hinzunahme von			Internes Beta
		Abteilung A	Abteilung B	Abteilung C	
Abteilung A	1.965		1.787	729	0,4685
Abteilung B	2.140	1.612		62	0,4147
Abteilung C	1.431	1.263	772		0,1168
Abteilung A+B	3.752			210	
Abteilung A+C	2.694		1.268		
Abteilung B+C	2.203	1.759			
Abteilung A+B+C (Gesamt-Unternehmen)	3.962				
Risiko-Reduktionseffekt = 5.536 - 3.962 = 1.574					

Die zweite Spalte zeigt das Gesamtrisiko der Abteilungen und Koalitionen. Die Spalten 3 bis 5 zeigen den Risikozuwachs durch Hinzunahme der jeweiligen Abteilung zur Abteilung oder Koalition der entsprechenden Zeile. Spalte 6 zeigt die internen Betas der einzelnen Abteilungen an. In der letzten Zeile wird der gesamte Diversifikationseffekt des Unternehmens berechnet.

Tabelle 5.1: Beispiel eines Risikoprofils des Hörsaal-Experiments

Als Instrument des Experiments wurde ein Fragebogen gewählt, der schriftlich von den Teilnehmern auszufüllen war. Das vollständige Instrument des Hörsaal-Experiments findet sich in Anhang 2. Die Aufgabe der Teilnehmer lag darin, die Fairness vorgegebener Allokationen zu bewerten (Frage Q1 und Q2) sowie ohne konkrete Vorgaben faire Allokationen zu spezifizieren (Frage Q3 und Q4). Der Allokation zu Grunde lag ein fiktives Unternehmen, das aus drei Abteilungen besteht. Die notwendigen Daten zur Berechnung und Einschätzung der Allokationen wurden den Teilnehmern in mehreren Risikoprofilen zur Verfügung gestellt. Ein Beispiel eines Risikoprofils ist in Tabelle 5.1 dargestellt.

Das Risikoprofil beinhaltet alle notwendigen Informationen, um die Allokationen der in dieser Arbeit vorgestellten Verfahren zur Risikokapitalallokation berechnen zu können.

[926] Vgl. dazu Siegel/Castellan (1988), S. 144 ff.

[927] Zu den gleichen Ergebnissen kommt der Wilcoxon-Mann-Whitney-Test. Vgl. dazu Siegel/Castellan (1988), S. 128 ff. Zu den hier und im Folgenden benutzten Tests vgl. Siegel/Castellan (1988). Für grundlegende Lehrbuch-Darstellungen vgl. Bosch (1998) und Hartung (2002).

Um das inhaltliche Verständnis dieses Risikoprofils sicherzustellen, wurden die einzelnen Positionen anhand eines illustrierten Beispiels in den einführenden Erläuterungen detailliert erklärt.[928] Das Verständnis wurde anschließend mit einem kurzen Test überprüft, bei dem jeder Teilnehmer verschiedene Lücken eines Risikoprofils berechnen und ausfüllen musste.[929] Mehr als 90 Prozent der Teilnehmer haben diesen Test bestanden. Neun Prozent haben lediglich einen Fehler gemacht. Zwei Teilnehmer mit mehr als einem Fehler wurden bei der Auswertung nicht berücksichtigt.

Das Experiment bestand aus insgesamt vier Fragen (Q1 bis Q4). In den ersten beiden Fragen (Q1 und Q2) wurden die Teilnehmer gebeten, sechs verschiedene Allokationen auf einer Skala von 1 (sehr fair) bis 5 (sehr unfair) in Bezug auf die von ihnen empfundene Fairness der jeweiligen Allokation zu bewerten.[930] Die Reihenfolge der zu bewertenden Allokationen wurde zufällig gemischt. Den Fragen Q1 und Q2 lagen zwei verschiedene Risikoprofile zu Grunde. Für das der Frage Q1 zu Grunde liegende Risikoprofil lagen nur drei der vorgegebenen Allokationen im Core,[931] während die anderen drei Allokationen mindestens eine Core–Bedingung verletzt haben.[932] Für das Risikoprofil, das der Frage Q2 zu Grunde lag, waren alle sechs Allokationen im Core. Ein solches Design der ersten beiden Fragen bietet die Möglichkeit zu untersuchen, ob eine Verletzung der Core–Bedingungen die empfundene Fairness der Teilnehmer beeinflusst. Sollte ein Teilnehmer eine nicht im Core liegende Allokation gleich hoch bewerten wie eine Allokation, die im Core liegt, so legt dies nahe, dass für ihn die Core–Kompatibilität keine wesentliche Rolle spielt oder er hierauf zumindest nicht achtet.

In den beiden letzten Fragen (Q3 und Q4) wurden die Teilnehmer gebeten, ohne Vorgaben eine faire Allokation anzugeben. Hiermit sollte überprüft werden, ob gegebenenfalls die Vorgabe von Antworten die empfundene Fairness beeinflusst. In Frage Q3 (Q4) wurde dabei das gleiche Risikoprofil benutzt wie in Frage Q1 (Q2). Da die Divisionen hierbei zufällig gemischt wurden, fiel dies keinem Teilnehmer bewusst auf. Den Teilnehmern wurde zur Beantwortung jeder Frage 10 Minuten Zeit gegeben. Nach Ablauf der Zeit wurden die einzelnen Fragen wieder eingesammelt und eine neue Frage ausgeteilt. Die einführenden Erläuterungen verblieben während des gesamten Experiments zum Nachlesen und zur Unterstützung bei den Teilnehmern am Platz. Am Ende des Experiments wurden die Teilnehmer gebeten, persönliche Daten sowie das jeweilige Vorgehen im Experiment zu erläutern.

928 Siehe Seite 2 des Instruments in Anhang 2.
929 Vgl. Seite 3 des Instruments in Anhang 2.
930 Vgl. Seite 4 und 5 des Instruments in Anhang 2.
931 Hierbei handelte es sich um die Allokationen des Beta–Verfahrens, des Kostenlücken–Verfahrens und des Nucleolus–Verfahrens.
932 Hierbei handelte es sich um die Allokationen des Activity–Level–Verfahrens, des inkrementellen Verfahrens und des Shapley–Verfahrens.

Die Teilnehmer wurden in zwei Gruppen (Treatments) unterteilt. Eine Gruppe (Gruppe 1) erhielt den vollständigen Fragebogen, in dem die Risikoprofile alle relevanten Informationen beinhalteten. Eine andere Gruppe (Gruppe 2) erhielt einen modifizierten Fragebogen, bei dem in den Risikoprofilen die internen Betas fehlten. Ein solches Design ermöglicht es, den Einfluss der Vorgabe der internen Betas auf das Fairness–Empfinden der Teilnehmer zu untersuchen. Auf Grund der offensichtlich vorgegebenen prozentualen Aufteilung eröffnen die Betas in diesem Zusammenhang eine plausible Möglichkeit zur Allokation.

5.2.3 Ergebnisse des Hörsaal–Experiments

Vergleicht man die Antworten der Fragen Q1 und Q2, so zeigt sich, dass man mit Hilfe des Vorzeichentests[933] die Null–Hypothese gleicher Mediane bei den Antworten von Q1 und Q2 mit Ausnahme des inkrementellen Verfahrens nicht ablehnen kann ($p < 0,05$).[934] Daher werden im Folgenden nur noch die Antworten zu Frage Q1 analysiert, wobei die Auswertung bezüglich des inkrementellen Verfahrens separat erfolgt. In Tabelle 5.2 sind deskriptive Statistiken der Antworten zu Frage Q1 dargestellt.

	Gruppe 1 ($n = 77$)			Gruppe 2 ($n = 48$)		
	Mittelwert	Median	Beste Wertung	Mittelwert	Median	Beste Wertung
Activity–Level–Verfahren	3,67	4,00	0,180	2,08	1,00	0,654
Inkrementelles Verfahren	3,93	4,00	0,056	4,25	5,00	0,077
Beta–Verfahren	1,94	1,00	0,539	3,37	4,00	0,077
Shapley–Verfahren	3,15	3,00	0,068	3,00	3,00	0,038
Kostenlücken–Verfahren	2,68	3,00	0,056	3,23	3,00	0,077
Nucleolus–Verfahren	2,70	2,00	0,101	3,31	3,50	0,077

Tabelle 5.2 zeigt die Antworten auf Frage Q1 für Gruppe 1 ($n = 77$) beziehungsweise Gruppe 2 ($n = 48$). Die mit „Mittelwert" („Median") überschriebenen Spalten zeigen die durchschnittliche Bewertung (den Median) der jeweils zeilenweise genannten Verfahren zur Allokation von Risikokapital an. Eine Bewertung von 1,00 entspricht der fairsten, eine Bewertung von 5,00 der unfairsten Bewertung. Die mit „Beste Wertung" überschriebenen Spalten zeigen analog den prozentualen Anteil der Teilnehmer an, die dieses Verfahren als das fairste Verfahren bewertet haben. Hierbei war es möglich, mehrere Verfahren als das fairste Verfahren zu bestimmen.

Tabelle 5.2: Deskriptive Statistik bezüglich der Antworten zu Frage Q1

Die Daten bezüglich Gruppe 1 lassen vermuten, dass das Beta–Verfahren als das fairste Verfahren zur Allokation von Risikokapital angesehen wird. Diese Hypothese wird gestützt durch den Vorzeichenrangtest von Wilcoxon.[935] Die Hypothese paarweiser gleicher

933 Vgl. Siegel/Castellan (1988), S. 80 ff.

934 Um die große Anzahl gleicher Bewertungen bei Q1 und Q2 zu berücksichtigen, wurden diese Werte gleichmäßig auf Werte mit positivem und negativem Vorzeichen verteilt. Vgl. zu diesem Vorgehen Dixon/Mood (1946). Die Null–Hypothese gleicher Mediane entspricht der folgenden Null–Hypothese: Die Wahrscheinlichkeit einer niedrigeren Bewertung in Frage Q1 im Vergleich zu Frage Q2 ist genauso hoch (1/2) wie die Wahrscheinlichkeit einer höheren Bewertung. Vgl. Siegel/Castellan (1988), S. 80.

935 Zum Vorzeichenrangtest von Wilcoxon vgl. Siegel/Castellan (1988), S. 87 ff.

Mediane der Bewertung des Beta–Verfahrens und der Bewertung jedes anderen Verfahrens muss bezüglich der Fragen Q1 und Q2 abgelehnt werden ($p < 0,01$). Mit Ausnahme des Activity–Level–Verfahrens weisen die Antworten von Q1 zu allen Allokationsverfahren im Vergleich zum inkrementellen Verfahren eine fairere Bewertung auf (p<0,05). Dies gilt nicht für Frage Q2. Begründen lässt sich die teilweise unterschiedliche Bewertung der einzelnen Verfahren in den Fragen Q1 und Q2 damit, dass die Teilnehmer dazu tendieren, die Fairness einzelnener Verfahren relativ zum als fairsten empfundenen Verfahren zu bewerten. Das heißt, dass der Abstand zu einem als am fairsten empfundenen Verfahren die Bewertung der anderen Verfahren bestimmt. Die Abstände können dabei je nach zu Grunde gelegtem Risikoprofil zu unterschiedlichen Ordnungen führen. Auf Basis der gewonnenen Daten sollten daher keine Schlüsse bezüglich einer Fairness–Ordnung gezogen werden.

Im Vergleich zu den Daten von Gruppe 1 zeigen die Daten von Gruppe 2 unterschiedliche Ergebnisse. Mit Hilfe des Vorzeichenrangtests von Wilcoxon[936] muss die Hypothese, dass das Activity–Level–Verfahren und alle anderen Verfahren einen gleich hohen Median aufweisen, für $p < 0,01$ bezüglich der Antworten zu den Fragen Q1 und Q2 abgelehnt werden. Dies zeigt, dass die Teilnehmer in Abhängigkeit der zur Verfügung gestellten Daten dazu tendieren, einfachere Allokationsverfahren zu wählen. Sofern die Teilnehmer nur die Risiken der Divisionen und Koalitionen kennen (Gruppe 2), empfinden sie das Activity–Level–Verfahren als das fairste Verfahren. Sind sie darüber hinaus noch über die internen Betas der Divisionen informiert (Gruppe 1), wird das Beta–Verfahren am fairsten empfunden. Erklären lässt sich eine solche Beurteilung damit, dass das Beta–Verfahren eine Art natürliche Wahl vorgibt, da sich die Betas bereits zu eins addieren und somit direkt prozentuale Risikoanteile angeben. Darüber hinaus erscheint den Teilnehmern das Beta–Verfahren mit einem Basiswissen in Finanzierungstheorie theoretisch am fundiertesten. Ein direkter Vergleich der Antworten von Frage Q1 und Q2 macht wenig Sinn, da die Bewertungsunterschiede wiederum auf die relative Bewertung der einzelnen Verfahren zurückzuführen sind.

Um die Antworten der Fragen Q3 und Q4 auszuwerten, wurde jeder angegebenen Allokation ein Verfahren zur Allokation von Risikokapital zugeordnet. Hierzu wurde als Distanz die quadrierte Differenz zwischen der angegebenen Allokation und der jeweils betrachteten theoretischen Allokation berechnet.[937] Es wurde der Allokation dann das Allokationsverfahren zugeordnet, das die geringste Distanz aufweist, sofern die Distanz nicht fünf Prozent des Gesamtrisikos überschritt.[938] Die Antworten der Fragen Q3 und

936 Vgl. dazu Siegel/Castellan (1988), S. 87 ff.

937 Wurde beispielsweise eine Allokation $RK^a = (100, 200, 150)$ angegeben, so beträgt die quadrierte Differenz zur angenommenen Beta–Allokation $RK^a_{Beta} = (105, 190, 145)$ insgesamt 150.

938 Die Allokation wurde in allen Fällen, in denen die Distanz 5 Prozent des Gesamtrisikos überschritt, keinem Allokationsverfahren zugeordnet.

	Gruppe 1 ($n = 77$)		Gruppe 2 ($n = 48$)	
	absolut	relativ	absolut	relativ
Core-Kompatibilität				
Allokationen im Core	47	0,610	6	0,125
Zugeordnete Allokationsmethode				
Activity-Level-Verfahren	14	0,192	31	0,721
Inkrementelles Verfahren	1	0,014	3	0,070
Beta Verfahren	47	0,643	4	0,093
Shapley Verfahren	10	0,137	3	0,070
Kostenlücken-Verfahren	1	0,014	1	0,023
Nucleolus Verfahren	0	0,000	1	0,023
Nicht zugeordnet	4	—	5	—

Die Ergebnisse der Antworten zu Frage Q3 sind absolut (Anzahl der Teilnehmer, welche eine Allokation nach der jeweiligen Methode spezifiziert haben) und relativ (prozentualer Anteil der Teilnehmer, die eine Allokation nach der jeweiligen Methode spezifiziert haben) unterteilt nach Gruppe 1 ($n = 77$) und Gruppe 2 ($n = 48$) dargestellt. Die erste Zeile der Tabelle gibt die Anzahl und den Anteil insgesamt core-kompatibler Allokationen an.

Tabelle 5.3: Deskriptive Statistik bezüglich der Antworten zu Frage Q3

Q4 sind nicht signifikant unterschiedlich. Insgesamt stimmen 93 von 107 Fällen mit nicht-fehlenden Wertepaaren überein. Die weitere Analyse konzentriert sich daher auf die Frage Q3. Die gemäß dem oben genannten Vorgehen entsprechend klassifizierten Antworten sind in Tabelle 5.3 dargestellt.

Die Antworten zu Frage Q3 zeigen die gleichen Muster wie die Antworten der vorherigen Fragen. Die meisten Teilnehmer (64 Prozent) wählten eine Beta-Allokation aus, sofern die internen Betas angegeben waren (Gruppe 1). Waren die internen Betas nicht angegeben (Gruppe 2) wählten die meisten (74 Prozent) eine Allokation gemäß dem Activity-Level-Verfahren.

Core-Kompatibilität scheint die empfundene Fairness aus zwei Gründen nicht zu beeinflussen. Erstens unterscheiden sich die Antworten von Q3 und Q4 nicht wesentlich, obwohl die Allokation gemäß dem Activity-Level-Verfahren in Frage Q3 nicht im Core liegt. Zweitens wählten nur 13 Prozent aller Teilnehmer aus Gruppe 2 in Frage Q3 eine core-kompatible Allokation. Für diese offensichtlich geringe Bedeutung der Core-Kompatibilität einer Allokation können zwei Gründe verantwortlich sein. Zunächst kann es tatsächlich sein, dass Core-Kompatibilität in Bezug auf die empfundene Fairness eine geringe Rolle spielt. Dies könnte deswegen der Fall sein, da es sich bei der Möglichkeit einer Kooperation außerhalb der Organisation lediglich um ein theoretisches Konstrukt und nicht um eine real existierende Möglichkeit handelt.[939] Ein weiterer Grund könnte ein Zeitmangel sein, um das Defizit der Allokation zu erkennen. Auf die Frage hin, wie die in Fragen Q3 und Q4 angegebenen Allokationen zustande gekommen sind, antworteten 72 Prozent der Teilnehmer, dass die Allokationen Ergebnis einer konkreten Berechnung sind.

[939] Vgl. Abschnitt 4.1.2, S. 143.

Nur sieben Prozent der Teilnehmer verließen sich rein auf ihre Intuition, während sich 21 Prozent der Teilnehmer auf eine Kombination aus Berechnung und Intuition verließen.

Die Ergebnisse des Experiments werden durch die üblichen Vorbehalte gegenüber Experimenten in Frage gestellt.[940] Häufig wird die externe Validität[941] der Experimente in Zweifel gezogen. Diese kann auf Grund der Akquirierung von Studenten als Teilnehmer im Experiment sowie des allgemeinen experimentellen Designs geschmälert werden.[942] Darüber hinaus können die Komplexität des konkreten Designs und mangelnde Anreize zur Offenbarung der Fairness–Einstellung die Ergebnisse in Frage stellen. Trotz der genannten Vorbehalte lassen sich aus den Ergebnissen Tendenzaussagen ableiten. Es lässt sich feststellen, dass die Teilnehmer des Experiments dazu tendierten, möglichst einfache Allokationsverfahren zu verwenden.[943] Die vorliegenden Ergebnisse stehen damit im Einklang mit den experimentellen Ergebnissen von Barton (1988) zum verwandten Problembereich der Gemeinkostenallokation. Dessen Ergebnisse zeigen ebenfalls, dass einfachere Allokationsverfahren tendenziell als fairer angesehen werden. Als weiteres Ergebnis kann festgehalten werden, dass die Core–Kompatibilität scheinbar nur eine äußerst geringe Bedeutung in Bezug auf die empfundene Fairness einzelner Allokationsverfahren hat.

Im Rahmen des Hörsaal–Experiments konnte leider nur die empfundene Fairness einzelner Teilnehmer untersucht werden. Diese mussten eine Allokation in der Rolle als unbeteiligte Dritte beurteilen. Darüber hinaus wurde den Teilnehmern kein direkter Anreiz gegeben, ihre Präferenzen zu offenbaren. Diese zwei unter Umständen wichtigen Aspekte, welche die Ergebnisse bezüglich der empfundenen Fairness einzelner Verfahren zur Allokation von Risikokapital wesentlich beeinflussen können, sollen in einem weiteren Experiment berücksichtigt werden.

5.3 Untersuchung im Rahmen eines Gruppen–Experiments

Im Hörsaal–Experiment des vorhergehenden Abschnitts wurde die empfundene Fairness einzelner Allokationen mit Hilfe eines Fragebogens erhoben. Die Ergebnisse zeigen, dass Core–Kompatibilität offenbar keinen wesentlichen Aspekt bezüglich der empfundenen Fairness einer Allokation darstellt. Zur Komplexitätsreduktion wurde bei diesem Experiment die Fairness losgelöst von dem der Entscheidungssituation zu Grunde liegenden

940 Vgl. hierzu beispielsweise Davis/Holt (1993), S. 16 ff.

941 Externe Validität oder Gültigkeit ist ein Maß dafür, inwiefern die aus dem Experiment gezogenen Schlussfolgerungen auf reale Sachverhalte hin generalisiert werden können. Vgl. Campbell (1957).

942 Bezüglich des experimentellen Designs lässt sich kritisieren, dass lediglich ein Unternehmen mit drei Divisionen sowie eine begrenzte Anzahl an Risikoprofilen zu Grunde gelegt wird.

943 Einfach ist in diesem Zusammenhang in dem Sinne gemeint, dass die Allokation dieser Verfahren möglichst einfach zu berechnen ist.

Gruppenkontext untersucht. Darüber hinaus wurden den Teilnehmern am Experiment keine monetären Anreize geboten, ihre Präferenzen zu offenbaren. Diesen beiden Kritikpunkten am Hörsaal–Experiment soll nun mit Hilfe eines Gruppen–Experiments begegnet werden.

Dem Experiment liegt eine Verhandlungssituation zu Grunde. Jeweils drei Teilnehmer sollen sich in einer Verhandlung auf die Aufteilung einer Risikokapitalgröße einigen. Die Ziele der einzelnen Teilnehmer sind dabei in der Weise konfliktionär, dass der Nutzen jedes Teilnehmers mit zunehmendem Anteil an der Aufteilungsgröße sinkt. Entsprechende Anreize werden über eine mit zunehmendem Anteil an der Aufteilungsgröße sinkende Auszahlungsfunktion gesetzt.

Mit diesem Design, das in Abschnitt 5.3.2 konkretisiert wird, soll der Frage nachgegangen werden, ob sich Entscheidungsträger in Entscheidungs– beziehungsweise Verhandlungssituationen rational im Sinne der Core–Bedingungen verhalten.[944] Mit Blick auf die Ergebnisse des Hörsaal–Experiments aus Abschnitt 5.2 ist dabei nicht auszuschließen, dass sich auf Grund begrenzter Rationalität der Entscheidungsträger empirisch ein abweichendes Verhalten feststellen lässt.[945] Begrenzte Rationalität liegt genau dann vor, wenn die Entscheidungsträger nicht alle relevanten Informationen zur Entscheidungsfindung verarbeiten können. Gründe hierfür können begrenzte kognitive Fähigkeiten sowie unvollständige Informationen sein.[946] Die Ergebnisse könnten sich dennoch von denen des Hörsaal–Experiments unterscheiden, da im Unterschied zu diesen nun der Gruppenkontext sowie Anreizelemente berücksichtigt werden. Im Gegensatz zum Hörsaal–Experiment geht es darüber hinaus in diesem Experiment zunächst nicht explizit um eine faire Aufteilung der Risiken. Es ist jedoch anzunehmen, dass Fairness bei den Verhandlungen eine wesentliche Rolle in Bezug auf die Herbeiführung einer Einigung spielt.

Laborexperimente ermöglichen allgemein eine schnelle und effiziente Datengewinnung. Als nachteilig stellt sich dabei jedoch heraus, dass nur formale Entscheidungen beobachtet werden können.[947] Es lassen sich die Ergebnisse individueller Entscheidungsprozesse beobachten, jedoch kaum solche Daten, die eine Interpretation der Motive der Entscheider ermöglichen.[948] Eine Möglichkeit, entsprechende Daten zu gewinnen, liegt in der Aufzeichnung des Verhandlungsprozesses.[949] Je nach Verhandlungsmedium kann dies über eine Audio–, Video– oder Textaufzeichnung erfolgen. Die Art der Aufzeichnung ist dabei

944 Für nähere Informationen zu den Zielen des Experiments vgl. Abschnitt 5.3.1.

945 Das Konzept begrenzter Rationalität („bounded rationality“) geht auf Simon zurück, der den Begriff bereits in den 1950-er Jahren prägte. Vgl. Simon (1955,1957). Vgl. ebenso erläuternd March (1994), S. 8-23.

946 Vgl. March (1994), S. 9.

947 Vgl. hierzu wie im Folgenden Henning–Schmidt (1999), S. 2 f.

948 Fairness ist ein mögliches Motiv der Entscheider.

949 Bezüglich anderer Möglichkeiten einer entsprechenden Datengewinnung vgl. Henning–Schmidt (1999), S. 2 f.

abhängig von der zugelassenen Kommunikation. Können die Teilnehmer nur fernmündlich kommunizieren, bietet sich die Audioaufzeichnung an. Ist sogar eine direkte persönliche Kommunikation möglich, können die meisten Verhandlungsaspekte mit einer Videoaufzeichnung festgehalten werden. Sofern den Teilnehmern, wie zum Beispiel in einem Chat,[950] nur der schriftliche Austausch von Argumenten möglich ist, kann die Kommunikation aufgezeichnet werden. Die Nutzung solcher Aufzeichnungen eröffnet die einzigartige Möglichkeit, interpersonelle Aspekte des Entscheidungsprozesses zu verfolgen und auszuwerten.[951] Im vorliegenden Kontext ist hierbei insbesondere die Verhandlungsargumentation von Bedeutung. In Bezug auf den Untersuchungsgegenstand kann somit zum Beispiel untersucht werden, inwiefern Argumente, die in Richtung der Core–Kompatibilität einer Allokation zielen, Verwendung finden. Der Vorteil eines wie hier verwendeten Experiments mit Chat–Möglichkeit liegt darin, dass die gesamte Kommunikation ohne Medienbruch aufgezeichnet und ausgewertet werden kann. Unter einem Medienbruch versteht man den Wechsel des informationstragenden Mediums innerhalb eines Informationsverarbeitungsprozesses.[952]

Im folgenden Abschnitt werden zunächst die konkreten Ziele des Gruppen–Experiments herausgearbeitet. Im Anschluss daran wird in Abschnitt 5.3.2 der Ablauf und das Design des Gruppen–Experiments beschrieben. Der Abschnitt schließt mit einer Zusammenfassung der Ergebnisse des Gruppen–Experiments.

5.3.1 Ziele des Gruppen–Experiments

Ziel des Gruppen–Experiments ist die Analyse von Einflussfaktoren auf die empfundene Fairness von Allokationen. Die Untersuchung soll dabei im Kontext einer Verhandlung über die Aufteilung von Risiken in einem Unternehmen in einer Gruppe bei freier Kommunikation über einen Chat erfolgen. Fairness ist dabei neben der Maximierung der individuellen Auszahlungsfunktion nur ein mögliches Ziel der Teilnehmer. Da allen Parteien jedoch ein monetärer Anreiz zu Vermeidung einer Nicht–Einigung gegeben wird, ist anzunehmen, dass Fairnessaspekte im Rahmen der Verhandlung eine wesentliche Rolle spielen, die dann anhand der Textaufzeichnung zusätzlich zum Einigungsergebnis ausgewertet werden können.[953]

---

950 Bei einem Chat handelt es sich um eine innerhalb des Internet weit verbreitete Art der direkten, schriftlichen Unterhaltung zwischen zwei oder mehreren Personen in Echtzeit. Vgl. Wikipedia (2005a).

951 Bezüglich des Wertes einer Aufzeichnungsmöglichkeit des Entscheidungsprozesses bemerkte bereits Simon (1962): „If the words can be recorded, a great deal can be learned about the process.".

952 Vgl. Wikipedia (2005b).

953 Hinter dieser Überlegung steht die Hypothese, dass mit zunehmender Fairness eine Einigung wahrscheinlicher wird.

Im Vordergrund der Analyse steht die Überprüfung dreier Hypothesen. Zunächst soll untersucht werden, inwieweit das Core–Konzept bei der Einigung auf eine Allokation eine Rolle spielt. In Kapitel 4 wurde die Plausibilität dieses Konzepts theoretisch dargelegt. Die Ergebnisse des Hörsaal–Experiments geben jedoch Hinweise darauf, dass dem Core–Kriterium empirisch keine wesentliche Bedeutung in Bezug auf die empfundene Fairness einer Allokation zukommt. Würde dem Core–Kriterium eine herausgehobene Bedeutung zukommen, sollte eine Einigung auf eine core–kompatible Allokation wahrscheinlicher als eine Einigung auf eine nicht core–kompatible Allokation sein. Entsprechend kann die folgende Hypothese aufgestellt werden.

Hypothese 1: *Eine Einigung auf eine Allokation im Core ist wahrscheinlicher als eine Einigung auf eine Allokation außerhalb des Core.*

Die empirische Untersuchung im Rahmen des Hörsaal–Experiments hat ferner gezeigt, dass die Teilnehmer dazu tendieren, einfachere Allokationsverfahren im Vergleich zu komplexeren Allokationsverfahren als fairer zu bewerten. Einfach verständlich sind insbesondere das Beta– und das Activity–Level–Verfahren. Die Untersuchung soll, wenn möglich, auch dazu dienen, zu überprüfen, ob die Allokationen gemäß dieser Verfahren als fairer angesehen werden als andere Allokationen. Mit der folgenden Hypothese soll zunächst die Fairness des Beta–Verfahrens im Vergleich zu anderen Verfahren überprüft werden.

Hypothese 2: *Allokationen auf Basis des Beta–Verfahrens werden fairer bewertet als andere Allokationen.*

In gleicher Weise soll die Fairness des Activity–Level–Verfahrens mit folgender Hypothese untersucht werden.

Hypothese 3: *Allokationen auf Basis des Activity–Level–Verfahrens werden fairer bewertet als andere Allokationen.*

Das experimentelle Design ermöglicht darüber hinaus zahlreiche weitere Auswertungen auf Basis der Chat–Protokolle. So kann analysiert werden, ob und wie häufig welche Argumente verwendet wurden. Es kann dabei davon ausgegangen werden, dass Überlegungen und Argumente, die gar nicht oder sehr selten in der Verhandlung verwendet wurden, empirisch keinen wesentlichen Einfluss auf die empfundene Fairness haben.

Zur Erreichung der dargestellten Ziele und zur Überprüfung der aufgestellten Hypothesen wurde das im folgenden Abschnitt dargestellte Design eines Gruppen–Experiments entwickelt.

5.3.2 Ablauf und Design des Gruppen–Experiments

Das Experiment wurde im Juli 2005 im „Kölner Laboratorium für Wirtschaftsforschung" der Wirtschafts– und Sozialwissenschaftlichen Fakultät der Universität zu Köln durchgeführt.[954] Die Durchführung erfolgte computergestützt im Netzwerk mit Hilfe der Experimentalsoftware zTree.[955] Darüber hinaus kam eine Software zum Einsatz, die einen elektronischen Chat auf Basis einer Client–Server–Technologie ermöglichte.[956] Zur Rekrutierung der Teilnehmer wurde das Online–Recruitment–System ORSEE verwendet.[957]

Insgesamt nahmen 147 Studenten am Experiment teil. Bei den *Teilnehmern* handelte es sich ausnahmslos um Studenten wirtschaftswissenschaftlicher Studiengänge, die seit mindestens einem Jahr studieren.[958] Der durchschnittliche Teilnehmer war 23,5 Jahre alt. 69 Prozent der Teilnehmer waren männlich. In fünf Sessions, die jeweils knapp über eine Stunde dauerten, wurden insgesamt 49 Gruppen je drei Teilnehmer gebildet. Die Gruppenbildung erfolgte dabei anonym. Sie wurde auch nach dem Experiment nicht offen gelegt. Jeder Teilnehmer erhielt eine Show–Up–Fee in Höhe von 2,50 Euro zuzüglich der Zahlungen aus dem Experiment. Die Teilnehmer wurden im Experiment auf Basis einer noch zu erläuternden Auszahlungsfunktion in der Währung „Taler" entlohnt. 25 Taler entsprachen 1 Euro. Die durchschnittliche Auszahlung lag bei 8,70 Euro. Dieser Wert beinhaltet die Show–Up–Fee von 2,50 Euro. Die maximale und minimale Zahlung lag bei 14,00 Euro beziehungsweise 3,50 Euro.[959]

Der *Ablauf* des Experiments verlief in insgesamt vier Phasen. Zunächst wurden die Teilnehmer einer Session durch Ziehen einer Platznummer zufällig an jeweils einen einer bestimmten Gruppe zugeordneten, nicht–einsehbaren Computer platziert. Die Überlegung ein Spiel durchzuführen, in dem die Teilnehmer um die besseren Rollen in der späteren Verhandlung in Wettbewerb treten, wurde in diesem Zusammenhang verworfen. Vorteilhaft wäre dies, wenn dadurch die Teilnehmer ihre Ausgangssituation in der späteren Verhandlung als Resultat ihrer Leistung im Spiel verstehen würden. Etwaige Vorteile in der Ausgangssituation hätten dann in der Verhandlung argumentativ als Resultat der Leistung im Spiel dargestellt werden können. Um dies glaubhaft zu ermöglichen, hätte man jedoch ein umfangreicheres Spiel durchführen müssen, was den zeitlich und damit finan-

[954] Das Labor wird zum Teil durch die finanzielle Unterstützung der Deutschen Forschungsgemeinschaft (DFG) getragen.

[955] Vgl. Fischbacher (1999).

[956] Bei der Software handelt es sich um ein selbst modifiziertes Visual C++ Programm der Microsoft Foundation Class Library. Vgl. Microsoft Corporation (2005a, 2005b).

[957] Vgl. Greiner (2004).

[958] Bei den Studiengängen handelt es sich im Einzelnen um Betriebswirtschaftslehre (91), Volkswirtschaftslehre (33), Volkswirtschaftslehre sozialwissenschaftlicher Richtung (9), Wirtschaftspädagogik (9), Wirtschaftsinformatik (3) und Gesundheitsökonomie (2).

[959] Die Minimalzahlung resultierte aus einer Nicht–Einigung von Teilnehmergruppen. Blendet man solche Situationen aus, lag der Minimalbetrag bei 4,90 Euro.

ziell geplanten Umfang des Experiments überstiegen hätte. Nach der Platzierung wurden den Teilnehmern schriftliche Erläuterungen zum Experiment ausgeteilt.[960] Diese Erläuterungen enthielten Informationen zum Setting des Experiments und erklärten ausführlich die Inhalte eines dem Experiment zu Grunde liegenden Beispiel–Risikoprofils.[961]

In der nächsten Phase wurden die Teilnehmer gebeten, in einem anschließend ausgeteilten Risikoprofil fünf fehlende Werte zu berechnen.[962] Die berechneten Werte mussten in eine Eingabemaske am Rechner eingegeben werden. Die Eingaben wurden dabei nur akzeptiert, sofern es sich um die fünf korrekten Werte handelte. Mit Hilfe dieses Verständnistests sollte sichergestellt werden, dass jeder Teilnehmer die Informationen im Risikoprofil verstanden hat. Allen Teilnehmern, die es nicht schafften, in der vorgegebenen Zeit alle Werte zu berechnen, wurden entsprechende Hilfestellungen gegeben.[963]

In der dritten Phase des Experiments erhielten die Teilnehmer die konkreten Instruktionen des Experiments.[964] Zunächst wurden die Teilnehmer dabei über ihre Aufgabe informiert. Die Teilnehmer übernahmen die Rolle eines Abteilungsleiters in einem Unternehmen, das aus insgesamt drei Abteilungen besteht. Die Aufgabe bestand dabei darin, sich mit jeweils zwei anderen Abteilungsleitern über die Aufteilung eines auf Unternehmensebene angefallenen Risikos zu einigen.[965] Die Kommunikation hierzu erfolgte über ein internetbasiertes Chat–Modul.[966] Darüber hinaus wurde den Teilnehmern eine Auszahlungs– beziehungsweise Vergütungsfunktion der Form

$$\text{Vergütung} = \text{Fixum} - (\text{Zins} \cdot \text{zugeteiltes Risiko}) \tag{5.1}$$

vorgegeben, die auf Basis der Währung „Taler" definiert wurde. Den Teilnehmern wurden die Parameter (Fixum und Zins) der Auszahlungsfunktion, ihre Rolle (Leiter der Abteilung A, B oder C) sowie das zu Grunde liegende Risikoprofil bekannt gegeben. Das konkrete Risikoprofil ist in Tabelle 5.4 dargestellt. Es wurde so gewählt, dass nur drei der insgesamt sechs im Rahmen dieser Arbeit vorgestellten Verfahren zur Risikokapitalallokation eine Allokation ergeben, welche im Core liegt. Bei diesen Verfahren handelt es sich um das Beta–Verfahren, das Kostenlücken–Verfahren und das Nucleolus–Verfahren. Sowohl die Allokation nach dem Activity–Level–Verfahren als auch die Allokation nach

960 Das Instrument des Experiments befindet sich in Anhang 3.

961 Bei den im ersten Schritt ausgeteilten Informationen handelt es sich um Seite 1 und 2 des Instruments aus Anhang 3.

962 Bei diesem Verständnistest handelt es sich um Seite 3 des Instruments aus Anhang 3.

963 In jeder Session mussten zwischen drei und sechs Teilnehmern entsprechende Hilfestellungen gegeben werden.

964 Hierbei handelt es sich um Seite 4 und 5 des Instruments aus Anhang 3.

965 Zur Vereinfachung war abstrahierend Risiko anstelle von Risikokapital zu verteilen.

966 Vgl. hierzu Fußnote 956.

dem inkrementellen und dem Shapley–Verfahren verstoßen jeweils gegen mindestens eine Core–Bedingung.

	Risiko	Risikozuwachs bei Hinzunahme von			Internes Beta
		Abteilung A	Abteilung B	Abteilung C	
Abteilung A	1.370		1.092	1.142	0,0894
Abteilung B	2.580	-118		1.270	0,5110
Abteilung C	1.702	810	2.148		0,3996
Abteilung A+B	2.462			1.509	
Abteilung A+C	2.512		1.459		
Abteilung B+C	3.850	121			
Abteilung A+B+C (Gesamt–Unternehmen)	3.971				
Risiko–Reduktionseffekt = 5.652 – 3.971 = 1.681					

Die zweite Spalte zeigt das Gesamtrisiko der Abteilungen und Koalitionen. Die Spalten 3 bis 5 zeigen den Risikozuwachs durch Hinzunahme der jeweiligen Abteilung zur Abteilung oder Koalition der entsprechenden Zeile. Spalte 6 zeigt die internen Betas der einzelnen Abteilungen an. In der letzten Zeile wird der gesamte Diversifikationseffekt des Unternehmens berechnet.

Tabelle 5.4: Risikoprofil des Gruppen–Experiments

Unter Nutzung des dem Experiment zu Grunde gelegten Risikoprofils führen die einzelnen Allokationsverfahren zu den folgenden Allokationen:[967]

$$\text{Activity–Level–Verfahren:} \quad RK^a = (963, 1.813, 1.195) \tag{5.2}$$

$$\text{Inkrementelles Verfahren:} \quad RK^a = (155, 1.876, 1.940) \tag{5.3}$$

$$\text{Beta–Verfahren:} \quad RK^a = (355, 2.029, 1.587) \tag{5.4}$$

$$\text{Shapley–Verfahren:} \quad RK^a = (612, 1.887, 1.472) \tag{5.5}$$

$$\text{Kostenlücken–Verfahren:} \quad RK^a = (519, 1.856, 1.596) \tag{5.6}$$

$$\text{Nucleolus–Verfahren:} \quad RK^a = (533, 1.870, 1.568) \tag{5.7}$$

Die konkrete Lage der einzelnen Allokationspunkte zeigt sich in dem in Abbildung 5.8 dargestellten fundamentalen Dreieck. Das weiße Trapez im fundamentalen Dreieck zeigt wiederum die Menge aller core–kompatiblen Allokationen an.

Die Parameter der Vergütungsfunktion wurden so gewählt, dass den Teilnehmern bei einem einheitlichen Zins in Höhe von 15 Prozent jeweils genau dann 75 Taler (3 Euro) gezahlt werden, falls sie eine Zuteilung in Höhe ihres jeweiligen Stand–Alone–Risikos

967 Etwaige Abweichungen sind auf Rundungsdifferenzen zurückzuführen.

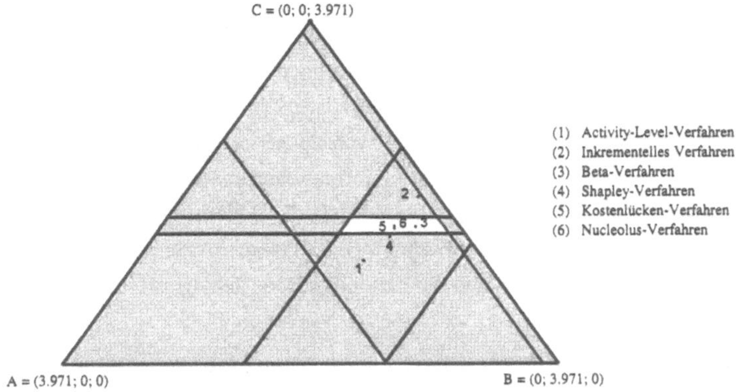

Abbildung 5.8: Lage der Allokationen im fundamentalen Dreieck im Gruppen–Experiment

erhalten.[968] Auf Basis des Risikoprofils aus Tabelle 5.4 ergeben sich damit die folgenden Vergütungsfunktionen:[969]

$$\text{Vergütung Abteilung A} = 281 - (0,15 \cdot \text{zugeteiltes Risiko}) \tag{5.8}$$

$$\text{Vergütung Abteilung B} = 462 - (0,15 \cdot \text{zugeteiltes Risiko}) \tag{5.9}$$

$$\text{Vergütung Abteilung C} = 330 - (0,15 \cdot \text{zugeteiltes Risiko}) \tag{5.10}$$

Für den Chat wurden den Teilnehmern explizit Regeln vorgegeben. Der Chat hatte in deutscher Sprache zu erfolgen. Es war nicht erlaubt, die Anonymität aufzuheben. Jegliche Kommunikation bezüglich der Vergütung war untersagt.[970] Hiermit sollte sichergestellt werden, dass eine Einigung auf Basis und unter Ausnutzung der Daten des zu Grunde liegenden Risikoprofils und nicht auf Basis der entsprechenden Zahlungen erfolgt.[971] Die Einhaltung der Regeln wurde zeitgleich durch Mitlesen der einzelnen Chats überwacht. Ein Verstoß eines Teilnehmers gegen diese Regeln hätte direkt zu einer Nicht–Einigung der entsprechenden Gruppe geführt.[972] Im Falle einer Nicht–Einigung hätten alle Teilnehmer der betreffenden Gruppe pauschal 25 Taler (1 Euro) zuzüglich der Show–Up–Fee in Höhe von 2,50 Euro erhalten.[973] Den Teilnehmern wurde zehn Minuten Zeit gegeben, sich auf

968 Zu den Vorteilen der Verwendung eines einheitlichen Zinses vgl. Abschnitt 3.3.3, S. 120 ff.

969 Die Vergütungsfunktionen der jeweils anderen Teilnehmer wurden den einzelnen Teilnehmern nicht bekannt gegeben. Vgl. hierzu auch die folgenden Ausführungen.

970 Hierunter fielen alle Informationen, die Rückschlüsse auf die konkrete Vergütungsvorschrift zulassen, wie zum Beispiel die Parameter der Vergütungsfunktion oder eine konkrete Vergütungshöhe.

971 Eine Verhandlung auf Basis von Zahlungsdaten hätte dazu führen können, dass sich die drei Abteilungsleiter auf eine Drittelung der Zahlungen einigen.

972 In allen fünf Sessions kam es in keinem Fall zu einer solchen Situation.

973 Mit diesem Design wurde somit ein starker Anreiz zur Einigung gesetzt.

den Chat vorzubereiten. In dieser Zeit konnten sich die einzelnen Teilnehmer einer Gruppe Argumente für eine möglichst geringe Allokation ausdenken.

In der letzten Phase, dem eigentlichen Experiment, hatten die Teilnehmer insgesamt 20 Minuten Zeit, sich auf eine Verteilung des Risikos zu einigen. Im Rahmen des Chats konnten die Teilnehmer Aufteilungsangebote vorschlagen, ablehnen oder annehmen, Argumente austauschen und sonstige relevante Informationen austauschen. Zum besseren Verständnis dieser Phase ist in Anhang 4 beispielhaft die Bildschirmdarstellung eines Chats dargestellt. Eine Kommunikation zwischen den Teilnehmern war während des gesamten Experiments nur in dieser Phase und nur über das zur Verfügung gestellte, internetbasierte Chat–Modul möglich.

Nach Ablauf des Experiments wurden die Teilnehmer gebeten, einen Fragebogen auszufüllen. Neben persönlichen Angaben zu Alter, Geschlecht, Studiengang, Semester und Experimenterfahrung wurde die empfundene Fairness der Einigungsallokation auf einer Skala von 1 (sehr fair) bis 5 (sehr unfair) abgefragt. Die Zufriedenheit mit der Allokation sollte im Anschluss daran verbal begründet und der Prozess der Einigung beschrieben werden. Der Fragenkatalog schloss mit einem allgemeinen Kommentar zum Experiment. Nach Ausfüllen des Fragebogens wurden die Teilnehmer einzeln in bar ausbezahlt. Die konkreten Ergebnisse dieses Experiments werden ausführlich im nächsten Abschnitt behandelt.

5.3.3 Ergebnisse des Gruppen–Experiments

Nach Abschluss des Experiments stehen insgesamt drei *Datenquellen* zur Verfügung, die nun ausgewertet werden sollen. Erstens liegen die Einigungsallokationen aller Teilnehmergruppen vor, die sich einigen konnten. Zweitens stehen von allen Teilnehmergruppen die entsprechenden Protokolle der Chats zur Verfügung. Drittens können die Antworten aus den Fragebogen ausgewertet werden.

Zunächst soll die Analyse der *Einigungsallokationen* im Vordergrund stehen. Eine Einigung auf eine bestimmte Allokation kam immer genau dann zustande, wenn alle drei Teilnehmer die gleiche Allokation nach Abschluss des Chats notiert haben. Von den insgesamt 49 Teilnehmergruppen konnten sich 47 Gruppen auf eine Allokation einigen. Die weitere Auswertung konzentriert sich daher auf diese 47 Gruppen, die sich auf eine Einigungsallokation verständigen konnten. Die konkrete Analyse der Einigungsallokationen zeigt zunächst, dass die Allokationen sehr stark streuen. Dies wird insbesondere deutlich, wenn man alle Allokationen im fundamentalen Dreieck einzeichnet. Abbildung 5.9 zeigt, dass die Einigungsallokationen über einen großen Teil der insgesamt möglichen

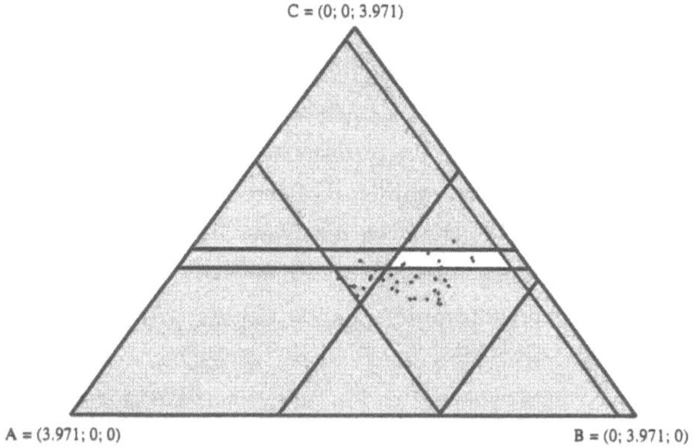

Abbildung 5.9: Einigungsallokationen im fundamentalen Dreieck

Fläche streuen.[974] Zwei Gründe können in diesem Zusammenhang als Erklärung für die große Streuung dienen. Zunächst ist festzustellen, dass das Allokationsergebnis in großem Maße von der Verhandlungsstärke der einzelnen Teilnehmer abhängig ist. Drei verhandlungsstarke Teilnehmer werden sich daher sicherlich auf eine andere Allokation einigen als zwei verhandlungsstarke und ein verhandlungsschwacher Teilnehmer. Nimmt man nun an, dass es zwei Typen von Teilnehmern gibt (verhandlungsstarke und verhandlungsschwache Teilnehmer), so ergeben sich bereits acht verschiedene Ausgangssituationen im Sinne von Konstellationen von Teilnehmertypen. Lässt man nun noch weitere Abstufungen zu, so vermag dies eine große Streuung von Einigungsallokationen zu erklären. Eine zweite Erklärungsmöglichkeit betrifft den Zeitrahmen der Verhandlung. Aus den Kommentaren der Teilnehmer im Fragebogen des Experiments ist teilweise ersichtlich, dass Allokationen unter Zeitdruck entstanden sind. In diesem Zusammenhang muss jedoch angemerkt werden, dass bei insgesamt zehn Gruppen, die gleichzeitig verhandeln, immer ein Kompromiss bezüglich der zur Verfügung zu stellenden Zeit gefunden werden muss. Einerseits soll keine Gruppe zu lange auf die langsamste Teilnehmergruppe warten müssen, andererseits soll allen Gruppen genug Zeit gegeben werden, eine Einigung zu finden. Der gegebene Zeitrahmen von 20 Minuten stellt einen solchen Kompromiss dar.

Von den 47 Einigungsallokationen liegen insgesamt nur sieben im Core. Mit Hilfe dieser Beobachtung lässt sich nun Hypothese 5.3.1 testen. Unter Verwendung des Binomialtests[975] zeigt sich, dass die Nullhypothese einer mehr als 50–prozentigen Wahrscheinlichkeit einer core–kompatiblen Allokation verworfen werden muss ($p < 0,01$). Hypo-

---

[974] Es sei darauf hingewiesen, dass in der Abbildung gleiche hohe Einigungsallokationen mehrere Teilnehmergruppen grafisch nicht ersichtlich sind.

[975] Zum Binomialtest vgl. Siegel/Castellan (1988), S. 38 ff.

these 5.3.1 kann somit nicht mehr aufrecht erhalten werden.[976] Die Wahrscheinlichkeit für eine core–kompatible Einigung ist damit empirisch niedriger als die einer nicht–core–kompatiblen Einigung. Bei der Auswertung bezüglich der Core–Kompatibilität ist jedoch nicht nur die binäre Information, ob eine Allokation im Core liegt oder nicht, von Interesse. Darüber hinaus interessieren im vorliegenden Kontext auch die Anzahl und Art der Core–Bedingungen, die verletzt wurden.[977] Diese Informationen können Aufschluss darüber geben, wie stark die Verletzungen des Core–Kriteriums sind. In nur drei Fällen wurde eine Core–Bedingung auf Individualebene ($|K| = 1$) verletzt. In insgesamt 53 Fällen wurden Core–Bedingungen auf Koalitionsebene ($|K| = 2$) verletzt. In 15 Fällen wurde mehr als eine Core–Bedingung gleichzeitig verletzt, in einem Fall sogar gleich drei Bedingungen.[978] Grundsätzlich ist es im Falle dreier Divisionen durchaus denkbar, dass selbst bei Verletzung zweier Core–Bedingungen auf Koalitionsebene ($|K| = 2$) zwei Teilnehmer darauf geachtet haben, dass die Core–Bedingungen eingehalten werden, da nur ein dritter Teilnehmer überproportional viel Risiko zugeteilt bekommen haben könnte. Eine Überprüfung dieser Möglichkeit ist nur durch Auswertung der Chat–Protokolle möglich. Entsprechende Ausführungen erfolgen an späterer Stelle im Rahmen der Chat–Auswertung.

Bei der Auswertung der auf einer Skala von 1 (sehr fair) bis 5 (sehr unfair) *bewerteten Fairness* der Einigungsallokation aus den Antworten des Fragebogens ergibt sich zunächst das Problem, wie man die Gesamt–Fairness der Einigungsallokation als Aggregat von drei Fairness–Urteilen definiert. Die Summe der Fairness–Beurteilung aller drei Teilnehmer einer Gruppe scheidet hierbei aus. Angenommen es einigen sich zwei Teilnehmer auf Kosten eines dritten Teilnehmers, was unter Umständen zu der Bewertung $(1, 1, 4)$ führt, kann dies sicherlich nicht als gleich fair eingestuft werden wie eine Bewertung von $(2, 2, 2)$. Gleiches gilt für die Differenz zwischen dem Minimum und dem Maximum. Für den Fall, dass alle drei Gruppenteilnehmer eine Allokation als sehr unfair einschätzen (5,5,5), würde dies zu einer für die Gruppe maximal bewerteten Fairness von null führen. Ein guter Fairness–Index ist jedoch die Summe aus der Differenz zwischen dem Maximum und dem

[976] Bei gegebener Beobachtung kann die Nullhypothese erst bei einer Core–Wahrscheinlichkeit von ungefähr 31 Prozent und einer Irrtumswahrscheinlichkeit von einem Prozent nicht mehr verworfen werden.

[977] Die Berechnung eines Abstandmaßes vom Core, wie in Abschnitt 4.5.1 berechnet, erübrigt sich an dieser Stelle, da bereits in Abbildung 5.9 ersichtlich ist, dass bei den meisten Allokationen ein deutlicher Abstand zum Core vorliegt.

[978] Es sei an dieser Stelle darauf hingewiesen, dass im Falle dreier Divisionen bei Vorliegen eines subadditiven Risikomaßes nicht drei Core–Bedingungen mit $|K| = 2$ gleichzeitig verletzt sein können. Dies sei kurz für den Fall des Value–at–Risk als Risikomaß gezeigt. Angenommen es gelte $RK_i^a + RK_j^a > VaR(i,j)$ für $i \neq j$ mit $i, j = 1, 2, 3$. Durch Nutzung der Bedingung der vollständigen Allokation erhält man $VaR(i,j,k) - RK_j^a > VaR(i,k)$ sowie $VaR(i,j,k) - RK_i^a > VaR(j,k)$ und $RK_i^a + RK_j^a > VaR(i,j)$. Durch Addition der jeweils linken und rechten Seite dieser drei Gleichungen erhält man $2VaR(i,j,k) > VaR(i,k) + VaR(j,k) + VaR(i,j)$, was offensichtlich zu einem Widerspruch mit der Subadditivität des Risikomaßes führt.

Minimum der Bewertung und der Summe der Bewertungen.[979] Auf Basis dieses Indexes liegt die durchschnittliche Bewertung der sieben core–kompatiblen Allokationen bei 8,43, während die Bewertung der Allokationen außerhalb des Core bei 8,88 liegt.[980] Testet man mit Hilfe des Kolmogorov–Smirnov–Zweistichproben–Tests[981] die Null–Hypothese, dass die Fairness–Indizes beider Gruppen der gleichen Grundgesamtheit entstammen gegen die Alternativ–Hypothese, dass die Fairness–Index–Werte der Allokationen außerhalb des Core stochastisch größer sind als die der Allokationen innerhalb des Core, so kann die Null–Hypothese nicht mit hinreichend kleiner Irrtumswahrscheinlichkeit abgelehnt werden ($p > 0,1$).[982] Die unterschiedliche Bewertung der Allokationen im und außerhalb des Core ist somit nicht statistisch signifikant. Es kann daher keine Aussage darüber getroffen werden, welche Allokationen als fairer bewertet werden.

Eine *Zuweisung der Einigungsallokationen* zu den einzelnen theoretischen Allokationsverfahren, wie dies in Abschnitt 5.2.3 erfolgt ist, gestaltet sich auf Grund der großen Abweichungen von den theoretischen Allokationen als schwierig. Versucht man dennoch, die Einigungsallokationen auf Basis des Kriteriums der minimalen quadrierten Abweichungen unter der Bedingung einer Abweichung von maximal 5.000 zuzuordnen, so sind trotz der im Vergleich zu Abschnitt 5.2.3 hohen erlaubten Abweichung mehr als 70 Prozent aller Einigungsallokationen nicht klassifizierbar. Dem Activity–Level–Verfahren können vier Allokationen zugeordnet werden und dem Beta–Verfahren zwei Allokationen. Den anderen hier vorgestellten Allokationsverfahren konnte keine einzige Allokation zugeordnet werden. Es erstaunt die hohe Anzahl von Gruppen (8), die sich auf eine Drittelung des Gesamtrisikos geeinigt haben. Diese hohe Anzahl lässt sich einerseits durch etwaige Zeitprobleme bei der Einigung erklären und zum anderen durch Verhandlungsschwächen der Teilnehmer. Es zeigt sich hier das Problem mangelnder Identifikation der Teilnehmer mit der Ausgangssituation.[983] Insbesondere was das Zeitproblem angeht, dürften diese Allokationen insofern bezüglich der Fairness der Allokationen keinen repräsentativen Charakter haben. Auch wenn die dem Activity–Level–Verfahren und dem Beta–Verfahren zugeordneten Allokationen einen durchschnittlichen Fairness–Index von 7,50 beziehungsweise 6,50 aufweisen und diese Werte deutlich unter den Durchschnittswerten der Gleichverteilungsallokationen (8,50) sowie der nicht zugeordneten Allokationen (9,18) liegen, lassen sich auf Grund der geringen Anzahl keine sinnvollen Aussagen bezüglich der Signifikanz aufstellen.

979 Dies führt letztlich dazu, dass die schlechteste und die zweitschlechteste Bewertung summiert werden, wobei die schlechteste Bewertung mit dem Faktor zwei gewichtet wird.

980 Der Wertebereich des so berechneten Fairness–Indexes liegt zwischen 3 (sehr fair) und 15 (sehr unfair).

981 Vgl. hierzu Siegel/Castellan (1988), S. 144 ff.

982 Zu gleichen Ergebnissen kommt der Mann–Whitney–Test. Vgl. zu diesem Test Siegel/Castellan (1988), S. 128 ff.

983 Dies wird beispielsweise durch den Kommentar eines Teilnehmers deutlich, der fragt: „Was kann ich dafür, dass ich so wenig Risiko zugeteilt bekomme?“.

Eine Prüfung der Hypothesen 5.3.1 und 5.3.1 ist daher nicht möglich. Um Aussagen bezüglich der Fairness einzelner Allokationsverfahren treffen zu können, bietet sich ebenfalls die Auswertung der Chat–Protokolle an.

Eine *Auswertung der Chat–Protokolle* gestaltet sich naturgemäß schwierig. Zur Anwendung kommen dabei inhaltsanalytische Techniken.[984] Möchte man die Argumente der einzelnen Gruppen klassifizieren, so ist nicht immer eindeutig klar, in welche Richtung ein Argument abzielt. Um Interpretationsspielräume möglichst gering zu halten, werden im Weiteren nur eindeutig zurechenbare Argumente ausgewertet.[985] Ein Argument ist genau dann einer bestimmten Argumentation zurechenbar, wenn explizit bestimmte Stichworte genannt werden, die eindeutig in Richtung der jeweiligen Argumentation zielen.[986] Im Rahmen einer Frequenzanalyse wird die Häufigkeit des Vorkommens einzelner klassifizierter Argumente untersucht.[987] Das Vorgehen hat den Nachteil, dass nicht tatsächlich alle Argumente in die Analyse einfließen. Der Vorteil liegt jedoch in der Nachvollziehbarkeit und der höheren Unabhängigkeit vom konkreten Auswerter.

Die Auswertung der Argumente zeigt, dass insgesamt drei verschiedene Argumente sehr häufig angeführt werden. Von den insgesamt 49 Verhandlungsgruppen wurde in 33 Gruppen auf Basis der Beta–Faktoren argumentiert.[988] In 15 Fällen wurde auf Basis des Activity–Level–Verfahrens argumentiert.[989] Ebenfalls sehr häufig (35-mal) wurde eine Gleichverteilung der Risiken propagiert.[990] Hierbei ist jedoch auffallend, dass ein entsprechender Vorschlag — trotz Einigung auf eine entsprechende Allokation in acht Fällen — sehr häufig als unfair verworfen wurde.[991] Die Auswertung zeigt insbesondere, dass häufig die theoretischen Lösungen Ausgangspunkte der Verhandlung bilden, die dann noch durch pauschale Ab- und Zuschläge aus den unterschiedlichsten Gründen modifiziert werden. Dies erklärt zum einen die starke Streuung der Einigungsallokationen und zweitens das Problem der Zuordnung der Einigungsallokationen zu bestimmten Allokationsverfahren. Die drei oben genannten häufigsten Argumente zeigen, dass auch im Rahmen der Verhandlung einfache Argumente überwiegen. Dies stimmt mit den Ergebnissen des

984 Vgl. Merten (1995), Schnell/Hill/Esser (2005), S. 407 ff.

985 Ein Interpretationsspielraum besteht beispielsweise dann, wenn sich jemand im Chat dahingehend äußert, maximal 1.500 Einheiten des Risikos übernehmen zu wollen, da hierbei selbst dann unklar ist, falls die 1.500 Einheiten der Allokation eines bestimmten Verfahrens entsprechen, welche Argumentation zu der Aussage geführt hat.

986 Um welche Stichworte es sich jeweils handelt, wird im Folgenden angegeben.

987 Zur Frequenzanalyse vgl. Schnell/Hill/Esser (2005), S. 408.

988 Zur Klassifikation in diese Klasse von Argumenten genügte das Stichwort „Beta".

989 Stichworte, die zur Zuordnung in diese Klasse von Argumenten führten waren: „proportional zu den Einzelrisiken", „Anteil an der Summe der Risiken", „prozentuale Aufteilung nach Einzelrisiken", „Anteil am Risiko ohne Einigung" und „Prozentzahlen ohne Einigung".

990 Argumente mit den Stichworten „jeder 33 Prozent", „dritteln", „Drittel" und „gleichverteilte Aufteilung" führten zu einer entsprechenden Klassifikation.

991 Zu möglichen Gründen für eine Einigung auf eine Gleichverteilung vgl. weiter oben in diesem Abschnitt.

Hörsaal–Experiments überein, wonach die Teilnehmer zu möglichst einfachen Allokationsverfahren tendieren. Auf Grund der häufigen Nennung des Beta–Arguments deutet sich insofern an, dass das Beta–Verfahren als tendenziell fairer empfunden wird. Genauere Aussagen lassen die Ergebnisse des Gruppen–Experiments in diesem Zusammenhang nicht zu.

Was die *Core–Kompatibilität* angeht, so ist auffällig, dass in nur sehr wenigen Fällen mit Hilfe der Core–Kompatibilität argumentiert wurde. In insgesamt vier Fällen wurde direkt mit einer etwaigen Verletzung von Core–Bedingungen auf Individualebene ($|K| = 1$) argumentiert.[992] Darüber hinaus wurde in mehreren Fällen noch als Verteilungsverfahren die gleichverteilte Aufsplittung des Diversifikationseffekts vorgeschlagen, was für das vorliegende Risikoprofil implizit auch einer Einhaltung der Core–Bedingung auf Individualebene entspricht. In nur einem Fall argumentiert ein Teilnehmer — wenn auch umständlich formuliert — mit Hilfe von Core–Bedingungen auf Koalitionsebene ($|K| = 2$). Bezüglich der Bedeutung der Core–Kompatibilität einer Allokation lässt sich zusammenfassen, dass ihr empirisch in diesem Experiment nur eine geringe Bedeutung zukommt. Auf Grund der Häufigkeit der Einhaltung sowie der häufigen Nennungen entsprechender Argumente im Chat kommt den Core–Bedingungen auf Individualebene ($|K| = 1$) noch eine etwas höhere Bedeutung zu. Auf Koalitionsebene ($|K| = 2$) zeigt die Häufigkeit der Verletzung sowie das Ausbleiben entsprechender Argumente im Chat empirisch gar keine oder nur eine zu vernachlässigende Bedeutung bezüglich der Fairness. Eine Erklärung, warum der Core–Kompatibilität eine nur geringe Bedeutung zukommt, könnte darin begründet sein, dass eine tatsächliche Abspaltung vom Unternehmen nicht möglich ist.[993] Insgesamt muss festgehalten werden, dass sich die Teilnehmer nicht rational im Sinne des hier verwandten Rationalitätsbegriffs verhalten.

Das Experiment unterliegt der grundsätzlichen Kritik, dass gegebenenfalls ein so genannter *Beobachtereffekt* vorliegt.[994] Die Teilnehmer könnten sich also unter Beobachtung anders verhalten haben, als sie dies sonst tun würden. Dem ist entgegen zu setzen, dass keiner der ausgewerteten Chats einen entsprechenden Effekt vermuten lässt.[995] In keinem der Chats wurde die Beobachtung auch nur erwähnt. Abgesehen davon kann angenommen

[992] Beispielsweise wurde einmal argumentiert: „Dann habe ich ja für mich keinerlei Vorteil, da mein Risiko ohne B und C sowieso nur bei 1.370 liegt“. In einem anderen Fall wurde in die Runde gefragt: „Kommt dann jeder besser weg als wenn er alleine arbeitet?“.

[993] Im Experiment gab es — im Gegensatz zur Realität — sogar noch die Drohung einer Nicht–Einigung, welche ebenfalls in diesem Zusammenhang nicht genutzt wurde. Wenn bereits in solchen Situationen nicht über die Core–Kompatibilität (auf Koalitionsebene) argumentiert wird, ist davon auszugehen, dass sie erst recht in realen Situationen keine Bedeutung besitzt.

[994] Vgl. beispielsweise Schnell/Hill/Esser (2005), S. 403.

[995] Vgl. für eine ähnliche Argumentation Henning–Schmidt (1999), S. 14 f.

werden, dass ein möglicher Effekt dadurch stark vermindert wird, dass die Chats lediglich mitgelesen wurden und niemand direkt hinter den Chat–Teilnehmern stand.[996]

Auch wenn die Ergebnisse dieses Experiments auf Basis eines Risikoprofils entstanden sind, das der Normalverteilungsannahme unterliegt und auf Basis des Risikomaßes Value–at–Risk berechnet wurde, kann davon ausgegangen werden, dass sie auf den allgemeinen Fall übertragbar sind. Der Grund hierfür liegt in der Tatsache, dass man den Risikoprofilen weder das verwendete Risikomaß noch die zu Grunde liegenden Verteilungsannahmen der Risikopositionen ansehen kann. Für die Übertragbarkeit dürfte lediglich die Subadditivität des Risikomaßes von Relevanz sein, da sie ein wichtiges und beobachtbares Merkmal der Risikoprofile darstellt.

Das beschriebene Experiment könnte zukünftig insbesondere um zwei Aspekte erweitert werden. Zum einen wäre es sinnvoll, die Verteilung der Teilnehmer auf die verschiedenen Rollen mit Hilfe eines Spiels vorzunehmen, damit die Teilnehmer sich mit ihren Rollen stärker identifizieren. Zum anderen bietet es sich an, mehrstufige Verhandlungen zur Abbildung mehrperiodiger Entscheidungssituationen durchzuführen und hierbei etwaige Lerneffekte zu analysieren.

5.4 Zusammenfassung der Ergebnisse der empirischen Analyse

Die empirische Analyse der Allokation von Risikokapital umfasste insgesamt drei verschiedene Untersuchungen. Zunächst wurde eine *Befragung* unter 40 deutschen Banken bezüglich des Status Quo der Anwendung dieses Instruments in der Praxis durchgeführt. Bezüglich der Erhebungseinheiten kann dabei vermutet werden, dass die Implementierung dieses Instruments dort am weitesten fortgeschritten ist. Schwächen, die dort sichtbar werden, werden sicherlich auch bei anderen Unternehmen auftreten.

Die Ergebnisse der Studie ergaben, dass alle Banken den Value–at–Risk als Risikomaß verwenden, die konkrete Berechnungsmethodik jedoch sehr heterogen ist. Die Risikokapitalallokation wird am häufigsten auf die Risikoarten Marktpreis– und Kreditrisiko angewendet. Für andere Risikoarten wird eher selten eine Allokation vorgenommen. Bei fast allen Banken wird das Risikokapital Geschäftsbereichen und Risikoarten zugeteilt. Andere Allokationseinheiten sind dagegen seltener anzutreffen. Knapp über die Hälfte der Institute nutzt das Stand–Alone–Verfahren als Allokationsverfahren.[997] Darüber hinaus werden sehr unterschiedliche Verfahren (zum Beispiel Beta–Verfahren und Activity–Level–

[996] Zu dem Ergebnis eines allgemein geringen Einfluss durch einen Beobachter kommen ebenfalls von Cranach/Frenz (1969), S. 307 f. Bezüglich weiterer allgemeiner Kritikpunkte an Experimenten vgl. Abschnitt 5.2.3, S. 197 ff.

[997] Zu den Nachteilen des Stand–Alone–Verfahrens vgl. Kapitel 4.

Verfahren) eingesetzt. Die Studie zeigt insbesondere auf Grund der großen Heterogenität der Ergebnisse, wie uneinheitlich die einzelnen Banken das Instrument der Allokation von Risikokapital einsetzen und damit wie notwendig entsprechende wissenschaftliche Untersuchungen zu diesem Problembereich sind. Weiterhin zeigt die Umfrage, dass alle Banken sehr hohe Anforderungen an die Fairness und Verständlichkeit eines Allokationsverfahrens stellen. Empirisch zeigt sich daher insbesondere die Notwendigkeit der Untersuchung von Fairness–Aspekten einzelner Allokationsverfahren.

Entsprechende Fairness–Aspekte wurden in einer zweiten Untersuchung empirisch mittels eines *Hörsaal–Experiments* untersucht. Die Teilnehmer dieses Instruments mussten dabei die Fairness verschiedener Allokationen beurteilen sowie faire Allokationen spezifizieren. Die Ergebnisse zeigen, dass die Teilnehmer dazu tendieren, möglichst auf Basis einfach anzuwendender Allokationsverfahren entstandene Allokationen als fair zu bewerten. Hierbei ist insbesondere das Beta–Verfahren, jedoch auch das Activity–Level–Verfahren zu nennen. Darüber hinaus deuteten die Ergebnisse des Experiments darauf hin, dass der Core–Kompatibilität in Bezug auf die empfundene Fairness einer Allokation empirisch nur eine geringe bis gar keine Bedeutung zukommt.

Im Vergleich zum Hörsaal–Experiment fanden in einem *Gruppen–Experiment* sowohl Anreizelemente als auch der Gruppenkontext im Rahmen einer Verhandlungssituation Berücksichtigung. Die Einigungsallokationen der Verhandlungen bestätigen dabei insgesamt die Ergebnisse aus dem Hörsaal–Experiment. Die Ergebnisse zeigen, dass der Core–Kompatibilität mit Ausnahme von Core–Bedingungen auf Individualebene ($|K| = 1$) keine Bedeutung bezüglich der empfundenen Fairness einer Allokation zukommt. Die Auswertung der Chat–Protokolle stützt dieses Ergebnis.

Zusammenfassend kann somit festgehalten werden, dass die Core–Kompatibilität empirisch keine besondere Bedeutung in Bezug auf die empfundene Fairness hat. Die Teilnehmer an den Experimenten verhalten sich diesbezüglich nicht rational im Sinne des hier verwendeten Rationalitätsbegriffs. Darüber hinaus gibt es in beiden Experimenten deutliche Hinweise darauf, dass einfache Allokationsverfahren wie das Beta–Verfahren oder auch das Activity–Level–Verfahren als fairer angesehen werden als Verfahren wie das Shapley–Verfahren, das Kostenlücken–Verfahren, das inkrementelle Verfahren oder das Nucleolus–Verfahren.

Im Gegensatz zu den theoretischen Untersuchungen in Kapitel 4 kann davon ausgegangen werden, dass die Ergebnisse dieses Kapitels insgesamt auch auf Fälle ohne Normalverteilungsannahme der zu Grunde liegenden Risikopositionen sowie auf Fälle anderer, jedoch subadditiver Risikomaße übertragbar sind.

Kapitel 6

Schlussbetrachtung

Zentraler Untersuchungsgegenstand dieser Arbeit war das Instrument der Risikokapitalallokation. Unter Risikokapital ist dabei allgemein ein Kapitalbetrag zu verstehen, den ein Unternehmen vorhalten sollte, um mögliche Verluste zu kompensieren. Ausgangspunkt für den Einsatz des Instruments Risikokapitalallokation ist die dezentrale Organisation eines Unternehmens, die zu einem Koordinationsbedarf delegierter Entscheidungen führt. Die Allokation von Risikokapital besitzt in diesem Zusammenhang einen bedeutenden Koordinationseffekt.

Die Darstellung des Instruments der Risikokapitalallokation hat gezeigt, dass zwischen einer ex ante Allokation von Risikokapital zur Risikosteuerung und einer ex post Allokation von Risikokapital zum Zwecke der Performancemessung zu unterscheiden ist. Im Rahmen der ersten Funktion werden dezentralen Bereichen des Unternehmens Risikolimite zugewiesen, um das Gesamtrisiko und damit die Insolvenzwahrscheinlichkeit des Unternehmens zu begrenzen und steuernd auf das Risikoverhalten der Unternehmensbereiche einzuwirken. Die zweite Funktion dient der Berechnung der risikoadjustierten Performance einzelner Bereiche. Es geht hierbei letztlich um die Verteilung von Kosten, die für das Vorhalten eines auf Unternehmensebene notwendigen Risikopuffers entstehen. Unternehmensbereiche, die stärker zum Gesamt–Risiko des Unternehmens beitragen, sollen dabei mit höheren Kosten belastet werden als Bereiche mit geringerem Risikobeitrag. Da solche Kostenallokationen ex ante von den dezentralen Managern in ihren Entscheidungen antizipiert werden, sind die Funktionen der Risikosteuerung und der Performancemessung eng miteinander verzahnt. Neben diesen beiden Hauptfunktionen lässt sich die Risikokapitalallokation ebenfalls im Rahmen der staatlichen Regulierung von Bank– und Versicherungsmärkten sowie zum Zwecke der Risikokommunikation einsetzen.

Bei den vorgenommenen Untersuchungen steht die Funktion der Performancemessung im Vordergrund. Aspekte der Risikosteuerung finden jedoch ebenfalls Berücksichtigung. Ein Überblick über die Vielzahl von Gestaltungsoptionen bei der konkreten Anwendung des Instruments zeigt, dass der Auswahl eines Verfahrens zur Allokation von Risikokapital eine besondere Bedeutung zukommt. Die Untersuchungen konzentrieren sich daher auf Verfahren zur Risikokapitalallokation. Hierbei handelt es sich um eine konkrete Vorschrift, nach der das insgesamt auf Unternehmensebene notwendige Risikokapital auf die einzelnen Bereiche des Unternehmens zu verteilen ist.

Bei der theoretischen Analyse der Verfahren zur Risikokapitalallokation wurde die Fairness einer aus einem Verfahren resultierenden Allokation als wichtige und wünschenswerte Eigenschaft identifiziert und fundiert. Fairness wurde zur näheren Analyse in einem auf der kooperativen Spieltheorie aufbauenden Modell mit Hilfe des Core–Konzepts operationalisiert. Das Core–Konzept schränkt die Menge aller möglichen Allokationen in der Weise ein, dass die verbleibenden (core–kompatiblen) Allokationen keiner Division oder Koalition von Divisionen den Anreiz geben, ihr Risiko unabhängig vom Unternehmen mit Kapital zu unterlegen. Zusammen mit der Eigenschaft der Symmetrie und der risikolosen Allokation bildet dieses Core–Konzept die Grundlage für die Definition eines kohärenten Verfahrens zur Risikokapitalallokation.

Aspekte der Risikosteuerung wurden in einem weiteren Modell analysiert. Aufbauend auf dem spieltheoretischen Konzept des Nash–Gleichgewichts wurde die Eigenschaft des Nash–Optimums hergeleitet, um Allokationen mit optimalen Steuerungseigenschaften zu beschreiben. Eine Allokation weist dabei genau dann ein Nash–Optimum auf, wenn die für das Unternehmen optimale Kombination von Projekten gleichzeitig auch ein Nash–Gleichgewicht ist.

Aufbauend auf den genannten Eigenschaften wurden aus der Vielzahl von Allokationsverfahren sechs Verfahren ausgewählt und analysiert. Bei diesen Verfahren handelt es sich um das Activity–Level–Verfahren, das inkrementelle Verfahren, das Beta–Verfahren, das Shapley–Verfahren, das Kostenlücken–Verfahren sowie das Nucleolus–Verfahren. Jedes dieser Verfahren wurde bezüglich der Fairness–Eigenschaften Core–Kompatibilität, Symmetrie und risikoloser Allokation untersucht. Bei der Analyse wurde der Value–at–Risk als zu Grunde liegendes Risikomaß verwendet und eine Normalverteilung der Risikopositionen angenommen. Weiterhin wurde von der Stabilität der zu Grunde liegenden Korrelationsstruktur ausgegangen. Es konnte gezeigt werden, dass das Nucleolus–Verfahren alle drei Eigenschaften erfüllt und somit als kohärent bezeichnet werden kann. Das Beta–Verfahren, das ebenfalls core–kompatibel ist und das Axiom der risikolosen Allokation erfüllt, ist dagegen nicht symmetrisch. Weder das Shapley–Verfahren noch das Kostenlücken–Verfahren sind core–kompatibel, erfüllen dafür aber die Eigenschaften der Symmetrie und der risikolosen Allokation. Sowohl das Activity–Level–Verfahren als auch das inkrementelle Verfahren erfüllen jeweils nur das Axiom der Symmetrie.

Mit Hilfe einer Simulationsstudie konnte der Grad an Core–Kompatibilität derjenigen Allokationsverfahren untersucht werden, die nicht allgemein core–kompatibel sind.

	Activity-Level-Verfahren	Inkrementelles Verfahren	Beta-Verfahren	Shapley-Verfahren	Kosten-lücken-Verfahren	Nucleolus-Verfahren
Fairness-Maß	niedrig	niedrig	perfekt	mittel	hoch	perfekt
Symmetrie	ja	ja	nein	ja	ja	ja
Risikolose Allokation	nein	nein	ja	ja	ja	ja
Qualität der Risikosteuerung	mittel	mittel	mittel	mittel	hoch	hoch

Spaltenweise werden die untersuchten Eigenschaften der sechs Verfahren zur Risikokapitalallokation gezeigt. In der mit Fairness-Maß überschriebenen Zeile sind die Ergebnisse bezüglich des Grads an Core-Kompatibilität der einzelnen Verfahren zusammengefasst. „Perfekt" steht dabei für allgemeine Core-Kompatibilität. Ansonsten zeigen die Bewertungen „niedrig", „mittel" und „hoch" einen zunehmend hohen Grad an Core-Kompatibilität an. Die in den nächsten beiden Zeilen dargestellten Ergebnisse der Eigenschaften der Symmetrie und risikolosen Allokation sind je nach Erfüllung mit „ja" oder „nein" ausgewiesen. Die in der letzten Zeile dargestellten Ergebnisse der Risikosteuerungsqualität fassen die Simulationsergebnisse bezüglich des prozentualen Anteils der Nash-Optima an allen Allokationen eines bestimmten Verfahrens zusammen.

Tabelle 6.1: Zusammenfassung der Ergebnisse der theoretischen Analyse

Der Grad an Core-Kompatibilität beschreibt den Prozentsatz an Allokationen, die im Core liegen und kann somit als Fairness-Maß verstanden werden. Über Simulationen konnte gezeigt werden, dass das Kostenlücken-Verfahren zu einem sehr hohen Grad core-kompatibel ist und das Shapley-Verfahren etwas seltener, jedoch immer noch häufig core-kompatible Allokationen liefert. Dagegen weisen sowohl das Activity-Level-Verfahren als auch das inkrementelle Verfahren nur einen geringen Grad an Core-Kompatibilität auf.

In einer zweiten Simulationsstudie wurden die Steuerungseigenschaften der sechs Verfahren zur Risikokapitalallokation untersucht. Die Ergebnisse haben gezeigt, dass das Nucleolus-Verfahren und das Kostenlücken-Verfahren die besten Steuerungseigenschaften aufweisen. Alle anderen Verfahren weisen nur eine durchschnittlich hohe Qualität der Risikosteuerung auf. Weiterhin konnte gezeigt werden, dass das häufig in der Praxis angewendete Stand-Alone-Verfahren, bei dem mehr als das insgesamt auf Unternehmensebene notwendige Risikokapital alloziert wird, deutliche Nachteile bei der Risikosteuerung aufweist. Die Ergebnisse der theoretischen Analyse sind nochmals in Tabelle 6.1 zusammengefasst.

Wie das Instrument der Risikokapitalallokation in der Praxis eingesetzt wird, konnte mit den Ergebnissen einer Umfrage unter deutschen Banken gezeigt werden. Die Ergebnisse weisen klar aus, dass Banken die Allokation von Risikokapital sehr unterschiedlich gestalten. Während alle befragten Banken den Value-at-Risk als Risikomaß für die Allokation von Risikokapital zu Grunde legen, zeigen sich bei der konkreten Berechnungsmethodik des Risikomaßes deutliche Unterschiede. Insbesondere in Bezug auf das verwendete Verfahren zur Allokation machten die Banken sehr heterogene Angaben. Wie bereits erwähnt, wird das Stand-Alone-Verfahren sehr häufig angewendet. Ebenfalls wird das Activity–Level–Verfahren und das Beta–Verfahren in der Praxis genutzt. Weiterhin deuten die Ergebnisse an, dass der Fairness ein hoher Stellenwert bei der Auswahl eines Allokationsverfahrens zukommt.

Gemäß der theoretischen Analyse wäre es rational, core–kompatible Allokationsverfahren oder Verfahren mit einem hohen Grad an Core–Kompatibilität als fair anzusehen. Eine empirische Untersuchung dieser Hypothese erfolgte im Rahmen zweier experimenteller Studien. Die Ergebnisse eines durchgeführten Hörsaal–Experiments zeigten, dass die beiden einfacheren Verfahren zur Risikokapitalallokation, das Activity–Level–Verfahren und insbesondere das Beta–Verfahren, als deutlich fairer empfunden werden als die anderen analysierten Verfahren. Weiterhin finden sich deutliche Hinweise darauf, dass der Core–Kompatibilität empirisch keine große Bedeutung in Bezug auf die empfundene Fairness einer Allokation beigemessen wird. Ein zweites Gruppen–Experiment, das zusätzlich zum Hörsaal–Experiment Verhandlungs– und Anreizelemente berücksichtigte, bestätigt diese Ergebnisse klar. Empirisch kann somit festgestellt werden, dass sich die Teilnehmer der Experimente nicht rational im Sinne des Axioms der Core–Kompatibilität verhalten haben.

Zusammenfassend kann festgehalten werden, dass von theoretischer Seite das Nucleolus–Verfahren bezüglich Fairness und Risikosteuerung uneingeschränkt zu empfehlen ist. Ähnlich gut schneidet hier das Kostenlücken–Verfahren ab. Einschränkend muss hierbei jedoch angemerkt werden, dass die theoretischen Ergebnisse auf Basis der Normalverteilungsannahme der zu Grunde liegenden Risikopositionen entstanden sind. Von empirischer Seite ist bezüglich Fairness und Akzeptanz das Beta–Verfahren zu favorisieren. Das Activity–Level–Verfahren schneidet auf Grund seiner geringen Komplexität hier ebenfalls gut ab. Nur durchschnittliche Eigenschaftsausprägungen weist das Shapley–Verfahren auf. Vom inkrementellen Verfahren ist deutlich abzuraten. Auf Basis der theoretischen Ergebnisse kann aus Gründen der Risikosteuerung das in der Praxis häufig angewendete Stand–Alone–Verfahren ebenfalls nicht empfohlen werden. Insgesamt herauszuheben sind somit das Beta– und das Nucleolus–Verfahren.

Die empirische Überprüfung weiterer Fairness–Axiome mittels experimenteller Methoden sowie mehrperiodige Betrachtungen in den theoretischen Modellen und den durchgeführten Experimenten dürften interessante zukünftige Forschungsaufgaben darstellen. Darüber hinaus bietet sich die Implementierung asymmetrischer Informationsverteilungen und instabiler Korrelationsstrukturen in den theoretischen Modellen als Erweiterung an. Eine Korrelationsstruktur kann genau dann als instabil bezeichnet werden, wenn sie im Zeitablauf variiert. Die Analyse könnte ferner auf weitere Allokationsverfahren übertragen werden, die zum Beispiel auf einer unendlichen Teilbarkeit einzelner Divisionen und damit auf der Differentiation der zu Grunde liegenden Risikomaße basieren. Hierbei könnten ebenfalls alternative Risikomaße Berücksichtigung finden.

Anhang

A.1: Instrument der Umfrage

1 **Allokation**:
Teilen Sie Risikokapital (Eigenkapital) auf Teilbereiche des Unternehmens auf?

☐ Ja ☐ Nein [Frage 18]

2 **Risikomaß 1**:
Welches Risikomaß nutzen Sie zur Berechnung des Risikokapitals?
(Mehrfachantworten möglich)

- ☐ Value-at-Risk
- ☐ Cash-Flow-at-Risk / Earnings-at-Risk
- ☐ Expected Shortfall
- ☐ Standardabweichung/Varianz
- ☐ Anderes Risikomaß, und zwar:

____

3 **Risikomaß 2**:
Bitte beantworten sie folgende Fragen bezüglich des eingesetzten Risikomaßes:
(Mehrfachantworten möglich)

(a) Zeithorizont bzw. Haltedauer?

- ☐ 1 Tag
- ☐ 10 Tage
- ☐ ____________________

(b) Berechnung?

- ☐ Varianz-Kovarianz-Ansatz (oder anderer parametrischer Ansatz)
- ☐ Monte-Carlo-Simulation
- ☐ Historische Simulation
- ☐ Kombinationen o.g. Ansätze, und zwar:

____

(c) Verteilungsannahme?
- ☐ keine Verteilungsannahme bzgl. Risikopositionen
- ☐ es gibt eine Verteilungsannahme, und zwar:
  - ☐ Normalverteilung
  - ☐ Andere Verteilungsannahme, und zwar:

    ____

(d) Sicherheitsniveau?
- ☐ 99,00 %
- ☐ ____ %

④ **Allokationskriterien**:
Nach welchen Kriterien erfolgt eine Aufteilung des Risikokapitals (Eigenkapitals)?
(Mehrfachantworten möglich)

- ☐ Geschäftsbereiche / Abteilungen / etc.
- ☐ Risikoarten
- ☐ Regionen
- ☐ Produkte
- ☐ Sonstiges, und zwar:

  ____

⑤ **Risikoarten**:
Für welche Risikoarten wenden Sie das Instrument der Risikokapitalallokation an?
(Mehrfachantworten möglich)

- ☐ Marktpreisrisiko
- ☐ Adressenausfallrisiko
- ☐ Liquiditätsrisiko
- ☐ Geschäftsrisiko
- ☐ Operationelles Risiko
- ☐ Strategisches Risiko
- ☐ Sonstiges Risiko, und zwar:

  ____

6 **Anzahl Allokationen**:
Führen Sie mehrere Risikokapitalallokationen parallel durch?
(z.B. für unterschiedliche Risikoarten)

- ☐ Nein, wir verteilen ein Gesamt-Risikokapital auf Teileinheiten.
- ☐ Ja, wir führen mehrere Allokationsprozesse durch, und zwar: *(beschreiben Sie bitte kurz, um was für Allokationen es sich handelt)*

____

____

7 **Portfolioeffekte**:
Berücksichtigen Sie bei der Allokation von Risikokapital (Eigenkapital) Portfolioeffekte bzw. Diversifikationseffekte?

☐ Ja ☐ Nein

Falls nein: Ist dies in nächster Zeit geplant?

☐ Ja ☐ Nein

8 **Höhe Portfolioeffekte**: *Falls Sie Portfolioeffekte berücksichtigen (sonst weiter mit Frage 9)*:
Wie groß ist bei Ihnen im Durchschnitt des letzten Kalenderjahres der Unterschied zwischen dem Gesamt-Risikokapital mit und ohne Portfolioeffekte?

- ☐ Das Risikokapital mit Portfolioeffekten beträgt ca. _____ % (kleiner 100%) des Risikokapitals ohne Portfolioeffekte.
- ☐ Keine Quantifizierung möglich.

9 **Anzahl Bereiche**:
Auf wie viele Bereiche wird das Risikokapital (Eigenkapital) verteilt?
(Mehrfachantworten bei mehreren durchgeführten Allokationen möglich)

☐ 2–4 Bereiche	☐ 14–16 Bereiche
☐ 5–7 Bereiche	☐ 17–19 Bereiche
☐ 8–10 Bereiche	☐ 20–22 Bereiche
☐ 11–13 Bereiche	☐ mehr als 22 Bereiche

10 **Allokationsverfahren 1**:
Wie verteilen Sie das Risikokapital (Eigenkapital) auf die einzelnen Bereiche?
(Mehrfachantworten bei mehreren durchgeführten Allokationen möglich)

- ☐ Jeder Bereich erhält sein alleiniges Risikokapital (so genanntes Stand-Alone-Verfahren). Portfolioeffekte werden nicht berücksichtigt.
- ☐ Jeder Bereich erhält die Differenz zwischen dem Gesamt-Risikokapital mit und Gesamt-Risikokapital ohne den einzelnen Bereich als Risikokapital. Portfolioeffekte werden nicht berücksichtigt.
- ☐ Es wird das Gesamt-Risikokapital (nach Portfolio-Effekten) auf die einzelnen Bereiche proportional zu folgendem Schlüssel aufgeteilt:
  - ☐ Volatilität (Varianz) der einzelnen Bereiche
  - ☐ Risikokapital der einzelnen Bereiche
  - ☐ Beta der einzelnen Bereiche
  - ☐ Differenz zwischen Gesamt-Risikokapital mit und Gesamt-Risikokapital ohne den einzelnen Bereich
  - ☐ Anderer Schlüssel, und zwar:

    ____
- ☐ Das Gesamt-Risikokapital wird nach einem spieltheoretischen Verfahren wie z.B. dem Shapley- oder Kostenlückenverfahren aufgeteilt. Portfolioeffekte werden berücksichtigt.
- ☐ Unser Verfahren lässt sich keinem der o.g. Auswahlmöglichkeiten zuordnen. Wir verteilen das Risikokapital folgendermaßen:

  ____

  ____

11 **Allokationsverfahren 2**:
Wie empfinden Sie folgende Aspekte bzgl. des in Ihrem Unternehmen eingesetzten Verfahrens aus Frage 10:

(a) Fairness der Verteilung

	1	2	3	4	5	6	
fair	☐	☐	☐	☐	☐	☐	unfair

(b) Verständlichkeit der Verteilung

	1	2	3	4	5	6	
verständlich	☐	☐	☐	☐	☐	☐	unverständlich

12 **Allokationsverfahren 3**:
Wie wichtig sind für Sie folgende Aspekte bezüglich des Verfahrens aus Frage 10:

(a) Fairness der Verteilung (aus Sicht aller Betroffenen)

	1	2	3	4	5	6	
sehr wichtig	☐	☐	☐	☐	☐	☐	unwichtig

(b) Verständlichkeit der Verteilung (aus Sicht aller Betroffenen)

	1	2	3	4	5	6	
sehr wichtig	☐	☐	☐	☐	☐	☐	unwichtig

13 **Geschäftsbereichssteuerung**:
Wird die Risikokapitalallokation zur Geschäftsbereichssteuerung eingesetzt?
(z.B. mittels Risikolimiten bzw. Budgets für das Risikokapital)

☐ Ja ☐ Nein

14 **Auswahl Allokationsverfahren**:
Sehen Sie in der Wahl der in Frage 10 genannten Verteilungsverfahren eine Möglichkeit zur Steuerung der Geschäftsbereiche?

☐ Ja ☐ Nein

15 **Erfolgskennzahl**:
Mit welcher Kennzahl wird bei Ihnen der Bereichserfolg gemessen?

____

____

16 **Performancemessung**:
Bitte schätzen Sie den Einfluss des zugeteilten Risikokapitals (Eigenkapitals) auf:

(a) den Bereichserfolg (im Durchschnitt über alle Bereiche)

	1	2	3	4	5	6		
höchster Einfluss	☐	☐	☐	☐	☐	☐	niedrigster Einfluss	☐ kein Einfluss

(b) die Vergütung der Manager (im Durchschnitt über alle Bereiche)

	1	2	3	4	5	6		
höchster Einfluss	☐	☐	☐	☐	☐	☐	niedrigster Einfluss	☐ kein Einfluss

17 **Allokationszyklus**:
Wie häufig wird bei Ihnen das Risikokapital auf die Bereiche verteilt?

alle _____ Monate

18 **Kommentare / Anmerkungen**:

____

____

____

Wir danken Ihnen für die Teilnahme an dieser Studie! Bitte senden Sie den ausgefüllten Fragebogen im beiliegenden frankierten Briefumschlag an uns zurück.

A.2: Instrument des Hörsaal–Experiments

1	Hörsaal-Experiment	Seite 1

Ausgangslage

Für alle folgenden Aufgaben stellen Sie sich bitte folgende Ausgangslage vor:

Sie sind Mitarbeiter in der Controlling-Abteilung eines Unternehmens. Ihre Aufgabe ist es, das Risiko des Gesamtunternehmens auf mehrere Abteilungen möglichst fair zu verteilen. Das verteilte Risiko wird zur Berechnung der Leistung der einzelnen Abteilungen verwendet. Je mehr Risiko eine Abteilung zugeteilt bekommt, desto geringer wird ihre Leistung bewertet. Die Vergütung der Abteilungsleiter ist an diese Leistung gekoppelt.

Aufgrund von Risiko-Reduktionseffekten (gleichbedeutend: Diversifikationseffekte) ist die Summe der Risiken aller Abteilungen größer als das Risiko des Gesamtunternehmens. Verteilt wird jedoch nur das Risiko des Gesamtunternehmens.

In jeder Aufgabe wird Ihnen ein Risikoprofil des Unternehmens präsentiert. Es ist wichtig, dass Sie alle Daten im Risikoprofil verstehen. Bei den Aufgaben ist es Ihnen später freigestellt, welche Daten Sie zur Lösung der jeweiligen Aufgabe verwenden. Es folgen auf der nächsten Seite einige Erläuterungen zum Risikoprofil.

1 Hörsaal-Experiment Seite 2

Beispiel: Risikoprofil

	Risiko		Risikozuwachs bei Hinzunahme Abteilung A	Abteilung B	Abteilung C	Internes Beta
Abteilung A	① 675		④	136	445	⑥ 0,2317
Abteilung B	369	2.056	442		782	0,1549
Abteilung C	1.012		108	139		0,6134
Abteilung A + B	② 811		⑤		462	
Abteilung A + C	1.120			153		
Abteilung B + C	1.151		122			
Abteilung A + B + C (Gesamtunternehmen)	③ **1.273**					

⑦ Risiko-Reduktionseffekt = 2.056 - 1.273 = 783

Erläuterung

Im Folgenden werden die grau unterlegten Zellen im Risikoprofil erläutert:

Zelle Hier sehen Sie die Höhe der Risiken, die die einzelnen Abteilungen tragen müssten, würden Sie alleine agieren. Abteilung B weist demnach z.B. alleine ein Risiko von 369 auf. Arbeiten alle drei Abteilungen getrennt von einander, haben Sie zusammen ein Risiko von 2.056.

Zelle An dieser Stelle sehen Sie die Höhe der Risiken, die durch die Zusammenarbeit jeweils zweier Abteilungen entstehen würden. Abteilung A und B hätten demnach z.B. zusammen ein Risiko von 811.

Zelle In dieser Zelle wird das Gesamt-Risiko des Unternehmens (Abteilung A, B und C zusammen) genannt. Dieses Risiko ist später zu verteilen. Es beträgt hier 1.273.

Zelle Hier sehen Sie den Risikozuwachs bei Hinzunahme einzelner Abteilungen zu anderen einzelnen Abteilungen. Durch die Hinzunahme von Abteilung B zur Abteilung C bei der Bildung der Zweiergruppe B und C steigt das Risiko z.B. um 139 an. Rechnerisch ergibt sich dies aus dem Risiko dieser Gruppe (1.151) abzüglich des Risikos der Gruppe ohne die Abteilung (1.012).

Zelle An dieser Stelle sehen Sie den Risikozuwachs bei Hinzunahme einzelner Abteilungen zu Zweiergruppen von Abteilungen. Durch die Hinzunahme von Abteilung A bei der Bildung des Unternehmens steigt das Risiko um 122 an. Rechnerisch ergibt sich dies aus dem Gesamt Risiko des Unternehmens (1.273) abzüglich des Risikos des Unternehmens ohne Abteilung A, also der Zweiergruppe von Abteilung B und C (1.151).

Zelle Hier sehen Sie die internen Betas der einzelnen Abteilungen. Das Beta misst den relativen Risikobeitrag einer Abteilung zum Gesamtrisiko des Unternehmens mit Hilfe der Kovarianz. Die Betas aller drei Abteilungen ergeben zusammen einen Wert von eins. Abteilung C hat hier z.B. ein Beta von 0,6134.

Zelle An dieser Stelle wird der gesamte Risiko-Reduktionseffekt berechnet, der sich aus der Zusammenarbeit aller drei Abteilungen ergibt. Im Vergleich zu einzeln agierenden Abteilungen ergibt sich aus dem Verbund des Unternehmens ein um 783 reduziertes Risiko.

1	Hörsaal-Experiment	Seite 3

Risikoprofil

	Risiko	Risikozuwachs bei Hinzunahme			Internes Beta
		Abteilung A	Abteilung B	Abteilung C	
Abteilung A	55		44	45	0,0903
Abteilung B	① } 226	-4		51	②
Abteilung C	68	32	86		0,3987
Abteilung A + B	99			④	
Abteilung A + C	③		59		
Abteilung B + C	154	5			
Abteilung A + B + C (Gesamtunternehmen)	**159**				

Risiko-Reduktionseffekt = ⑤

Check

Haben Sie alle Erläuterungen zum Risikoprofil verstanden?

Das oben dargestellte Risikoprofil weist fünf fehlende Werte auf. Berechnen Sie bitte die an den nummerierten Stellen fehlenden Werte und tragen Sie diese im Folgenden der Reihe nach ein.

① ____________

② ____________

③ ____________

④ ____________

⑤ ____________

1 Hörsaal-Experiment Seite 4

Aufgabe 1 (10 Minuten)

Risikoprofil

	Risiko		Risikozuwachs bei Hinzunahme Abteilung A	Abteilung B	Abteilung C	Internes Beta
Abteilung A	1.431	} 5.536		1.263	772	0,1168
Abteilung B	1.965		729		1.787	0,4685
Abteilung C	2.140		63	1.612		0,4147
Abteilung A + B	2.694				1.268	
Abteilung A + C	2.203			1.759		
Abteilung B + C	3.752		210			
Abteilung A + B + C (Gesamtunternehmen)	**3.962**					

Risiko-Reduktionseffekt = 5.536 - 3.962 = 1.574

Aufgabe

Das Gesamtunternehmen besteht aus den drei Abteilungen A, B und C. Das Unternehmen weist das o.g. Risikoprofil auf. Ihre Aufgabe ist es, das Risiko des Gesamtunternehmens in Höhe von 3.962 auf die einzelnen Abteilungen zu verteilen. Je mehr Risiko eine Abteilung zugeteilt bekommt, desto nachteiliger ist dies für die Abteilung.

Es stehen sechs Vorschläge für eine Verteilung des Risikos zur Auswahl. Bewerten Sie bitte jeden Vorschlag auf einer Skala von 1 (fair) bis 5 (unfair) bezüglich der von Ihnen empfundenen Fairness.

Abteilung A	Abteilung B	Abteilung C		1	2	3	4	5	
Abteilung A: 257	Abteilung B: 2.153	Abteilung C: 1.552	(fair)	☐	☐	☐	☐	☐	(unfair)
Abteilung A: 463	Abteilung B: 1.856	Abteilung C: 1.643	(fair)	☐	☐	☐	☐	☐	(unfair)
Abteilung A: 679	Abteilung B: 1.721	Abteilung C: 1.562	(fair)	☐	☐	☐	☐	☐	(unfair)
Abteilung A: 521	Abteilung B: 1.862	Abteilung C: 1.579	(fair)	☐	☐	☐	☐	☐	(unfair)
Abteilung A: 528	Abteilung B: 1.849	Abteilung C: 1.585	(fair)	☐	☐	☐	☐	☐	(unfair)
Abteilung A: 1.024	Abteilung B: 1.406	Abteilung C: 1.532	(fair)	☐	☐	☐	☐	☐	(unfair)

1	Hörsaal-Experiment	Seite 5

Aufgabe 2 (10 Minuten)

Risikoprofil

	Risiko		Risikozuwachs bei Hinzunahme Abteilung A	Abteilung B	Abteilung C	Internes Beta
Abteilung A	1.186	2.975		658	114	0,4376
Abteilung B	1.354		490		4	0,5205
Abteilung C	435		865	923		0,0419
Abteilung A + B	1.844				28	
Abteilung A + C	1.300			572		
Abteilung B + C	1.358		514			
Abteilung A + B + C (Gesamtunternehmen)	**1.872**					

Risiko-Reduktionseffekt = 2.975 - 1.872 = 1.103

Aufgabe

Das Gesamtunternehmen besteht aus den drei Abteilungen A, B und C. Das Unternehmen weist das o.g. Risikoprofil auf. Ihre Aufgabe ist es, das Risiko des Gesamtunternehmens in Höhe von 1.872 auf die einzelnen Abteilungen zu verteilen. Je mehr Risiko eine Abteilung zugeteilt bekommt, desto nachteiliger ist dies für die Abteilung.

Es stehen sechs Vorschläge für eine Verteilung des Risikos zur Auswahl. Bewerten Sie bitte jeden Vorschlag auf einer Skala von 1 (fair) bis 5 (unfair) bezüglich der von Ihnen empfundenen Fairness.

Abteilung A: 747	Abteilung B: 852	Abteilung C: 273	(fair) ☐1 ☐2 ☐3 ☐4 ☐5 (unfair)
Abteilung A: 791	Abteilung B: 850	Abteilung C: 231	(fair) ☐1 ☐2 ☐3 ☐4 ☐5 (unfair)
Abteilung A: 863	Abteilung B: 961	Abteilung C: 48	(fair) ☐1 ☐2 ☐3 ☐4 ☐5 (unfair)
Abteilung A: 791	Abteilung B: 885	Abteilung C: 196	(fair) ☐1 ☐2 ☐3 ☐4 ☐5 (unfair)
Abteilung A: 819	Abteilung B: 974	Abteilung C: 79	(fair) ☐1 ☐2 ☐3 ☐4 ☐5 (unfair)
Abteilung A: 793	Abteilung B: 905	Abteilung C: 174	(fair) ☐1 ☐2 ☐3 ☐4 ☐5 (unfair)

1 Hörsaal-Experiment Seite 6

Aufgabe 3 (10 Minuten)

Risikoprofil

	Risiko		Risikozuwachs bei Hinzunahme Abteilung A	Abteilung B	Abteilung C	Internes Beta
Abteilung A	1.965			1.787	729	0,4685
Abteilung B	2.140	5.536	1.612		63	0,4147
Abteilung C	1.431		1.263	772		0,1168
Abteilung A + B	3.752				210	
Abteilung A + C	2.694			1.268		
Abteilung B + C	2.203		1.759			
Abteilung A + B + C (Gesamtunternehmen)	**3.962**					

Risiko-Reduktionseffekt = 5.536 - 3.962 = 1.574

Aufgabe

Das Gesamtunternehmen besteht aus den drei Abteilungen A, B und C. Das Unternehmen weist das o.g. Risikoprofil auf. Ihre Aufgabe ist es, das Risiko des Gesamtunternehmens in Höhe von 3.962 auf die einzelnen Abteilungen zu verteilen. Je mehr Risiko eine Abteilung zugeteilt bekommt, desto nachteiliger ist dies für die Abteilung.

Eine faire Verteilung des Gesamt-Risikos in Höhe von 3.962 sieht für mich wie folgt aus:

Zuteilung Risiko Abteilung A: ____________

Zuteilung Risiko Abteilung B: ____________ Summe: 3.962

Zuteilung Risiko Abteilung C: ____________

1 Hörsaal-Experiment Seite 7

Aufgabe 4 (10 Minuten)

Risikoprofil

	Risiko		**Risikozuwachs bei Hinzunahme** Abteilung A	Abteilung B	Abteilung C	**Internes Beta**
Abteilung A	1.186	2.975		114	658	0,4376
Abteilung B	435		865		923	0,0419
Abteilung C	1.354		490	4		0,5205
Abteilung A + B	1.300				572	
Abteilung A + C	1.844			28		
Abteilung B + C	1.358		514			
Abteilung A + B + C (Gesamtunternehmen)	**1.872**					

Risiko-Reduktionseffekt = 2.975 - 1.872 = 1.103

Aufgabe

Das Gesamtunternehmen besteht aus den drei Abteilungen A, B und C. Das Unternehmen weist das o.g. Risikoprofil auf. Ihre Aufgabe ist es, das Risiko des Gesamtunternehmens in Höhe von 1.872 auf die einzelnen Abteilungen zu verteilen. Je mehr Risiko eine Abteilung zugeteilt bekommt, desto nachteiliger ist dies für die Abteilung.

Eine faire Verteilung des Gesamt-Risikos in Höhe von 1.872 sieht für mich wie folgt aus:

Zuteilung Risiko Abteilung A: ________________

Zuteilung Risiko Abteilung B: ________________ Summe: 1.872

Zuteilung Risiko Abteilung C: ________________

1	**Hörsaal-Experiment**	**Seite 8**

Persönliche Angaben

Geschlecht	☐ männlich	☐ weiblich
Alter	____ Jahre	
Semester	____ Fachsemester (lt. Studierendenausweis)	
Haben Sie Praxiserfahrung im Controlling? (z.B. Praktika, Jobs, ...)	☐ ja	☐ nein
Haben Sie bereits einmal an einem ökonomischen Experiment teilgenommen?	☐ ja	☐ nein

Ergebnisse

Wie sind Sie jeweils zu der Verteilung des Gesamt-Risikos bei den letzten beiden Aufgaben (Aufgabe 3 und 4) gelangt?

☐ Ich habe intuitiv, d.h. "aus dem Bauch heraus" das Gesamt-Risiko verteilt.

☐ Die Ergebnisse sind jeweils Resultat einer konkreten Berechnung.

☐ Ausgehend von einer Berechnung habe ich am Ergebnis noch Änderungen vorgenommen.

☐ Sonstiges, und zwar:

____

Kommentar

Allgemeiner Kommentar zum Experiment:

____

____

____

____

A.3: Instrument des Gruppen–Experiments

Einführung 1

Ausgangslage

Für das weitere Experiment stellen Sie sich bitte ein Unternehmen vor, das aus den drei Abteilungen A, B und C besteht. Jede dieser Abteilungen weist ein bestimmtes Einzelrisiko auf. Aufgrund von Risiko-Reduktionseffekten (gleichbedeutend: Diversifikationseffekte) im Unternehmensverbund ist das Gesamtrisiko des Unternehmens im Allgemeinen kleiner als die Summe der Einzelrisiken aller drei Abteilungen.

Alle im Verlauf des Experiments notwendigen Informationen zu den Risiken sind im **Risikoprofil** des Unternehmens aufgeführt. Es ist daher wichtig, dass Sie alle Informationen verstehen.

Ein Beispiel-Risikoprofil wird auf der nächsten Seite erklärt. Lesen Sie bitte die Erläuterungen aufmerksam durch, damit Sie anschließend einige Fragen hierzu beantworten können.

1 / 1A / Session 1

Erläuterung des Risikoprofils 2

Beispiel: Risikoprofil

	Risiko		Risikozuwachs bei Hinzunahme Abteilung A	Abteilung B	Abteilung C	Internes Beta
Abteilung A	① 675	2.056	④	136	445	⑥ 0,2317
Abteilung B	369		442		782	0,1549
Abteilung C	1.012		108	139		0,6134
Abteilung A + B	② 811		⑤		462	
Abteilung A + C	1.120			153		
Abteilung B + C	1.151		122			
Abteilung A + B + C (Gesamtunternehmen)	③ **1.273**					

⑦ Risiko-Reduktionseffekt = 2.056 - 1.273 = 783

Erläuterung

Im Folgenden werden die grau unterlegten Zellen im Risikoprofil erläutert:

Zelle ① Hier sehen Sie die Höhe der Risiken, die die einzelnen Abteilungen tragen müssten, würden Sie alleine agieren. Abteilung B weist demnach z.B. alleine ein Risiko von 369 auf. Arbeiten alle drei Abteilungen getrennt von einander, haben Sie zusammen ein Risiko von 2.056.

Zelle ② An dieser Stelle sehen Sie die Höhe der Risiken, die durch die Zusammenarbeit jeweils zweier Abteilungen entstehen würden. Abteilung A und B hätten demnach z.B. zusammen ein Risiko von 811.

Zelle ③ In dieser Zelle wird das Gesamt-Risiko des Unternehmens (Abteilung A, B und C zusammen) genannt. Dieses Risiko ist später zu verteilen. Es beträgt hier 1.273.

Zelle ④ Hier sehen Sie den Risikozuwachs bei Hinzunahme einzelner Abteilungen zu anderen einzelnen Abteilungen. Durch die Hinzunahme von Abteilung B zur Abteilung C bei der Bildung der Zweiergruppe B und C steigt das Risiko z.B. um 139 an. Rechnerisch ergibt sich dies aus dem Risiko dieser Gruppe (1.151) abzüglich des Risikos der Gruppe ohne die Abteilung B (1.012). Dieser Risikozuwachs kann auch negativ sein.

Zelle ⑤ An dieser Stelle sehen Sie den Risikozuwachs bei Hinzunahme einzelner Abteilungen zu Zweiergruppen von Abteilungen. Durch die Hinzunahme von Abteilung A bei der Bildung des Unternehmens steigt das Risiko um 122 an. Rechnerisch ergibt sich dies aus dem Gesamt-Risiko des Unternehmens (1.273) abzüglich des Risikos des Unternehmens ohne Abteilung A, also der Zweiergruppe von Abteilung B und C (1.151).

Zelle ⑥ Hier sehen Sie die internen Betas der einzelnen Abteilungen. Das interne Beta misst den relativen Risikobeitrag einer Abteilung zum Gesamtrisiko des Unternehmens mit Hilfe der Kovarianz. Die internen Betas aller drei Abteilungen ergeben zusammen einen Wert von eins. Abteilung C hat hier z.B. ein internes Beta von 0,6134.

Zelle ⑦ An dieser Stelle wird der gesamte Risiko-Reduktionseffekt berechnet, der sich aus der Zusammenarbeit aller drei Abteilungen ergibt. Im Vergleich zu einzeln agierenden Abteilungen ergibt sich aus dem Verbund des Unternehmens ein um 783 reduziertes Risiko.

Verständnisprüfung 3

Aufgabe

Haben Sie alle Erläuterungen zum Risikoprofil verstanden?

Das folgende Risikoprofil weist fünf fehlende Werte auf. Berechnen Sie bitte die an den nummerierten Stellen fehlenden Werte und tragen Sie diese in der Rubrik "Ergebnisse" ein!

Risikoprofil

	Risiko		Risikozuwachs bei Hinzunahme Abteilung A	Abteilung B	Abteilung C	Internes Beta
Abteilung A	435	2.975		865	923	0,0419
Abteilung B	①		114		658	②
Abteilung C	1.354		4	490		0,5205
Abteilung A + B	1.300				④	
Abteilung A + C	③			514		
Abteilung B + C	1.844		28			
Abteilung A + B + C (Gesamtunternehmen)	**1.872**					

Risiko-Reduktionseffekt = ⑤

Ergebnisse

Bitte tragen Sie die Ergebnisse in die Bildschirmmaske ein!

1 / 1A / Session 1

Anweisungen für das Experiment 4

Anweisungen

Bitte lesen Sie die folgenden Anweisungen sorgfältig durch:

1. Sie arbeiten in einem Unternehmen, das aus den drei Abteilungen A, B und C besteht. Eine dieser drei Abteilungen führen Sie als Abteilungsleiter. Sie befinden sich am Ende eines Geschäftsjahres und die Beurteilung Ihrer Leistung steht an.
2. Ihre Leistung und damit Ihre Vergütung wird in Abhängigkeit des Ihnen zugeteilten Risikos bewertet. Je **mehr Risiko** Ihnen zugeteilt wird, umso **geringer** ist Ihre **Vergütung**.
3. Die Vergütung berechnet sich in Talern (**25 Taler = 1 Euro**). Die Parameter der Vergütungsvorschrift variieren je nach Teilnehmer. Ihre Vergütung darf nicht negativ werden: Vergütung = Fixum – (Zins · zugeteiltes Risiko)
4. Die Zentrale erwartet von Ihnen, dass Sie sich in einer Sitzung mit den Abteilungsleitern der beiden anderen Abteilungen auf eine **Aufteilung des Gesamtrisikos** des Unternehmens einigen. Aufgrund von Risiko-Reduktionseffekten ist die Aufteilung keine leichte Aufgabe, da es **viele Möglichkeiten zur Aufteilung** gibt. Zur Vorbereitung auf diese Sitzung werden Sie auf der nächsten Seite über das Risikoprofil des Unternehmens und die konkreten Parameter der Vergütungsvorschrift informiert.
5. Eine **Nicht-Einigung** führt dazu, dass Sie lediglich eine Vergütung von **25 Talern** erhalten.
6. Die Sitzung findet elektronisch in Form eines Internet-Chats statt, über den Sie mit den anderen Abteilungsleitern kommunizieren können. Dabei können Sie
   (a) Aufteilungsangebote vorschlagen, ablehnen oder annehmen,
   (b) Argumente austauschen und
   (c) sonstige relevante Informationen austauschen.

   Ihr **Ziel** ist es natürlich, möglichst **wenig Risiko** zugeteilt zu bekommen, damit Sie eine hohe Vergütung erhalten.
7. Beachten Sie dabei bitte folgende **Regeln**:
   (a) Kommunikation ist nur in deutscher Sprache erlaubt.
   (b) Sie kommunizieren **anonym** und dürfen diese Anonymität nicht aufheben. Die Anonymität wird von uns auch nach dem Experiment nicht aufgehoben.
   (c) Jegliche Kommunikation, die Rückschlüsse auf das konkrete Aussehen ihrer Vergütungsvorschrift ermöglicht, ist verboten (z.B. konkrete Vergütungshöhe, Informationen zur Vergütungsvorschrift, Austausch von Zahlungen nach dem Experiment).
   (d) Eine Einigung wird nur dann erzielt, wenn alle drei Abteilungsleiter der gleichen Aufteilung am Ende der Sitzung zustimmen und diese schriftlich notieren.
8. Jeder Regelverstoß führt dazu, dass alle drei Teilnehmer Ihrer Sitzung keine Vergütung erhalten!
9. Die Vergütung wird Ihnen am Ende des Experiments in Abhängigkeit des zugeteilten Risikos gemäß der Vergütungsvorschrift ausgezahlt. Zusätzlich erhalten Sie 2,50 € für Ihr Erscheinen.

Nutzen Sie die nächsten Minuten dazu, sich gute Argumente für eine möglichst geringe Risikozuteilung zu überlegen. Auf der nächsten Seite erfahren Sie alle notwendigen Informationen. Welche Informationen Sie nutzen, ist Ihnen freigestellt. Die Rückseite dieses Zettels können Sie für Notizen und Berechnungen benutzen. Klicken Sie auf "Bestätigen" wenn Sie vorbereitet sind.

1 / 1A / Session 1

Sie sind Leiter der Abteilung A! 5

Risikoprofil

	Risiko		Risikozuwachs bei Hinzunahme Abteilung A	Abteilung B	Abteilung C	Internes Beta
Abteilung A	1.370	5.652		1.092	1.142	0,0894
Abteilung B	2.580		-118		1.270	0,5110
Abteilung C	1.702		810	2.148		0,3996
Abteilung A + B	2.462				1.509	
Abteilung A + C	2.512			1.459		
Abteilung B + C	3.850		121			
Abteilung A + B + C (Gesamtunternehmen)	**3.971**					

Risiko-Reduktionseffekt = 5.652 - 3.971 = 1.681

Vergütung in Talern

Sie sind Leiter der **Abteilung A**. Ihre Vergütung berechnet sich nach der folgenden Vorschrift (nochmals: je mehr Risiko, desto weniger Vergütung):

Vergütung Abteilung A = 281 − (0,15 · zugeteiltes Risiko)

Beispiel: 100 Einheiten Risikozuteilung für Abteilung A.
Ihre Vergütung beträgt dann 281 - (0,15·100) = 266 Taler.

Ergebnis

☐ Wir haben uns auf keine Verteilung geeinigt.

☐ Wir haben uns auf die folgende Verteilung geeinigt (nur ganze, positive Werte sind möglich):

Zuteilung Risiko Abteilung A: ____________

Zuteilung Risiko Abteilung B: ____________ Summe: 3.971

Zuteilung Risiko Abteilung C: ____________

1 / 1A / Session 1

A.4: Bildschirmmasken des Gruppen–Experiments

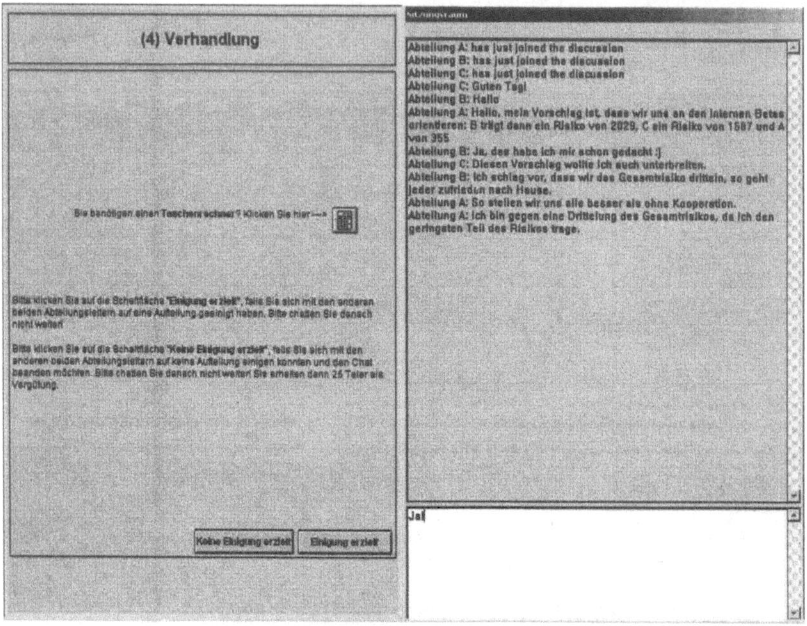

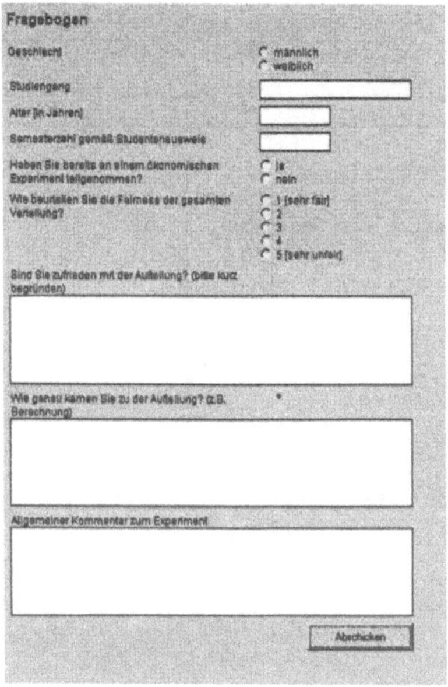

Verzeichnis der Gesetze und Verordnungen

Aktiengesetz (AktG) vom 6. September 1965, verkündet im BGBl I 1965, S. 1089 ff., zuletzt geändert am 15. Dezember 2004, verkündet im BGBl I 2004, S. 3408 ff.

Gesetz betreffend die Gesellschaften mit beschränkter Haftung (GmbHG) vom 20. April 1892, verkündet im RGBl 1892, S. 477, zuletzt geändert am 9. Dezember 2004, verkündet im BGBl I 2004, S. 3214 ff.

Gesetz über das Kreditwesen (Kreditwesengesetz - KWG), in der Neufassung der Bekanntmachung vom 9. September 1998, verkündet im BGBl I 1998, S. 2776, zuletzt geändert am 22. Mai 2005, verkündet im BGBl I 2005, S. 1373 ff.

Gesetz zur Einführung internationaler Rechnungslegungsstandards und zur Sicherung der Qualität der Abschlussprüfung (BilReG) vom 4. Dezember 2004, verkündet im BGBl I 2004, S. 3166 ff.

Gesetz zur Kontrolle und Transparenz im Unternehmensbereich (KonTraG) vom 27. April 1998, verkündet im BGBl I 1998, S. 786 ff.

Grundsatz I über die Eigenmittel der Institute, verkündet am 29. Oktober 1997, BAnz Nr. 210, S. 13555, zuletzt geändert am 20. Juli 2000, BAnz Nr. 160, S. 17077 ff.

Grundsatz II über die Liquidität der Institute, verkündet am 20. Januar 1969, BAnz Nr. 17, S. 2, zuletzt geändert am 25. November 1998, BAnz Nr. 232, S. 16985 ff.

Handelsgesetzbuch (HGB) vom 10. Mai 1897, verkündet im RGBl 1897, S. 219 ff., zuletzt geändert am 15. Dezember 2004, verkündet im BGBl I 2004, S. 3408 ff.

Insolvenzordnung (InsO) vom 5. Oktober 1994, verkündet im BGBl I 1994, S. 2866 ff., zuletzt geändert am 22. März 2005, verkündet im BGBl I 2005, S. 837 ff.

Richtlinie 2002/13/EG des Europäischen Parlaments und des Rates vom 5. März 2002 zur Änderung der Richtlinie 73/239/EWG des Rates hinsichtlich der Bestimmungen über die Solvabilitätsspanne für Schadenversicherungsunternehmen, Amtsblatt Nr. L 077 vom 20. März 2002, S. 17-22.

Richtlinie 2002/83/EG des Europäischen Parlaments und des Rates vom 5. November 2002 über Lebensversicherungen, Amtsblatt Nr. L 345 vom 19. Dezember 2002, S. 1-51.

Sarbanes–Oxley Act of 2002, Bill Number H.R. 3763 ENR for the 107th Congress, signed by President Bush on July 30th 2002.

Verordnung (EG) Nr. 1606/2002 des Europäischen Parlaments und des Rates vom 19. Juli 2002 betreffend die Anwendung internationaler Rechnungslegungsstandards, veröffentlicht im Amtsblatt der Europäischen Gemeinschaften am 11. September 2002, L 243/1 ff.

Literaturverzeichnis

Abrams, Mark (1997): RAROC – The NationsBank Model, in: Journal of Lending and Credit Risk Management, 79. Jg., Nr. 6, S. 30-37.

Acerbi, Carlo/Nordio, Claudio/Sirtori, Carlo (2001): Expected Shortfall as a Tool for Financial Risk Management, Arbeitspapier, Abaxbank, Mailand, Dezember 2001.

Acerbi, Carlo/Tasche, Dirk (2002a): Expected Shortfall: A Natural Coherent Alternative to Value at Risk, in: Economic Notes, 31. Jg., Nr. 2, S. 379-388.

Acerbi, Carlo/Tasche, Dirk (2002b): On the Coherence of Expected Shortfall, in: Journal of Banking & Finance, 26. Jg., Nr. 7, S. 1487-1503.

Adam, Dietrich (2000): Investitionscontrolling, 3. Auflage, R. Oldenbourg Verlag, München/Wien.

Adams, J. Stacey (1963): Toward an Understanding of Inequity, in: Journal of Abnormal and Social Psychology, 67. Jg., Nr. 5, S. 422-436.

Adler, Michael/Dumas, Bernard (1984): Exposure to Currency Risk: Definition and Measurement, in: Financial Management, 13. Jg., Nr. 2, S. 41-50.

Albrecht, Peter (1998a): Auf dem Weg zu einem holistischen Risikomanagement?, Mannheimer Manuskripte zu Risikotheorie, Portfolio Management und Versicherungswirtschaft, Nr. 110, Mannheim.

Albrecht, Peter (1998b): Risikoadjustierte Performancesteuerung in der Schadenversicherung, in: Oehler (1998), S. 229-257.

Albrecht, Peter (2003): Zur Messung von Finanzrisiken, Mannheimer Manuskripte zu Risikotheorie, Portfolio Management und Versicherungswirtschaft, Nr. 143, Mannheim.

Albrecht, Peter (2004): Risk–based Capital Allocation, in: Teugels/Sundt (2004), S. 1459-1466.

Albrecht, Peter/Koryciorz, Sven (2003): Bestimmung des Conditional Value–at–Risk bei Normal– bzw. Lognormalverteilung, Mannheimer Manuskripte zu Risikotheorie, Portfolio Management und Versicherungswirtschaft, Nr. 142, Mannheim.

Albrecht, Peter/Koryciorz, Sven (2004): Methoden der risikobasierten Kapitalallokation im Versicherungs– und Finanzwesen, in: Zeitschrift für die gesamte Versicherungswissenschaft, 93. Jg., Nr. 2, S. 123-159.

Albrecht, Thomas (1998c): Die Vereinbarkeit der Value-at-Risk-Methode in Banken mit anteilseignerorientierter Unternehmensführung, in: Zeitschrift für Betriebswirtschaft, 68. Jg., Nr. 3, S. 259-273.

Alexander, Gordon J./Leigh, Carol T. (1997): On the Covariance Matrices Used in Value at Risk Models, in: Journal of Derivatives, 4. Jg., Nr. 3, S. 50-62.

Amihud, Yakov/Levich, Richard M. (1994): Exchange Rates and Corporate Performance, Irwin, New York.

Ammon, Norbert (1998): Why Hedge? – A Critical Review of Theory and Empirical Evidence, Arbeitspapier, Zentrum für Europäische Wirtschaftsforschung, Mannheim.

Anders, Ulrich (2000): RaRoC - ein Begriff, viel Verwirrung, in: Die Bank, 40. Jg., Nr. 5, S. 314-317.

Arbeitskreis „Externe und Interne Überwachung der Unternehmung" der Schmalenbach-Gesellschaft für Betriebswirtschaft e. V. (2004): Auswirkung des Sarbanes-Oxley Act auf die Interne und Externe Unternehmensüberwachung, in: Betriebs-Berater, 59. Jg., Nr. 44, S. 2399-2407.

Arrow, Kenneth J. (1985): The Economics of Agency, in: Pratt/Zeckhauser (1985), S. 37-55.

Artzner, Philippe/Delbaen, Freddy/Eber, Jean-Marc/Heath, David (1997): Thinking Coherently, in: Risk, 10. Jg., Nr. 11, S. 68-71.

Artzner, Philippe/Delbaen, Freddy/Eber, Jean-Marc/Heath, David (1999): Coherent Measures of Risk, in: Mathematical Finance, 9. Jg., Nr. 3, S. 203-228.

Aubin, Jean-Pierre (1982): Mathematical Methods of Game and Economic Theory, überarbeitete Auflage, North-Holland Publishing, Amsterdam et al.

Aumann, Robert J. (1976): Agreeing to Disagree, in: Annals of Statistics, 4. Jg., Nr. 6, S. 1236-1239.

Aumann, Robert J./Hart, Sergiu (1994): Handbook of Game Theory with Economic Applications, Band 2, Elsevier, Amsterdam et al.

Aumann, Robert J./Shapley, Lloyd S. (1974): Values of Non-Atomic Games, Princeton University Press, Princeton.

Baetge, Jörg/Jerschensky, Andreas (1999): Frühwarnsysteme als Instrumente eines effizienten Risikomanagement und -Controlling, in: Controlling, 11. Jg., Nr. 4/5, S. 171-176.

Ballwieser, Wolfgang (2004): Unternehmensbewertung, Schäffer-Poeschel, Stuttgart.

Ballwieser, Wolfgang/Coenenberg, Adolf G./von Wysocki, Klaus (2002): Handwörterbuch der Rechnungslegung und Prüfung, Enzyklopädie der Betriebswirtschaftslehre, Band 8, 3. Auflage, Schäffer-Poeschel, Stuttgart.

Ballwieser, Wolfgang/Kuhner, Christoph (2000): Risk Adjusted Return On Capital: Ein geeignetes Instrument zur Steuerung, Kontrolle und Kapitalmarktkommunikation?, in: Stenke/Riekeberg (2000), S. 367-381.

Bank of England (1995): Report of the Board of Banking Supervision Inquiry into the Circumstances of the Collapse of Barings, HMSO Publications, London.

Barton, Thomas L. (1988): Intuitive Choice of Cooperative Sharing Mechanismus for Joint Cost Savings: Some empirical Results, in: Abacus, 24. Jg., Nr. 2, S. 162-169.

Bartram, Söhnke M. (1999): Corporate Risk Management: Eine empirische Analyse der finanzwirtschaftlichen Exposures deutscher Industrie- und Handelsunternehmen, Uhlenbruch Verlag, Bad Soden/Taunus.

Bartram, Söhnke M. (2000a): Finanzwirtschaftliches Risikomanagement von Nichtbanken, in: Die Unternehmung, 54. Jg., Nr. 2, S. 107-121.

Bartram, Söhnke M. (2000b): Verfahren zur Schätzung finanzwirtschaftlicher Exposures von Nichtbanken, in: Johanning/Rudolph (2000b), S. 1267-1294.

Bartram, Söhnke, M. (2000c): Corporate Risk Management as a Lever for Shareholder Value Creation, in: Financial Markets, Institutions & Instruments, 9. Jg., Nr. 5, S. 279-324.

Basak, Suleyman/Shapiro, Alexander (2001): Value-at-Risk-Based Risk Management: Optimal Policies and Asset Prices, in: The Review of Financial Studies, 14. Jg., Nr. 2, S. 371-405.

Basel Committee on Banking Supervision (1988): International Convergence of Capital Measurement and Capital Standards, Nr. 4, Juli 1988, `http://www.bis.org/publ/bcbs04A.pdf` (Zugriff am 29. Juli 2005).

Basel Committee on Banking Supervision (1996): Amendment to the Capital Accord to Incorporate Market Risks, Nr. 24, Januar 1996, `http://www.bis.org/publ/bcbs24.pdf` (Zugriff am 29. Juli 2005).

Basel Committee on Banking Supervision (2004): International Convergence of Capital Measurement and Capital Standards: A Revised Framework, Nr. 107, Juni 2004, `http://www.bis.org/publ/bcbs107.pdf` (Zugriff am 29. Juli 2005).

Baud, Nicolas/Frachot, Antoine/Igigabel, Philippe/Martineu, Pierre/Roncalli, Thierry (2000): An Analysis Framework for Bank Capital Allocation, Arbeitspapier vom 1. Februar 2000, Crédit Lyonnais.

Baumol, William J. (1963): An Expected Gain-Confidence Limit Criterion for Portfolio Selection, in: Management Science, 10. Jg., Nr. 1, S. 174-182.

Bawa, Vijay S. (1982): Stochastic Dominance: A Research Bibliography, in: Management Science, 28. Jg., Nr. 6, S. 698-712.

Bawcutt, Paul A. (1997): Captive Insurance Companies - Establishment, Operation and Management, 4. Auflage, Woodhead-Faulkner, New York et al.

Bea, Franz X./Dichtl, Erwin/Schweitzer, Marcell (2005): Allgemeine Betriebswirtschaftslehre - Band 2: Führung, 9. Auflage, Lucius & Lucius, Stuttgart.

Beaver, William H./Parker, George (1995): Risk Management: Problems & Solutions, McGraw-Hill, New York et al.

Beeck, Helmut/Johanning, Lutz/Rudolph, Bernd (1999): Value-at-Risk-Limitstrukturen zur Steuerung und Begrenzung von Marktrisiken im Aktienbereich, in: OR Spektrum, 21. Jg., Nr. 2, S. 259-286.

Belmont, David P. (2004): Value Added Risk Management in Financial Institutions – Leveraging Basel II & Risk Adjusted Performance Measurement, John Wiley & Sons, Singapore.

Bendel, Robert B./Mickey, M. Ray (1978): Population Correlation Matrices for Sampling Experiments, in: Communications in Statistics, B: Simulation and Computation, B7, S. 163-182.

Benston, George/Hartgraves, Al L. (2002): Enron: What Happened and What We Can Learn from It, in: Journal of Accounting and Public Policy, 21. Jg., Nr. 2, S. 105-127.

Berekoven, Ludwig/Eckert, Werner/Ellenrieder, Peter (2004): Marktforschung – Methodische Grundlagen und praktische Anwendung, 10. Auflage, Gabler Verlag, Wiesbaden.

Berens, Wolfgang/Born, Axel/Hoffjan, Andreas (2000): Controlling international tätiger Unternehmen, Schäffer-Poeschel, Stuttgart.

Bernstein, Peter L. (1998): Against the Gods: The Remarkable Story of Risk, John Wiley & Sons, Chichester et al.

Beuermann, Günter (1992): Zentralisation und Dezentralisation, in: Frese (1992), Sp. 2611-2625.

Beuermann, Günter (1993): Spieltheorie und Betriebswirtschaftslehre, in: Wittmann et al. (1993c), Sp. 3929-3940

Bhattacharya, Sudipto/Boot, Arnoud W. A./Thakor, Anjan V. (1998): The Economics of Bank Regulation, in: Journal of Money, Credit, and Banking, 30. Jg., Nr. 4, S. 745-770.

Biel, Alfred (2005): Der Sarbanes-Oxley Act (SOA) – Eine Controllerperspektive, in: Zeitschrift für Controlling & Management, 49. Jg., Nr. 1, S. 15-18.

Bielefeld, Frank/Maifarth, Michael (2005): Traditionelle und moderne Kennzahlen der Gesamtbanksteuerung, in: Schmalenbachs Zeitschrift für betriebswirtschaftliche Forschung, Sonderheft 52, S. 145-182.

Bitz, Michael (1993): Grundlagen des finanzwirtschaftlich orientierten Risikomanagements, in: Gebhardt/Gerke/Steiner (1993), S. 641-668.

Bitz, Michael/Domsch, Michel/Ewert, Ralf/Wagner, Franz W. (2005a): Vahlens Kompendium der Betriebswirtschaftslehre: Band 1, Vahlen Verlag, München.

Bitz, Michael/Domsch, Michel/Ewert, Ralf/Wagner, Franz W. (2005b): Vahlens Kompendium der Betriebswirtschaftslehre: Band 2, Vahlen Verlag, München.

Blache, Raimund/Bluhm, Christian (2001): Die Steuerung von Kreditrisiken mit Hilfe der RAROC-Methodik, in: Rolfes/Schierenbeck (2001), S. 261-302.

Black, Fischer/Scholes, Myron (1973): The Pricing of Options and Corporate Liabilities, in: Journal of Political Economy, 81. Jg., Nr. 3, S. 637-654.

Bleicher, Knut (1966): Zentralisation und Dezentralisation von Aufgaben in der Organisation der Unternehmungen, Duncker & Humblot, Berlin.

Bleuel, Hans-H./Schmitting, Walter (2000): Konzeptionen eines Risikomanagements im Rahmen der internationalen Geschäftstätigkeit, in: Berens/Born/Hoffjan (2000), S. 65-122.

Bodie, Zvi/Kane, Alex/Marcus, Alan J. (2005): Investments, 6. Auflage, McGraw-Hill, Boston et al.

Böhler, Heymo (1995): Marktforschung, in: Tietz/Köhler/Zentes (1995), Sp. 1768-1781.

Bol, Georg/Nakhaeizadeh, Gholamreza/Vollmer, Karl-Heinz (1998): Risk Measurement, Econometrics and Neural Networks - Selected Articles of the 6th Econometric-Workshop in Karlsruhe, Physica-Verlag, Heidelberg.

Bosch, Karl (1998): Statistik-Taschenbuch, 3. Auflage, R. Oldenbourg Verlag, München/Wien.

Braun, Herbert (1984): Risikomanagement - eine spezifische Controllingaufgabe, Toeche-Mittler Verlag, Darmstadt.

Bremke, Kirsten/Bußmann, Johannes (2000): Ansätze zur risikobasierten Gesamtbanksteuerung, in: Die Bank, 40. Jg., Nr. 2, S. 128-133.

British Bankers' Association (1999): Operational Risk Management Survey, December 1999, London.

Britzelmaier, Bernd/Geberl, Stephan (2001): Wandel im Finanzdienstleistungssektor, 1. Liechtensteinisches Finanzdienstleistungs-Symposium, Physica-Verlag, Heidelberg.

Brockmann, Michael/Danschke, Rainer/Dewner, Thomas M. (2000): Implementierung der Risikomessung und -steuerung in einer divisional strukturierten Bank, in: Johanning/Rudolph (2000b), S. 919-937.

Bronstein, Ilja N./Semendjajew, Konstantin A./Musiol, Gerhard/Mühlig, Heiner (2001): Taschenbuch der Mathematik, 5. Auflage, Verlag Harri Deutsch, Thun/Frankfurt am Main.

Brüning, Jan-Bernd/Hoffjan, Andreas (1997): Gesamtbanksteuerung mit Risk-Return-Kennzahlen, in: Die Bank, 37. Jg., Nr. 6, S. 362-369.

Bühler, Wolfgang (1998): Risikocontrolling in Industrieunternehmen, in: Coenenberg/Börsig (1998), S. 205-233.

Bühler, Wolfgang/Birn, Martin (2002): Steuerung von Preis- und Kreditrisiken bei dezentraler Organisation, in: Lingnau/Schmitz (2002), S. 23-47.

Bühlmann, Beat (1998): Corporate Hedging: Über die Wertsteigerungsmöglichkeiten durch finanzwirtschaftliches Risikomanagement, Versus Verlag, Zürich.

Bühner, Rolf (2004): Betriebswirtschaftliche Organisationslehre, 10. Auflage, R. Oldenbourg Verlag, München/Wien.

Bundesrat (1997): Bundesrats-Drucksache 872/97 vom 07.11.1997, Gesetzentwurf der Bundesregierung, Entwurf eines Gesetzes zur Kontrolle und Transparenz im Unternehmensbereich, Berlin.

Burger, Anton/Buchhart, Anton (2002): Risiko–Controlling, R. Oldenbourg Verlag, München/Wien.

Burmester, Christoph/Hille, Christian T./Deutsch, Hans–Peter (1999): Risikoadjustierte Kapitalallokation - Beurteilung von Allokationsstrategien über einen Optimierungsansatz, in: Eller/Gruber/Reif (1999), S. 389-418.

Büschgen, Hans E. (1998): Bankbetriebslehre, 5. Auflage, Gabler Verlag, Wiesbaden.

Büschgen, Hans E./Börner, Christoph J. (2003): Bankbetriebslehre, 4. Auflage, Lucius & Lucius, Stuttgart.

Busse von Colbe, Walther/Pellens, Bernhard (1998): Lexikon des Rechnungswesens, 4. Auflage, R. Oldenbourg Verlag, München/Wien.

Callen, Jeffrey L. (1978): Financial Cost Allocations: A Game–Theoretic Approach, in: The Accounting Review, 53. Jg., Nr. 2, S. 303-308.

Campbell, Donald T. (1957): Factors Relevant to the Validity of Experiments in Social Settings, in: Psychological Bulletin, 54. Jg., S. 297-312.

Capital Market Risk Advisors (2001): Economic Capital Survey Overview, `http://www.cmra.com/html/ec.html` (Zugriff am 29. Juli 2005, nach vorheriger Anmeldung).

Chapin, F. Stuart (1975): Das Experiment in der soziologischen Forschung, in: König (1975), S. 221-258.

Chorafas, Dimitris N. (2004): Economic Capital Allocation with Basel II, Elsevier Butterworth–Heinemann, Amsterdam et al.

Coenenberg, Adolf G. (2003): Jahresabschluss und Jahresabschlussanalyse, 19. Auflage, Schäffer–Poeschel, Stuttgart.

Coenenberg, Adolf G./Börsig, Clemens (1998): Controlling und Rechnungslegung für Unternehmen im internationalen Wandel, Schäffer–Poeschel, Stuttgart.

von Cranach, Mario/Frenz, Hans–Georg (1969): Systematische Beobachtung, in: Graumann (1969), S. 269-330.

Crouhy, Michel/Galai, Dan/Mark, Robert (2001): Risk Management, McGraw–Hill, New York et al.

Culp, Christopher L. (2000): Ex Ante versus Ex Post RAROC, in: Derivatives Quarterly, 7. Jg., Nr. 1, S. 16-25.

Culp, Christopher L. (2002): The Revolution in Corporate Risk Management: A Decade of Innovations in Process and Products in: Journal of Applied Corporate Finance, 14. Jg., Nr. 4, S. 8-26.

Culp, Christopher L./Miller, Merton (1995): Metallgesellschaft and the Economics of Synthetic Storage, in: Journal of Applied Corporate Finance, 7. Jg., Nr. 4, S. 62-76.

Cummins, J. David (2000): Allocation of Capital in the Insurance Industry, in: Risk Management and Insurance Review, 3. Jg., Nr. 1, S. 7-28.

Davis, Douglas D./Holt, Charles A. (1993): Experimental Economics, Princeton University Press, Princeton.

DeAngelo, Harry/Masulis, Ronald W. (1980): Optimal Capital Structure under Corporate and Personal Taxation, in: Journal of Financial Economics, 8. Jg., Nr. 1, S. 3-29.

Delbecq, Andrew L./Van de Ven, Andrew H. (1971): A Group Process Model for Identification and Program Planning, in: Journal of Applied Behavioral Sciences, 7. Jg., Nr. 7, S. 466-492.

Delbecq, Andrew L./Van de Ven, Andrew H./Gustafson, David H. (1975): Group Techniques for Program Planning - A Guide to Nominal Group Technique and Delphi Processes, Scott, Foresman & Company, Glenview.

Denault, Michael (2001): Coherent Allocation of Risk Capital, in: Journal of Risk, 4. Jg., Nr. 1, S. 1-34.

Dermine, Jean (1998): Pitfalls in the Application of RAROC in Loan Management, in: The Arbitrageur, 1. Jg., Nr. 1, S. 21-27.

Deutsche Bundesbank (2001): Grundsatz I über die Eigenmittel der Institute, Bankrechtliche Regelungen 2a, Januar 2001, Frankfurt am Main.

Deutsche Bundesbank (2002): Monatsbericht Januar 2002, Frankfurt am Main.

Deutsche Bundesbank (2005): Entwurf der Mindestanforderungen an das Risikomanagement (MaRisk), `http://www.bundesbank.de/download/bankenaufsicht/pdf/marisk/marisk_entwurf.pdf` (Zugriff am 29. Juli 2005).

Deutsches Rechnungslegungs Standards Committee e.V. (2004a): Deutscher Rechnungslegungs Standard 5 Risikoberichterstattung (DRS 5/E-DRS 5), ursprünglich am 29. Mai 2001 vom Bundesministerium der Justiz im Bundesanzeiger bekannt gemacht, geänderte Fassung am 02. Juli 2004 im Bundesanzeiger bekannt gemacht.

Deutsches Rechnungslegungs Standards Committee e.V. (2004b): Deutscher Rechnungslegungs Standard 5-10 Risikoberichterstattung von Kredit- und Finanzdienstleistungsinstituten (DRS 5-10/E-DRS 5-10), ursprünglich am 30. Dezember 2000 vom Bundesministerium der Justiz im Bundesanzeiger bekannt gemacht, geänderte Fassung am 02. Juli 2004 im Bundesanzeiger bekannt gemacht.

Deutsches Rechnungslegungs Standards Committee e.V. (2004c): Deutscher Rechnungslegungs Standard 5-20 Risikoberichterstattung von Versicherungsunternehmen (DRS 5-20/E-DRS 5-20), ursprünglich am 30. Dezember 2000 vom Bundesministerium der Justiz im Bundesanzeiger bekannt gemacht, geänderte Fassung am 02. Juli 2004 im Bundesanzeiger bekannt gemacht.

Diederichs, Marc (2004): Risikomanagement und Risikocontrolling, Vahlen Verlag, München.

Diederichs, Marc/Form, Stephan/Reichmann, Thomas (2004): Arbeitskreis Risikomanagement, in: Controlling, 16. Jg., Nr. 4/5, S. 189-198.

Dimson, Elroy/Marsh, Paul (1995): Capital Requirements for Securities Firms, in: Journal of Finance, 50. Jg., Nr. 3, S. 821-851.

Dixon, Wilfrid J./Mood, Alexander M. (1946): The Statistical Sign Test, in: Journal of the American Statistical Association, 41. Jg., S. 557-566.

Dobler, Michael (2005): How Informative is Risk Reporting? A Review of Disclosure Models, Münchener Betriebswirtschaftliche Beiträge, Nr. 2005-01, http://ssrn.com/abstract=640522 (Zugriff am 29. Juli 2005).

Doherty, Neil A. (2000): Integrated Risk Management: Techniques and Strategies for Managing Corporate Risk, McGraw–Hill, New York et al.

Donaldson, Gordon (1986): Strategy for Financial Mobility, überarbeitete Auflage, Harvard Business School Press, Boston.

Dowd, Kevin (2001): Beyond Value at Risk: The New Science of Risk Management, John Wiley & Sons, Chichester et al.

Dresel, Tanja (2003): Allokation von Risikokapital in Banken, Uhlenbruch Verlag, Bad Soden/Taunus.

Dresel, Tanja/Härtl, Robert/Johanning, Lutz (2002): Risk Capital Allocation using Value at Risk Limits: Incorporating unpredictable Correlations between Traders' Exposures, Arbeitspapier, Universität München.

Dresel, Tanja/Kern, Markus/Rudolph, Bernd (2000): Die Steuerung von Markt– und Kreditrisiken in Banken, Arbeitspapier im Rahmen des DFG–Projekts „Integriertes Risikomanagement für die Gesamtbank: Eigenkapitalallokation, Risikolimite und Anreizsteuerung" anlässlich des 12. DFG–Kolloquiums vom 12. bis 14. Oktober 2000 in Koblenz.

Driessen, Theo S. H./Tijs, Stef H. (1985): The τ–Value, the Core and Semiconvex Games, in: International Journal of Game Theory, 14. Jg., Nr. 4, S. 229-247.

Drukarczyk, Jochen (2003): Unternehmensbewertung, 4. Auflage, Vahlen Verlag, München.

Edgeworth, Francis Y. (1888): The Mathematical Theory of Banking, in: Journal of the Royal Statistical Society, 51. Jg., Nr. 1, S. 113-127.

Egbers, Bernd (2002): Die Solvabilitätsvorschriften im Banken– und Versicherungsaufsichtsrecht, Fritz Knapp Verlag, Frankfurt am Main.

Eisenführ, Franz/Weber, Martin (2003): Rationales Entscheiden, 4. Auflage, Springer–Verlag, Berlin et al.

Elizalde, Abel/Repullo, Rafael (2004): Economic and Regulatory Capital - What Is the Difference?, Arbeitspapier Nr. 0422 des Centro de Estudios Monetarios y Financieros, Madrid.

Eller, Roland/Gruber, Walter/Reif, Markus (1999): Handbuch Bankenaufsicht und interne Risikosteuerungsmodelle, Schäffer Poeschel, Stuttgart.

Embrechts, Paul (2000): Extreme Value Theory: Potential and Limitations as an Integrated Risk Management Tool, in: Derivatives Use, Trading and Regulation, 6. Jg., Nr. 3, S. 449-456.

Embrechts, Paul/McNeil, Alexander/Straumann, Daniel (1999): Correlation: Pitfalls and Alternatives, in: Risk, 12. Jg., Nr. 5, S. 69-71.

Emmerich, Gerhard (1999): Risikomanagement in Industrieunternehmen – gesetzliche Anforderungen und Umsetzung nach dem KonTraG, in: Schmalenbachs Zeitschrift für betriebswirtschaftliche Forschung, 51. Jg., Nr. 11, S. 1075-1089.

Europäische Kommission (2005a): Note to the Members of the Insurance Committee, Subject: Solvency II Roadmap – Towards a Framework Directive, Agenda Paper for the Meeting of the Insurance Committee on 8 April 2005, MARKT/2005/05-rev. 1-EN, `http://europa.eu.int/comm/internal_market/insurance/docs/2005-markt-docs/markt-2502-05_en.pdf` (Zugriff am 29. Juli 2005).

Europäische Kommission(2005b): Solvabilität, `http://europa.eu.int/comm/internal_market/insurance/solvency_de.htm` (Zugriff am 29. Juli 2005).

Ewert, Ralf/Wagenhofer, Alfred (2005): Interne Unternehmensrechnung, 6. Auflage, Springer–Verlag, Berlin et al.

Farny, Dieter (2000): Versicherungsbetriebslehre, 3. Auflage, Verlag Versicherungswirtschaft, Karlsruhe.

Fayol, Henri (1929): Allgemeine und industrielle Verwaltung, R. Oldenbourg Verlag, München/Berlin.

Ferstl, Otto K./Sinz, Elmar J. (2001): Grundlagen der Wirtschaftsinformatik, Band 1, 4. Auflage, R. Oldenbourg Verlag, München/Wien.

Fesler, James W. (1965): Approaches to the Understanding of Decentralization, in: Journal of Politics, 27. Jg., Nr. 3, S. 536-566.

Fink, Alexandra/Johanning, Lutz/Rudolph, Bernd (1999): Zur Prognosegüte alternativer VaR-Verfahren im Aktienbereich, in: Solutions, 3. Jg., Nr. 1, S. 25-33.

Fischbacher, Urs (1999): z-Tree – Zurich Toolbox for Readymade Economic Experiments – Experimenter's Manual, Arbeitspapier Nr. 21 des Institute for Empirical Research in Economics, University of Zurich.

Fischer, Gerd (2005): Lineare Algebra – Eine Einführung für Studienanfänger, 14. Auflage, Vieweg, Braunschweig/Wiesbaden.

Fischer, Thomas R. (2000): Finanzindustrie und Risikomanagement: Grundsätzliche Überlegungen und Perspektiven, in: Österreichisches Bank–Archiv, 48. Jg., Nr. 2, S. 107-114.

Fishburn, Peter C. (1977): Mean–Risk Analysis with Risk Associated with Below–Target Returns, in: The American Economic Review, 67. Jg., Nr. 2, S. 116-126.

Fite, David/Pfleiderer, Paul (1995): Should Firms Use Derivatives to Manage Risk?, in: Beaver/Parker (1995), S. 139-169.

Franke, Günter (1997): Bewertung und Einsatz von Finanzderivaten, Schmalenbachs Zeitschrift für betriebswirtschaftliche Forschung, Sonderheft 38, Verlagsgruppe Handelsblatt, Düsseldorf/Frankfurt, S. 155-189.

Franke, Günter (2000): Gefahren kurzsichtigen Risikomanagements durch Value–at–Risk, in: Johanning/Rudolph (2000a), S. 53-83.

Franke, Günter/Hax, Herbert (2004): Finanzwirtschaft des Unternehmens und Kapitalmarkt, 5. Auflage, Springer-Verlag, Berlin et al.

Franke, Jürgen/Härdle, Wolfgang/Stahl, Gerhard (2000): Measuring Risk in Complex Stochastic Systems, Lecture Notes in Statistics Nr. 147, Springer-Verlag, New York et al.

Freidank, Carl-Christian (2001): Risikomanagement und Risikocontrolling in Industrieunternehmen, in: Freidank/Mayer (2001), S. 595-631.

Freidank, Carl-Christian/Mayer, Elmar (2001): Controlling-Konzepte - Neue Strategien und Werkzeuge für die Unternehmenspraxis, 5. Auflage, Gabler Verlag, Wiesbaden.

Frenkel, Michael/Hommel, Ulrich/Rudolf, Markus (2005): Risk Management - Challenge and Opportunity, 2. Auflage, Springer-Verlag, Berlin et al.

Frese, Erich (1975): Koordination, in: Grochla/Wittmann (1975), Sp. 2263-2273.

Frese, Erich (1992): Handwörterbuch der Organisation, Enzyklopädie der Betriebswirtschaftslehre, Band 2, 3. Auflage, C. E. Poeschel Verlag, Stuttgart.

Frese, Erich (2000): Grundlagen der Organisation, 8. Auflage, Gabler Verlag, Wiesbaden.

Friedman, Daniel/Sunder, Shyam (1994): Experimental Methods - A Primer for Economists, Cambridge University Press, Cambridge et al.

Fröhling, Oliver (2000): KonTraG und Controlling Eckpfeiler eines entscheidungsrelevanten und transparenten Segmentcontrolling und -reporting, Vahlen Verlag, München.

Froot, Kenneth A. (1994): Comments on Exchange Rates and Corporate Strategic Management, in: Amihud/Levich (1994), S. 253-255.

Froot, Kenneth A./Scharfstein, David/Stein, Jeremy C. (1989): LDC Debt: Forgiveness, Indexation, and Investment Incentives, in: Journal of Finance, 44. Jg., Nr. 5, S. 1335-1350.

Froot, Kenneth A./Scharfstein, David/Stein, Jeremy C. (1993): Risk Management: Coordinating Corporate Investment and Financing Policies, in: Journal of Finance, 48. Jg., Nr. 5, S. 1629-1658.

Froot, Kenneth A./Scharfstein, David/Stein, Jeremy C. (1994): A Framework for Risk Management, in: Harvard Business Review, 72. Jg., Nr. 6, S. 91-102.

Froot, Kenneth A./Stein, Jeremy C. (1998): Risk Management, Capital Budgeting, and Capital Structure Policy for Financial Institutions: An Integrated Approach, in: Journal of Financial Economics, 47. Jg., Nr. 1, S. 55-82.

Fudenberg, Drew/Tirole, Jean (1991): Game Theory, Massachusetts Institute of Technology Press, Cambridge/London.

Füser, Karsten/Gleißner, Werner/Meier, Günter (1999): Risikomanagement (KonTraG) - Erfahrungen aus der Praxis, in: Der Betrieb, 52. Jg., Nr. 15, S. 753-758.

Gampenrieder, Peter/Greiner, Matthias (2002): Risikomanagement als gesetzliche Forderung an mittelständische Unternehmen, in: Kostenrechnungspraxis, 46. Jg., Nr. 5, S. 283-289.

Gebhardt, Günther/Gerke, Wolfgang/Steiner, Manfred (1993): Handbuch des Finanzmanagements – Instrumente und Märkte der Unternehmensfinanzierung, Beck-Verlag, München.

Gebhardt, Günther/Mansch, Helmut (2001): Risikomanagement und Risikocontrolling in Industrie- und Handelsunternehmen, Empfehlungen des Arbeitskreises „Finanzierungsrechnung" der Schmalenbach-Gesellschaft für Betriebswirtschaft e.V., Verlagsgruppe Handelsblatt, Düsseldorf/Frankfurt.

Gerke, Wolfgang (2001): Venture Capital, in: Gerke/Steiner (2001), Sp. 2128-2138.

Gerke, Wolfgang/Steiner, Manfred (2001): Handwörterbuch des Bank- und Finanzwesens, Enzyklopädie der Betriebswirtschaftslehre, Band 6, 3. Auflage, Schäffer-Poeschel, Stuttgart.

Geschka, Horst (1999): Die Szenariotechnik in der strategischen Unternehmensplanung, in: Hahn/Taylor (1999), S. 518-545.

Gibbons, Robert (1992): A Primer in Game Theory, Prentice-Hall, Harlow et al.

Giese, Götz/Heim, Udo (2001): Changing History, in: Risk, 14. Jg., Nr. 7, S. 91-93.

Gillies, Donald B. (1959): Solutions to General Non-Zero-Sum-Games, in: Tucker/Luce (1959), S. 47-87.

Gleißner, Werner/Lienhard, Herbert (2001): Wertorientierte Kapitalallokation: Ein Schlüssel zum Unternehmenserfolg, in: Gleißner/Meier (2001), S. 269-287.

Gleißner, Werner/Meier, Günter (2001): Wertorientiertes Risiko-Management für Industrie und Handel, Gabler Verlag, Wiesbaden.

Global Derivatives Study Group (1993): Derivatives: Practices and Principles, Group of Thirty, Washington D.C.

Goovaerts, Marc J./van den Borre, Eddy/Laeven, Roger J. A. (2005): Managing Economic and Virtual Economic Capital within Financial Conglomerates, `http://www.gloriamundi.org/picsresources/gvl.pdf` (Zugriff am 29. Juli 2005).

Göpfert, Ingrid (1993): Budgetierung, in: Wittmann et al. (1993a), Sp. 589-602.

Gordy, Michael B./Howells, Bradley (2004): Procyclicality in Basel II: Can We Treat the Disease Without Killing the Patient?, Arbeitspapier des Board of the Governors of the Federal Reserve System, `http://www.bis.org/bcbs/events/rtf04gordy_howells.pdf` (Zugriff am 29. Juli 2005).

Götze, Uwe/Henselmann, Klaus/Mikus, Barbara (2001): Risikomanagement, Physica-Verlag, Heidelberg.

Graham, John R./Smith, Clifford W. (1999): Tax Incentives to Hedge, in: Journal of Finance, 54. Jg., Nr. 6, S. 2241-2262.

Graumann, Carl F. (1969): Handbuch der Psychologie: Sozialpsychologie, 1. Halbband: Theorien und Methoden, Verlag für Psychologie, Göttingen.

Graumann, Matthias/Baum, Stephanie (2003): Methoden zur Allokation von Sicherheitskapital – Darstellung und Beurteilung aus Sicht der Unternehmensleitung, in: Zeitschrift für die gesamte Versicherungswissenschaft, 92. Jg., Nr. 3, S. 421-457.

Greenwood, Ernest (1975): Das Experiment in der Soziologie, in: König (1975), S. 171-220.

Greiner, Ben (2004): An Online Recruitment System for Economic Experiments, in: Kremer/Macho (2004), S. 79-93.

Grinblatt, Mark/Titman, Sheridan (2002): Financial Markets and Corporate Strategy, 2. Auflage, McGraw-Hill, Boston et al.

Grochla, Erwin (1972): Unternehmensorganisation: Neue Ansätze und Konzeptionen, Rowohlt Verlag, Reinbek bei Hamburg.

Grochla, Erwin/Wittmann, Waldemar (1975): Handwörterbuch der Betriebswirtschaft, Band 2, 4. Auflage, C. E. Poeschel Verlag, Stuttgart.

Groß, Hermann/Knippschild, Martin (1995): Risikocontrolling in der Deutsche Bank AG, in: Rolfes/Schierenbeck/Schüller (1995), S. 69-109.

Gründl, Helmut/Schmeiser, Hato (2002): Marktwertorientierte Unternehmens- und Geschäftsbereichssteuerung in Finanzdienstleistungsunternehmen, in: Zeitschrift für Betriebswirtschaft, 72. Jg., Nr. 8, S. 797-822.

Gruson, Michael/Kubicek, Matthias (2003): Der Sarbanes-Oxley Act, Corporate Governance und das deutsche Aktienrecht, in: Die Aktiengesellschaft, 48. Jg., Nr. 8, S. 393-406.

Guthoff, Anja/Pfingsten, Andreas/Wolf, Juliane (1998): Der Einfluß einer Begrenzung des Value at Risk oder des Lower Partial Moment One auf die Risikoübernahme, in: Oehler (1998), S. 111-153.

Guthoff, Anja/Rüter, Frank (1999): Ergebnisabhängige Vergütung in Banken: Die Verwendung des RORAC und verwandter Kennzahlen, Diskussionsbeitrag 99-01 des Instituts für Kreditwesen, Westfälische Wilhelms-Universität Münster.

Hagen, Paul/Jakobs, Wolfgang (1995): Risikosteuerung im Eigenhandel, in: Die Bank, 35. Jg., Nr. 11, S. 664-671.

Hahn, Dietger/Taylor, Bernard (1999): Strategische Unternehmensplanung - Strategische Unternehmensführung: Stand und Entwicklungstendenzen, 8. Auflage, Physica-Verlag, Heidelberg.

Hall, Christopher (2002): Economic Capital: Towards an Integrated Risk Framework, in: Risk, 15. Jg., Nr. 10, S. 33-38.

Hallerbach, Winfried G. (2003): Capital Allocation, Portfolio Enhancement and Performance Measurement: A Unified Approach, Arbeitspapier vom 30. April 2003, Erasmus University Rotterdam.

Hamlen, Susan S./Hamlen, William A./Tschirhart, John T. (1977): The Use of Core Theory in Evaluating Joint Cost Allocation Schemes, in: The Accounting Review, 52. Jg., Nr. 3, S. 616-627.

Hamlen, Susan S./Hamlen, William A./Tschirhart, John T. (1980): The Use of Use of the Generalized Shapley Allocation in Joint Cost Allocation, in: The Accounting Review, 55. Jg., Nr. 2, S. 269-287.

Harris, Milton/Kriebel, Charles/Raviv, Artur (1982): Asymmetric Information, Incentives and Intrafirm Resource Allocation, in: Management Science, 28. Jg., Nr. 6, S. 604-620.

Harris, Milton/Raviv, Artur (1996): The Capital Budgeting Process – Incentives and Information, in: Journal of Finance, 51. Jg., Nr. 4, S. 1139-1174.

Hartmann–Wendels, Thomas/Grundke, Peter/Spörk, Wolfgang (2005): Basel II and the Effects on the Banking Sector, in: Frenkel/Hommel/Rudolf (2005), S. 3-24.

Hartmann–Wendels, Thomas/Pfingsten, Andreas/Weber, Martin (2000): Bankbetriebslehre, 2. Auflage, Springer–Verlag, Berlin et al.

Hartmann–Wendels, Thomas/Pfingsten, Andreas/Weber, Martin (2004): Bankbetriebslehre, 3. Auflage, Springer–Verlag, Berlin et al.

Hartung, Joachim (2002): Statistik, 13. Auflage, R. Oldenbourg Verlag, München/Wien.

Haugen, Robert A. (2001): Modern Investment Theory, 5. Auflage, Prentice–Hall, Upper Saddle River.

Hax, Herbert (1967): Bewertungsprobleme bei der Formulierung von Zielfunktionen für Entscheidungsmodelle, in: Schmalenbachs Zeitschrift für betriebswirtschaftliche Forschung, 19. Jg., S. 749-761.

Henning–Schmidt, Heike (1999): Bargaining in a Video Experiment – Determinants of Boundedly Rational Behavior, Springer–Verlag, Berlin et al.

Henschke, Stefan (2004): Risikokapitalallokation als Instrument zur Risikosteuerung, Diplomarbeit im Fach Controlling, Seminar für ABWL und Controlling, Universität zu Köln.

Hesselager, Ole/Andersson, Ulrik (2002): Risk Sharing and Capital Allocation, Arbeitspapier, `http://www.stats.uwaterloo.ca/Stats_Dept/arc/papers/Andersson.pdf` (Zugriff am 29. Juli 2005).

Hets, Stefan (1995): Captive Insurance Company – Ein risikopolitisches Instrument für deutsche Industrieunternehmen, Schriftenreihe „Versicherung und Risikoforschung" des Instituts für Betriebswirtschaftliche Risikoforschung und Versicherungswirtschaft der Ludwig–Maximilians–Universität, Gabler Verlag, Wiesbaden

Hille, Christian T./Burmester, Christoph/Otto, Matthias (2000): Modelle zur risikoadjustierten Kapitalallokation, in: Die Bank, 40. Jg., Nr. 3, S. 190-195.

Hinterhuber, Hans/Sauerwein, Elmar/Fohler–Norek, Christine (1998): Betriebliches Risikomanagement, Verlag Österreich, Wien.

Hirschbeck, Thomas (1998): Management von Handelsrisiken in Banken – Konzeption zur Erfassung und Steuerung der Marktpreis– und Kreditrisiken aus Handelsgeschäften vor dem Hintergrund betriebswirtschaftlicher und aufsichtsrechtlicher Anforderungen, Botermann & Botermann, Köln.

Hirtle, Beverly J. (2003): What Market Risk Capital Reporting Tells Us about Bank Risk, in: Economic Policy Review, 9. Jg., Nr. 3, S. 37-54.

Hofmann, Bernd/Pluto, Katja (2005): Zentrale Aspekte der neuen aufsichtlichen Eigenmittelempfehlungen (Basel II), in: Schmalenbachs Zeitschrift für betriebswirtschaftliche Forschung, Sonderheft 52, S. 241-270.

Hoitsch, Hans-Jörg/Baumann, Frank (1991): Gestaltung dezentraler Controlling-Organisation, in: Controlling, 3. Jg., Nr. 5, S. 236-243.

Hoitsch, Hans-Jörg/Winter, Peter (2004): Die Cash Flow at Risk-Methode als Instrument eines integriert-holistischen Risikomanagements, in: Zeitschrift für Controlling & Management, 48. Jg., Nr. 4, S. 235-246.

Holler, Manfred J./Illing, Gerhard (2003): Einführung in die Spieltheorie, 5. Auflage, Springer-Verlag, Berlin et al.

Hölscher, Reinhold (2000): Gestaltungsformen und Instrumente des industriellen Risikomanagements, in: Schierenbeck (2000), S. 297-363.

Hölscher, Reinhold (2002): Von der Versicherung zur integrativen Risikobewältigung: Die Konzeption eines modernen Risikomanagements, in: Hölscher/Elfgen (2002), S. 3-31.

Hölscher, Reinhold/Elfgen, Ralph (2002): Herausforderung Risikomanagement – Identifikation, Bewertung und Steuerung industrieller Risiken, Gabler Verlag, Wiesbaden.

Holst, Jonny (1998): Risikomanagement im Lichte des KonTraG, Studie Nr. 9 des Instituts für betriebswirtschaftliche Geldwirtschaft der Universität Göttingen.

Holtorf, Claudia/Muck, Matthias/Rudolf, Markus (2005): The New Basel Capital Accord, in: Frenkel/Hommel/Rudolf (2005), S. 79-97.

Homans, George C. (1974): Social Behavior: Its Elementary Forms, überarbeitete Auflage, Harcourt Brace Jovanovich, New York et al.

Homburg, Carsten (2001): Hierarchische Controllingkonzeption, Physica-Verlag, Heidelberg.

Homburg, Carsten/Stephan, Jörg/Haupt, Michael (2005): Risikomanagement unter Nutzung der Balanced Scorecard, in: Der Betrieb, 58. Jg., Nr. 20, S. 1069-1075.

Homburg, Carsten/Scherpereel, Peter (2005a): How Should the Cost of Joint Risk Capital Be Allocated for Performance Measurement?, Arbeitspapier, Seminar für Allgemeine BWL und Controlling, Universität zu Köln.

Homburg, Carsten/Scherpereel, Peter (2005b): Risikokapitalallokation in deutschen Banken: Ergebnisse einer Umfrage, in: Zeitschrift für Controlling und Management, 49. Jg., Nr. 4, S. 32-37.

Homburg, Carsten/Stephan, Jörg (2004): Kennzahlenbasiertes Risikocontrolling in Industrie- und Handelsunternehmen, in: Zeitschrift für Controlling & Management, 48. Jg., Nr. 5, S. 313-325.

Homburg, Carsten/Uhrig-Homburg, Marliese (2004): Zentrales und dezentrales Risikocontrolling in Industrieunternehmen, in: Schmalenbachs Zeitschrift für betriebswirtschaftliche Forschung, 56. Jg., Nr. 6, S. 311-332.

Hooker, Nigel D./Bulmer, J. Richard/Cooper, Susan M./Green, Peter A./Hinton, Peter H. (1996): Risk-Based Capital in General Insurance, in: British Actuarial Review, 2. Jg., Nr. 2, S. 265-323.

Hornung, Karlheinz/Reichmann, Thomas/Form, Stephan (2000): Wertorientierung und KonTraG als Determinanten des Risikomanagements der Metallgesellschaft AG, in: Controlling, 12. Jg., Nr. 3, S. 153-161.

Horváth, Peter (2000): Strategische Steuerung – Erfolgreiche Konzepte und Tools in der Controllingpraxis, Schäffer-Poeschel, Stuttgart.

Hull, John C. (2003): Options, Futures, and Other Derivatives, 5. Auflage, Prentice-Hall, Upper Saddle River.

Hürlimann, Werner (2001): Analytical Evaluation of Economic Risk Capital and Diversification Using Linear Spearman Copulas, Arbeitspapier, `http://www.gloriamundi.org/picsresources/wh1.pdf` (Zugriff am 29. Juli 2005).

Hürlimann, Werner (2003): Conditional Value-at-Risk Bounds for Compound Poisson Risks and a Normal Approximation, in: Journal of Applied Mathematics, 3. Jg., Nr. 3, S. 141-153.

Huschens, Stefan (2000): Verfahren zur Value-at-Risk-Berechnung, in: Johanning/Rudolph (2000a), S. 181-218

Hütten, Christoph/Stromann, Hilke (2003): Umsetzung des Sarbanes-Oxley Act in der Unternehmenspraxis, in: Betriebs-Berater, 58. Jg., Nr. 42, S. 2223-2227.

Illner, Achim (1999): Kostenallokation bei dezentraler Organisation, Lang Verlag, Frankfurt et al.

Institut der Wirtschaftsprüfer (1999): IDW Prüfungsstandard 340: Die Prüfung des Risikofrüherkennungssystems nach § 317 Abs. 4 HGB (IDW PS 340), in: Die Wirtschaftsprüfung, 52. Jg., Nr. 16, S. 658-662.

Institut der Wirtschaftsprüfer (2001): IDW Prüfungsstandard 260: Das interne Kontrollsystem im Rahmen der Abschlussprüfung, in: Die Wirtschaftsprüfung 54. Jg., Nr. 16, S. 821-831.

International Accounting Standards Board (2005): International Financial Reporting Standards (IFRSs^{TM}), London.

International Auditing and Assurance Standards Board (2005): International Standard on Auditing 315: Understanding the Entity and Its Environment and Assessing the Risks of Material Misstatement, in: Handbook of International Auditing, Assurance, and Ethics Pronouncements 2005 Edition, `http://www.ifac.org/Members/DownLoads/2005_IAASB_HandBook.pdf` (Zugriff am 29. Juli 2005, kostenlose Registrierung erforderlich).

James, Christopher (1996): RAROC Based Capital Budgeting and Performance Evaluation: A Case Study of Bank Capital Allocation, Arbeitspapier 96-40, The Wharton School, University of Pennsylvania.

Jensen, Michael C. (1968): The Performance of Mutual Funds in the Period 1945-1964, in: Journal of Finance, 23. Jg., Nr. 2, S. 389-416.

Jensen, Michael C. (1986): Agency Costs of Free Cash Flow, Corporate Finance, and Takeovers, in: American Economic Review, 76. Jg., Nr. 2, S. 323-329.

Jensen, Michael C./Meckling, William H. (1976): Theory of the Firm: Managerial Behavior, Agency Cost, and Capital Structure, in: Journal of Financial Economics, 3. Jg., Nr. 4, S. 305-360.

Jentzsch, Stefan (2002): Risikokapitalallokation im Rahmen der Gesamtbanksteuerung, HypoVereinsbank, Folien zum Vortrag auf dem Kapitalmarkt–Kolloquium am 5. November 2002 in München.

Jiambalvo, James (2004): Managerial Accounting, 2. Auflage, John Wiley & Sons, New York et al.

Johanning, Lutz (1998): Value–at–Risk zur Marktrisikosteuerung und Eigenkapitalallokation, Uhlenbruch Verlag, Bad Soden/Taunus.

Johanning, Lutz/Rudolph, Bernd (2000a): Handbuch Risikomanagement: Band 1 – Risikomanagement für Markt–, Kredit– und operative Risiken, Uhlenbruch Verlag, Bad Soden/Taunus.

Johanning, Lutz/Rudolph, Bernd (2000b): Handbuch Risikomanagement: Band 2 – Risikomanagement in Banken, Asset–Management–Gesellschaften, Versicherungs– und Industrieunternehmen, Uhlenbruch Verlag, Bad Soden/Taunus.

Jonen, Andreas/Lingnau, Volker (2003): Basel II und die Folgen für das Controlling von kreditnehmenden Unternehmen, Beiträge zur Controlling–Forschung, Technische Universität Kaiserslautern.

Jorion, Philippe (2001): Value at Risk: The New Benchmark for Managing Financial Risk, 2. Auflage, McGraw–Hill, New York et al.

Jorion, Philippe (2002): How Informative are Value–at–Risk Disclosures?, in: The Accounting Review, 77. Jg., Nr. 4, S. 911-931.

Jorion, Philippe (2003): Financial Risk Manager Handbook, 2. Auflage, John Wiley & Sons, Hoboken.

Jost, Peter–Jürgen (2001a): Die Prinzipal–Agenten–Theorie in der Betriebswirtschaftslehre, Schäffer–Poeschel, Stuttgart.

Jost, Peter–Jürgen (2001b): Die Spieltheorie in der Betriebswirtschaftslehre, Schäffer–Poeschel, Stuttgart.

Jovic, Dejan (1999): Risikoorientierte Eigenkapitalallokation und Performancemessung bei Banken, Verlag Paul Haupt, Bern et al.

J.P. Morgan/Reuters (1996): RiskMetrics^{TM} – Technical Document, December 1996, `http://www.riskmetrics.com/pdf/td4e.pdf` (Zugriff am 29. Juli 2005, kostenlose Registrierung erforderlich).

Judge, Amrit (2003): Why do Firms Hedge? A Review of the Evidence, Arbeitspapier, Middlesex University Business School, London.

Kaen, Fred R. (2005): Risk Management, Corporate Governance and the Modern Corporation, in: Frenkel/Hommel/Rudolf (2005), S. 423-436.

Kagel, John H./Roth, Alvin E. (1995): Handbook of Experimental Economics, Princeton University Press, Princeton.

Kaiser, Karin (2005): Erweiterung der zukunftsorientierten Lageberichterstattung. Folgen des Bilanzrechtsreformgesetzes für Unternehmen, in: Der Betrieb, 58. Jg., Nr. 7, S. 345-353.

Kajüter, Peter (2004): Der Lagebericht als Instrument einer kapitalmarktorientierten Rechnungslegung, in: Der Betrieb, 57. Jg., Nr. 5, S. 197-203.

Kaplan, Robert S./Atkinson, Anthony A. (1998): Advanced Management Accounting, 3. Auflage, Prentice-Hall, Upper Saddle River.

Karsch, Werner (2004): Top 100 der deutschen Kreditwirtschaft - Bewegung in der Bankenwelt, in: Die Bank, 44. Jg., Nr. 8, S. 32-35.

Keller, Gernot (2003): Sarbanes-Oxley Act, in: WISU - Das Wirtschaftsstudium, 32. Jg., Nr. 3, S. 323.

Kempf, Alexander (1999): Wertpapierliquidität und Wertpapierpreise, Beiträge zur betriebswirtschaftlichen Forschung, Band 91, Gabler Verlag, Wiesbaden.

Keynes, John M. (1921): A Treatise on Probability, MacMillan, London.

Kieser, Alfred (2002): Organisationstheorien, 5. Auflage, Kohlhammer Verlag, Stuttgart.

Kimball, Ralph C. (1997): Innovations in Performance Measurement in Banking, in: New England Economic Review, May/June 1997, S. 23-38.

Kimball, Ralph C. (1998): Economic Profit and Performance Measurement in Banking, in: New England Economic Review, July/August 1998, S. 35-53.

Kimmig, Klaus Jens-Michael (1999): Risiko-Controlling in der Unternehmung - eine systemorientierte Untersuchung unter besonderer Berücksichtigung der spezifischen Risiken von Warentermingeschäften und ihrer Behandlung in der Unternehmung, Deutscher Universitäts-Verlag, Wiesbaden.

Kinder, Christian (1999): Interne Leistungsverrechnung in Industriebetrieben und Banken, Botermann & Botermann, Köln.

Kinder, Christian/Steiner, Manfred/Willinsky, Christian (2001): Kapitalallokation und Verrechnung von Risikokapitalkosten in Kreditinstituten - Ein spieltheoretischer Lösungsansatz, in: Zeitschrift für Betriebswirtschaft, 71. Jg., Nr. 3, S. 281-300.

Klein, Stefan P. (1998): Verauktionierung von Eigenkapitallimiten, in: Weinhardt/Meyer zu Selhausen/Morlock (1998), S. 309-323.

Knight, Frank (1921): Risk, Uncertainty and Profit, Houghton and Mifflin, Boston.

Kohlhaussen, Martin (2001): Eigenkapital der Kreditinstitute, in: Gerke/Steiner (2001), Sp. 584-595.

König, René (1975): Beobachtung und Experiment in der Sozialforschung, Praktische Sozialforschung 2, 8. Auflage, Kiepenheuer & Witsch, Köln.

Korycior, Sven (2004): Sicherheitskapitalbestimmung und -allokation in der Schadenversicherung - Eine risikotheoretische Analyse auf der Basis des Value-at-Risk und des Conditional Value-at-Risk, Veröffentlichungen des Instituts für Versicherungswissenschaft der Universität Mannheim, Nr. 67, Verlag Versicherungswirtschaft, Karlsruhe.

Kosiol, Erich (1976): Organisation der Unternehmung, 2. Auflage, Gabler Verlag, Wiesbaden.

KPMG (1998): Integriertes Risikomanagement, Juli 1998, Berlin, `http://www.kpmg.de/library/brochures_surveys/pdf/irm.pdf` (Zugriff am 29. Juli 2005).

KPMG (2002a): Study into the methodologies to assess the overall financial position of an insurance undertaking from the perspective of prudential supervision, EU Kommission, Mai 2002, `http://europa.eu.int/comm/internal_market/insurance/docs/solvency/solvency2-study-kpmg_en.pdf` (Zugriff am 29. Juli 2005).

KPMG (2002b): European Economic Capital Survey 2002 - General Overview, November 2002.

Kreke, Henning (1994): Finanzielles Risk Management bei grenzüberschreitenden Unternehmensakquisitionen, Vauk Verlag, Kiel.

Kremer, Kurt/Macho, Volker (2004): Forschung und wissenschaftliches Rechnen 2003, Bericht der Gesellschaft für wissenschaftliche Datenverarbeitung Nr. 63, Göttingen.

Kromschröder, Bernhard/Lück, Wolfgang (1998): Grundsätze risikoorientierter Unternehmensüberwachung, in: Der Betrieb, 51. Jg., Nr. 32, S. 1573-1576.

Kropp, Matthias (1999): Management und Controlling finanzwirtschaftlicher Risikopositionen, Uhlenbruch Verlag, Bad Soden/Taunus.

Krumnow, Jürgen (2000): Zur strategischen Bedeutung des Risikomanagements für die Kreditinstitute, in: Johanning/Rudolph (2000b), S. 683-700.

Krystek, Ulrich/Müller, Michael (1999): Frühaufklärungssysteme – Spezielle Informationssysteme zur Erfüllung der Risikokontrollpflicht nach KonTraG, in: Controlling, 11. Jg., Nr. 4/5, S. 177-183.

Kuhn, Harold W./Tucker, Albert W. (1953): Contributions to the Theory of Games II, Annals of Mathematics Studies, Nr. 28, Princeton University Press, Princeton.

Kupiec, Paul H. (1999): Risk Capital and VaR, in: Journal of Derivatives, 7. Jg., Nr. 2, S. 41-52.

Kürsten, Wolfgang (2005): Finanzierung, in: Bitz/Domsch/Ewert/Wagner (2005a), S. 175-234.

Kurzweil, Ray (2001): The Law of Accelerating Returns, `http://www.kurzweilai.net/articles/art0134.html` (Zugriff am 29. Juli 2005).

Kuß, Alfred (1995): Befragungsmethoden, in: Tietz/Köhler/Zentes (1995), Sp. 190-200.

Küting, Karlheinz/Weber, Claus–Peter (2005): Der Konzernabschluss, 9. Auflage, Schäffer–Poeschel, Stuttgart.

Lackmann, Rolf (2005): Zwangsvollstreckungsrecht, 7. Auflage, Vahlen Verlag, München.

Laeven, Roger J.A./Goovaerts, Marc J. (2003): An Optimization Approach to the Allocation of Economic Capital, Arbeitspapier vom 11. Juni 2003.

Laeven, Roger J.A./Goovaerts, Marc J. (2004): An Optimization Approach to the Dynamic Allocation of Economic Capital, Arbeitspapier vom 18. März 2004.

Lanfermann, Georg/Maul, Silja (2002): Auswirkungen des Sarbanes–Oxley Acts in Deutschland, in: Der Betrieb, 55. Jg., Nr. 34, S. 1725-1732.

Laux, Helmut (1999): Unternehmensrechnung, Anreiz und Kontrolle, 2. Auflage, Springer-Verlag, Berlin et al.

Laux, Helmut (2005): Entscheidungstheorie, 6. Auflage Springer–Verlag, Berlin et al.

Laux, Helmut/Liermann, Felix (2005): Grundlagen der Organisation: Die Steuerung von Entscheidungen als Grundproblem der Betriebswirtschaftslehre, 6. Auflage, Springer–Verlag, Berlin et al.

Lehar, Alfred/Welt, Franz/Wiesmayr, Christoph/Zechner, Josef (1998a): Risikoadjustierte Performancemessung in Banken - Konzepte zur Risiko–Ertragssteuerung (Teil 1), in: Österreichisches Bank–Archiv, 46. Jg., Nr. 11, S. 857-862.

Lehar, Alfred/Welt, Franz/Wiesmayr, Christoph/Zechner, Josef (1998b): Risikoadjustierte Performancemessung in Banken - Konzepte zur Risiko-Ertragssteuerung (Teil 2), in: Österreichisches Bank–Archiv, 46. Jg., Nr. 12, S. 949-955.

Leibowitz, Martin L./Henriksson, Roy D. (1989): Portfolio Optimization with Shortfall Constraints: A Confidence–Limit Approach to Managing Downside Risk, in: Financial Analysts Journal, 45. Jg., Nr. 2, S. 34-41.

Leibowitz, Martin L./Kogelman, Stanley (1991): Asset Allocation under Shortfall Constraints, in: Journal of Portfolio Management, 17. Jg., Nr. 2, S. 18-23.

Lemaire, Jean (1984): An Application of Game Theory: Cost Allocation, in: ASTIN Bulletin, 14. Jg., Nr. 1, S. 61-81.

Lemaire, Jean (1991): Cooperative Game Theory and Its Insurance Applications, in: ASTIN Bulletin, 21. Jg., Nr. 1, S. 17-40.

Levi, Maurice D./Sercu, Piet (1991): Erroneous and Valid Reasons for Hedging Foreign Exchange Rate Exposure, in: Journal of Multinational Financial Management, 1. Jg., Nr. 2, S. 25-37.

Levy, Haim (1992): Stochastic Dominance and Expected Utility: Survey and Analysis, in: Management Science, 38. Jg., Nr. 4, S. 555-593.

Leydold, Josef (2003): Mathematik für Ökonomen, 3. Auflage, R. Oldenbourg Verlag, München/Wien.

Liebig, Stefan (2004): Empirische Gerechtigkeitsforschung, Arbeitsbericht Nr. 41 der Nachwuchsgruppe „Interdisziplinäre Soziale Gerechtigkeitsforschung" der Humboldt Universität, Berlin, `http://www2.rz.hu-berlin.de/isgf/empgf.pdf` (Zugriff am 29. Juli 2005).

Lind, E. Allan/Tyler, Tom R. (1988): The Social Psychology of Procedural Justice, Plenum Press, New York.

Lingnau, Volker/Schmitz, Hans (2002): Aktuelle Aspekte des Controllings — Festschrift für Hans-Jörg Hoitsch, Physica–Verlag, Heidelberg.

Linsmeier, Thomas J./Pearson, Neil D. (2000): Value at Risk, in: Financial Analysts Journal, 56. Jg., Nr. 2, S. 47-67.

Lintner, John (1965): The Valuation of Risk Assets and the Selection of Risky Investments in Stock Portfolio and Capital Budgets, in: Review of Financial Economics and Statistics, 47. Jg., Nr. 1, S. 13-37.

Lister, Michael (1997): Risikoadjustierte Ergebnismessung und Risikokapitalallokation, Fritz Knapp Verlag, Frankfurt am Main.

Liu, Chi–Chun/Ryan, Stephen G./Tan, Hung (2004): How Banks' Value–at–Risk Disclosures Predict their Total and Priced Risk: Effects of Bank Technical Sophistication and Learning over Time, in: Review of Accounting Studies, 9. Jg., Nr. 2, S. 265-294.

Locarek–Junge, Hermann/Straßberger, Mario/Vollbehr, Henning (2000): Dynamische Limitsetzung, in: Johanning/Rudolph (2000b), S. 833-849.

Lucas, William F. (1972): An Overview on the Mathematical Theory of Games, in: Management Science, 18. Jg., Nr. 5, S. 3-19.

Lück, Wolfgang (1998): Der Umgang mit unternehmerischen Risiken durch ein Risikomanagementsystem und durch ein Überwachungssystem, in: Der Betrieb, 51. Jg., Nr. 39, S. 1925-1930.

Lück, Wolfgang/Hunecke, Jörg (1998): Frühwarnsysteme im Risiko–Managementsystem (Teil IV), in: Die Steuerberatung, 41. Jg., Nr. 6, S. 273-275.

Lukarsch, Gerhard W. (1998): Maßnahmen der Unternehmung zur Finanzierung von Risiken, in: Hinterhuber/Sauerwein/Fohler–Norek (1998), S. 117-144.

Luz, Günther/Scharpf, Paul (1998): Marktrisiken in der Bankenaufsicht. Umsetzung der Marktrisikoregeln der Kapitaladäquanzrichtlinie, Schäffer Poeschel, Stuttgart.

Macharzina, Klaus (2003): Unternehmensführung, 4. Auflage, Gabler Verlag, Wiesbaden.

MacMinn, Richard D. (1987): Insurance and Corporate Risk Management, in: Journal of Risk & Insurance, 54. Jg., Nr. 4, S. 658-677.

Manganelli, Simone/Engle, Robert F. (2001): Value at Risk Models in Finance, European Central Bank Working Paper Series, Nr. 75, Frankfurt.

March, James G. (1994): A Primer on Decision Making - How Decisions Happen, The Free Press, New York et al.

Markowitz, Harry (1952): Portfolio Selection, in: Journal of Finance, 7. Jg., Nr. 1, S. 77-91.

Marsaglia, George/Olkin, Ingram (1984): Generating Correlation Matrices, in: SIAM Journal of Scientific and Statistical Computing, 5. Jg., Nr. 2, S. 470-475.

Marvin, Sally G. (1996): Capital Allocation: A Study of Current and Evolving Practices in Selected Banks, OCC Staff Study 96–1 of the Comptroller of the Currency Administrator of National Banks.

Matten, Chris (2000): Managing Bank Capital, 2. Auflage, John Wiley & Sons, Chichester et al.

Mauch, Peter (2001): Risikomanagement in Banken, in: Götze/Henselmann/Mikus (2001), S. 327-350.

Maurer, Raimond (2000): Integrierte Erfolgssteuerung in der Schadenversicherung auf der Basis von Risiko–Wert–Modellen, Verlag für Versicherungswirtschaft, Karlsruhe.

Mayhew, Stewart (1995): Implied Volatility, in: Financial Analysts Journal, 51. Jg., Nr. 4, S. 8-20.

McNew, Leslie (1996): So near, so VaR, in: Risk, 9. Jg., Nr. 10, S. 54-56.

Meier, Günter (2001): Markt und Trends in Risk–Management, in: Gleißner/Meier (2001), S. 17-26.

Mello, Antonio S./Parsons, John E. (1995): Maturity Structure of Hedge Matters: Lessons from Metallgesellschaft Debacle, in: Journal of Applied Corporate Finance, 7. Jg., Nr. 1, S. 106-120.

Mengele, Andreas (1999): Shareholder–Return und Shareholder–Risk als unternehmensinterne Steuerungsgrößen, Schäffer–Poeschel, Stuttgart.

Menzies, Christof (2004): Sarbanes–Oxley Act - Professionelles Management interner Kontrollen, Schäffer–Poeschel, Stuttgart.

Merten, Klaus (1995): Inhaltsanalyse, 2. Auflage, Westdeutscher Verlag, Opladen.

Merton, Robert C. (1973): Theory of Rational Option Pricing, in: Bell Journal of Economics & Management Science, 4. Jg., Nr. 1, S. 141-183.

Merton, Robert C./Perold, André F. (1993): Theory of Risk Capital in Financial Firms, in: Journal of Applied Corporate Finance, 5. Jg., Nr. 4, S. 16-32.

Meyer zu Selhausen, Hermann (2001): Liquiditätspolitik der Banken und Liquiditätsgrundsätze, in: Gerke/Steiner (2001), Sp. 1504-1516.

Microsoft Corporation (2005a): CHATSRVR Sample: Demonstrates a Windows Sockets Server, `http://msdn.microsoft.com/library/default.asp?url=/library/en-us/vcsample/html/_sample_mfc_CHATSRVR.asp` (Zugriff am 29. Juli 2005).

Microsoft Corporation (2005b): CHATTER Sample: Demonstrates a Windows Sockets Client Application, `http://msdn.microsoft.com/library/default.asp?url=/library/en-us/vcsample/html/_sample_mfc_CHATTER.asp` (Zugriff am 29. Juli 2005).

Miller, Kent D./Reuer, Jeffrey J. (1996): Measuring Organizational Downside Risk, in: Strategic Management Journal, 17. Jg., Nr. 9, S. 671-691.

Miller, Merton H./Modigliani, Franco (1961): Dividend Policy, Growth, and the Valuation of Shares, in: Journal of Business, 34. Jg., Nr. 4, S. 411-433.

Mintzberg, Henry (1979): The Structuring of Organizations: A Synthesis of the Research, Prentice–Hall, Englewood Cliffs et al.

Mittelhammer, Ron C. (1999): Mathematical Statistics for Economics and Business, Springer–Verlag, New York et al.

Modigliani, Franco/Miller, Merton H. (1958): The Cost of Capital, Corporation Finance and the Theory of Investment, in: American Economic Review, 48. Jg., Nr. 3, S. 261-297.

Moeschlin, Otto/Pallaschke, Diethard (1981): Game Theory and Mathematical Economics, North–Holland Publishing, Amsterdam et al.

Moriarity, Shane (1975): Another Approach to Allocating Joint Costs, in: The Accounting Review, 50. Jg., Nr. 10, S. 791-795.

Mossin, Jan (1966): Equilibrium in a Capital Asset Market, in: Econometrica, 34. Jg, Nr. 4, S. 768-783.

Moulin, Hervé (1988): Axioms of Cooperative Decision Making, Cambridge University Press, Cambridge et al.

Myers, Stewart C./Read, James A. (2001): Capital Allocation for Insurance Companies, in: The Journal of Risk and Insurance, 68. Jg., Nr. 4, S. 545-580.

Nash, John Forbes (1951): Non–Cooperative Games, in: Annals of Mathematics, 54. Jg., S. 286-295.

Neftci, Salih N. (2000): Value at Risk Calculations, Extreme Events, and Tail Estimation, in: Journal of Derivatives, 7. Jg., Nr. 3, S. 23-37.

Nordsieck, Fritz (1934): Grundlagen der Organisationslehre, C. E. Poeschel Verlag, Stuttgart.

Nordsieck, Fritz (1955): Rationalisierung der Betriebsorganisation, 2. Auflage, C. E. Poeschel Verlag, Stuttgart.

Oehler, Andreas (1998): Credit Risk und Value–at–Risk Alternativen, Schäffer–Poeschel, Stuttgart.

Oehler, Andreas/Unser, Matthias (2002): Finanzwirtschaftliches Risikomanagement, 2. Auflage, Springer–Verlag, Berlin et al.

Ohse, Dietrich (2005): Mathematik für Wirtschaftswissenschaftler II – Lineare Wirtschaftsalgebra, 5. Auflage, Vahlen Verlag, München.

Osborn, Alex F. (1963): Applied Imagination, 3. Auflage, Charles Scribner's Sons, New York.

Osborne, Martin J./Rubinstein, Ariel (1994): A Course in Game Theory, Massachusetts Institute of Technology Press, Cambridge/London.

Overbeck, Ludger (2000): Allocation of Economic Capital in Loan Portfolios, in: Franke/Härdle/Stahl (2000), S. 1-17.

Owen, Guillermo (1995): Game Theory, 3. Auflage, Academic Press, San Diego.

Panjer, Harry H. (2002): Measurement of Risk, Solvency Requirements and Allocation of Capital Within Financial Conglomerates, Arbeitspapier vom September 2002, University of Waterloo.

Patrik, Gary/Bernegger, Stefan/Rüegg, Marcel B. (1999): The Use of Risk Adjusted Capital to Support Business Decision-Making, Arbeitspapier, http://www.casact.org/pubs/forum/99spforum/99spf243.pdf (Zugriff am 29. Juli 2005).

Pearson, Neil/Smithson, Charles (2000): Beyond VaR, in: Risk, 13. Jg., Nr. 12, S. 85-87.

Pedell, Burkhard (2004): Risikointerdependenzen als Ansatzpunkt für Aufgaben und Instrumente des Risikocontrolling, in: Zeitschrift für Controlling & Management, Sonderheft 3, S. 4-11.

Pedersen, Christian S./Satchell, Stephen E. (1998): An extended family of financial risk measures, in: Geneva Papers on Risk and Insurance Theory, 23. Jg., Nr. 2, S. 89-117.

Perlitz, Manfred (2004): Internationales Management, 5. Auflage, Lucius & Lucius, Stuttgart.

Perold, André F. (2001): Capital Allocation in Financial Firms, Arbeitspapier, Graduate School of Business Administration, Harvard University, Boston.

Pfaff, Dieter (1994): Fix- und Gemeinkostenallokationen im Lichte der ökonomischen Theorie, in: Die Unternehmung, 48. Jg., Nr. 3, S. 183-196.

Pfaff, Dieter/Kühn, Jochen (2005): Gesamtbanksteuerung und Performancemessung – Ausgewählte Probleme einer kennzahlenbasierten Banksteuerung, in: Schmalenbachs Zeitschrift für betriebswirtschaftliche Forschung, Sonderheft 52, S. 183-212.

Pfennig, Michael (2000): Shareholder Value durch unternehmensweites Risikomanagement, in: Johanning/Rudolph (2000b), S. 1295-1332.

Pflug, Georg Ch. (2000): Some Remarks on the Value at Risk and the Conditional Value at Risk, in: Uryasev (2000), S. 272-281.

Picot, Arnold (2005): Organisation, in: Bitz/Domsch/Ewert/Wagner (2005b), S. 43-121.

Pollanz, Manfred (1999): Konzeptionelle Überlegungen zur Einrichtung und Prüfung eines Risikomanagementsystems – Droht eine Mega-Erwartungslücke?, in: Der Betrieb, 52. Jg., Nr. 8, S. 393-399.

Poppensieker, Thomas (1997): Strategisches Risikomanagement in deutschen Großbanken, Deutscher Universitäts-Verlag, Wiesbaden.

Portmann, Thomas/Wegmann, Patrick (1998): Lower Partial Moments und Value-at-Risk: Eine Synthese, in: Finanzmarkt und Portfolio Management, 12. Jg., Nr. 3, S. 326-340.

Powers, William/Troubh, Raymond S./Winokur, Herbert S. (2002): Report of Investigation by the Special Investigative Committee of the Board of Directors of Enron Corp., http://news.findlaw.com/hdocs/docs/enron/sicreport/sicreport020102.pdf (Zugriff am 29. Juli 2005).

Pratt, John W./Zeckhauser, Richard (1985): Principals and Agents: The Structure of Business, Harvard Business School Press, Boston.

PricewaterhouseCoopers (2002): Economic Capital: At the Heart of Managing Risk and Value, http://www.pwcglobal.com/fr/pwc_pdf/pwc_economic_capital_full_report.pdf (Zugriff am 29. Juli 2005).

Pritsch, Gunnar/Hommel, Ulrich (1997): Hedging im Sinne des Aktionärs, in: Die Betriebswirtschaft, 57. Jg., Nr. 5, S. 672-693.

Pritsker, Matthew (1996): Evaluating Value at Risk Methodologies: Accuracy versus Computational Time, Arbeitspapier 96–48, Wharton Financial Institutions Center, University of Pennsylvania.

Ransmeier, Joseph S. (1942): The Tennessee Valley Authority – A Case Study in The Economics of Multiple Purpose Stream Planning, Vanderbilt University Press, Nashville.

Rauhut, Burkhard/Schmitz, Norbert/Zachow, Ernst-Wilhelm (1979): Spieltheorie, Teubner Verlag, Stuttgart.

Raulin, Gitta (1996): Leistungsorientierte Entlohnung von Portfoliomanagern, Uhlenbruch Verlag, Bad Soden/Taunus.

Read, Oliver (1998): Parametrische Modelle zur Ermittlung des Value–at–Risk, Dissertation, Universität zu Köln, Köln.

Regierungskommission Deutscher Corporate Governance Kodex (2003): Deutscher Corporate Governance Kodex, Fassung vom 21. Mai 2003, `http://www.corporate-governance-code.de/ger/download/DCG_K_D200305.pdf` (Zugriff am 29. Juli 2005).

Reichmann, Thomas/Form, Stephan (2000): Balanced Chance- and Risk-Management, in: Controlling, 12. Jg., Nr. 4/5, S. 189-198.

Ridder, Thomas (1998): Basics of Statistical VaR-Estimation, in: Bol/Nakhaeizadeh/Vollmer (1998), S. 161-187.

RiskMetrics Group (1999): Corporate Metrics™ – Technical Document, April 1999, `http://www.riskmetrics.com/pdf/CorporateMetricsTechDoc.pdf` (Zugriff am 29. Juli 2005, kostenlose Registrierung erforderlich).

Rockafellar, R. Tyrrell/Uryasev, Stanislav (2002): Conditional Value–at–Risk for General Loss Distributions, in: Journal of Banking & Finance, 26. Jg., Nr. 7, S. 1443-1471.

Rogler, Silvia (2002): Risikomanagement im Industriebetrieb – Analyse von Beschaffungs-, Produktions- und Absatzrisiken, Deutscher Universitäts–Verlag, Wiesbaden.

Rolfes, Bernd/Schierenbeck, Henner (2001): Ausfallrisiken: Quantifizierung, Bepreisung und Steuerung, Fritz Knapp Verlag, Frankfurt am Main.

Rolfes, Bernd/Schierenbeck, Henner/Schüller, Stephan (1995): Risikomanagement in Kreditinstituten, Beiträge zum Münsteraner Top–Management–Seminar, Band 5 der Schriftenreihe des Zentrums für Ertragsorientiertes Bankmanagement, Fritz Knapp Verlag, Frankfurt am Main.

Rolfes, Bernd/Schierenbeck, Henner/Schüller, Stephan (1998): Gesamtbankmanagement – Integrierte Risiko–/Ertragssteuerung in Kreditinstituten, Beiträge zum Münsteraner Top–Management–Seminar, Band 18 der Schriftenreihe des Zentrums für Ertragsorientiertes Bankmanagement, Fritz Knapp Verlag, Frankfurt am Main.

Rootzén, Holger/Klüppelberg, Claudia (1999): A Single Number Can't Hedge Against Economic Catastrophes, in: Ambio, 28. Jg., Nr. 6, S. 550-555.

Roth, Alvin E. (1988): The Shapley Value - Essays in Honor of Lloyd S. Shapley, Cambridge University Press, Cambridge et al.

Roth, Erwin/Holling, Heinz (1999): Sozialwissenschaftliche Methoden - Lehr- und Handbuch für Forschung und Praxis, 5. Auflage, R. Oldenbourg Verlag, München/Wien.

Roy, Andrew D. (1952): Safety First and the Holding of Assets, in: Econometrica, 20. Jg., Nr. 3, S. 431-449.

Rudolph, Bernd (1991): Das effektive Bankeigenkapital, Knapp Verlag, Frankfurt am Main.

Saita, Francesco (1999): Allocation of Risk Capital in Financial Institutions, in: Financial Management, 28. Jg., Nr. 3, S. 95-111.

Salzberger, Wolfgang (2003): Sarbanes–Oxley Act of 2002, in: Wirtschaftswissenschaftliches Studium, 32. Jg., Nr. 3, S. 165-166.

Sandbiller, Klaus (1998): Dezentralität und Markt in Banken: Innovative Organisationskonzepte auf der Basis moderner Informations- und Kommunikationsnetze, Physica–Verlag, Heidelberg.

Sarin, Rakesh K./Weber, Martin (1993): Risk–Value Models, in: European Journal of Operational Research, 70. Jg., Nr. 2, S. 135-149.

Scaillet, Olivier (2004): Nonparametric Estimation and Sensitivity Analysis of Expected Shortfall, in: Mathematical Finance, 14. Jg., Nr. 1, S. 115-129.

Schanz, Günther (1994): Organisationsgestaltung: Management von Arbeitsteilung und Koordination, 2. Auflage, Vahlen Verlag, München.

Scharpf, Paul (1998): Risikomanagement- und Überwachungssystem im Treasury, Schäffer–Poeschel, Stuttgart.

Scharpf, Paul/Epperlein, Joachim K. (1995): Risikomanagement derivativer Finanzinstrumente, in: Betriebswirtschaftliche Forschung und Praxis, 47. Jg., Nr. 2, S. 209-229.

Scharpf, Paul/Luz, Günther (2000): Risikomanagement, Bilanzierung und Aufsicht von Finanzderivaten, 2. Auflage, Schäffer–Poeschel, Stuttgart.

Scheffler, Jan (1994): Hedge Accounting - Jahresabschlussrisiken in Banken, Gabler Verlag, Wiesbaden.

Schenk, Alexander (1998): Bewertung und Kontrolle von industriellen Sachrisiken, in: Hinterhuber/Sauerwein/Fohler-Norek (1998), S. 85-115.

Schierenbeck, Henner (2000): Risk Controlling in der Praxis, NZZ Verlag, Zürich.

Schierenbeck, Henner (2003a): Ertragsorientiertes Bankmanagement - Band 2: Risiko–Controlling und integrierte Rendite–/Risikosteuerung, 8. Auflage, Gabler Verlag, Wiesbaden.

Schierenbeck, Henner (2003b): Grundzüge der Betriebswirtschaftslehre, 16. Auflage, R. Oldenbourg Verlag, München/Wien.

Schierenbeck, Henner/Hölscher, Reinhold (1998): BankAssurance, 4. Auflage, Schäffer–Poeschel, Stuttgart.

Schierenbeck, Henner/Lister, Michael (1997): Integrierte Risikomessung und Risikokapitalallokation, in: Die Bank, 37. Jg., Nr. 8, S. 492-499.

Schierenbeck, Henner/Lister, Michael (1998): Risikoadjustierte Ergebnismessung und Allokation von Risikokapital, in: Rolfes/Schierenbeck/Schüller (1998), S. 195-269.

Schierenbeck, Henner/Lister, Michael (2002): Value–Controlling – Grundlagen wertorientierter Unternehmensführung, 2. Auflage, R. Oldenbourg Verlag, München/Wien.

Schierenbeck, Henner/Lister, Michael/Grüter, Marc D./Paul, Stefan (2003): Ertragsorientierte Allokation von Risikokapital im Bankbetrieb, Wirtschaftswissenschaftliches Zentrum der Universität Basel, Forschungsbericht 03/02, Basel.

Schmalenbach, Eugen (1937): Der Kontenrahmen, 5. Auflage, Gloeckner Verlag, Leipzig.

Schmalenbach, Eugen (1963): Kostenrechnung und Preispolitik, 8. Auflage, Westdeutscher Verlag, Köln/Opladen.

Schmeidler, David (1969): The Nucleolus of a Characteristic Function Game, in: SIAM Journal on Applied Mathematics, 17. Jg., Nr. 6, S. 1163-1170.

Schmidt, Reinhard H./Terberger, Eva (1997): Grundzüge der Investitions– und Finanzierungstheorie, 4. Auflage, Gabler Verlag, Wiesbaden.

Schmock, Uwe/Straumann, Daniel (1999): Allocation of Risk Capital and Performance Measurement, Vortrag auf der Konferenz „Risk Day 1999“ in Zürich, `http://www.fam.tuwien.ac.at/~schmock/slides/AllocationSlidesOct1999.pdf` (Zugriff am 29. Juli 2005).

Schneider, Dieter (1995): Betriebswirtschaftslehre - Band 1: Grundlagen, R. Oldenbourg Verlag, München/Wien.

Schnell, Rainer/Hill, Paul/Esser, Elke (2005): Methoden der empirischen Sozialforschung, 7. Auflage, R. Oldenbourg Verlag, München/Wien.

Schradin, Heinrich R. (1998): Finanzielle Steuerung der Rückversicherung – unter besonderer Berücksichtigung von Großschadensereignissen und Fremdwährungsrisiken, Veröffentlichungen des Instituts für Versicherungswissenschaft der Universität Mannheim, Nr. 59, Verlag Versicherungswirtschaft, Karlsruhe.

Schradin, Heinrich R. (2001): Risikoadäquate Kapitalallokation im Versicherungskonzern, in: Britzelmaier/Geberl (2001), S. 101-110.

Schradin, Heinrich R. (2003): Entwicklung der Versicherungsaufsicht, Mitteilungen des Instituts für Versicherungswissenschaft an der Universität zu Köln, Nr. 3/2003, Köln.

Schradin, Heinrich R./Zons, Michael (2003): Determination and Allocation of Risk-Adequate Equity Capitalization for Performance Measurement, Mitteilungen des Instituts für Versicherungswissenschaft an der Universität zu Köln, Nr. 2/2003, Köln.

Schrand, Catherine M./Unal, Haluk (1996): Hedging and Coordinated Risk Management: Evidence from Thrift Conversions, in: Journal of Finance, 53. Jg., Nr. 3, S. 979-1013.

Securities and Exchange Commission (2003): Final Rule: Management's Reports on Internal Control Over Financial Reporting and Certification of Disclosure in Exchange Act

Periodic Reports, Release 33-8238, http://www.sec.gov/rules/final/33-8238.htm (Zugriff am 29. Juli 2005).

Segelmann, Frank (1959): Industrielle Risikopolitik, Dissertation, Berlin.

Seidenspinner, Stephan (2000): Anreizsysteme für Eigenhandel und Risikocontrolling, Arbeitspapier, Seminar für Kapitalmarktforschung und Finanzierung, Ludwig–Maximilians–Universität, München.

Shapiro, Alan/Titman, Sheridan (1998): An Integrated Approach to Corporate Risk Management, in: Stern/Chew (1998), S. 251-265.

Shapley, Lloyd S. (1953): A Value for n–Person Games, in: Kuhn/Tucker (1953), S. 307-317.

Shapley, Lloyd S. (1971): Cores of Convex Games, in: International Journal of Game Theory, 1. Jg., Nr. 1, S. 11-26.

Sharpe, William F. (1964): Capital Asset Prices: A Theory of Market Equilibrium under Conditions of Risk, in: Journal of Finance, 19. Jg., Nr. 3, S. 425-442.

Sharpe, William F. (1966): Mutual Fund Performance, in: Journal of Business, 39. Jg., Nr. 1, S. 119-138.

Sharpe, William F. (1975): Adjusting for Risk in Portfolio Performance Measurement, in: Journal of Portfolio Management, 1. Jg., Nr. 2, S. 29-34.

Sharpe, William F./Alexander, Gordon J./Bailey, Jeffery V. (1999): Investments, 6. Auflage, Prentice–Hall, Upper Saddle River.

Shimko, David (1996): VaR for Corporates, in: Risk, 9. Jg., Nr. 6, S. 28-29.

Siegel, Sidney/Castellan, N. John (1988): Nonparametric Statistics for the Behavioral Sciences, 2. Auflage, McGraw–Hill, New York et al.

Simon, Herbert A. (1955): A Behavioral Model of Rational Choice, in: Quarterly Journal of Economics, 69. Jg., Nr. 1, S. 99-118.

Simon, Herbert A. (1957): Models of Man, John Wiley & Sons, New York et al.

Simon, Herbert A. (1962): New Developments in the Theory of the Firm, in: American Economic Review, 52. Jg., Nr. 2, S. 1-15.

Simon, Herbert A./Guetzkow, Harold/Kozmetsky, George/Tyndall, Gordon (1978): Centralization vs. Decentralization in Organizing the Controller's Department, Scholars Book Company, Houston.

Simons, Robert (1999): Interne Unternehmensrisiken genauer messen, in: Harvard Business Manager, 21. Jg., Nr. 6, S. 46-56.

Smith, Clifford W. (1995): Corporate Risk Management: Theory and Practice, in: Journal of Derivatives, 2. Jg., Nr. 4, S. 21-30.

Smith, Clifford W./Smithson Charles W. (1990): The Handbook of Financial Engineering, Harper, New York et al.

Smith, Clifford W./Smithson Charles W./Wilford, D. Sykes (1990): Financial Engineering: Why Hedge?, in: Smith/Smithson (1990), S. 126-137.

Smith, Clifford W./Stulz, René M. (1985): The Determinants of Firms' Hedging Policies, in: Journal of Financial and Quantitative Analysis, 20. Jg., Nr. 4, S. 391-405.

Smithson, Charles W. (1998): Managing Financial Risk: A Guide to Derivative Products, Financial Engineering, and Value Maximization, 3. Auflage, McGraw-Hill, New York et al.

Smithson, Charles W. (2003a): Economic Capital - How Much Do You Really Need?, in: Risk, 16. Jg., Nr. 11, S. 60-63.

Smithson, Charles W. (2003b): Credit Portfolio Management, John Wiley & Sons, Hoboken.

Smithson, Charles W./Hayt, Greg (2001): Allocating and Optimising Capital, in: Risk, 14. Jg., Nr. 6, S. 78-80.

Smithson, Charles W./Po, Tyrone/Rozario, John (1997): Capital Budgeting, in: Risk, 10. Jg., Nr. 6, S. 40-41.

Sobolev, Andrej I. (1975): The Characterization of Optimality Principles in Cooperative Games by Functional Equations, in: Vorobjev (1975), S. 94-151.

Society of Actuaries (2004): Speciality Guide on Economic Capital, Version 1.5, March 2004, `http://rmtf.soa.org/specialty-guide-ecv1.5.pdf` (Zugriff am 29. Juli 2005).

Spremann, Klaus/Herbeck, Thomas (1997): Zur Metallgesellschaft AG und ihrer Risikomanagement-Strategie, in: Franke (1997), S. 155-189.

Sribunnak, Visarut/Wong, M. H. Franco (2002): The Predictive Usefulness of the Foreign Exchange Sensitivity and Value-at-Risk Disclosures for Stock Return Volatility, Arbeitspapier, University of California at Berkeley und University of Chicago.

Stahlknecht, Peter/Hasenkamp, Ulrich (2005): Einführung in die Wirtschaftsinformatik, 11. Auflage, Springer-Verlag, Berlin et al.

Stapf, Kurt H. (1999): Laboruntersuchungen, in: Roth/Holling (1999), S. 228-244.

Statistisches Bundesamt (2004): Insolvenzen in Deutschland 2003 – Strukturen und Entwicklungen, `http://www.destatis.de/presse/deutsch/pk/2004/insolvenzen_2003_i.pdf` (Zugriff am 29. Juli 2005).

Steiner, Manfred/Wagner, Marc (2002): Eigenkapital, in: Ballwieser/Coenenberg/von Wysocki (2002), Sp. 589-604.

Steinmann, Horst/Schreyögg, Georg (2005): Management, 6. Auflage, Gabler Verlag, Wiesbaden.

Stenke, Karin/Riekeberg, Markus (2000): Banking 2000, Hermann Meyer zu Selhausen zum 60. Geburtstag, Gabler Verlag, Wiesbaden.

Stern, Joel M./Chew, Donald H. (1998): The Revolution in Corporate Finance, 3. Auflage, Blackwell, Oxford.

Stewart, G. Bennett (1999): The Quest for Value, Harper Business, New York.

Stoughton, Neal/Zechner, Josef (2000a): Konzepte zur Risiko–Ertragssteuerung in Kreditinstituten, in: Johanning/Rudolph (2000b), S. 879-902.

Stoughton, Neal/Zechner, Josef (2000b): The Dynamics of Capital Allocation, Arbeitspapier, http://ssrn.com/abstract=249987 (Zugriff am 29. Juli 2005).

Stoughton, Neal/Zechner, Josef (2004): Optimal Capital Allocation Using RAROC™ and EVA®, Arbeitspapier Nr. 4169, Centre for Economic Policy Research, http://www.cepr.org/pubs/dps/DP4169.asp (Zugriff am 29. Juli 2005).

Straffin, Philip D./Heaney, James P. (1981): Game Theory and the Tennessee Valley Authority, in: International Journal of Game Theory, 10. Jg., Nr. 1, S. 35-43.

Straßberger, Mario (2002): Risikokapitalallokation und Marktpreisrisikosteuerung mit Value-at-Risk-Limiten, Josef Eul Verlag, Lohmar/Köln.

Streitferdt, Lothar (1973): Grundlagen und Probleme der betriebswirtschaftlichen Risikotheorie, Gabler Verlag, Wiesbaden.

Stulz, René M. (1996): Rethinking Risk Management, in: Journal of Applied Corporate Finance, 8. Jg., Nr. 3, S. 8-24.

Stützel, Wolfgang (1975): Betriebliche Liquidität, in: Grochla/Wittmann (1975), Sp. 2515-2524.

Szegö, Giorgio P. (2002a): No more VaR (this is not a typo), in: Journal of Banking & Finance, 26. Jg., Nr. 7, S. 1247-1251.

Szegö, Giorgio P. (2002b): Measures of Risk, in: Journal of Banking & Finance, 26. Jg., Nr. 7, S. 1253-1272.

Tasche, Dirk (2000): Risk Contributions and Performance Measurement, Arbeitspapier, Technische Universität München, http://www-m4.ma.tum.de/pers/tasche/riskcon.pdf (Zugriff am 29. Juli 2005).

Tasche, Dirk (2002): Expected Shortfall and Beyond, in: Journal of Banking & Finance, 26. Jg., Nr. 7, S. 1519-1533.

Teugels, Jozef L./Sundt, Bjørn (2004): Encyclopedia of Actuarial Science, Band 3, John Wiley & Sons, Chichester.

The Committee of Sponsoring Organizations of the Treadway Commission (1994): Internal Control – Integrated Framework, http://www.coso.org (Zugriff am 29. Juli 2005 – kostenpflichtig).

The President's Working Group on Financial Markets (1999): Hedge Funds, Leverage, and the Lessons of Long–Term Capital Management, http://www.ustreas.gov/press/releases/reports/hedgfund.pdf (Zugriff am 29. Juli 2005).

Theiler, Ursula (2002): Optimierungsverfahren zur Risk-/Return-Steuerung der Gesamtbank, Deutscher Universitäts–Verlag, Wiesbaden.

Thomas, Arthur L. (1980): A Behavioral Analysis of Joint–Cost Allocation and Transfer Pricing, Stipes, Champaign.

Tierny, Jacques/Smithson, Charles (2003): Implementing Economic Capital in an Industrial Company: The Case of Michelin, in: Journal of Applied Corporate Finance, 15. Jg., Nr. 4 (Fall 2003), S. 81-94.

Tietz, Bruno/Köhler, Richard/Zentes, Joachim (1995): Handwörterbuch des Marketing, Enzyklopädie der Betriebswirtschaftslehre, Band 4, 2. Auflage, Schäffer–Poeschel, Stuttgart.

Tijs, Stef H. (1981): Bounds for the Core and the τ–Value, in: Moeschlin/Pallaschke (1981), S. 123-132.

Tijs, Stef H. (1987): An Axiomatization of the τ–Value, in: Mathematical Social Science, 13. Jg., Nr. 2, S. 177-181.

Tijs, Stef H./Driessen, Theo S. H. (1986): Game Theory and Cost Allocation Problems, in: Management Science, 32. Jg., Nr. 8, S. 1015-1028.

Tobin, James (1958): Liquidity Preferences as a Behavior Towards Risk, in: Review of Economic Studies, 25. Jg., Nr. 1, S. 65-86.

Treynor, Jack L. (1965): How to Rate Management of Investment Funds, in: Harvard Business Review, 43. Jg., Nr. 1, S. 63-75.

Tucker, Albert W./Luce, R. Duncan (1959): Contributions to the Theory of Games, Band IV, Nr. 40, Princeton University Press, Princeton.

Tufano, Peter (1998): Agency Costs of Corporate Risk Management, in: Financial Management, 27. Jg., Nr. 1, S. 67-77.

Turner, Chris (1996): VaR as an Industrial Tool, in: Risk, 9. Jg., Nr. 3, S. 38-40.

Ulrich, Peter/Fluri, Edgar (1995): Management, 7. Auflage, Haupt Verlag, Bern et al.

Uryasev, Stanislav P. (2000): Probalistic Constrained Optimization: Methodology and Applications, Kluwer Academic Publishers, Dordrecht.

Uyemura, Dennis G./Kantor, Charles C./Pettit, Justin M. (1996): EVA® for Banks: Value Creation, Risk Management, and Profitability Measurement, in: Journal of Applied Corporate Finance, 8. Jg., Nr. 2, S. 94-113.

Varnholt, Burkhard (1997): Modernes Kreditrisikomanagement, Verlag Neue Zürcher Zeitung, Zürich.

Venter, Gary G. (2002): Allocating Surplus - Not!, in: The Actuarial Review, 29. Jg., Nr. 1, S. 5-6.

Vogler, Matthias/Gundert, Martin (1998): Einführung von Risikomanagementsystemen – Hinweise zur praktischen Ausgestaltung, in: Der Betrieb, 51. Jg., Nr. 48, S. 1425-1431.

von Neumann, John (1928): Zur Theorie der Gesellschaftsspiele, in: Mathematische Annalen, Band 100, S. 295-320.

von Neumann, John/Morgenstern, Oskar (2004): Theory of Games and Economic Behavior, Sixtieth Anniversary Edition, Princeton University Press, Princeton.

von Werder, Axel/Talaulicar, Till (2005): Kodex Report 2005: Die Akzeptanz der Empfehlungen und Anregungen des Deutschen Corporate Governance Kodex, in: Der Betrieb, 58. Jg., Nr. 16, S. 841-846.

Vormbaum, Herbert (1993): Liquidität, in: Wittmann et al. (1993b), Sp. 2608-2614.

Vorobjev, Nikolaj N. (1975): Mathematical Models of Social Sciences, Band 6, Institute of Physics and Mathematics, Academy of Sciences of the Lithuaninan Soviet Socialist Republic, Vilnius (in russisch mit englischer Zusammenfassung).

Weber, Jürgen/Weißenberger, Barbara E./Liekweg, Arnim (1999): Risk Tracking and Reporting - Unternehmerisches Chancen- und Risikomanagement nach dem KonTraG, Schriftenreihe Advanced Controlling, Band 11, Vallendar.

Weinhardt, Christof/Meyer zu Selhausen, Hermann/Morlock, Martin (1998): Informationssysteme in der Finanzwirtschaft, Springer-Verlag, Berlin et al.

Wiese, Harald (2002): Entscheidungs- und Spieltheorie, Springer-Verlag, Berlin et al.

Wikipedia (2005a): Stichwort Chat, `http://de.wikipedia.org/wiki/chat` (Zugriff am 29. Juli 2005).

Wikipedia (2005b): Stichwort Medienbruch, `http://de.wikipedia.org/wiki/medienbruch` (Zugriff am 29. Juli 2005).

Williams, C. Arthur/Smith, Michael L./Young, Peter C. (1998): Risk Management and Insurance, 8. Auflage, McGraw-Hill, Boston et al.

Willinsky, Christian (2001): Wert- und risikoorientierte Steuerung dezentraler Einheiten von Banken, Botermann & Botermann, Köln.

Wilson, Tom C. (1992): RAROC Remodelled, in: Risk, 5. Jg., Nr. 9, S. 112-119.

Winter, Peter (2004): Cashflow at Risk als Instrument des industriellen Risikomanagements, in: Wirtschaftswissenschaftliches Studium, 33. Jg., Nr. 5, S. 289-294.

Witt, Markus (1994): Der Eigenhandel von Universalbanken - Aufbauorganisation, Erfolgsausweis und Möglichkeiten der Steuerung, Deutscher Universitäts-Verlag, Wiesbaden.

Wittmann, Edgar (2000): Integriertes Risikocontrolling im Konzern, in: Horváth (2000), S. 285-295.

Wittmann, Waldemar/Kern, Werner/Köhler, Richard/Küpper, Hans-Ulrich/Wysocki, Klaus von (1993a): Handwörterbuch der Betriebswirtschaft, Reihe: Enzyklopädie der Betriebswirtschaftslehre, Band 1, 5. Auflage, Schäffer-Poeschel, Stuttgart.

Wittmann, Waldemar/Kern, Werner/Köhler, Richard/Küpper, Hans-Ulrich/Wysocki, Klaus von (1993b): Handwörterbuch der Betriebswirtschaft, Reihe: Enzyklopädie der Betriebswirtschaftslehre, Band 2, 5. Auflage, Schäffer-Poeschel, Stuttgart.

Wittmann, Waldemar/Kern, Werner/Köhler, Richard/Küpper, Hans-Ulrich/Wysocki, Klaus von (1993c): Handwörterbuch der Betriebswirtschaft, Reihe: Enzyklopädie der Betriebswirtschaftslehre, Band 3, 5. Auflage, Schäffer-Poeschel, Stuttgart.

Wolf, Klaus/Runzheimer, Bodo (2003): Risikomanagement und KonTraG, 4. Auflage, Gabler Verlag, Wiesbaden.

Yamai, Yasuhiro/Yoshiba, Toshinao (2002a): On the Validity of Value–at–Risk: Comparative Analysis with Expected Shortfall, in: Monetary and Economic Studies, Bank of Japan, 20. Jg., Januar 2002, S. 57-85.

Yamai, Yasuhiro/Yoshiba, Toshinao (2002b): Comparative Analyses of Expected Value–at–Risk: Their Estimation Error, Decomposition and Optimization, in: Monetary and Economic Studies, Bank of Japan, 20. Jg., Januar 2002, S. 87-121.

Yamai, Yasuhiro/Yoshiba, Toshinao (2002c): Comparative Analyses of Expected Value–at–Risk (2): Expected Utility Maximization and Tail Risk, in: Monetary and Economic Studies, Bank of Japan, 20. Jg., April 2002, S. 95-115.

Yamai, Yasuhiro/Yoshiba, Toshinao (2005): Value–at–Risk versus Expected Shortfall: A Practical Perspective, in: Journal of Banking & Finance, 29. Jg., Nr. 4, S. 997-1015.

Young, H. Peyton (1994): Cost Allocation, in: Aumann/Hart (1994), S. 1193-1235.

Zaik, Edward/Walter, John/Kelling, Gabriela/James, Christopher (1996): RAROC at Bank of America: From Theory to Practice, in: Journal of Applied Corporate Finance, 8. Jg., Nr. 2, S. 83-93.

Zhang, Yongli/Rachev, Svetlozar (2004): Risk Attribution and Portfolio Performance Measurement – An Overview, Arbeitspapier, September 2004, University of California/Universität Karlsruhe.

Zimmerman, Jerold L. (1997): EVA and Divisional Performance Measurement: Capturing Synergies and Other Issues, in: Journal of Applied Corporate Finance, 9. Jg., Nr. 2, S. 98-109.

FSC
www.fsc.org
MIX
Papier | Fördert gute Waldnutzung
FSC® C083411

Kolibri 360 GmbH
Ferdinand-Jühlke-Straße 7
99095 Erfurt, Deutschland
produktsicherheit@kolibri360.de